D. E. Harding

El juicio del hombre que decía ser Dios

Con ilustraciones del autor

The Shollond Trust

Publicado por The Shollond Trust
87B Cazenove Road
London N16 6BB
England

headexchange@gn.apc.org
www.headless.org

The Shollond Trust es una organización benéfica
de Reino Unido registrada con el Nº 1059551
Copyright © The Shollond Trust 2019
Traducción: Diego Merino Sancho
diegomerinotraducciones.com
Diseño: rangsgraphics.com
Fotografía de portada de James Walker

Todos los derechos reservados. Ninguna parte de este libro podrá ser reproducida ni utilizada en cualquier forma o por cualquier medio, ya sea electrónico o mecánico, sin el permiso previo por escrito de los editores.

ISBN 978-1-908774-74-3

*Para Chris y Annie Harper,
con todo mi amor.*

Índice

Prólogo	1
Los cargos y las alegaciones	13
EL OFICIAL DE POLICÍA	17
EL HUMANISTA	29
LA COLEGIALA	39
EL ENCARGADO DE LOS LAVABOS	49
LA PASAJERA	63
LA PELUQUERA	75
EL OSTEÓPATA	85
EL NEUROCIRUJANO	101
LA PSICOTERAPEUTA	119
EL TRABAJADOR SOCIAL	131
LA CAMARERA OCASIONAL	147
EL GERENTE DE LA TIENDA	163
LA VIUDA CANADIENSE	179
EL PSIQUIATRA	193
EL NUEVO APOCALIPTICISTA	213
EL OBISPO SUFRAGÁNEO	225
EL ATEO	239
LA DEVOTA	259
El juez se reúne a puerta cerrada con el fiscal y el acusado	269
EL VENERABLE *BHIKKHU*	273

LA FISIOTERAPEUTA	293
EL EX-*SANNYASIN*	305
EL ZOÓLOGO	319
EL MULÁ	337
EL REGISTRADOR	353
EL HOMBRE DE NEGOCIOS	371
LA ASESORA	385
LA CRISTIANA DE LA IGLESIA ANGLICANA EVANGÉLICA	399
Conclusiones finales de la acusación	419
Conclusiones finales de la defensa	427
Instrucciones del juez al jurado	445
El veredicto	449
Epílogo	453
El Sendero Plebeyo de los 8x8 pasos	467
Nota autobiográfica	471
Lista de verificación de los experimentos	487

Prólogo

MI NOMBRE ES JOHN A-NOKES, Jack para los amigos, y corre el año 2003 de la era común (o, como yo prefiero expresarlo, el 2003 *anno domini*).
Escribo esto desde la celda de una prisión, mientras estoy a la espera del veredicto de mi juicio por el delito capital de SER QUIEN SOY, DE SER YO MISMO en lugar de lo que la gente me dice que soy.
Por supuesto, ese no es el nombre oficial del delito que se me imputa. ¡Ni mucho menos! No; he sido acusado de blasfemia en virtud de lo establecido en la Ley Reguladora de la Blasfemia aprobada en el 2002. Blasfemia... ¡Por favor! En realidad lo único que he hecho ha sido limitarme a dejar de fingir ser alguien que no soy. Me atreví a comenzar desde cero y a mirarme a mí mismo por mí mismo (a ver cómo es realmente ser yo), y también a entusiasmarme con los hallazgos completamente inesperados que fui descubriendo al hacerlo; hallazgos que —tal y como iréis viendo— resultaron ser tan simples y naturales como gloriosos y divinos, en ocasiones divertidos, con frecuencia hermosos, pero siempre eminentemente prácticos. Y vivir conforme a estos hallazgos no es en absoluto tan complicado como podría parecer en un principio.
Si eso es blasfemia, ¡entonces estoy condenado! Si eso es blasfemia, ¡que Dios nos ayude a todos!
No puede decirse que esta celda sea el estudio ideal para un escritor, pero servirá. La silla en la que me siento difícilmente podría recibir un apelativo distinto: no cabe duda de que el entumecimiento que me produce en las nalgas se debe a que está hecha de hierro fundido y tapizada con el mismo material. La mesa está provista de suficiente papel gris reciclado y rugoso en el que poder escribir y de bolígrafos que, por como escriben, podría decirse que también han sido reciclados. La vista que

tengo desde aquí consiste principalmente en un interesante retrete resquebrajado y un lavabo igualmente lleno de grietas, ambos enmarcados por una pared de azulejos grises, brillantes y a prueba de pintadas. En lo alto de la pared de enfrente hay una ventana con muchos más barrotes de los que en realidad necesitaría, pues salta a la vista que tan solo un prisionero de tres metros tendría alguna posibilidad de alcanzarla; y sin duda es también mucho más pequeña de lo que debería ser, pues la luz que deja pasar es tan tenue que da la impresión de que haya sido filtrada con ropa interior de franela gris. El olor (precisamente el característico de la ropa interior a la que se ha aplicado desinfectante repetida pero insuficientemente) hace que, de vez en cuando, me vea jadeando como si fuera una trucha varada y resignada.

Voy ocupando mi tiempo con la redacción de este relato sobre el juicio basándome en las notas que he ido tomando en el transcurso del mismo y en mis recuerdos de todo lo ocurrido. Aunque voy a esforzarme al máximo por ser veraz, y en particular para ser justo con la exposición de la acusación, no puedo pretender en ningún caso alcanzar una perfecta imparcialidad. ¿Cómo podría? Los herejes siempre tienen una opinión bastante pobre de sus inquisidores. En cualquier caso, no es mi intención que esto sea una exposición literal o al pie de la letra de lo ocurrido en el procedimiento, sino —digámoslo así— un registro bastante detallado de mis propias impresiones, que no son más que las de un iletrado en la materia, pues no soy abogado. Prescindiré de incluir gran parte del insustancial toma y daca producido entre las partes. Y también cabe la posibilidad, por supuesto, de que se dijeran cosas relevantes para el caso de las que no me acuerde porque, sencillamente, he preferido olvidarlas.

Lo que sí puedo prometerte, querido lector (pues tengo razones para albergar la esperanza de que estas páginas consigan salir de aquí y lleguen a manos de aquellos a quienes están destinadas), es que mediante mi exposición podrás hacerte una idea muy clara de por lo que estoy pasando, y serás plenamente capaz de decidir por ti mismo si soy o no culpable de los cargos de los que se me acusa. De hecho, te advierto desde ya mismo de que mi objetivo es conspiracional, pues no es tanto defenderme (ya es un poco tarde para eso) como involucrarte en la epopeya criminal que ha acabado culminando en mi arresto y procesamiento. Si puedo conseguir al menos que te pongas de mi parte a este respecto, me daré por satisfecho. Y lo estaré mucho más aún si, siendo menos impulsivo y ruidoso que yo, consigues mantener la boca cerrada; es decir, permanecer lo suficientemente callado respecto a tus descubrimientos como para poder evitar ser arrestado y acusado, con el subsecuente riesgo que esto supone de tener que afrontar una sentencia de muerte.

Sí, corres un cierto riesgo al leer este libro. Si esto te preocupa, no leas más, pero no olvides pasárselo a algún amigo al que le guste vivir peligrosamente. Vivir peligrosamente —he de añadir— en aras de la Seguridad Suprema.

Antes de pasar al juicio propiamente dicho es necesario que te hable un poco del trasfondo histórico en el que tuvo lugar, de qué fue lo que condujo a él.

La historia de las revueltas sociales que acabaron dando lugar a la aprobación de la Ley Reguladora de la Blasfemia del año 2002 es demasiado complicada como para explicarla aquí en detalle. Un pequeño resumen será más que suficiente. Dichas revueltas comenzaron con la condena a pena de muerte de Salman Rushdie por parte del Ayatolá y con las bien conocidas consecuencias que tuvo el escándalo internacional que aquello produjo. Fueron haciéndose cada vez más intensas con los Disturbios Fundamentalistas del 1999 y del 2000, cuando un caricaturista de un periódico, un cómico famoso y un obispo de mentalidad moderna fueron secuestrados y quemados en la hoguera por ridiculizar la prometida Segunda Venida de Cristo que millones de personas creían que iba a tener lugar el 1 de enero del 2000. Y llegaron a su punto culminante con los disturbios comunales generalizados del 2001, en los que, tan solo en Gran Bretaña, murieron cientos de personas (muchas de ellas sometidas a la farsa de un juicio llevado a cabo por tribunales portátiles establecidos por sectas que afirmaban representar el corazón y el alma de una u otra de las grandes religiones occidentales y que se dedicaban a erradicar la blasfemia a cualquier precio). Después de aquello, el Parlamento británico decidió que la solución «menos mala» ante tal situación sería la creación de tribunales especiales para juzgar los cargos de blasfemia de acuerdo a los criterios establecidos en las leyes vigentes del país. Y así fue como se elevaron a la categoría de ley estatutaria las que hasta entonces no habían sido más que normas ancestrales aplicadas por el pueblo. Fue como dotarlas de fauces: unas fauces que, después de la reintroducción de la pena de muerte con el cambio de siglo, se volvieron plenamente capaces de matar a sus presas.

La nueva Ley Antiblasfemia del 2002 ha sido ampliamente condenada y criticada por rendirse servilmente a la intolerancia, al fanatismo y la superstición, así como por constituir una gravísima restricción de los derechos humanos. Son muchos los que hablan abiertamente de un renacimiento de la Santa Inquisición, pero al menos ha conseguido (hasta ahora, y toquemos madera) calmar a los fanáticos más excitables y disuadirles de seguir tomándose la ley por su mano. En todas partes, desde el este (donde el propio concepto de blasfemia no se entiende demasiado bien) hasta el oeste, se considera que la drástica reducción de libertad de conciencia (apodada el «desagüe de las blasfemias» por ciertos sectores fundamentalistas), ya de por sí enorme pero, a pesar de ello, en constante crecimiento, no es sino un pequeño precio a pagar por poner fin a lo que ya había comenzado a parecer una auténtica guerra civil.

Muy bien podrías preguntarte por qué se ha producido todo este violento despliegue de fanatismo religioso a lo largo y ancho del mundo occidental, en un momento en el que precisamente el fanatismo político parecía estar en claro declive. ¿Será que la gente necesita disponer de un chivo expiatorio sobre el que depositar su culpa, o contar con una oveja negra sobre la que descargar toda su rabia, sin importar lo injustificado que esto resulte en base a los hechos? Una posibilidad ciertamente verosímil, pero nada sencilla de comprobar. Y una explicación que está muy lejos de poder satisfacer u orientar a un Gobierno desesperado por contener y reducir la violencia fundamentalista (y que sin lugar a dudas tampoco puede darme a mí, que me encuentro en el extremo receptor de dicha violencia, consuelo alguno).

Por lo que respecta a las disposiciones de la Ley Reguladora de la Blasfemia (un prolijo documento redactado en la jerga legal habitual), un breve apunte de algunos de sus principales postulados será más que suficiente para mis propósitos.

Esta ley está dirigida contra cualquier persona que altere el orden público por ofender a una comunidad religiosa, independientemente del medio empleado para ello; puede ser mediante la palabra impresa, reuniones públicas, emisiones de radio y televisión, o simplemente por ir por ahí molestando y agitando a la gente. Las opiniones expresadas en privado, en familia o entre amigos en una pacífica reunión de estudiosos de estos temas o de personas con mentalidad afín no entran en el ámbito de actuación de esta ley, ni tampoco los arrebatos ocasionales o accidentales: la ofensa ha de ser mantenida en el tiempo. La blasfemia se define como el uso en público de insultos, palabras y comportamientos hirientes dirigidos contra todo ser, persona u objeto, sea cual sea este, que sea considerado sagrado por una parte considerable de la población. En particular, incluye el hecho de afirmar ser alguna de dichas entidades sagradas, pero en realidad cualquier comportamiento o actitud que perturbe o contraríe gravemente a sus devotos es considerado como delictivo. De hecho, resulta difícil imaginar cómo alguien que no sea un moribundo espiritual puede permanecer durante toda su vida perfectamente inocente de este tipo de ofensa. Existe un gran consenso respecto al hecho de que esta ley, al haber sido redactada a toda prisa y aprobada en una situación de auténtico pánico, es excepcionalmente vaga, imprecisa y difícil de implementar. Y, lo que es mucho peor, que representa por sí misma un caso gravísimo de la misma enfermedad que pretende tratar: la enfermedad de la caza de herejes llevada hasta el extremo del terrorismo. Tú mismo, querido lector, estarás pronto en condiciones de juzgar por ti mismo hasta qué punto estas críticas están o no justificadas.

Hasta el momento se han producido cuatro o cinco arrestos a los que se les ha dado una enorme publicidad. Los preparativos para los juicios de los presuntos delincuentes se encuentran en distintas fases de su desarrollo. Mi caso es el primero que va a ser juzgado aplicando la nueva ley, lo que lo convierte en el juicio de prueba; un juicio que ha sido cuidadosamente calculado para sacar a la luz (si bien haciendo bastante poco por resolver) los problemas de lo que promete ser un nuevo y deplorable capítulo en la historia de la jurisprudencia. Por esta razón (y quizá también porque he realizado mi propia defensa con unos procedimientos totalmente inauditos en los tribunales), la prensa ha acabado refiriéndose a este caso como *el Juicio de la Gran Blasfemia*. Ignorar la forma correcta en la que hay que comportarse en estas lides no ha sido precisamente algo que me hiciese feliz, y lo cierto es que no estoy seguro de cómo me ha ido con el jurado, pero lo que sin duda me ha ayudado ha sido el hecho de, en la medida de lo posible, tomarme toda esta pompa y circunstancia como un entretenimiento y procurar disfrutarlo.

En todo caso, tal y como se desprende de las disposiciones de la ley, y dada la especial naturaleza del delito que trata la misma, en este tipo de casos no pueden mantenerse los usos y costumbres que ya han pasado a ser sacrosantos en los juicios penales. En lugar de eso, se están probando algunos procedimientos nuevos y algo más laxos. De este modo, en mi propio juicio se le ha concedido mucha más carta blanca a la acusación y se han relajado mucho las reglas que establecen qué es o no admisible como evidencia. El juez ha aceptado en gran medida rumores, habladurías y opiniones de testigos no especializados. Y lo mismo ha ocurrido respecto a la forma de interrogar a los testigos. A lo largo de todo el proceso, ha habido muchas ocasiones en las que el fiscal y yo nos hemos dirigido el uno al otro directamente, enzarzándonos así en un enérgico toma y daca; una grave irregularidad a la que el juez, no obstante, no parecía concederle mayor importancia.

Como gesto de imparcialidad, el juez ha hecho un par de concesiones a la defensa. La primera surgió a raíz de la gran cantidad de testigos llamados por el fiscal y por la muy variada naturaleza de las evidencias que estos iban a aportar. Se estableció que yo debería tener plena libertad para defenderme del testimonio de cada testigo tan pronto como este hubiese sido pronunciado. La razón para ello es que si mi defensa se dejase para el final, tanto el jurado como yo mismo ya habríamos olvidado el contenido de dicho testimonio. De este modo, he tenido ocasión de replicar los argumentos del fiscal a medida que estos iban surgiendo, cuando todos los presentes los teníamos aún frescos en la mente. El Fiscal de la Corona, que ofició en mi caso, accedió a este acuerdo con la condición de que pudiese interrumpir mi defensa en cualquier momento (dentro de lo razonable) para poder así señalar sus debilidades al jurado.

La segunda concesión surgió a partir de la dificultad que suponía que mis testigos, a pesar de sobrepasar con mucho en número a los de la acusación y de gozar de muchísimo más prestigio que ellos, no podían ser citados a comparecer legalmente ante el tribunal. Dicha dificultad estribaba fundamentalmente en el hecho de que todos ellos están muertos. Y permíteme añadir que afortunadamente: si hubiesen estado rondando por aquí y diciendo lo que yo ahora cito como sus palabras, muchos de ellos estarían también expuestos a ser enjuiciados en virtud de esta nueva ley. Razón de más para limitarme tan solo a citar en mi defensa los testimonios registrados de estas personas que, aunque muertas, se encuentran a mi entender entre las mejores de cuantas han existido (y que, en cierto sentido, siguen vivas, más vivas que nunca). De manera bastante razonable, la acusación objetó que la así llamada «evidencia» de estos seres era inadmisible, a la vista de que sus testimonios no podrían ser tomados bajo juramento, examinados o rebatidos, y además teniendo en cuenta que, como todo el mundo sabe, muchas veces los dichos atribuidos a personajes famosos son confusos, e incluso en ocasiones directamente falsos. Tras cierto debate al respecto, el juez decretó que este tipo de materiales podrían ser presentados ante el tribunal con discreción, pero únicamente para ilustrar y dar forma y color a mi argumentación, y en ningún caso como testimonio para probar su veracidad. Le expresé a su Señoría mi plena satisfacción por el acuerdo alcanzado, teniendo en cuenta que nunca pensé fundamentar mi defensa en lo que estos u otros *pandits* pudieran haber dicho, sino en los experimentos y en las demostraciones prácticas (con el apoyo de algunos recursos visuales) que confirman precisamente lo que ellos exponen y afirman. También me permití señalarle al juez que no habían sido mis creencias, sino mis dudas (el haberme atrevido a cuestionar los dogmas y las suposiciones que rara vez se ponen en tela de juicio) las que me habían hecho dar con mis huesos en el banquillo de los acusados. Algunos de mis críticos se han referido a esta actitud mía definiéndola como un «escepticismo desenfrenado» y, ciertamente, no están muy lejos de la verdad.

Las ayudas visuales que he empleado han sido bocetos y diagramas que he preparado con antelación (con la intención de aclarar mi caso en detalle), los cuales han sido reunidos formando un cuadernillo al que se le ha añadido posteriormente un espejo en la cubierta. Se le ha entregado una copia del mismo al juez, a cada miembro del jurado y a todos los letrados de la acusación. Resulta imposible exagerar la importancia del papel que este material ha jugado en mi defensa. Estoy en deuda con las autoridades por su cooperación en la preparación de este cuadernillo y por permitirme usarlo a lo largo de todo el proceso.

El efecto conjunto que todas estas concesiones e irregularidades legales han tenido en la sala (Sala Judicial n.º 1 del New Bailey, Londres) ha sido el de convertir la cámara en una especie de aula de debate, si bien engalanada con toda la magnificencia y el boato que son consustanciales al ámbito de la justicia. Un aula de debate que, no obstante, seguía conservando plenos poderes a la hora de determinar la culpabilidad del encausado y de dictar la más severa y drástica de cuantas sentencias existen.

La máxima pena prevista por la Ley Reguladora de la Blasfemia es la muerte (por decapitación, por supuesto, desde que se reintrodujo la pena de muerte). No obstante, la sentencia puede quedar reducida a prisión y multa si el encausado se retracta públicamente y pide disculpas a las partes ofendidas, en los términos y circunstancias que el juez dictamine. A la vista de todo esto, la impresión con la que uno se queda es que lo último que deseaban los políticos que aprobaron esta ley era acabar teniendo un reguero de mártires cuyas nimbadas aunque sangrantes cabezas pudieran ser lanzadas a las puertas de sus casas.

Dos o tres cuestiones más antes de meternos en materia.

Algo que a mí me desconcertó en su momento, y que muy bien pudiera también extrañarte a ti a medida que vayas leyendo, es lo que tan solo puedo describir como la irregular, errática y enigmática actuación de *sir* Gerald Wilberforce, el Fiscal de la Corona. Este hombre cuenta con una gran reputación por sus conocimientos en campos y temáticas que los mejores juristas rara vez tienen tiempo de cultivar, así como por su habilidad y destreza a la hora de aplicarlos. No cabe duda de que este es el motivo de que le escogiesen a él para ejercer como acusación en este caso. Efectivamente, su versatilidad ha quedado claramente demostrada a lo largo del proceso, pero misteriosamente también ha dejado pasar en la misma medida muchas oportunidades de presionar y seguirles la pista a argumentos que salieron a la palestra y que claramente iban a favor de la acusación, o que podrían haber incomodado o causado dificultades a la defensa. En ocasiones (y no pocas), incluso parecía estar facilitándome las cosas. En la misma línea, aunque por lo general mostraba la obligada exhibición de rigor forense y de ímpetu agresivo (incluso excediéndose en ocasiones en tal empresa), también hubo momentos en los que parecía desviarse de su pauta, hasta el punto de llegar a olvidarse de su propio papel en el juicio y de los cargos obrantes en mi contra. En tales ocasiones caía en argumentos que se parecían más a las polémicas y los discursos urbanos propios de las salas de conferencias, en lugar de ceñirse a los mucho más encorsetados discursos propios de los tribunales de justicia. Era como si sir Gerald no tuviese muy claro si llevaba puesta la peluca de magistrado y la toga doctoral o, por el contrario, una corbata y un peluquín. En cualquier caso, la pregunta sigue siendo esta: ¿Esta forma de actuar tan peculiarmente heterogénea ha sido meramente incidental, o más bien deliberada y motivada por unas intenciones ocultas tras la agenda oficial?

Otra cuestión que me desconcertó bastante fue las muchas molestias que se tomó la fiscalía para llamar a un testigo tras otro hasta que acumuló en su haber nada menos que veintisiete, cuando muy bien podría haber dejado claros sus argumentos con la mitad de ellos. Supongo que si hubiera sabido de antemano lo vulnerables que muchos de ellos iban a resultar, sin duda habría reducido esa cantidad a una docena bien seleccionada. Pero es fácil ser sabio a agua pasada, especialmente si se trata, como es el caso, de un juicio sin precedentes. Y habiendo (como es lógico) suministrado a la defensa por adelantado los compendios de los testimonios de los veintisiete testigos, no cabía duda de que la acusación estaba decidida a llamar al estrado, si no a todos, sí a la gran mayoría de ellos. En todo caso, nos queda por esclarecer por qué tantos testigos. Y también, una vez más, queda por responder la pregunta más importante: ¿Qué es lo que la acusación estaba tramando realmente? ¿Cuáles eran sus verdaderas intenciones?

Incluso ahora no estoy en absoluto seguro de cuáles pueden ser las respuestas a estos dos interrogantes, pero sean cuales sean, creo que su lugar más adecuado en este relato sobre el procedimiento es al final y no al principio. Para entonces, tu opinión al respecto será ya tan válida como la mía.

El juicio

No se puede decir de nadie que haya alcanzando las cimas más elevadas de la verdad hasta que mil personas sinceras le hayan denunciado por blasfemia.
Anthony de Mello, S. J.

Todas las grandes verdades empiezan siendo blasfemias.
George Bernard Shaw

Los cargos y las alegaciones

FISCAL: Su Señoría, soy Gerald Wilberforce, Letrado Real, y ejerzo como representante de la Corona en este caso. Mi ayudante en la corte es Herbert Atkinson, miembro del Inner Temple.

El acusado, John a-Nokes, ha sido imputado en virtud de la Ley Británica del año 2002 de la era común por un delito de blasfemia.

Llamaré a declarar a unos veintisiete testigos, cada uno de los cuales testificará en relación a una o varias de las siguientes cuestiones esenciales:

En primer lugar, la blasfemia. John a-Nokes ha insultado y despreciado en toda clase de formas y maneras a una Entidad que muchas personas consideran divina.

En segundo lugar, su forma extrema. En el caso del acusado el delito alcanza su máxima expresión, pues afirma falsamente que no es otro sino el Ser Único al que las personas comunes y ordinarias veneran y rinden culto como lo más elevado y lo más sagrado que existe.

En tercer lugar, su difusión. Con el objetivo de conseguir publicidad para sus blasfemas creencias, el acusado ha estado utilizando de forma persistente todo tipo de medios a su alcance, incluyendo emisiones de radio y televisión, libros, revistas, artículos y conferencias públicas.

En cuarto lugar, la reacción. Sus enseñanzas han indignado y enfurecido tanto a las gentes religiosas que estas han cometido en repetidas ocasiones quebrantamientos de la paz social tales como alteraciones del orden público, fuertes disturbios callejeros, incendios, ejecuciones ilegales y asesinatos *prima facie*.

En aplicación de estos cuatro criterios, señoría, la fiscalía se dispone a probar que el acusado es culpable del delito de blasfemia tal y como aparece definido en las secciones 4, 7c, 12 y 13b de la ley que regula la misma.

JUEZ: ¿Cómo se declara usted, John a-Nokes, culpable o inocente?

YO: Inocente, señoría.

JUEZ: Tengo entendido que tiene intención de encargarse de su propia defensa. Ya veo que su banquillo ha sido convenientemente acondicionado con algunas estanterías para dar acomodo a todos sus libros y documentos. Sin embargo, es mi deber advertirle del riesgo que esto puede suponer, pues su inexperiencia podría constituir un obstáculo en la presentación de su caso ante el jurado. ¿Está usted seguro de que puede hacer justicia a la evidencia y a los argumentos que estén a su favor, y de que puede combatir adecuadamente aquellos otros que no lo estén? Incluso en este momento tan avanzado de los preparativos, puede usted cambiar de opinión. Este tribunal puede poner a su disposición a un Letrado Real docto y entendido plenamente capacitado para hacerse cargo de su defensa.

YO: Aunque le estoy muy agradecido a su Señoría, he decidido defenderme a mí mismo a pesar de los riesgos que esto conlleva. Pero sí que le pediría indulgencia si, debido a mi ignorancia de la etiqueta y las formalidades propias de los tribunales, en algún momento no me comporto de la manera adecuada.

JUEZ: No tenga ningún temor a ese respecto. Ya me ocuparé yo de llamarle al orden si es necesario.

YO: Mi defensa, señoría, puede resumirse del siguiente modo.

Ninguno de los cuatro componentes del caso que la acusación ha establecido contra mí (lo que la fiscalía llama mi blasfemia, la forma extrema que esta adopta, su diseminación y la reacción pública que ha provocado) se sostiene por sí mismo desde un principio. Estaré de acuerdo con todos y cada uno de ellos una vez que hayan sido despojados de todo el lenguaje nocivo y peyorativo con el que han sido revestidos. Mi defensa no se basa tanto en combatirlos como en reinterpretarlos a la luz de un par de consideraciones.

La primera (y menos importante comparativamente hablando) es que no ha habido por mi parte ninguna intención de provocar la rabia y la indignación que indudablemente he provocado. Por lo tanto, lejos de haber sido deliberado, es algo que en realidad lamento profundamente. Por desgracia, parece ser inevitable, dado que las verdades que yo doy a conocer son relevantes e importantes. Y ciertamente, lo que yo afirmo es que son de una importancia y una relevancia suprema, crítica y fundamental, desde luego, para la salud e incluso para la supervivencia de nuestra propia especie. A pesar de que la Ley Reguladora de la Blasfemia, al menos por lo que yo he podido entender al leerla, hace más bien poco a la hora de distinguir entre una ofensa que se haya producido de forma inadvertida e involuntaria y otra que haya sido llevada a cabo deliberadamente, esta es una distinción que difícilmente podrán ignorar y pasar por alto el juez y el jurado.

El segundo y crucial argumento de la defensa (el verdadero meollo y sustancia de mi disquisición) es el que a continuación expongo sin rodeos y con toda franqueza (con franqueza, sí, pero sin ningún atisbo de rencor ni complacencia), y en apoyo del cual iré presentando a lo largo del juicio plena y completa evidencia.

Aquí está pues: ¡Que yo soy el único presente en la corte que no es culpable de blasfemia! *¡Acuso a mis acusadores de este delito tan sumamente grave! ¡Sois vosotros los que os sentáis hoy en el banquillo de los acusados!*

Los testigos de la acusación y la refutación de la defensa

Testigo n.º 1 de la acusación

EL OFICIAL DE POLICÍA

UNA VEZ CONCLUIDOS LOS PRELIMINARES, todo está ya listo en la sala para proceder a la celebración del juicio.
El letrado de la acusación solicita la comparecencia de su primer testigo, un oficial de policía vestido de uniforme. A petición del fiscal, este da evidencia de mi detención y declara cómo se dirigió a mi casa provisto de una orden de arresto y, una vez allí, me advirtió de que cualquier cosa que dijese podría ser utilizada como prueba en mi contra.

FISCAL: ¿Cuál fue la reacción del acusado?
OFICIAL, consultando sus notas: Sin prestar ninguna atención a mi advertencia, siguió alardeando de que era imposible arrestarle. Comentó algo así como que era demasiado grande y escurridizo (¿va... vacuo y tenue?, son los términos que tengo aquí apuntados) como para que ningún oficial de la ley pudiese atraparle. Detener a su sospechoso —me dijo— hubiese sido como poner el viento del oeste bajo custodia.
FISCAL: ¿Le demostró que estaba equivocado?
OFICIAL: Ciertamente, señor. Vino conmigo tranquilamente y no hubo ningún problema de camino a la comisaría. Pero una vez allí, comenzó de nuevo. Seguía presumiendo de que ninguna celda era lo suficientemente sólida como para poder mantenerle dentro de ella, y prometió tirar abajo al menos una de las paredes y salir del edificio. También dijo algo que no entendí sobre despegar hacia el espacio.

FISCAL: ¿Estaba pretendiendo ser alguna especie de astuto mago, o quizá un segundo Houdini, un artista del escapismo como los que pueden verse sobre los escenarios?

OFICIAL: En realidad no. La impresión que me dio fue que estaba bastante trastornado y convencido de que poseía algún tipo de poder divino.

FISCAL, dirigiéndose al jurado: Por favor, tengan en cuenta las palabras «poderes divinos». Podría pensarse que el acusado, tan orgulloso como está de ir proclamando en todo momento su divinidad al mundo, cesaría un poco en tal empeño al verse en prisión. Pero no es así en absoluto. ¡Resulta evidente que estamos ante un blasfemo que lo es sin descanso allá donde va!

[Dirigiéndose al testigo] Así es que decidió usted comprobar si las esposas serían capaces de refrenar estos poderes maravillosos.

OFICIAL: Así es, únicamente para asegurarme. Y, por lo que parece, así lo hicieron. O bien los poderes que decía tener no eran lo suficientemente divinos como para abrir un par de grilletes corrientes y ordinarios (ya no digamos para derribar muros), o bien carecía de ellos totalmente.

FISCAL: Entonces, ¿qué pasó al final?

OFICIAL: Nada especial, nada reseñable en absoluto. No tardé en quitarle las esposas, y John a-Nokes resultó ser un prisionero muy normal. He de reconocer que con un comportamiento mejor que el de la mayoría de los presos. En todo caso, igual de humano que el resto; todo ese asunto de los poderes no era más que pura palabrería.

FISCAL: Ahí lo tienen, miembros del jurado. Un pequeño hombre con delirios de grandeza.

Eso es todo, oficial. Pero permanezca en el estrado. Creo que el acusado tiene algunas preguntas para usted.

Defensa: **Mi salida y mi entrada**

YO: Oficial, ¿le pareció mi conversación con usted de algún modo brusca o áspera, o fue más bien distendida, e incluso divertida?
OFICIAL: Yo diría que más bien divertida. No decía usted más que cosas graciosas, aunque con un toque personal.
YO: ¿Y acaso no fue también casual, como si se estuviese señalando algo perfectamente obvio?
OFICIAL: Bueno, sí, en cierto sentido.
YO: En ese caso, ¿qué es lo que le hizo cambiar de opinión y dar la impresión en su testimonio de que me comporté como un prisionero salvaje y agresivo, por no decir completamente loco de atar?
OFICIAL: Bueno, no sé... Lo cierto es que, de algún modo, la impresión que estaba dando no ha sido lo que más me preocupaba, sino contestar adecuadamente a las preguntas del fiscal. Yo no he dicho que usted se comportase de forma salvaje y agresiva, sino tan solo que hablaba de ese modo.
YO: Gracias. No hay más preguntas por mi parte. [El testigo baja del estrado].

Señoras y señores del jurado, permítanme que les hable de algo muy significativo que ocurrió en esa prisión. Una vez que el oficial se convenció de que no le causaría ningún problema, como acaban de escuchar, me quitó las esposas. Además, a petición mía, me trajo algunos materiales de dibujo. Quería verificar hasta qué punto resultaba imposible hacer un retrato de mí mismo encerrado *en el interior* de esa celda.

Si no les importa, diríjanse por favor al diagrama n.º 1 del cuadernillo que la defensa les ha entregado a cada uno de ustedes. En él encontrarán una copia del boceto que realicé.

Como ven, la «celda» no era una *celda* en absoluto, pues falta la pared de atrás, ni yo me encontraba dentro de lo que quedaba de ella. Lo único que encontré de mí mismo fueron estos extraños brazos y piernas arremetiendo desde el exterior. No estaba más contenido en esa celda de lo que podía estarlo en el lavabo agrietado cuando me lavaba las manos. La verdad es que cuando entro en una habitación me limito a tener algunas visiones parciales de ella. Es como si fuese picoteando percepciones aquí y allá, como si lanzase una o dos sondas provisionales, pero nunca, absolutamente nunca (tal y como sí hacen los demás) me aventuro dentro de ninguna estancia. ¡Nunca me atraparéis en una de vuestras trampas para intrusos! ¡No! ¡Ahora ya no!

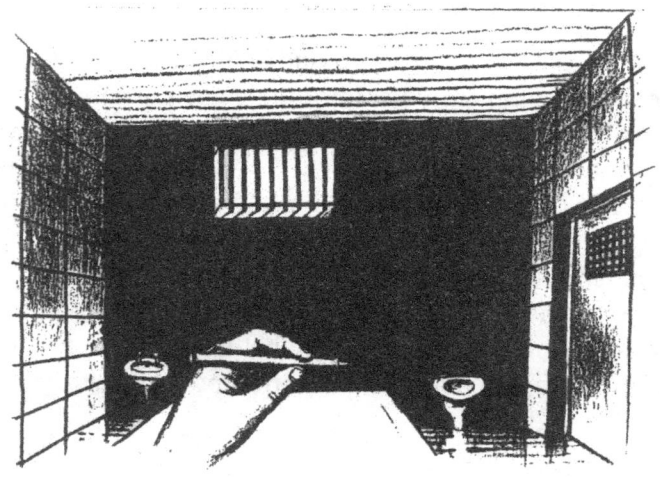

Diagrama n.º 1

Lo que me ocurrió es lo siguiente. Desde una edad muy temprana se me dijo que la palabra «celda» (o habitación, compartimento, cámara o sala de tribunal) significa un espacio cerrado por todas sus partes, por lo que yo adapté mi experiencia a dicho lenguaje. Podemos decir que comencé a alucinar para encajar, por lo que en todas partes me sentía como un pájaro enjaulado. Pero un buen día (¡glorioso y bienaventurado día!) me di cuenta de que lo que el poeta Lovelace escribió desde prisión era totalmente cierto:

Ni los muros de piedra forman una prisión, ni los barrotes de hierro una jaula.

Recuperé la cordura y volví a ver mi camino de regreso a la libertad. No en un sentido figurado sino literalmente: vi mi camino de regreso a la libertad...

La tarea encomendada a este tribunal consiste en guiarse tan solo por cuantas evidencias sean presentadas con claridad dentro de estas cuatro paredes. Corrección: *tres* paredes. Todo lo que les pido, miembros del jurado, es que observen con atención lo que se muestra en este instante, lo que está claramente expuesto y a la vista en este momento. No lo que se imaginan, lo que creen, lo que piensan, reflexionan o fingen, sino lo que están viendo verdaderamente. Es decir, *tres* paredes como mucho. Echemos otro vistazo a mi boceto, pues puede que les sirva de ayuda para ver la forma dada de lo que les rodea.

¡Fíjense! Delante de ustedes pueden apreciar el estrado, ahora vacío, con su pantalla de videoconferencias para los testigos que se encuentren lejos de aquí, y pueden apreciar que de fondo tiene una pared de forma más o menos *rectangular.* A su derecha, tanto su señoría el juez sentado en su banquillo como, debajo de él, el secretario judicial del tribunal, están enmarcados en una pared con forma de *trapecio* o de *cuña,* y en el extremo más ancho de dicha cuña (el extremo en el que ustedes se encuentran) la pared se vuelve difusa, se desvanece. A su izquierda, el banquillo de los acusados (conmigo en él) tiene también de fondo una segunda pared con forma de cuña que, en su propio extremo, se desvanece de igual modo que la anterior. Ahora bien, según la evidencia presente, ¿podrían afirmar honestamente que estas dos cuñas se unen para formar una cuarta pared?, ¿o que donde *ustedes* están haya algún fondo en absoluto? ¡Por favor! ¿Alguna vez en su vida, incluso en el metro en hora punta, se han visto a sí mismos realmente encerrados por *todas* partes? ¿No están ustedes, *para sí mismos,* completamente abiertos en la parte trasera, no son libres, ilimitados, inmensos, omnipresentes, más profundos que lo más profundo? De haber algún riesgo en esta dirección ciertamente no sería el de padecer claustrofobia, sino agorafobia.

FISCAL: ¡Me veo en la obligación de protestar, señoría! ¿Es esto un juicio por blasfemia o un seminario sobre perspectiva? ¿O (¡que el cielo nos asista!) un juego para niños de cuatro años? El acusado está haciendo perder el tiempo a este tribunal.

JUEZ: Creo que puede estar llegando al punto central de su argumentación.

YO: De hecho, ya estoy justo en él, señoría. Si usted y el jurado hacen el favor de pasar al diagrama n.º 2 del cuadernillo, puede que este me ayude a clarificar lo que estoy tratando de explicar.

Diagrama n.º 2

Cuando se pasa por alto o se evita, esta Pared Faltante, este Hueco, esta Abertura Trasera, esta Ausencia, nos parece inútil y aburrida, algo así como la sombra de una sombra, algo que no sirve absolutamente para nada. O, peor aún, algo más aterrador de lo que pueda serlo cualquier fantasía o cualquier demonio.

Sin embargo, cuando se incorpora y se acepta, cuando se asume y se adopta, se convierte en la Presencia, en nuestro mayor tesoro. Esta despreciada y denigrada No-cosa que hay a mi espalda resulta ser mucho más real que ninguna de las cosas que tengo frente a mí. Este descuidado Lugar es más verdadero que cualquier otro que podamos encontrar en el mapa, pues, a diferencia de ellos, es infinitamente ancho y profundo, constantemente Él Mismo de forma absolutamente uniforme, visible en su totalidad de un solo golpe, siempre accesible e inmutable. ¡Ah! ¡Mi verdadera Tierra Natal! ¡Mi «Gran Patria»!; el País de la Eterna Claridad. Esto es lo que veo que es, no lo que me imagino que es. Por encima de todo, está intensa y vívidamente *consciente* de sí mismo como todo esto y es libre de toda limitación. Si lo describimos en términos negativos, es mi salida de los lugares más estrechos, mi vía de escape incluso de la más segura de las prisiones. Descrito positivamente, es la forma que tengo de llegar a la absoluta Libertad que soy. No me abandonó cuando el oficial pensó que me había encerrado en su celda, ni tampoco me abandona ahora, en esta sombría sala del tribunal de la cual constituye el cuarto lado, el lado brillante y resplandeciente que no es sino el lado de Dios.

¡Sí! Toda habitación (cualquier lugar «dentro» del cual se supone que estoy) tiene siempre un lado que le pertenece a Dios, y ese es precisamente el lado que ocupo. Es mi forma de salir del mundo y de penetrar en su Fuente. Este es el rayo de luz que penetra hasta en la más oscura nube que se haya podido formar jamás.

Durante miles de años los sabios se han puesto del lado de Dios al tomar este camino de regreso al Hogar y recomendar, con toda la elocuencia de la que eran capaces, esta senda sagrada que nos lleva de la esclavitud humana a la libertad divina. Ahora, por fin, en lugar de limitarnos a escuchar hablar de ello a los expertos, se nos está mostrando claramente. Se nos está invitando a ver con nuestros propios ojos el camino que lleva a la Tierra de Dios, la Tierra Clara de la que estamos surgiendo y a la que estamos regresando constantemente.

FISCAL, cortando el aire con sus notas: ¿Han escuchado lo que acaba de decir, miembros del jurado? ¡Con gracia y sin empacho el Sr. Nokes adopta la posición de Dios! No, como podría pensarse, por una necesidad de reverenciarle, sino porque es quien él mismo cree ser; por estar, de forma natural, en Su lado. Esto, convendrán ustedes conmigo, es blasfemia sin reparo alguno, blasfemia proclamada con total tranquilidad y sin remilgos. Por no decir blasfemia estúpida: para ver las cuatro paredes a la vez le bastaría con poner un par de escaleras en el centro de la sala y mirar hacia abajo desde el techo.

YO: Y entonces la habitación carecería de techo. Allí, en este caso en lo alto, se encontraría la salida del mundo humano y la entrada en el mundo de Dios. Cuando los arquitectos dibujan planos de habitaciones con sus cuatro paredes (vistas desde arriba), lo que hacen es ponerse de parte del Arquitecto del Universo y ocupar su lugar.

¡Por el amor de Dios! ¡Recuperemos de una vez la cordura! ¡Démonos un descanso de toda esta locura! A todos nos afecta este asunto. Todos estamos inmersos en la difícil tarea de vivir. ¿De qué nos sirve luchar constantemente por seguir hacia delante si nuestra parte trasera está hecha un desastre; si, por así decirlo, tenemos los pantalones bajados? Nuestro éxito y nuestra mismísima supervivencia dependen en última instancia de este Respaldo, de este Apoyo sobre el que se basan todos nuestros esfuerzos, todas nuestras empresas humanas. ¿Se parece a alguna de esas corporaciones con un logo atractivo e inspirador que crecen como las setas en la City de Londres?, ¿a una de esas entidades que surgen de la noche a la mañana en la jungla financiera?, ¿o se trata más bien de un banco sólido, resistente y más o menos perenne como nuestro Barclays de la calle High Street? En realidad tan solo existe un Banco en el que siempre puedo confiar, tan solo una Firma que siempre permanece firme en medio de todas las crisis, tan solo una Compañía de Seguros de la que siempre puedo estar seguro, tan solo un Recurso al que siempre puedo recurrir infinitamente. Esa y no otra es la Presencia que me sostiene ahora mismo.

Siempre puedo contar con esta «Cosa» porque no es una cosa en absoluto, sino el Origen y el Receptáculo de todas las cosas, la Fuente de todo lo que hay, el Manantial del que brotan todos los recursos. Aunque permanece en todo momento libre de cualquier cosa, su capacidad para generar y mostrar lo que sea que se requiera (incluyendo esta descripción de sí misma que estoy haciendo ahora) resulta absolutamente asombrosa. ¡Tiene un don! Y, madre mía, ¡qué don!

Podemos llamarlo como más nos guste: el Vacío, la Esencia, el Espíritu, la Conciencia, la Realidad, el Tesoro del Reino de los Cielos o el verdadero Banco di Santo Spirito. Cómo nos refiramos a ello no es lo importante, pero sí que no lo pasemos por alto. En lugar de mirar a nuestro alrededor, hemos de mirar hacia atrás. No hay Nada en ello; así de fácil resulta girar nuestra atención hacia esto y confiar en ello. Y Todo surge de Él; es así de generoso. Aquí yace el Bolsillo que es infinitamente profundo, un Bolsillo que está perfectamente forrado y que siempre está listo para que cojamos cosas de él. Nuestra Fuente nunca se hace de rogar, no se hace la dura, la difícil... No juega a este tipo de juegos. Al contrario, nos suplica que la observemos, que seamos conscientes de ella, que nos aprovechemos de su abundancia y saquemos todo el efectivo de sus depósitos (haciendo pedazos por completo la sala del tribunal en el esfuerzo). Ahora díganme, ¿qué más podría hacer para anunciarse a Sí Misma?

FISCAL, con un gesto de burla: Y, por supuesto, no cabe duda de que todas estas ventajas están libres de intereses para el Sr. Nokes, el cliente del banco divino.

YO: Por supuesto que no. Apoyarse en esto siempre cuesta algo. Hay que pagar un interés, hay que poner cierta atención. Yo hago mucho uso de las ilimitadas reservas de este Banco, hasta el punto de que estoy despierto a Su presencia y a la posición central que ocupa en mi vida. Estar verdadera y genuinamente intrigado, no abandonarlo y mantenerse fiel a Ello por propia voluntad y no porque nadie más nos diga que lo hagamos, es sacar partido verdaderamente de lo que nos ofrece, abrir el grifo de Su poder, ser Ello. Y justo ahora se revela a Sí Mismo como la Abertura que hay entre las dos paredes con forma de cuña de la sala de este tribunal. ¡Qué vasto y profundo es este Hueco Trasero, qué limpio y qué increíblemente capaz de apreciarse a Sí Mismo! Un puro deleite, y maravilloso hasta la conmoción, diría yo. ¡Esta Abertura es un *ágape!* En inglés hay dos pronunciaciones distintas y dos significados para esta palabra: el adjetivo *agape*, que significa *sorprendido, conmocionado, con la boca abierta*, y el nombre *agape*, que significa *banquete fraternal*, y ambos se aplican en este caso. Este inmenso Apetito por el mundo, con sus fauces abiertas de par en par es lo que YO SOY justo aquí y justo ahora. En realidad no puedo determinar *qué* es, sino tan solo que, efectivamente, *es*. Aquí no estamos en una situación en la que pueda decir «yo soy esto, aquello o lo de más allá», sino simple y llanamente YO SOY. Y, por detrás de este YO SOY, está el NO SOY del cual surge, sin razón, sin motivo y sin limitación o restricción alguna. Se trata de SER, sin ser nada ni nadie en concreto. Por el contrario, y dicho sea con todos los respetos, tan solo tengo que echar una ojeada al fiscal para ver cómo es ser alguien (cómo es ser un objeto que no está respaldado por la Fuente del mundo, ni tan siquiera por el mundo, sino tan solo por una diminuta porción de él; es como si fuera un parche con forma de persona que hubiese sido recortado en la imagen de la sala).

¡Qué alivio tan enorme supone respaldarse y apoyarse en el Uno cuyo nombre es YO SOY, el nombre que precede a cualquier otro nombre y que lo hace posible! ¡Qué alivio fundirse con el Ilimitado y ser sostenido por Él! En la celda de aquella comisaría, en el banquillo de los acusados de esta sala, en la celda de los condenados si finalmente me enviáis a ella... lo único que encuentro a mi espalda es esta Libertad Eterna, esta Seguridad incomparable, porque yo no estoy en ninguno de esos lóbregos y estrechos lugares, sino que ellos están en mí. En mí que no soy sino el Resplandor mismo que los acoge.

Dios es mi salida, pero, ¿mi salida hacia dónde? Que sean mis testigos los que contesten por mí:

¿Hacia dónde? Hacia el Lugar donde no tiene cabida ni el espacio mismo, donde no existe nada salvo el destello instantáneo de la Luna de Alá. Está mucho más allá de todo concepto y de todo lo imaginable. Es la Luz de la luz de la luz de la luz de la luz de la luz.

Rumi

Los verdaderos lugares no se hallan en los mapas.

Herman Melville

El amante no tiene nada a su espalda... Lo recibe todo de forma clara y pura a partir de Él.

Rumi

Dejemos que Dios sea nuestro apoyo y nuestro respaldo.

Shakespeare, *Enrique VI,* Tercera Parte

La mente de los *bodhisattvas* está configurada de tal forma que funciona sin nada detrás de ella... El *bodhisattva* flota como una nube en el cielo sin nada a su espalda.

D. T. Suzuki

El sabio ve y oye permanentemente lo mismo que ve y oye un niño pequeño.

Tao Te Ching

Yo te alabo, Oh Padre, Señor del Cielo y de la Tierra, por haber ocultado estas cosas a los doctos y prudentes y habérselas revelado a los niños.

Jesús

Testigo n.º 2 de la acusación

EL HUMANISTA

FISCAL: ¿Podría explicar ante el tribunal cuál es su relación con el acusado en lo que afecta al crimen que se le imputa?

TESTIGO: Soy profesor universitario de Filosofía y mi campo de especialización es la Historia del Humanismo. Hace unos veinte años John a-Nokes asistió a una serie de conferencias que impartí sobre los ideales que dieron lugar a la Revolución Francesa. Le conocí por encima, pero enseguida me di cuenta de que era una especie de apasionado y enérgico librepensador místico con una mente muy viva y despierta. Un bicho raro, un excéntrico estrafalario (por no decir que un auténtico chalado). Desde entonces nos hemos encontrado (o, mejor dicho, hemos tenido encontronazos) de vez en cuando. Desde el primer momento estuvo claro que teníamos muy poco en común. Siempre que nuestros caminos se cruzaban nos enfrentábamos dialécticamente y nuestras respectivas posiciones se volvían más firmes y alejadas. Poco a poco me fui dando cuenta de que no se trataba simplemente de una persona religiosa (el tipo de cristiano que está constantemente citando la Biblia y que no se pierde ni una misa), sino que era religioso de una manera que tan solo soy capaz de definir como repulsiva y abominable. Leí tanto como pude (bien poco, la verdad) de lo que había escrito y le escuché hablar (bastante más de lo que me hubiese gustado) sobre todo ese asunto de «Quién Es Realmente», lo que me hizo llegar a la conclusión de que vivimos en planetas distintos. Nuestras posturas están demasiado alejadas como para poder entendernos. En todo caso, este síndrome de deificación y estos delirios de grandeza me dejan anonadado y sin palabras.

FISCAL: ¿«Síndrome de deificación», ha dicho? ¿Le importaría explicarnos a qué se refiere con eso?

TESTIGO: Me refiero a que está tan por encima de los demás que, sencillamente, queda fuera de mi alcance. Si pudiese hablarle de igual a igual, dirigirme al hombre, a la persona, le retaría a que intentase encontrar un solo individuo que creyese seriamente que, como él afirma, es divino. ¿Por qué no puede darse cuenta de que su verdadera dignidad consiste en aceptar la visión que el mundo tiene de él, aceptar que, al fin y al cabo, no es más que un ser humano? Me gustaría que depusiese esa actitud, que dejase de ser tan pretencioso, que admitiese sus propias limitaciones e hiciese suyas estas palabras de Alexander Pope:

> Entonces, conócete a ti mismo,
> no supongas a un Dios que investigar;
> pues el estudio del hombre
> es el más apropiado para la humanidad.

Defensa: **El «divinista»**

YO, dirigiéndome al testigo: ¡Eso es ridículo! Sencillamente no es cierto que todo el mundo crea que soy esencialmente humano. Debería conocer la filosofía perenne, según la cual usted y yo, tanto si nos gusta como si no, somos esencialmente divinos.

TESTIGO: Bueno, hay todo tipo de sistemas filosóficos fantasiosos. He olvidado (si es que alguna vez lo supe) la mayor parte de lo que enseña la así llamada *filosofía perenne*. Por lo visto no es algo que valiese la pena recordar.

YO: Entonces, permítame recordárselo. Se encuentra, más o menos oculta, en el corazón mismo de todas las grandes tradiciones espirituales, e insiste en que, verdaderamente y sin ambages, yo soy el Uno, el Único Yo (también llamado Atman-Brahman, Naturaleza de Buda, Tao, Espíritu, Ser, Dios, la Nada que abarca todas las cosas, etc.), y en que el verdadero propósito de la vida es llegar a darnos cuenta de que en nuestro núcleo central somos Esto y solo Esto.

En ese caso, mi verdadera dignidad consiste en negar no ser más que un ser humano. La dignidad que emana de mentiras no merece tal nombre. Más bien es una vergüenza, una desgracia que no se sostiene y que está destinada a derrumbarse.

Usted apela a la opinión popular, ese monstruo multicéfalo, pero ¿desde cuándo la filosofía se ha guiado por la máxima *vox populi, vox Dei* y ha asumido que lo que dice el pueblo equivale a lo que proclama Dios? ¡Yo diría más bien que la *vox populi* es lo que hace enfermar a Dios! Nuestro sentido común no es más que un sinsentido hasta que la filosofía perenne nos hace recuperar el verdadero sentido.

TESTIGO: ¿Y cómo es que esta supuesta filosofía perenne no ocupa virtualmente ningún espacio en la historia de la filosofía? ¿Acaso se deba a que sus chistes son muy malos? Sin duda debe haber una buena razón por la que no figure en ningún libro de texto serio. Yo, que doy clases de Filosofía, sé tanto sobre ella como de astrología, y afirmo que se trata de una temática desconocida porque eso es precisamente lo que merece.

YO: En Oriente ha eclipsado a cualquier otra filosofía durante veinticinco siglos, y aquí, en Occidente, es la *única* filosofía que ha sobrevivido intacta a lo largo de los siglos, y actualmente es más fuerte que nunca. No tiene fecha. Muchos de los pasajes del *Tao Te King*, que data del 300 a. C., son tan ciertos y tienen la misma frescura y vigencia actualmente que en el glorioso día en el que fueron compuestos. Ningún otro cuerpo de doctrina ha estado nunca tan libre de desgaste histórico o geográfico, ninguno ha sido tan práctico con independencia de las limitaciones culturales, tan simple, tan evidente, y, al mismo tiempo, tan profundo. Ningún otro ha resistido ni la mitad de bien la prueba del tiempo y de la experiencia cotidiana. Y, sin embargo ¡ningún otro es tan salvaje, tan audaz, tan osado y tan enloquecidamente *feliz!*

TESTIGO: Ya me imagino...

FISCAL: Señoría, no doy crédito a lo que está pasando en este tribunal. ¿Acaso se está interrogando a un testigo? ¿O se trata simplemente de dos antiguos contertulios disfrutando de una bufonada pagada por la Corona?

JUEZ: Ciertamente, esto es muy irregular, pero creo que el resultado de la contienda puede tener relación con el caso, y eso es lo que importa... El acusado puede proseguir, siempre y cuando no se demore mucho más en ir al grano.

YO: En realidad, ya lo he hecho, señoría. No sé si el testigo quiere añadir algo más...

TESTIGO: El problema de los sistemas dogmáticos y especulativos como este es que no hay manera de probarlos. Deme la dirección completa y el código postal de esta bendita deidad suya, dígame a qué hora está en casa, qué tengo que hacer para plantarme delante de su puerta y cómo reconocerla una vez dentro y, entonces, les tomaré en serio tanto a ella como a usted. Haga que esta información sea tan sumamente precisa que cualquier persona en cualquier parte del mundo pueda localizarla y encontrar exactamente el mismo bendito chisme y seré el primero en convertirme en su discípulo y arrastrarme a sus pies de loto.

YO: ¡Hecho! ¡Le tomo la palabra! Lejos de ser vaga o especulativa, la filosofía perenne nos dice con total precisión:

(1) *Dónde* encontrar a Dios: es decir, justo donde se encuentra usted ahora, en el estrado para los testigos del Juzgado n.º 1 del New Bailey, Holborn, código postal EC4, Londres, Inglaterra, Gran Bretaña, Europa, etc.

(2) *Cuándo* encontrar a Dios: o sea, ahora mismo, cuando son las 11:37 GMT.

(3) *Cómo* encontrar a Dios: a saber, girando la flecha de su atención 180° y dirigiendo la mirada hacia dentro, hacia el lugar desde el que percibe, hacia aquello desde lo que ve, y aceptando lo que ahí encuentre con la misma sinceridad que un niño.

(4) *Qué* buscar: literalmente, aquello que carece de forma, de características, de color y de límites; aquello que es como la luz, como el aire transparente o el agua cristalina. Un

Espacio Inmenso, lleno hasta los topes con lo que en él se esté mostrando a cada momento (que ahora mismo son el juez, el jurado, el acusado y todo lo demás, con la sola excepción de usted mismo). Un Gran Espacio, *consciente* de sí mismo como un vacío que, consecuentemente, está lleno.

La filosofía perenne siempre ha propuesto de manera persistente y consistente una hipótesis absolutamente sorprendente y deliciosa (nada menos que nuestra divinidad esencial) que clama por ser puesta a prueba por todos los medios disponibles, no vaya a resultar que sea cierta. En gran medida, como acabamos de ver, ya viene provista justo con las herramientas adecuadas para la tarea, y resulta que son *precisamente las cuatro pruebas que acabo de enumerar*. Y, precisamente también son palpables, medibles, se refieren a centímetros y milímetros, a horas, minutos y segundos, a grados de compás. ¡Al diablo con toda esa cháchara metafísica inconcreta y pseudoespiritual!

Tennyson decía que Dios está más cerca de mí que mis manos, mis pies y mi respiración; Mahoma que está más cerca de mí que mi yugular. Pues bien, veamos si sabían de lo que estaban hablando. Siguiendo estas cuatro pautas que hemos acordado: (1) señalo, con los dedos índice de ambas manos, a este lugar que es el más cercano de cuantos puede haber, el lugar desde el que miro; (2) lo hago ahora; (3) lo hago con el mismo espíritu de un niño, que acepta lo que ve; y (4) observo si aquello a lo que estoy apuntando se parece a una cara o al espacio, si es humano o no humano, si es una cosa o una no-cosa, si es pequeño y limitado o infinito y sin límites, si está muerto para sí mismo o totalmente vivo (vivo para Sí Mismo en toda su resplandeciente evidencia, su ardiente obviedad, su unicidad y ¡sí!, ¡también su poder!). Parece que Eckhart estaba en lo cierto al afirmar: «Cuando el alma llega a su Corazón, cuando penetra en las regiones más profundas de su propio Ser, entonces de pronto se ve inundada de poder divino».

FISCAL: En primer lugar, miembros del jurado, hemos sido agasajados con el espectáculo de una contienda bastante amistosa. Ahora vemos cómo el ganador estalla por completo en pura admiración hacia sí mismo (es decir, hacia el poder divino que proclama poseer). Pero ¡claro que sí! ¿Cómo podría ser de otro modo? Este hombre adora el suelo por el que pisa. Así lo ha demostrado hoy sin duda en su camino hasta el banquillo de los acusados (y quizá mañana haga lo mismo de camino al patíbulo).

YO: Hago un llamamiento a su señoría y a todos los miembros del jurado para que ignoren el descarado intento del fiscal por avivar los prejuicios contra mí y para que, con mentalidad abierta, comprueben por sí mismos lo que digo. Limitarse a mirarme y a escucharme a mí mientras realizo este crucial experimento sería absolutamente inútil. ¿Acaso deberíamos temer a la verdad? Les ruego que sigan mi ejemplo y que señalen ahora mismo —repito, *ahora mismo*— hacia ese Punto que está más cerca de ustedes que su propia respiración y que *vean por ustedes mismos* de qué estoy hablando. ¡No se avergüencen de ello! Incluso si su madre (al igual que la mía) les decía de pequeños que era de mala educación apuntar con el dedo, les aseguro que no hay ningún problema en señalar a este Uno. ¡A Él le encanta! ¡Le fascina!

Ahora me dirijo personalmente a cada uno de ustedes: ¿cómo son las cosas ahí, justo en el lugar en el que *están*? Según la evidencia presente, ¿desde qué *están* mirando? ¿Quién habita ahí, en el Centro de su universo? Tan solo *ustedes* mismos están en la posición adecuada para observar y responder a estas preguntas.

Hasta que no hayan abordado (y ya no digamos resuelto) la cuestión de su propia identidad, ¿cómo pueden pronunciarse sobre cuál es la mía? ¿No sería absurdo e injusto condenarme por pretender ser Alguien, sin tomarse la molestia de mirar para comprobar si *ustedes* también son este mismo Alguien, este Alguien increíble?

Yo les pregunto: si miran ahora mismo hacia aquello que están apuntando sus dos dedos índices, ¿no se trata de una Capacidad Consciente abierta para ellos y para la totalidad de la escena que hay entre ellos; es decir, esos pies diminutos, esas piernas en escorzo, esos muslos y la parte inferior de su torso? ¿No refleja el diagrama n.º 3 (al cual les pido ahora que dirijan su atención) con bastante justicia lo que están experimentando, lo que están percibiendo?

Diagrama n.º 3

Tan solo quisiera preguntarles qué nombre le darían a esta Inmensidad que está más cerca de ustedes que sus manos y pies, más cerca que su propia respiración, a este Resplandor que aquí mora y que es la Luz y todo lo que ilumina. Llamarlo Mary Smith, William Brown, o, para el caso, Gerald Wilberforce o John a-Nokes, sería tan perverso y ridículo como referirse a ello como «pequeñas manzanas verdes». Es precisamente lo contrario; es la ausencia de esas personas. Aquí se encuentra el único lugar de mi mundo que está absolutamente limpio de John a-Nokes, que carece por completo de él, el lugar en el que dejo de ser ese tipejo tan opaco y carente de luz. Aquí, en mi Centro, está el único lugar donde resplandece la Luz que ilumina la luz. Esta es la Luz que, según Dante, «hace visible al Creador mismo para su criatura, quien encuentra su paz al verle».

Poner a Jack aquí, en el Centro de su mundo, no sería únicamente muestra de un orgullo diabólico y una blasfemia; sería comportarme de un modo horrible conmigo mismo. Sería como interpretar el papel del tejedor en *El sueño de una noche de verano* y plantarme una cabeza de burro sobre los hombros. ¡Algo increíblemente estúpido! Al igual que la tercera persona no es susceptible de ser divinizada, la Primera Persona tampoco se puede humanizar. El verdadero humanismo en lo *externo* (lo que está «ahí fuera») se corresponde con el verdadero «divinismo» en lo *interno* (lo que está «aquí dentro»). Lo mejor que puedo hacer por Jack es seguir viéndole fuera, y a Dios, dentro.

En la medida en que soy, yo soy Él. Como lo explica Rumi:

«Yo soy Dios» es una expresión que implica una gran humildad. Aquel que dice: «Soy esclavo de Dios», está afirmando dos existencias, la suya propia y la de Dios. En cambio, quien dice: «Yo soy Dios», se ha vuelto inexistente, se ha entregado a sí mismo completamente... Lo que está diciendo es: «Yo no soy nada, Él es todo. No existe ningún ser salvo el ser de Dios». Esto es humildad y entrega en su máxima expresión.

De entre los escritos que he preparado de otros testigos, estos son los que he seleccionado:

En apariencia un hombre, en realidad Dios.

Chuang-tzu

Jesús dijo: Lo que ahora parezco ser, no lo soy... Y así hablo yo, alejándome del hombre.

Hechos de Juan

Vieron el cuerpo, y dieron por hecho que era un hombre.

Rumi

El hombre no es; el hombre llega a ser: no es ni un ser limitado ni un ser ilimitado, sino el paso del ser limitado al ilimitado; es la búsqueda de su propia perfección, la cual está más allá de él mismo y no es él mismo, sino Dios... La llamada de la religión es el sentimiento de que mi único yo verdadero es Dios.

A. C. Bradley

No importa con cuánta frecuencia piense en Dios o vaya a la iglesia, o en qué medida crea en las ideas religiosas; si él, el hombre total, es sordo a la pregunta de la existencia, si no tiene una respuesta que ofrecerle, está agotando su tiempo, y vive y muere como una cosa más de entre el millón de cosas que produce. Piensa en Dios, en vez de experimentar ser Dios.

Erich Fromm

Dios está vivo y perfectamente bien... ¿Adivinas dónde?

Pintada en el espejo de un lavabo

Testigo n.º 3 de la acusación

LA COLEGIALA

FISCAL: Señoría, en el palco del público contamos con la presencia de una clase de escolares con edades comprendidas entre los diez y los doce años. Están aquí como parte de su formación en ciudadanía. Su profesor me ha informado de que cualquiera de ellos (quien elija el acusado) estaría encantado de acercarse al estrado y prestar declaración, siempre que, por supuesto, tanto su señoría como el acusado den su conformidad.

La peculiar naturaleza del delito y el carácter informal de este procedimiento me han animado a presentar esta propuesta. La razón para hacerla es que el acusado, tanto en sus libros y conferencias como aquí y ahora, en la sala, insiste en que los niños están de su parte y en que si tan solo pudiésemos volvernos como ellos, veríamos exactamente lo mismo que él. Pues bien, a la fiscalía le gustaría cooperar con la defensa en el esclarecimiento de la verdad. ¡Que no se diga que la Corona no es justa y equitativa! ¿Cuento con la venia de su señoría para añadir a la causa las pruebas que pueda aportar uno de estos niños?

JUEZ: Por supuesto, siempre que el acusado no tenga inconveniente.

YO: No lo tengo, señoría.

JUEZ: Y siempre que se garantice que el niño que suba al estrado no haya sido condicionado por sus padres o profesores para declarar en contra del acusado (o a favor con un fervor desmedido).

FISCAL: Estoy seguro de que los pocos prejuicios que pudiera tener jugarán a favor del acusado.

JUEZ, dirigiéndose a mí: Entonces, ¿da usted su consentimiento para que la fiscalía siga adelante?

YO: Ciertamente, señoría. En cuanto a qué niño vendrá a testificar, digamos que el más joven de ellos.

El profesor baja del palco con una niña y la acompaña hasta una silla que se ha colocado al efecto en frente del banquillo de los testigos.

FISCAL, dirigiéndose a la testigo: ¿Serías tan amable de decirnos tu nombre y tu edad?

TESTIGO: Me llamo Mary y tengo diez años.

FISCAL: Mary, ¿qué sabes del Sr. Nokes, aquí presente en el estrado?

TESTIGO: Nuestro profesor nos ha dicho que hace preguntas raras sobre él mismo, como: «¿Soy *realmente* el Sr. Nokes?».

FISCAL: ¿Y a ti eso qué te parece, Mary?

TESTIGO: Creo que eso es un poco tonto. Tan solo tiene que mirarse al espejo.

FISCAL: ¿Te importaría repetir eso un poco más alto para que el jurado pueda escucharlo bien?

TESTIGO: Me da pena, porque lo único que tiene que hacer es mirarse en el espejo.

FISCAL: Gracias, Mary. Ahora, el Sr. Nokes te hará algunas preguntas.

YO: Mary, ¿tienes hermanos?

TESTIGO: Sí, tengo un hermanito que se llama Dick y tiene dieciocho meses.

YO: Cuando se pone frente al espejo, ¿cómo reacciona ante lo que ve?

TESTIGO: Cuando era muy pequeño no se fijaba en absoluto, pero ahora ha empezado a hacerle ruiditos al niñito que ve detrás del cristal y a jugar con él. Lógicamente, es demasiado pequeño como para darse cuenta de que es él mismo. Es como un petirrojo que vi una vez, que empezó a picotear su propio reflejo en una ventana.

YO: Mary, conozco a una niña pequeña llamada Madge. Un día se pintó la cara con el lápiz de labios de su madre, ¡pero lo que hizo fue pintar la cara que veía en el espejo del baño!

TESTIGO: ¡Qué tontería! Pronto crecerá.

YO: Eso es todo, Mary. Muchas gracias por tu ayuda y por responder a nuestras preguntas. Ya puedes volver con tus compañeros.

FISCAL, dirigiéndose al jurado: En el transcurso de su defensa contra el anterior testigo (el humanista, como recordaréis), el acusado dijo un par de cosas sobre las que me gustaría llamar su atención: primero, que para poder ver la verdad sobre él mismo ha de volverse como un niño, y segundo, que al hacerlo pierde su rostro humano y pasa a tener un rostro divino (o algo por el estilo).

Pues bien, mucho me temo que el testimonio de Mary habrá quebrantado de algún modo su monolítica complacencia.

Veamos lo que este individuo que va por ahí haciendo preguntas tontas (usando el lenguaje de Mary) tiene que decir a este respecto.

Defensa: **Diez formas de quitarnos la máscara**

YO: Todo descubrimiento importante empezó siendo inicialmente una pregunta absurda. Damas y caballeros del jurado, no me siento para nada tan reprobado como cree el fiscal. El testimonio de Mary constituye una perfecta introducción para la historia que tengo que contarles.

Y, como cualquier historia convincente, esta también se presenta en tres partes. Ella ya nos ha proporcionado y ha ilustrado las dos primeras. Será tarea de un adulto (de alguien que verdaderamente haya madurado) traer a colación la tercera.

FISCAL, dirigiéndose al jurado en tono irónico: Y, por supuesto, todos sabemos *quién* será ese adulto, ¿verdad?

YO: La historia es como sigue:

(1) Tanto los animales como los bebés, en su experiencia directa de sí mismos, carecen de rostro. De manera inconsciente, viven a partir de Quién son realmente; desde el Uno libre de cara que se encuentra en el Centro de su universo. Ninguno de ellos es tan iluso (o tan blasfemo) como para superponer en esta Claridad central, en esta No-cosa, cualquier tipo de

característica propia. Absolutamente todos ellos, desde el hermano pequeño de Mary en su parquecito hasta el insecto apenas visible de la ventana del jardín de infancia (e incluso seres aún más minúsculos) son *para sí mismos* tan inmensos y tan completamente abiertos como un cielo despejado. Creo que todos deberíamos arrodillarnos y pedir perdón por haber infravalorado a estos seres humildes pero majestuosos que, a diferencia del resto de los humanos, nunca han sido, ni por un solo momento, culpables de blasfemia. Y, a continuación, tendríamos que recitar estos versos de Blake:

> ¿Ves ese diminuto insecto alado,
> más pequeño que un grano de arena?
> En su interior es inmenso y maravilloso:
> sus puertas no están cerradas,
> y espero que las tuyas tampoco lo estén.

(2) Pero el bebé crece y se convierte en niño. Mary ha tenido que pagar una carísima suscripción (literalmente, su inmensa apertura en la que no hay ni rastro de Mary) para poder entrar en el club humano, y a cambio, como reconocimiento, le han entregado su carnet de identificación y membresía: el rostro de Mary. Al encontrarse consigo misma en el espejo, casi de la noche a la mañana se encogió y dejó de ser Capacidad ilimitada para todas las cosas para convertirse en una sola cosa. Con esto no quiero desacreditar a Mary; es sencillamente una etapa por la que todos tenemos que pasar.

(3) Pero ahora pensemos en lo que puede ocurrir en un día futuro (el día de su renacimiento) en el que Mary decide que el precio que ha tenido que pagar para formar parte del club humano es excesivo y, en consecuencia, deja de pagarlo, cancelando en secreto su suscripción pero sin dejar por ello de disfrutar de los innumerables servicios que le brinda el club. Recupera su verdadero Rostro, absolutamente claro, inmenso y no humano, pero se cuida de seguir manteniendo su tarjeta

de membresía en el club (ese carnet con la foto de un pequeño rostro humano), para lo cual la guarda en esa especie de vitrina de cristal. Vuelve a ponerse su Rostro Original y se cerciora de que esa otra cara adquirida permanezca en el lugar que le corresponde (más o menos a un metro de distancia). Ahora, cuando mira en esa vitrina (que no es más que el espejo) ¡ve lo que *no es*! Recupera su Yo verdadero.

Señoría, miembros del Jurado, se habrán percatado de que hay un espejo en la portada del cuadernillo de diagramas que se les ha entregado a cada uno de ustedes. ¿Serían tan amables de mirarse ahora en el espejo como si fuese la primera vez y, libres de prejuicios, aceptar lo que ven y dónde lo ven? No, no me miren a mí. Miren fijamente al espejo y vean, para variar, no a sí mismos sino a un amigo cercano. Cercano, sí, pero no demasiado cercano. Un amigo, pero no tan amigable como cabría pensar.

FISCAL: ¡Esto es ridículo! John a-Nokes, veo que usted también tiene uno de esos cuadernos con espejo. Le reto a que se mire ahora mismo en él y le diga al jurado con toda la seriedad que lo que ve no es su propia cara.

YO, cumpliendo cuidadosamente con la petición del fiscal: ¡No! ¡Esa no es mi cara!

FISCAL: Entonces, por el amor de Dios ¿*de quién* es esa cara?

YO: ¡Buena pregunta! Puedo asegurarle con total sinceridad que no me pertenece.

FISCAL: ¡No puedo creer lo que oigo! Deme tan solo una razón por la que la cara que está viendo no iba a ser la suya.

YO: ¡Le daré *diez!*

FISCAL: ¡Qué hombre tan gracioso!

YO: Señoría y miembros del jurado, abordemos juntos y con cuidado este asunto tan gracioso y tan serio. Y, con total humildad, preparémonos para llegar a donde quiera que sea que los hechos nos lleven. Les pido que no me miren a mí cuando vaya explicando estas diez razones, sino que se miren en su espejo y comprueben por sí mismos si lo que digo sobre mí es también cierto para ustedes.

Esa cara *no es* mi cara, porque:

(1) Está al revés: está mirando hacia dentro en lugar de mirar hacia fuera.

(2) Tiene el tamaño equivocado: no mide apenas más de ocho centímetros.

(3) Está en el lugar equivocado: se encuentra a unos treinta centímetros del centro.

(4) Está por todas partes: puede venir desde cualquier posición, desde cualquier ángulo. Es incapaz de quedarse quieta en un sitio.

(5) Muy apropiadamente, aparece en salas muy extrañas en las que los relojes van hacia atrás y los textos impresos se leen al revés.

(6) Está siempre bloqueada en una misma dirección: es incapaz de mirar hacia arriba, hacia abajo o hacia los lados.

(7) Es intangible.

(8) En estos y en todos los demás aspectos, es lo opuesto a lo que veo que tengo sobre los hombros, y por lo tanto, no es mi cara sino la de algún otro.

(9) Una conclusión que puedo comprobar acercándome lentamente el espejo. A medida que se acerca, intento cogerla, darle la vuelta, estirarla para que alcance el tamaño que ha de tener y plantármela sobre los hombros (poniendo de este modo a John a-Nokes en el centro de mi mundo), pero no puedo. Me es imposible. Incluso si pudiera hacerlo, no podría asentarse en este lugar, en este espacio. En cualquier caso, la cara se desvanece sin dejar ni rastro antes de llegar aquí.

(10) Y si en lugar de este espejo fuese la cámara de un amigo la que hiciese el mismo viaje, acabaría mostrando las mismas imágenes. A cierta distancia, grabaría esta cara. Al irse acercando, tan solo partes de ella. Y al llegar aquí (justo aquí), no quedaría nada de ella.

Ahí tiene diez razones por las que esa cara no me pertenece. ¿Cuántas más quiere, sir Gerald? Existen muchas más, pero tal vez con diez sea suficiente para poder pasar a otro tema.

FISCAL: Entonces, haga el favor de decirnos de una vez *de quién* es esa cara.

YO: De John a-Nokes, por supuesto. La cara de un amigo bastante cercano. Un amigo cuyo encanto radica en que es tan diferente de mí como es posible serlo. Ya saben... es lo que suele pasar con los amigos...

FISCAL: ¡Trucos engañosos, miembros del jurado! Pero ¿a qué se reduce todo esto? A que los adultos estamos equivocados, los niños están equivocados, y tan solo los bebés y el Sr. Nokes tienen razón. Así que ¡actuemos todos como niños pequeños! ¡Volvamos a la cuna! Esta no es la manera de ser tomado en serio en un tribunal. ¿Y qué lugar podría estar más reservado para los adultos de entre todos los lugares de la tierra?

YO: No estoy diciendo que tengamos que «volver a la infancia», sino que hemos de «avanzar hacia la cordura, hacia la verdadera madurez, hacia la sabiduría, hacia el conocimiento de Dios que queda reducido a locura en los hombres». En una palabra, hacia la divinidad.

FISCAL, gritando y lanzando su mensaje desaforadamente: ¡Hacia la blasfemia!

YO: ¡Hacia la honestidad! Todo esto es tan sumamente simple y razonable. Del mismo modo que para averiguar quién es alguien (ya sea George, Henry, Marmaduke, Lady Godiva o quien sea) lo que hago es mirarle a la cara, *para descubrir quién soy yo (Jack, Jill, el Hombre Elefante... quien sea) lo que hago es mirar la mía*. ¡Por amor de Dios! ¿De qué otra manera podría hacerlo? Miro mi cara verdadera, presente, mi Rostro Original desnudo, en lugar de mirar esa cara adquirida que se muestra ahí, en el espejo, ante la cual cuento con estas diez razones para negar que sea mía. Miro al resplandeciente y encantador Rostro del Uno que soy verdadera, verdadera, verdaderamente.

¿Cómo es que llegué a trocar Esta por aquella? ¿Cómo pude desfigurarme tanto? ¿Acaso mi Rostro Original no era lo suficientemente atractivo, o su complexión lo suficientemente clara? ¿Acaso perdió la frescura de la juventud? ¿O es que ver mi verdadero Rostro se volvió de repente algo absurdo, perverso, imposible?

Entre la edad de Dick y la de Mary, aprendí el arte de evitarme a mí mismo, de buscarme deliberadamente *en la dirección equivocada* (¡como si ahora me buscase en el púlpito del juez en lugar de en el banquillo!). Antes miraba *ahí*, en el espejo, en esa vitrina de cristal, y creía que lo que veía estaba *aquí*, pero ahora lo miro tan solo para ver a mi amigo, mi compañero, mi opuesto. Antes solía decirme a mí mismo: «¡Ese soy yo!», pero ahora me limito a saludar al tipo del espejo: «Hola, muy buenas. ¡Me encantas porque soy muy distinto a ti!». El mismo mecanismo que me hechizó, que me hizo alucinar y ver un insignificante bulto mortal con forma de persona (pequeño, multicolor, opaco, apretado, complejo) en el Centro de mi mundo, ahora me libera de él. Y, al quitármelo de encima, quedo libre para ser Yo mismo. Y ese tipo que era mi enemigo cuando estaba aquí, pasa a ser ahora mi fiel compañero estando ahí, en el lugar que le pertenece, en esa extraña habitación llena de cosas del espejo; se convierte en un buen vecino. Sí, siempre está confinado a su casa de cristal, no descansa nunca y se muestra implacablemente inquisitivo, pero, aún así, es agradable tenerlo cerca.

Por lo tanto, resulta que este utensilio tan enormemente infravalorado al que llamamos *espejo* es mucho más elocuente a la hora de establecer mi Naturaleza (infinitamente más directo y convincente) que todas las escrituras sagradas del mundo. Al menos en inglés, ya contó con un buen nombre en sus orígenes, pues *mirror (espejo* en inglés) se deriva del latín *mirari,* que significa quedarse maravillado o asombrado. En ocasiones me he referido a él con nombres mucho peores (juguete, ilusionista, embaucador, estafador), pero lo cierto es que era yo el que le hacía trucos a él, haciendo caso omiso de sus diez revelaciones, las cuales son capaces de romper cualquier hechizo, cualquier ilusión. Y ahora, cada vez que comparo ese rostro de hombre de detrás del cristal, tan minúsculo, tan defectuoso y siempre envejeciendo, con este inmenso, inmaculado e inmortal Rostro de Dios que hay frente a él, vuelvo a ser Yo de nuevo.

«Dios os ha dado un rostro —dice Hamlet— y vosotros os habéis hecho otro». Robándoselo al espejo, añadiría yo. Podríamos decirlo así: hay un único Rostro, pero multitud de rostros. La diferencia entre ellos es total y absoluta, por lo que resulta esencial descubrir cuál de ellos es el que nos ha dado Dios. ¡Y ha puesto en nuestras manos nada menos que diez formas de descubrirlo! Elije la respuesta equivocada y no solamente te verás inmerso en todo tipo de problemas, sino que, además, serás un blasfemo.

Aquí tenemos algunos ejemplos de personas que eligieron la respuesta correcta:

> Todas las cosas muestran dos caras: una cara propia y la Cara del Señor. En lo que respecta a su propia cara no son nada, más en lo que respecta a la Cara de Dios, son el Ser.
>
> Al-Ghazali

A todo el mundo le gusta un espejo... mientras no conozcan la naturaleza de su Rostro. Al fin y al cabo, ¿por cuánto tiempo puede verse un reflejo? Haz que tu práctica sea la contemplación del origen de ese reflejo... y esas mejillas y esos lunares regresarán a su Fuente.

Rumi

Esto no es algo que puedan hacer aquellos cuyo Verdadero Rostro no esté limpio e impoluto.

Attar

[Licomedes tenía un retrato del apóstol Juan.] Y él, que nunca jamás había visto su propio rostro, le dijo sorprendido: «¿Te burlas de mí, hijo mío? ¿De verdad soy así?».

Hechos de Juan

Los mil setecientos koans o temas a los cuales se dedican los estudiantes del zen tan solo tienen como objetivo hacerles ver su Rostro Original. El Honrado por el mundo se sentó a meditar en las montañas nevadas durante seis años, luego vio el lucero del alba y se iluminó al ver su Rostro Original. Cuando se dice de otros sabios ancianos de antaño que tuvieron una gran realización o una gran apertura, significa que vieron su Rostro Original.

Daito Kokushi

Testigo n.º 4 de la acusación

EL ENCARGADO DE LOS LAVABOS

DESPUÉS DE HABERLE EXPLICADO CUIDADOSAMENTE al testigo la naturaleza de la acusación contra mí y de hablarle un poco sobre mi posición en la defensa, el fiscal le pregunta si puede aportar algo de luz sobre este asunto.

En respuesta, el testigo declara que me conoce bien de vista, pues soy uno de sus «clientes» habituales, y también por mi malísima reputación.

El juez advierte al testigo que se encuentra en el estrado para contestar a preguntas sobre hechos, y no para establecer juicios morales espontáneamente ni, ciertamente, para contarle al tribunal lo que otros puedan pensar de mí. Después pide a los miembros del jurado que ignoren las palabras «malísima reputación».

TESTIGO: Todo este rollo de no ser un hombre en realidad tan solo demuestra que Nokes está como una regadera. ¡Qué fanfarronada! ¡Vaya morro tiene! Cuando dice esas cosas no puedo creer lo que oigo. Si no es humano, entonces ¿por qué usa mis aposentos? ¿Y qué demonios hace cuando está ahí de pie frente a la pared mirando hacia abajo? Me gustaría saber qué tiene eso de divino. Y no me digas... [golpeando con los puños la baranda del banquillo para los testigos] ¡No me digas que el Todopoderoso también mea! ¡Y que se *tira pedos*!

El juez llama al orden a la corte y advierte al testigo de que modere drásticamente su lenguaje.

TESTIGO: ¡Lo siento, jefe! Pero lo sé todo sobre este canalla que hoy se encuentra en el banquillo, y ya he aguantado más de lo que puedo soportar. Es él, y no yo, quien emplea un lenguaje insultante al referirse al Todopoderoso. ¿Quién se cree que es? Lo único que le digo a este desgraciado es que es como usted, como yo y como todos los demás...

Su señoría advierte al testigo de que está a punto de ser acusado de desacato al tribunal.
Decepcionado con el juez, el testigo se dirige al jurado.
TESTIGO: Y, además, señoras y señores, recuerdo perfectamente cómo este tipo llegó corriendo un día como si le estuviesen persiguiendo todos los demonios, se metió en uno de mis retretes, se cerró con llave y salió tan tranquilo cinco minutos más tarde después de tirar de la cadena. Me apuesto uno de los grandes con cada uno de ustedes a que lo que hizo ahí dentro es lo que todos hacemos. ¿Quién es entonces el Todopoderoso...?
Esta vez, el juez y el fiscal consiguen silenciar juntos al testigo. Yo no tengo ninguna pregunta que hacerle, por lo que, murmurando entre dientes, abandona el estrado.

Defensa: **Gravedad y levedad**

YO: Miembros del jurado, a pesar de lo hostil que pueda parecer este testigo, su declaración me viene de maravilla. En contra de su intención, me ha allanado el camino para presentarles algunas evidencias sorprendentes a mi favor; evidencias que, de no haber sido por él, muy bien pudiese haberme olvidado de exponer.
Déjenme que les explique. Cuando estoy lo suficientemente interesado y soy lo suficientemente honesto y observador como para mirarme a mí mismo por mí mismo, lo que descubro es que soy doble. Tengo dos diseños diferentes, dos modelos muy distintos, Mark 1 y Mark 2/3. Son extremadamente *distintos* entre sí, más que el blanco y el negro. Siempre se mantienen *separados,* guardan la distancia como los polos de un imán. Están permanentemente *el uno frente al otro,* con la misma constancia con la que la columna de Nelson está frente al Whitehall en Londres. Y son *opuestos,* tanto como el sabor dulce puede serlo del amargo. Mark 1 es el Yo divino, real y central, mientras que Mark 2/3 es el yo aparente, periférico y

absolutamente humano. Mark 1 es lo que soy, mientras que Mark 2/3 es lo que parezco ser (mi apariencia). Mark 1 es lo que yo mismo encuentro que soy aquí como la Primera Persona, como el Sujeto que ve, mientras que Mark 2/3 es lo que yo mismo encuentro que soy ahí como el objeto visto, como la segunda/tercera persona. En resumen, resulta tan imposible exagerar el contraste que existe entre estos dos modelos distintos de mí mismo como exagerar la conexión que existe entre ellos.

Y en ninguna otra parte es más sorprendente y evidente este contraste que en lo que el testigo llama «sus aposentos». Sus clientes son de dos clases. Todos orinan hacia abajo, al modo humano. Todos salvo uno, que orina hacia arriba, al modo divino. Siempre.

No, no, su señoría: no hay necesidad de llamarme al orden. Le aseguro que no estoy siendo irreverente ni frívolo, ni, por supuesto, innecesariamente escatológico, pues tengo pruebas irrefutables que corroboran lo que digo. Ni tampoco estoy despreciando a este tribunal (es algo que no me puedo permitir cuando lo que está en juego es mi propia vida). Si estoy cayendo en cierta ligereza expresiva (en ambos sentidos de la palabra *ligereza*) es porque así lo hace también Dios Todopoderoso con enorme júbilo y determinación. No puedo evitar que la gente encuentre la revelación de su auténtico Ser en lugares tan humildes como en el que el testigo ejerce su labor (tan repugnante como yo la encuentro entretenida, atractiva e inmensamente significativa).

El Dios de la acusación es un personaje respetable, rígido y solemne, un modelo de los buenos modales y la previsibilidad propios de la clase media, sin sorpresas escondidas bajo su divina manga. Sin embargo, mi Dios no se parece en nada a esa imagen. Los reyes *tienen* bufones, pero el Rey del Mundo es Su propio bufón. Está lleno de sorpresas. ¡Es el Gracioso, el Divertido, el que siempre nos asombra y sorprende! ¡Es completa y absolutamente vulgar! Fijémonos en lo que ocurre en los lavabos del testigo... De acuerdo, señoría: no hay necesidad de dar más detalles a este respecto. Tan solo permítame señalar que en todos esos cubículos cerrados la ropa interior va hacia abajo y luego hacia arriba. En todos salvo en uno, en el que ocurre a la inversa: primero sube y después baja.

FISCAL, resueltamente horrorizado: Señoría, llegados a este punto me veo en la obligación de interrumpir al acusado para llamar la atención del jurado sobre los virtualmente increíbles acontecimientos que se están produciendo en este *tribunal*. Repito, ¡en este tribunal! Los romanos veneraban a Cloacina, la diosa de las alcantarillas, pero John a-Nokes, mejorando sobremanera las costumbres de aquellos (aunque *mejorar* no es el término más adecuado...) se venera a sí mismo al mismo tiempo como el Dios del Cielo y el Dios de los Servicios Públicos sin ahorrarse ningún detalle en la descripción. Con sus palabras no se limita a declararse culpable del delito de blasfemia, sino que, además, lo hace de la manera más repugnante que quepa concebir (una muy bien calculada para agitar a las gentes devotas de todo credo e ideología). Miembros del jurado, no dejen que sus sofismas, de los cuales estoy seguro les va a servir otra gran ración, oculten estos hechos tan perfecta y repugnantemente obvios.

YO: ¡Lo que faltaba! ¡Esto ya es demasiado! *¿Quién* ha sido el que ha sacado a relucir en primer lugar este tema (ahora tan repugnante) llamando a declarar al encargado de los lavabos y confiando en que su testimonio demolería mi caso? ¡Fue ese caballero emperifollado que en este momento ocupa el estrado de la acusación! El mismo que, ahora que resulta que los hechos *apoyan* mi caso, de pronto encuentra todo este asunto «increíblemente» asqueroso. ¡Qué malvado es el señor Nokes, que se defiende cuando le atacan! ¡Y qué repugnante, pues cuando le mancillan devuelve el cumplido y ríe el último! Pues lo que yo digo es que aquel que piensa de forma sucia merece ser tratado de forma igualmente sucia.

Dios es tan formal, tan recatado y educado como pueda serlo un niño de cuatro años. Su verdad es mucho más divertida que nuestra ficción. Ha dispuesto que despertarnos a nuestra verdadera Identidad con Él sea algo maravillosamente alegre, liviano y desenfadado. Yo diría que eso le hace verdaderamente *decente*. Aquí tenemos al Todopoderoso con la intención de descubrirse a sí mismo, de revelarse a sí mismo y de concederse a sí mismo una sonrisa, reclinándose hacia atrás para demostrar que todo aquel que dice «yo» no es otro sino Él. No hay nada de malo en reclinarse hacia atrás en el asiento. Si no comprenden a lo que me refiero, pueden acudir al diagrama n.º 4. Y, si lo comprenden, miren igualmente el diagrama ¡y únanse a la alegría y la dicha divinas!

Miembros del jurado, en breve el tribunal hará un receso, por lo que tendrán la oportunidad de comprobar lo que les estoy diciendo: comprobar si, en los baños de este tribunal, tiene lugar una forma maravillosa de hacer pis. No la forma común que obedece a la ley de la gravedad, sino la forma absolutamente única y singular que le da la vuelta por completo a dicha ley.

Ahora bien, ¿quién, sino aquel que las crea, puede romper las leyes de la naturaleza? Y no únicamente esta ley, sino también muchas otras, como iremos viendo en el transcurso de este juicio. Entretanto, ¡qué delicioso, qué digno de nuestro reconocimiento resulta que para esta divinidad amante de la diversión (y que a ella nos empuja) las letrinas de este juzgado sean tan adecuadas como la corte en sí para desvelar su presencia entre nosotros en este momento! ¡O puede que sea incluso más adecuadas!

De nuevo, esto es demasiado para el fiscal de la acusación. Se pone en pie de un salto y, retorciéndose de angustia y balbuceando, implora al juez que ponga fin a esta indecencia, a este ultraje, a esta blasfemia tan descarada, a este calculado insulto al Ser Divino, a este... ¡Le faltan las palabras!

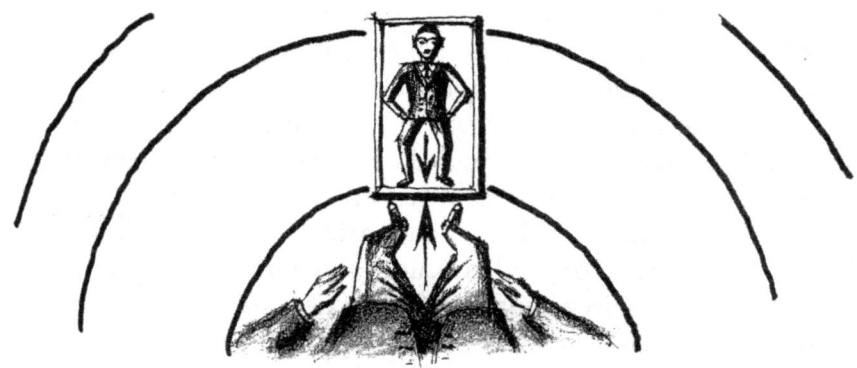

Diagrama n.º 4

JUEZ, dirigiéndose a mí: ¡Orinar *hacia arriba*, por supuesto! ¿Ha perdido usted la cabeza? Este tribunal no es lugar para impertinencias, ni mucho menos para mostrar un comportamiento profano e irreverente, por lo que debo advertirle que no abuse de nuestra paciencia.

YO: No, señoría, no he perdido el juicio (al menos, no aún). Le hablo desde la más razonable cordura (algo difícil, pero necesario). Con el diagrama n.º 4 le resultará mucho más fácil comprenderlo. Eche un segundo vistazo a esas flechas y ríndase a la evidencia. En lo que respecta a mi supuesta profanación, en el resto de mi exposición tendré tanto tacto como me sea posible. Por supuesto que Dios (Su Majestad) no necesita ninguna hoja de higuera para taparse la entrepierna, pero procuraré tener en mente cómo se le suele representar convencionalmente: casi siempre así, con una hoja de higuera en esa parte de su fisionomía. El mío es un Dios grosero, tosco y maleducado, pero haré todo lo posible por no olvidar lo recatado, remilgado y terriblemente finolis que es *sir* Gerald.

¿Qué es exactamente (me pregunto a mí mismo) este Él estremecedor? ¿Qué es realmente esta Ella desvergonzada, este Ello sin censura? Su esencia es la Conciencia, la Luz Única de la Conciencia que ilumina al mundo entero y a toda criatura en la que este se manifiesta. En lo que a mí respecta, veo que esta Luz Indivisible está aquí, justo donde estoy, de lleno en el Centro de este mundo tal y como se me presenta, más cerca que cerca, en el mismísimo corazón de mi núcleo más central y esencial. Lo que aquí encuentro no es una mera chispa de ese Fuego, sino el mismísimo Horno abrasador. No tolera la existencia de ninguna otra conciencia rival; o se presenta de una pieza, completa y única, o no se presenta en absoluto. Nunca podemos encontrarla en pedazos (un pedazo atendiendo a esto, otro pedazo atendiendo a aquello otro...), lo que significa que, sea cual sea la parte o la función de mi cuerpo —ya sea cósmica o humana— en la que ponga la atención, no es un hombre como tal el que lo hace. Lo que he denominado provisionalmente *mi conciencia* es en última instancia la de mi Dios, tanto dentro como fuera de los aposentos del testigo. La Conciencia es Su peculiaridad, Su oficio, Su especialidad, Su monopolio, e incluye la conciencia de Su propio Cuerpo-Universo, del cual todos los cuerpos particulares no son más que órganos y células.

El fiscal (tan seguro de que lo que ocurre en el lavabo a Dios le parece obsceno y detestable) no me deja más alternativa que ampliar brevemente el tema de este Cuerpo-Universo tal y como se presenta ante mí. Cuando digo Primera Persona me refiero a esta «cosa» que veo que soy, la cual, al igual que una cebolla, está constituida por muchas capas, y no a esa otra cosa con forma de patata que imagino que soy como tercera persona. O, para ser más exactos, me refiero a esta «cosa» que parece casi media cebolla y que aparece en casi todos los diagramas que he preparado.

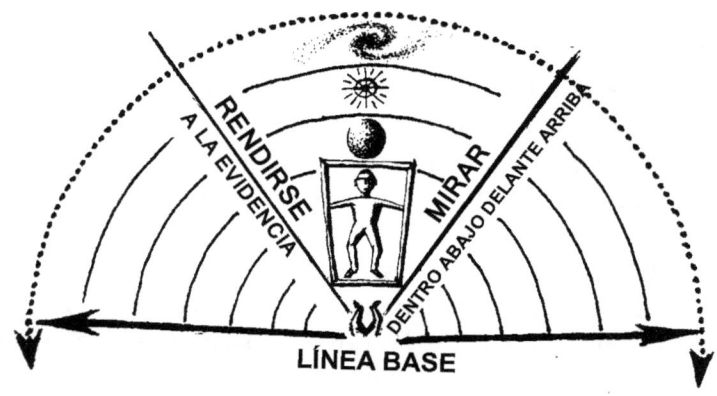

Diagrama n.º 5

Animado por la gran tradición de la Luz Interior que yace en mi centro, e inspirado por mi visión directa de ella, me someto con profundo respeto a lo que esta pone de manifiesto e ilumina. Aquí, soy de forma instantánea esta Conciencia central y aquello de lo que es consciente, que no es más que su propia encarnación región a región, su constitución cósmica. La visión desde aquí abarca el mundo físico (centrado en el Uno pero conformado por muchos niveles), el cual es la expresión, el instrumento y el objeto de la Conciencia que YO SOY. Acepto la realidad tal y como se presenta.

En el diagrama n.º 5 he dibujado la forma general de lo que veo desde aquí. Cuando dejo de estar tan malditamente seguro de saber cómo es ser yo, me tomo la molestia de comenzar de nuevo desde cero y de *rendirme ante la evidencia* que encuentre, tanto literal como metafóricamente. Me postro, me doblo y me inclino tan profundamente que llego al borde de mí mismo y de mi mundo, a *la Línea Base* o *Línea de Fondo* de la que todo surge. Una frontera que no me impide mirar más allá de ella, hacia la infinita Fuente de Todo, espléndidamente expuesta y, al mismo tiempo, asombrosamente misteriosa. A continuación, enderezándome poco a poco, miro *hacia abajo* y veo este tronco sin cabeza, estas piernas escorzadas y estos pies diminutos. Después miro un poco más lejos, *hacia delante,* a todas esas personas y sus equipamientos (sus cuerpos), y, entre todos ellos, a ese tipo especial que siempre me mira fijamente desde detrás de su ventana. Ahí está él, esa tercera persona que es Jack el del espejo, tan humana como las demás, en la medida en la que está colocada hacia arriba como ellos, que en su parte superior termina en una pieza (una cabeza) del mismo tipo y que orina del mismo modo que ellos lo hacen (hacia abajo). Y finalmente, yendo un poco más allá, miro *hacia arriba,* alzo la vista para ver el campo repleto de vegetación, las colinas cubiertas de bosques, las nubes bajas y las altas montañas (dejo en su mano añadir todas estas cosas en mi dibujo) y por último el ancho cielo con su Luna, sus planetas, su Sol, sus otros sistemas solares y galaxias.

Tal es la gloriosa y majestuosa forma de la Primera Persona del Singular. Su característica más crucial es la Línea de Fondo (el borde de esta camisa, de este auténtico jubón. Aquí, donde las extremidades del hombre se alinean *visiblemente* con la oportunidad de Dios, donde lo que se da con tanta generosidad muy rara vez se toma, llego al Fin del Mundo (completando así el barrido hacia abajo de mi inclinación ante la evidencia), al Comienzo del Mundo (la plataforma de lanzamiento que da lugar a la escena multinivel a medida que voy irguiéndome nuevamente) y, tras de ambos, a la Fuente del Mundo (el sagrado Mundo sin fin que yace más allá de la Línea de Fondo). Aquí está mi Hogar Trino, cuyos beneficios complementarios son infinitos.

FISCAL, con un chirriante grito escénico que amenaza con hacer estallar las bombillas de la corte: ¡Lunático excéntrico!

YO, ignorando el cumplido: Aquí llego al más dulce Hogar, de hecho, al Hogar de Dios, en el que todo lo que la luz ilumina deja paso a la Luz misma. El Hogar, donde la Luz Única, pariendo su propia y esplendorosa Encarnación, es al mismo tiempo todo lo que ilumina. Ese Hogar que, como una envolvente de 360°, da cobijo al Humorista Divino, cuya sonrisa es tan amplia que da la vuelta y se junta consigo misma por detrás.

Tal es, damas y caballeros del jurado, mi constitución cósmica. Así soy yo cuando estoy lo suficientemente interesado como para indagar, cuando soy lo suficientemente honesto y cuidadoso como para asumir que soy lo que encuentro, lo que descubro, lo que me es dado. Esto es lo que soy de forma natural, antes de apresurarme a complicarlo, retorcerlo y desnaturalizarlo para convertirlo en lo que los demás me dicen que soy. Tal es mi Cuerpo, mi maravillosa Encarnación. Y también el de ustedes, estoy seguro, tan pronto como se tomen la molestia de mirar *hacia arriba,* luego *hacia delante, hacia abajo y hacia dentro,* al Veedor Único y, finalmente, a Aquello que yace tras Él.

Y cada vez que miro hacia abajo para orinar me recuerda Su condescendencia, Su delicioso sentido del humor, Su misterio. ¡Viva la micción!

JUEZ: ¿Realmente *tiene* que continuar hablando de *la micción,* como usted la llama? Este escándalo es una provocación y no le hace ningún favor a su causa.

YO: No tengo elección, señoría. El tema me ha sido impuesto por la fiscalía. Pero también (más relevante y persistentemente), por la Alta Autoridad, quien ha optado deliberadamente por mezclar y confundir las cosas más bajas del mundo con los perfumes más delicados (esos con los que se acicalan los que hacen gala de tanta pedantería moral y esnobismo espiritual).

Por supuesto, para fines de análisis y descripción, este gran Organismo ha de ser desmembrado mental y conceptualmente, diferenciando de este modo una jerarquía de órganos, pero en realidad siempre es un todo orgánico. O, mejor dicho, es el único y verdadero Todo Orgánico que existe, el único Organismo real que incluye todo lo que necesita para ser él mismo, el único Individuo verdadero que es independiente y estrictamente indivisible. Todas sus capas y todos sus miembros (ya sean estos venerados o negados y despreciados, ya sean atendidos, pasados por alto o infravalorados, tanto lo que denominamos «decente» como aquello a lo que etiquetamos de «común», «sucio» o «asqueroso»), hasta sus más ínfimos y diminutos fragmentos, son sagrados. Y al utilizar ese término me refiero a que están completamente limpios e inmaculados, que han sido validados y santificados en la Totalidad. No de forma general o parcial, sino total y absolutamente, *como* la Totalidad misma. Vistas correctamente por su Propietario, ninguna parte es meramente una mera parte, ni tan siquiera es un holograma del Todo. Cualquier parte es divina, es Dios.

Y, por supuesto, todo esto también es de aplicación en lo que respecta a orinar y a toda la anatomía que tal acción lleva asociada. Sí, damas y caballeros, también se aplica a todas las funciones del aparato excretor y del urino-genital. ¿Acaso se atreverían (o, para el caso, podrían) a amputar o expurgar del Cuerpo de Dios aquellos miembros que a la Srta. Rottenmeier le gustaría enmendar en el cuerpo del hombre?

JUEZ: Ya ha dejado más que claro lo que quería argumentar... Pero ahora está entrando de nuevo en terreno pantanoso y corre el peligro de acabar tirando toda su exposición por los suelos...

YO: ¡De lo que hablo, señoría, es del Suelo, de la Base, de la Tierra! Atrevámonos a estar tan por los suelos como lo está Dios, a caer tan bajo como Él. Es algo que puede ayudarnos a aceptar gustosamente, por un lado, los hechos tal como nos los muestra la realidad, en toda su mundanidad, en toda su terrenidad, y por otro, la necesidad y la hondura del descenso de la divinidad entre nosotros (no olvidemos que ha habido muchos que han encontrado esperanza y consuelo en dicho descenso). Estoy pensando en la tradición cristiana, cuya Deidad está lejos de ser, por decirlo suavemente, un pedante engreído y presumido: me refiero a la fe que tiene por sustancia y como elemento central el descenso del Rey Glorioso para nacer en un pesebre reservado a las bestias, y para morir en un páramo reservado a los criminales (a los que se tiene por inferiores incluso a las bestias). Según esta fe, lo Más Elevado es de tal condición que se convierte en lo Más Bajo, salvando y santificando así todo lo que hay entre ambos extremos. Lo que estoy diciendo es que, si tantos y tantos han tenido en tan alta estima y durante tanto tiempo este Descenso incomparable, la minúscula manifestación del mismo que constituye la especialidad del testigo debería también merecer vuestra comprensiva reconsideración. Pues debéis conceder que sus instalaciones son mucho más adecuadas, respetables y salubres que aquel establo de Belén que (según esta gran tradición) el mismísimo Dios Todopoderoso no despreció. Muy al contrario: se metió de lleno en él. «El amor —dice William Butler Yeats— ha establecido su mansión en el lugar de los excrementos». Aquí está el Dios de san Pablo, quien según él «ha escogido... [las] cosas más bajas del mundo, las que se desprecian y desdeñan». Aquí tenemos ciertamente al Altísimo que, sin embargo, *no mira por encima del hombro a ninguna criatura, pues por muy baja que sea esta, Él siempre está por debajo de ella.*

Me parece muy bello y muy emocionante que Quien soy real y verdaderamente sea tan grandioso y tan humilde como para desempeñar el papel de uno de los asiduos clientes del testigo (y tan ingenioso y jocoso como para, a la vez, mantenerse totalmente al margen). Él está más cerca del ser humano que su yugular.

Si todo fuese trabajo y más trabajo sin descanso ni diversión, Jack sería un tipo embotado y aburrido (y, para el caso, Dios también sería un Dios embotado y aburrido). No es Él, sino el mundo de los humanos en general (y del fiscal en particular) el que se toma tan en serio a sí mismo y siempre mira las cosas con el ceño fruncido. Pero en el centro de la Tierra, donde la gravedad es cero, todos los caminos que van hacia fuera son también caminos que van hacia arriba, de modo que en el Centro del universo (que es donde somos Quienes realmente somos), en su punto más bajo, la gravedad desaparece y se ve reemplazada por la levedad y la ligereza. Aquí, Dios se lo pasa en grande «*irguiéndose*» al manifestarse como todas las cosas y forjando el vínculo irrompible que existe entre la espiritualidad y el humor. No es casualidad que los santos tengan su lado cómico, o que los cómicos tengan su lado santo, pues dicha conexión ya fue establecida e integrada desde el mismísimo principio. El Creador carece maravillosamente de *gravitas*. Es ligero como la Luz (¡fantástica e increíblemente ligero!). Es poco probable que P. G. Wodehouse sea canonizado en un futuro próximo... pero, como muy bien podría decir este san Plum* en ciernes, la posibilidad está ahí.

No se trata únicamente (aunque también) del típico humor fácil y simplón, como reírse de alguien que ha quedado patas arriba tras resbalar con una cáscara de plátano. Tal y como señala Platón: «La vida humana en su totalidad está del revés». Y aquí es donde entra en escena lo divino. Según Rumi: «En la senda de la búsqueda de Dios todo está invertido».

Damas y caballeros del jurado, llamo a declarar (con sus escritos) al gran Robert Browning, quien resumirá y aclarará, seguramente de un modo más pulcro de lo que yo lo he hecho, mi respuesta al Fiscal de la Corona y al testigo de dudoso gusto que nos ha traído:

> En cuanto abro los ojos tengo frente a mí la perfección (ni más ni menos) que imaginé, y veo a Dios como lo que es en las estrellas, en las piedras, en la carne, en el alma, en la tierra.
>
> Y así, mirando en mi interior y a mi alrededor, renuevo eternamente (con esa inclinación del alma que, al postrarse, también la hace elevarse) la sumisión de esta nada perfecta del hombre ante Dios, por siempre completo.
>
> ¡Como si con cada nueva reverencia de mi espíritu, me elevase hasta sus pies!

---

* *Plum* era el apodo familiar con el que era conocido el escritor humorístico británico Pelham Grenville Wodehouse. *(N. del T.)*

Testigo n.º 5 de la acusación

LA PASAJERA

EL FISCAL COMIENZA POR RECORDAR a la testigo que, si bien se encuentra en la corte por citación, está bajo juramento, y posteriormente le pide que describa las circunstancias y el grado de conocimiento que tiene sobre mí, a lo que ella responde que nos conocimos hace un par de años. Ambos formábamos parte de un grupo de cuatro personas que estuvimos haciendo un viaje en coche por Europa durante un mes, por lo que llegamos a conocernos bastante bien. Desde entonces nos hemos visto de vez en cuando y también nos hemos encontrado de forma más o menos fortuita.

FISCAL: ¿No es cierto que el acusado fue quien condujo la mayor parte del tiempo, y que afirmaba cosas extrañas a este respecto? En ese caso, ¿cuáles eran dichas pretensiones? Y también, en su opinión, ¿le pareció que su actuación al volante las justificaba de algún modo?

TESTIGO: En total recorrimos unos 6500 kilómetros, y él fue quien condujo casi todo el tiempo. En parte porque le gustaba conducir y en parte porque el coche (un Rover) era suyo y lo manejaba muy bien. Sí, lo cierto es que era muy buen conductor. Tenía muy buen instinto para saber cuánto podía pasarse del límite de velocidad sin que le parasen. También al adelantar y esas cosas. Y en cuanto a sus pretensiones de ser un tipo de conductor muy especial, uno con un secreto extraordinario, nunca llegué a entenderlas demasiado bien ni a tomármelas demasiado en serio. Si a él le ayudan a mejorar su conducción, pues mejor para todos, digo yo. Son asunto suyo, no mío ni de nadie más, y creo que es escandaloso que este tribunal...

Su señoría y el fiscal intervienen simultáneamente para advertir a la testigo de las consecuencias que comporta cuestionar la autoridad del tribunal. Se le aconseja que continúe su testimonio de una manera más circunspecta, y limitándose a contestar a aquello que se le pregunte.

En respuesta a la pregunta que el fiscal le formula a continuación, la testigo concede, aunque a regañadientes, que ciertamente no había nada especial en mi forma de conducir, y también que no ocurrió nada durante el viaje que pudiese indicar o sugerir que alguno de los cuatro era único y especial, que tuviese poderes sobrehumanos de alguna clase, ni al volante ni en ninguna otra posición. Lo cierto es que el coche se averió una vez y que la comitiva se perdió en varias ocasiones, pero estas dificultades fueron superadas por medios comunes y corrientes.

La TESTIGO añade: En todo caso, mi impresión es que la eficiencia de Jack al volante, su alegría, su energía y su sentido del humor, guardaban cierta relación con la extraña forma que tenía de verse a sí mismo. Y por eso, en lo que a mí respecta, digo que bienvenida sea. Algo que funciona tan bien no puede estar totalmente equivocado.

FISCAL: Ya basta de opiniones. Volviendo a los hechos, ¿es cierto que no sucedió nada durante ese viaje o después de él que pudiera haberla hecho pensar que el acusado ejerciese poderes divinos, ni mucho menos, que él mismo sea un ser divino? ¿Es eso cierto?

TESTIGO: Sí, pero indudablemente se trata de...

FISCAL: Sin peros. ¿Sí o no?

TESTIGO: Bueno... Sí y no.

JUEZ: El tribunal necesita una respuesta clara y directa.

TESTIGO: Muy bien... En ese caso... Sí.

YO, dirigiéndome a la testigo: Ahora mismo no tengo ninguna pregunta que hacerte, por lo que puedes abandonar el estrado. No obstante, permanece en la sala, pues es posible que pueda tener alguna en breve.

Defensa: **El conductor del coche y el Conductor del mundo**

YO: Si bien acepto sin reservas que el relato que ha ofrecido la testigo sobre el viaje ha sido sincero, el tribunal ha de saber que el mío, aunque igualmente sincero, difícilmente podría haber sido más diferente.

Afirmo que en ningún momento superamos el límite de velocidad (ni, de hecho, nos aproximamos tan siquiera). Afirmo que nunca nos perdimos, que nunca tuvimos ninguna avería y que en total no recorrimos ni un solo kilómetro (ya no digamos 6500). Afirmo que de un litro de gasolina sacábamos muchísimas veces más energía que cualquier otro coche de cuantos había en la carretera. Afirmo que...

JUEZ, enojado: ¿Hizo o no hizo usted el mismo viaje que la testigo? Y, por favor, no le haga perder más tiempo al tribunal con sus fantasías y sus acertijos.

YO: Bueno, fue y no fue el mismo viaje. Y lo que acabo de exponer ante el tribunal se queda muy corto. Si bien es tan cierto como el evangelio, reduce la pretensión del conductor de tener poderes extraordinarios a lo más bajo posible, a la vez que lo expresa en el lenguaje más sobrio e insustancial que se puede emplear. Por lo que parece, la testigo no fue partícipe de mi sobrecogedora experiencia. Y lo entiendo. Todo depende, como pueden ver, de Quién conduce.

Sí, señoría, yo conducía, pero ¿quién era ese «yo»? Esa es la gran pregunta, el interrogante que el tribunal tiene en sus manos y al que han de dar respuesta.

Hagamos lo siguiente: *Yo les diré lo que hacía y ustedes me dirán Quién lo hacía.* Yo voy a describirles los asombrosos sucesos que se produjeron en ese viaje y ustedes me explicarán Quién es capaz de realizar tales cosas (si un ser humano, uno sobrehumano o el Ser Divino). No podría ser más claro y transparente, ¿no creen?

Mi historia versa sobre un chófer que ustedes mismos jurarían que no está en condiciones, ni legal ni médicamente, de ser acusado tan siquiera de haber dado un golpecito a una bicicleta. Ahí estaba él, hundido en el asiento del conductor, patas arriba y, con la cabeza (literalmente) perdida. Conducción peligrosa en su expresión más letal, podrían pensar, empeorada más si cabe por el absolutamente inmanejable estado de su coche, pues la práctica totalidad de su mitad posterior estaba completamente ausente. Sin embargo, resultó que nada de esto tenía demasiada importancia, pues el coche estaba tan cercenado e impedido como el propio conductor, quien, de hecho, era paralítico e incapaz de moverse ni un solo milímetro. Incapaz incluso de rodar cuesta abajo, en punto muerto, sin frenos y con tres personas empujando.

A pesar de lo cual ni mi extrañamente dilapidada condición ni mi auto tenían dificultad alguna en lo que al transporte se refiere. El paisaje se ocupaba de eso y realizaba todos los movimientos que fuesen necesarios. Eso y mucho, muchísimo más. El mundo entero temblaba, se agitaba y se veía convulsionado por terremotos infinitamente más allá de la escala de Richter. Era como si algún trol gigante estuviese sacudiendo el cosmos como un maníaco antes de engullirlo de un bocado para cenar.

FISCAL, *sotto voce:* ¿El maníaco que está ahora en el banquillo?

YO: Déjenme expresarlo de otro modo y, de paso, hacer justicia tardíamente a ese conductor abreviado e invertido. De hecho, estaba tan sano, era tan diestro, tan habilidoso, tan poderoso y —¡Sí!— también tan poco humano que, *en lugar de conducir un coche, conducía el mundo* ¡sin que él mismo se moviese ni un solo milímetro!

FISCAL: Los miembros del jurado tienen el suficiente sentido común como para no dejarse engañar con esta clase de sofismas, con esta especie de locura veraniega. La certeza de que tanto usted como yo nos movemos en el mundo (y no al revés) es tan universal, tan práctica, tan indispensable para la vida y para el pensamiento que no puede ser falsa. De hecho, lo que tenemos aquí no es más que otro ejemplo de la famosa Ley de Nokes: *¡Salvo yo mismo, todo el mundo está equivocado!* No pueden convencerle de su error, pero sí ordenarle que abandone sus pretensiones y regrese al lugar del que salió (¿algún extraño invernadero... o, acaso, un manicomio?).

YO: Si no sigo la misma corriente que los demás es porque marcho al ritmo del todopoderoso tambor de Dios. Veamos si puedo hacer dudar al Sargento Wilberforce haciendo que otro recluta también lo escuche y marche a su son...

¿Sería tan amable la testigo de volver al estrado? [Así lo hace]. Por favor, dile al tribunal qué estoy haciendo...

TESTIGO: Girar, dar vueltas y vueltas sin parar en el sitio.

YO: ¿Solo yo? ¿Se está moviendo la tarima, o alguna otra cosa aparte de mí?

TESTIGO: No. Solo tú.

YO: Muy bien. Ahora es tu turno para hacer lo mismo que he hecho yo. [Ella acede y empieza a girar cada vez más rápido...] Guiándote únicamente por lo que estás viendo ahora mismo, dile al tribunal si eres tú o la sala la que se está moviendo.

TESTIGO: ¡Yo estoy quieta y es la corte la que está *dando vueltas* como loca! ¡Guauu!

YO: Por favor, no vayas tan deprisa... [Deja de girar; por lo que parece, de mala gana].

FISCAL: ¡Seamos razonables y recobremos el sentido común! Ya basta de los absurdos del señor Nokes, basta de este estúpido «lo creo porque es imposible». Sea honesta. En realidad usted no *cree* que haya puesto a la corte en movimiento.

TESTIGO: ¿Y por qué no? Estaba siendo sensata y razonable, tal y como usted dice. Además, conozco lo suficientemente bien los postulados de Einstein sobre la relatividad como para saber que no estoy diciendo tonterías.

YO: Muchas gracias. No hay más preguntas...

Hay una gran parte de verdad en lo que el fiscal ha mencionado sobre el sentido común y la necesidad práctica de imaginarse a uno mismo moviéndose en un mundo inmóvil, pero es un criterio que llega hasta donde llega (que no es ni a la mitad del recorrido). Ni se remonta hasta el principio ni llega hasta el final. Por lo tanto, permítanme completarlo contándoles en tres partes la historia completa de la experiencia del movimiento que tiene el fiscal:

(1) De pequeño, cuando era poco más que un bebé, él estaba quieto y el mundo era puro movimiento. Cuando papá sacaba al pequeño Gerald a dar un paseo en coche, le encantaba ver cómo iban pasando las farolas, los árboles y los edificios (cómo iban navegando por él). Cuando le lanzaba hacia arriba en el aire, le columpiaba y le daba vueltas, a él le parecía la mar de divertido y no estaba para nada asustado. ¿Por qué? Porque todo en la habitación corría enloquecidamente; todo excepto él.

(2) Ya de adulto, es *él* quien pasa a estar de movimiento, a ser puro alboroto, mientras que *su mundo* se ha detenido. Y se siente asustado, pues asumir toda esa agitación le ha privado de su propia paz interior y le ha dejado nervioso e intranquilo (como pueden comprobar).

(3) Mi deseo para él es que algún día (muy bien pudiera ser a resultas de este juicio) llegue a recuperar la razón y complete la historia de su vida. Entonces ya no vacilará ni se sentirá tan agitado; recuperará su tranquilidad interior devolviéndole al universo la agitación que, en todo caso, nunca le perteneció realmente. Se convertirá en un imperturbable Veedor de Quién es y disfrutará de la visión de un mundo que ha surgido de nuevo a la vida en una danza cuyo cuerpo de baile abarca desde las farolas y los edificios de la ciudad hasta las estrellas más lejanas. El Bolshoi de Dios, representando su peculiar *suite* del Cascanueces. ¡Qué ignorante, qué borrico, qué lunático ha sido al despreciar tan magnífico espectáculo! Pero ahora, una vez llegado a la tercera etapa, *en lugar de conducir su coche, conduce su mundo* (y, en buena medida, es mucho menos propenso a tener accidentes). Conducir en un mundo quieto y estático es conducir sin el debido cuidado y atención. Es una conducción peligrosa y temeraria que, en última instancia, resulta letal.

Damas y caballeros del jurado, su señoría y todos los demás presentes en la sala, yo les lanzo esta pregunta con la máxima seriedad: *Reconociendo que es el mundo el que está siendo conducido, ¿podrían ustedes poner (se atreverían siquiera a ello) a alguna otra criatura en el asiento del conductor que no fuese su Creador?* Si pueden y se atreven, no soy yo sino ustedes quienes son culpables de blasfemia. Dios, tal y como nos enseñó Aristóteles, es el Motor Inmóvil del mundo. Cuando Él se digna a ponerse al volante de mi Rover de 1991 y pone todo su mundo a deambular por el precio de unas gotas de gasolina, Jack ni puede ni quiere apartarle de un codazo para ocupar su lugar. Cuando pone al pico Jungfrau a bailar el vals con la cumbre del Finsteraarhorn, Jack ni puede ni quiere detenerlos. Eso sería comportarse como un auténtico idiota.

La próxima vez que cojan el coche, ¿por qué no dejan que las farolas, los árboles, los edificios y las colinas que se vayan presentando por el camino les digan *Quién* está conduciendo? ¡Todos ellos están deseando ansiosamente iluminarles! Si siguen interpretándolos como objetos fijos en un mundo estable e inerte, entonces no cabe duda que es un humano el que está conduciendo (sin el cuidado y la atención debidos), pero roguemos a Dios que llegue el día en el que sean lo suficientemente razonables y humildes como para mirar por ustedes mismos y dejar de alucinar como locos. Entonces disfrutarán del magnífico espectáculo del Motor del mundo en marcha, y sabrán que Él es Quien ustedes son real y verdaderamente. Y entonces, tal vez, se arrepentirán amargamente de haber dictado un veredicto de culpabilidad contra mí. ¡O, mejor dicho, contra Él! Piénsenlo: ¡contra Él!

El diagrama n.º 6 ofrece una representación bastante cruda del Conductor del mundo en acción que, no obstante, sirve para poner de manifiesto el hecho de que las cosas verticales (como los postes telegráficos o los campanarios de las iglesias) no se doblan cuando pasan por delante de Él, sino que permanecen firmemente derechas. Y (¡qué curioso y relevante, y cómo lo pasamos por alto!) *vertical significa radial respecto de Su Centro*. La próxima vez que amablemente saquen al universo a pasear, fíjense en cómo *todo parte en abanico* a partir de su legítimo Propietario. De hecho, no tienen más que echar un vistazo a su alrededor ahora mismo, en la sala, para observar cómo todas sus líneas verticales convergen en... Bueno, ¿en Quién? Esa es la verdadera cuestión sobre la que trata todo este juicio.

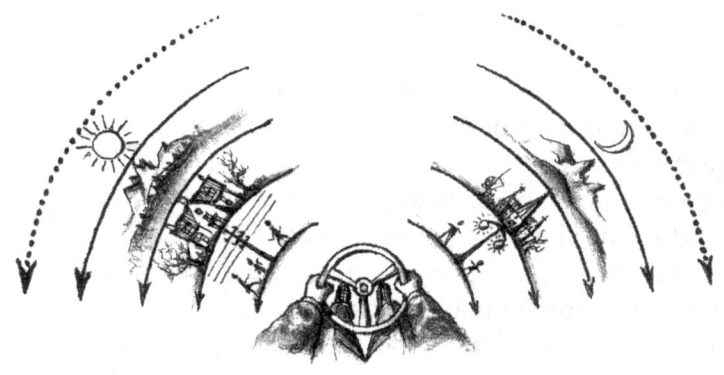

Diagrama n.º 6

Miembros del jurado, no parecen ustedes del tipo de gente que se toma una copa (o dos, o tres) antes de ponerse al volante, pero, ¿qué es, después de todo, conducir borracho? Si es ir tan hasta arriba de alcohol como para sufrir un ataque agudo de *delirium tremens* (por así decirlo) y empezar a ver objetos que están en movimiento como cosas fijas o cosas fijas como objetos que están en movimiento y líneas que convergen como si fuesen paralelas, entonces me veo en la obligación de acusarles de ser culpables de este delito. Y lo que es aún peor, les acuso de haberlo cometido incontables veces. De hecho, ¡dudo que sepan lo que significa conducir sobrio! Pero existe un remedio, una cura. El único Conductor verdaderamente sobrio y seguro está listo para hacerse cargo. ¡Cedan el volante a su Chófer Divino!

Me estoy acordando de un pasaje de una novela de P. G. Wodehouse en la que su famoso personaje Bertie Wooster va tambaleándose por la avenida después de pasar una alegre (demasiado alegre) velada en el club The Drones. ¿O era más bien la avenida la que iba tambaleándose por él...? En cualquier caso, según Wodehouse, nuestro protagonista: «[...] intentó darle una patada a una farola que pasaba». Por una vez, fue sincero respecto a lo que veía. Pero hay un método más seguro y barato que el de *in vino veritas* para quitarse la borrachera, una manera mucho mejor de ver lo que realmente vemos en lugar de actuar como si llevásemos puestas unas anteojeras. Se trata de mirar, tan solo de MIRAR, y fijarse en qué es lo que se está moviendo en realidad y QUIÉN no lo hace. Y, una vez hecho eso, ¡SER aquel que nunca jamás se ha movido ni una millonésima de milímetro!

FISCAL, estallando finalmente por la tensión acumulada: ¡Oh, no! ¡No se va a salir con la suya en esto! Miembros del jurado, el señor Nokes quiere hacernos creer que el gran espectáculo que nos está ofreciendo está imbuido de una profunda espiritualidad. Se cree que él es alguien sagaz y penetrante (al contrario que nosotros, gente obtusa y superficial), pero yo digo que no es más que el gran maestro de la superficialidad, pues se limita a trivializar los grandes asuntos y problemas de la vida, reduciéndolos a cuestiones tan banales como el curioso comportamiento de los postes telegráficos. Desde que comenzó el juicio, ha estado jugando a ser este hombre, este botarate divertido, suertudo, despreocupado y burlón. Un juego más propio de Mickey Mouse en el que los adultos serios y responsables, que diariamente nos remangamos para ganarnos el pan con el sudor de nuestra frente, nos negamos a participar.

YO: Y la razón por la que ustedes, preocupados aguafiestas, están estresados hasta el límite, es que en lugar de participar en el juego de Dios, juegan a ser Dios mismo. Dejen de adjudicar a *sir* Gerald y compañía la función de poner el mundo en movimiento que tan solo a Él le pertenece. Dense un respiro, tómense un descanso y (para variar) dejen que sea Él quien se ocupe. ¡Miren lo maravillosamente bien que hace su trabajo! ¿Acaso se imaginan que Aquel que prácticamente sin esfuerzo mueve el Sol y las estrellas no va a ser capaz de apartar las pequeñas obstrucciones (bagatelas y nimiedades en comparación) que se interponen en su camino? ¿Acaso no es capaz el Uno que agita el cosmos de remover la sopa con mucha más facilidad que ustedes? ¿Cómo no va a poder también quitarles las anteojeras, despejar su vista, para que descubran simultáneamente esa magnífica tormenta y la Total Quietud que hay en su Ojo; Su Tempestad ahí fuera, pero Su Paz justo donde están?

Díganme, ¿cómo pueden esquivar, cómo pueden trivializar la Paz más profunda, que es suya por derecho propio y está ahí para que la vean?

Únicamente cuando somos conscientes de que es todo lo demás lo que se mueve, es cuando podemos cantar de verdad «No nos moverán». Cada uno a su manera, los siguientes testigos de la defensa nos animan, *colocando* en su lugar al movimiento y a la Quietud, a disfrutar de ambos:

—¡Oh, visión gloriosa y emocionante! (musitó el Sapo sin moverse). ¡La poesía del movimiento! ¡La verdadera forma de viajar! ¡La única forma de viajar! Aldeas, pueblos y ciudades que pasan de largo... ¡Oh maravilla! ¡Oh pop-pop! ¡Madre mía! ¡Madre mía!

Kenneth Grahame

Las montañas saltaron cual carneros, como corderos las colinas... Danza la tierra en presencia del Señor.

Salmos

En el Centro en el que nadie mora, esta luz se extingue dando paso a una Luz aún más intensa... pues esta Tierra es la Quietud indivisible, inmóvil en sí misma, y gracias a esta Inmovilidad todas las cosas se mueven.

Eckhart

El Tao siempre permanece inmóvil, en reposo, y sin embargo no hay nada que no haga.

Tao Te King

No hay nada que se mantenga firme, nada fijo, nada libre de cambio entre las cosas (ya sean celestes o terrestres) que llegan a la existencia. Tan solo Dios permanece inmóvil.

Hermes Trismegisto

Durante mucho tiempo solía circunvalar la Kaba. Cuando alcancé a Dios, vi que era la Kaba la que me circunvalaba a mí.

Bayazid al-Bistami

Cuando tienes la fe de un grano de mostaza, puedes decirle a esa montaña: «Apártate y vete a otro lugar», y así lo hará.

Jesús

Fe (en griego, *pistis*) no significa creer ciegamente, sino fiarse de alguien en quien depositamos nuestra confianza. Por lo tanto, yo digo que tener fe en Dios (confiar en Él) implica aceptar el movimiento visible de Sus Alpes con la misma seguridad con la que aceptamos su forma visible. Significa valorar la danza suave y majestuosa de Sus picos montañosos tanto como su magnífico alzamiento.

Testigo n.º 6 de la acusación

LA PELUQUERA

LA TESTIGO DECLARA que me corta el pelo regularmente (perdón, que *le da estilo*).

FISCAL: ¿Puedo preguntarle sobre qué crece ese pelo?

TESTIGO: Sobre su cabeza, por supuesto; esa madeja que trae una vez al mes a mi salón de belleza para que se la arreglemos.

FISCAL: ¿Alguna vez le ha dicho el acusado que, en realidad, no tiene ninguna madeja que arreglar ni que llevar a ninguna parte? ¿Y que eso es suficiente para demostrar que es un ser muy especial? (de hecho, que no es un hombre).

TESTIGO: Bueno, a veces bromea con eso. Dice que no deberíamos cobrarle por no hacerle nada a ninguna cosa. Luego le señalo el pelo cortado del suelo y finge estar absolutamente sorprendido. Nos reímos un poco y, después, nos paga sin problema.

FISCAL: ¿Le parece que esté loco?

TESTIGO: No, en absoluto. Yo diría que simplemente es agradablemente excéntrico y un poco guasón.

FISCAL: ¿No le parece bastante extraña la idea de que vaya por ahí sin cabeza, como si afirmar tal cosa le hiciese divino? ¿No le parece de lo más extraño y, de hecho, blasfemo, por no decir diabólico?

TESTIGO: Eso es ir demasiado lejos. Aunque... ahora que lo menciona, sí que parece un poco así.

FISCAL: Gracias. Por favor, permanezca en su sitio. Veo que el acusado desea interrogarla.

Defensa: **Soy Yo, no una imagen de mí**

Le hago saber a la testigo que nunca he dicho que no tuviese cabeza. Todo lo contrario.
YO: ¿Acaso no te he dicho una y otra vez que no tengo cabeza *aquí,* sobre *estos* hombros inmensamente anchos, donde quedaría prostituida y con una apariencia bastante tonta, y que la guardo ahí aparcada, más o menos a un metro de distancia, detrás del espejo, en la parte superior de ese tipo cubierto de malas hierbas y hombros estrechos que la lleva unida a la camiseta? ¿No insistí, de hecho, en que tengo a mi alrededor incontables cabezas fantasma del señor Nokes, todas ahí fuera esperando pacientemente a encontrar una superficie reflectante adecuada, o a gente con sus cámaras, para aferrarse a ellos y convertirse en algo visible, para encarnarse, exactamente igual que tú misma lo haces ahora mismo?
TESTIGO: Sí, ahora lo recuerdo. Ese es el tipo de cosas de las que hablabas mientras te arreglaba el pelo. En el momento no me sonaba como una locura, sino más bien como algo obvio. Aunque un poco raro y, ciertamente, bastante excitante... Pero ahora estoy confundida...

No tengo más preguntas. Le doy las gracias a la testigo y ella baja del estrado.
YO: Señoría, miembros del jurado, comparezco ante ustedes porque he sido acusado de blasfemia, un delito muy serio. Tan serio y tan grave, a mi entender, que constituye la raíz y la causa principal de todos los delitos, de todos los crímenes y de toda delincuencia.
¿Qué es blasfemar?
Es insultar al Todopoderoso. Entre las muchas maneras en que un ser humano puede hacer esto, hay dos que destacan especialmente. Puede intentar jugar a ser Dios, o, directamente, ser Dios. Veámoslas en este mismo orden.
El blasfemo que juega a ser Dios no dice (al menos no con tantas palabras) que Dios sea un loco o un mentiroso. En

realidad no le hace falta, pues lo afirma con su mera forma de vivir y de actuar. Basa su vida en la premisa de que su Creador y Sustentador no sabe hacer Su trabajo; que no hay que hacer más con Sus dones, tal y como nos son dados, que rechazarlos; que el plan básico de Su diseño para crear un universo habitable está mal planificado y es fraudulento; y que él mismo, la criatura, sabe mucho más y puede hacerlo mucho mejor sin su ayuda (así de encantado está de conocerse). De modo que toma el mundo divino que ve y lo sustituye por el mundo humano que cree que ve pero que, en realidad, fabrica. No se limita a hacer algunos arreglos, a reforzar las vigas o revocar las paredes, a, por así decirlo, reajustar el motor para que tenga un mayor rendimiento, sino que da la vuelta y pone patas arriba por completo toda la estructura, en la creencia de que así la hace más práctica y manejable. Y luego, para agravar y redondear la blasfemia, se olvida de que lo ha hecho; toma su universo desnaturalizado por la Naturaleza misma, su creación por la Creación de Dios. Así es la variedad de blasfemia que consiste en jugar a ser Dios.

La otra, la de ser Dios, se da al mismo tiempo que la primera. En este caso, el blasfemo se pone a sí mismo, al ser humano, a los mandos del reestructurado vehículo. Elimina a Dios y lo reemplaza por él mismo en el Centro de su universo.

Durante una parte demasiado larga de mi vida yo también he sido tan culpable de ambas variedades de blasfemia como cualquiera de ustedes, pero eso se terminó. He recuperado la cordura. Ahora veo que ser honesto con Dios y con Jack es ser Él aquí y Jack ahí, sin que nunca jamás se encuentren.

En ninguna parte es más fácil recuperar la cordura y dejar de blasfemar (en ninguna está más claro para mí dónde está la casa de Dios y dónde la del hombre, la distancia que las separa y lo diferentes que son sus diseños) que en la peluquería de la testigo. Todo le es revelado al cliente (o, mejor dicho, al medio-cliente) que, ataviado con la capa al cuello y sentado en la silla ajustable frente al espejo, se toma la molestia de mirar y de atreverse a tomar en serio lo que ve. Aquí, visible, expuesto, tan resplandeciente que es capaz de hacer añicos cualquier ilusión, se encuentra la única verdad que necesita desesperadamente reconocer. Como es lógico, para ser un ser humano, ha de tener ojos con los que poder mirar a la gente, una boca con la que poder alimentarse, un cuero cabelludo para que crezca el pelo sobre él, etc.; y, más aún, también ha de poseer una versión única y exclusiva de estas características, una que le distinga de todos los demás especímenes. Y obviamente, todas esas cosas pertenecen al lugar en el que los ve y los guarda: al *otro lado* del cristal. Lo que hay justo aquí, en *este lado* del cristal, es, en todos los sentidos, exactamente lo contrario de eso. Y en el caso de que, contra todo pronóstico, aquí también hubiese una Cara, sería una que no tendría absolutamente ningún rasgo, ninguna característica (mucho menos rasgos humanos, rasgos distintivos). Está absolutamente Vacía. Pero ¡hete aquí!, ¡cuán vívida y agudamente despierta para sí misma está como Vacío, como la Claridad y la Consciencia inmaculada que acoge e incorpora en ella esa cabeza de persona del espejo, y también a los demás clientes, el salón de peluquería... y todo lo que sea que esté a la vista! Conociéndose a Sí Misma como el Conocedor solitario, no es otra cosa que la Cabeza de Dios, cuyo hogar se encuentra en el Centro mismo de Su mundo, en el Punto Central exacto de todas estas cosas periféricas (incluyendo a ese tarugo... no es falsa modestia, sino tan solo un hecho objetivo) de detrás del cristal cuya cabeza están acicalando y adecentando. Esta es la Cabeza Una, la única No-Cabeza, el único Sin-Cabeza, la única Cabeza verdaderamente clara y no obstruida de cuantas existen. Yo, no una imagen de mí.

Ver a ese tarugo nuevamente en el lugar que le corresponde tras el cristal, dejando así a la lúcida y despejada Cabeza de Dios aquí frente a él, es la auténtica piedad natural.

Todo esto no es más que puro y sobrio realismo. Es ser humilde ante la evidencia. Es despertar y recuperar el sentido tras una larga pesadilla. Es algo *sagrado,* piadoso, el remedio soberano para toda impiedad, y, en particular, para la enfermedad mortal de la autodeificación. Acaba con la blasfemia. Y además ¡resulta tan ridículamente obvio!

Damas y caballeros, esta es la visión de la que disfruto en ese salón de peluquería, y cuya descripción desconcierta e intriga a la peluquera. Es la visión que estoy disfrutando ahora mismo, en este tribunal. Y es precisamente la visión a la que mis acusadores (junto con la inmensa mayoría de la humanidad) están decididos a permanecer ciegos y empeñados en no disfrutar.
¡Los blasfemos son todos ustedes!
Alboroto y conmoción en el tribunal. El jurado se arremolina en varios corrillos enfervorecidos. El fiscal, de puntillas, gesticula como un semáforo que se hubiese vuelto loco. El juez empieza a dar golpes con su martillo con tanta fuerza que me da la impresión de que lo hace sobre mi propia cabeza. Me amenaza con suspender mi derecho a defenderme por mí mismo hasta que sea capaz de hacerlo como Dios manda e, incapaz de seguir aguantándose las ganas de soltar un discurso a los desganados asistentes, nos amenaza con una desdeñosa y abusiva reprimenda.

Disculpándome, le prometo hacer un esfuerzo por exponer mi caso en un lenguaje más parlamentario. No obstante, insisto en que todas y cada una de las palabras que he dicho hasta ahora son relevantes para el delito del que se me acusa y centrales para mi defensa contra dichos cargos.

FISCAL, con el semáforo repentinamente bajo control: Hay algo que he estado deseando decir al jurado desde lo que me parece ya una eternidad. Este injurioso individuo es también realmente estúpido. Solo alguien tan listillo como el acusado podría ser tan poco inteligente. Su ilusión básica (la que subyace en todas sus otras muchas ilusiones) es asumir que la mente humana es una aberración y una trampa que va en contra de la Realidad, y esta es una forma de ver las cosas enferma e impía. Su cura, por lo tanto, está en considerar a la mente racional como una función superior que, lejos de contradecir a la Naturaleza, la completa. Como dice Políxenes en *El cuento del invierno*, «el arte mismo es Naturaleza». Lo que John a-Nokes llama *jugar a ser Dios* yo lo llamo *ser un hombre*. Hombre al que se le ha confiado el trabajo de construir un cosmos a partir de pistas sensoriales sueltas y aparentemente incompatibles. Hombre a quien Dios le confirió este gigantesco rompecabezas como regalo de cumpleaños. El asombroso éxito de su ciencia demuestra que la visión resultante del universo no es ninguna ficción. Así es que mantengan su respeto, miembros del jurado, por el sentido común y el intelecto humano, y por el mundo objetivo familiar que con no poco esfuerzo ambos se afanan por construir, para gran beneficio de todos nosotros, y así estarán a salvo de las artimañas del acusado. No se dejarán engañar por su exageradamente ingeniosa defensa de la idiotez, seguirán yendo en coche al peluquero atravesando calles que no se agitan ni se mueven y, una vez allí, mantendrán su cabeza ahí, bien puesta.

YO: Por lo que he oído, hay algunas judías comestibles que son ligeramente venenosas si no están bien cocidas. El fiscal nos está ofreciendo un brebaje cocido únicamente a la mitad (bueno..., para ser justos, con dos tercios de cocción) que es mortalmente venenoso porque se queda corto al detenerse en la segunda etapa (la etapa blasfema centrada en la persona). Las tres etapas son el mundo percibido del animal y el niño pequeño, el mundo concebido del infante y el adulto, y la unión de ambos en el mundo percibido/concebido del Veedor, quien no pierde de vista el mundo tal y como le es dado (es decir, el mundo natural de Dios) y no deja de valorarlo, de apreciarlo y de confiar en él; y quien, con reservas, valora y confía también en el mundo artificial del adulto, como una ficción ciertamente magnífica que sirve para manejar el mundo natural de manera eficiente. En su camino a la peluquería, claro que el Veedor es consciente de lo que ocurre a su alrededor, y al llegar y sentarse en la silla ajustable ve su cabeza ahí, guardada, a salvo y a buen recaudo detrás del cristal. Por supuesto que es plenamente consciente de que, desde el punto de vista del guardia de tráfico, el coche que conduce se está moviendo, y de que, para la peluquera, su cabeza está situada sobre sus hombros. De este modo, ve el mundo de Dios, evoca el mundo del hombre, y habita en ambos. Estas son las tres etapas; «diseño práctico para una vida práctica». El otro diseño (el de las dos primeras etapas del no-Veedor) no está completo y, por ese motivo, no funciona. No debería sorprenderles, miembros del jurado, que los blasfemos que juegan a ser Dios (quienes descartan sin haberlo examinado el mundo de Dios, en su ansiedad por rediseñarlo según sus propios gustos y especificaciones) acaben echándolo todo a perder a largo plazo. Después de muchas pequeñas ganancias cortoplacistas, su atrevimiento demuestra ser un total desastre y, en última instancia, resulta letal y mortífero. Y no es de extrañar. No se trata de que su mundo sea distinto del de Dios, sino de que es su opuesto exacto. ¿Cómo no iba tal grado de irrealidad, de autoengaño, de ceguera deliberada ante lo dado, a demostrar ser cada vez más contraproducente y, en todos los sentidos, ineficaz? Sus efectos son acumulativos. Día a día produce más y más miseria personal, más y más conflictos sociales, más y más daños irreversibles en el medio ambiente. Y ahora amenaza la supervivencia misma del ser humano, quien se ha afanado en preparar el terreno... y ahora le toca caminar por él. Y morir en él, si no se despierta pronto del mundo de pesadilla en el que vive para volver al mundo real, al mundo de Dios, a este mundo querido que nos ofrece en toda Su misericordia, su amor y su bondad; el mundo que está hecho de bendiciones, el mundo en el que dejo que cada cosa esté en el sitio que le corresponde y que sea ella misma, donde dejo que el humano sea un humano al otro lado del espejo, y que Dios sea Dios a este lado del mismo; este mundo tan sumamente despierto en el que Jack es ese tipo peludo de ahí a quien le están cortando el pelo, mientras que Dios está siendo Dios aquí, tan solo Ser, un Ser (un Siendo) que es más liso y reluciente que un huevo de porcelana (e igual de calvo). Aquí, donde las muchas cabezas de hombre regresan a la Única Cabeza de Dios, eternamente acicalado, inmaculado y resplandeciente como el sol de mediodía.

Es precisamente mediante esta simple veracidad, esta honestidad, esta rendición siempre renovada ante la evidencia, que consigo romper los desastrosos hábitos de deificación de

John a-Nokes antes de que sean ellos los que me rompan a mí. Os puedo asegurar que no es fácil. No es algo que se consiga de un día para otro. Es necesario verle fuera con mucha insistencia. Pero con toda honestidad y con el máximo respeto, aquí les digo que yo no soy un blasfemo.

Y desearía de todo corazón poder decir lo mismo de...

Muy bien, señoría. He terminado. Le cedo la palabra a uno de mis testigos más distinguidos, a Plotino, aquel sublime Veedor pagano que escribió:

> En efecto, al Ser Real devolvemos todo lo que somos y tenemos. A Él regresamos porque de Él surgimos. Tenemos conocimiento directo de Aquello que está Aquí, no meras imágenes o incluso impresiones, y conocer sin imágenes equivale a ser. Cuando miramos fuera de Esto de lo cual dependemos, estamos ignorando nuestra unidad. Mirando hacia fuera vemos muchas caras, pero mirando hacia dentro lo único que encontramos es esta Cabeza Única. Si el hombre pudiera ser dado la vuelta como un calcetín (de motu propio o con la gloriosa ayuda de la diosa Atenea) vería inmediatamente a Dios, y a sí mismo, y Todo.

Y, para asegurarme de que queda bien claro, permítanme añadir unas líneas de Rumi, aquel Veedor sufí igualmente distinguido:

> Cuando Él separa una cabeza del cuerpo, al instante siguiente hace surgir otras cien mil cabezas para el decapitado.

> La luz del que contempla su propio Rostro es mayor que la luz de cualquier otra criatura. Aunque muera, su visión es eterna, porque es la visión del Creador.

Y estas de la mujer santa Rabi'a de Basora, una de las primeras sufís:

> Yo misma regento una casa de invitados. A todo lo que está en su interior, no le permito salir; y a todo lo que está en su exterior, no le permito entrar.

Testigo n.º 7 de la acusación
EL OSTEÓPATA

EL TESTIGO DECLARA QUE hace un año acudí a él con una contractura en el cuello. Yo me quejaba de que no podía girar la cabeza más de 50° sin que me doliese. Está encantado de decir que su tratamiento, tras unas cuantas sesiones, tuvo bastante éxito.

El fiscal pregunta al testigo si es consciente de que, puesto que no puedo ver ningún cuello ni ninguna cabeza montados sobre mi cuerpo, mantengo que no existen.

Intervengo para protestar porque el fiscal está malinterpretando totalmente mis afirmaciones. Debería dejar que fuese yo quien las expusiese.

El juez está de acuerdo y el fiscal reformula la pregunta.

FISCAL: ¿Está usted enterado de que el acusado proclama públicamente que perder la cabeza es encontrar la vida? *¡Encontrarla!*, me gustaría recalcar, y no *perdiéndola*, como el rey Charles (solo el primero, espero). ¿De que, por alguna razón que se nos escapa a los mortales ordinarios, esta merma (la cabeza perdida) no resta sino que añade, con el resultado de que no es menos que humano, sino mucho, mucho más que humano (sobrehumano por lo menos)? En cuyo caso, ¿por qué necesitó acudir a sus servicios para recibir tratamiento? Y ¿cuál es su opinión sobre toda esta tergiversación?

TESTIGO: Sí, sé que dice que es muy especial, y en mi opinión, lo cree sinceramente. Pero estoy seguro de que está equivocado, y la razón por la que se equivoca es que confía demasiado en un único sentido a expensas de los demás. Se centra en la visión pero ignora el tacto, por no hablar del oído, el gusto y el olfato. Obviamente, cuando estoy trabajando en su cuello, soy el único de los dos que lo ve, pero también lo siento con las manos, y estoy seguro de que él también las siente sobre su cuello. Cuando le toco en alguna zona dolorida suelta un:

«¡Ay!». Está claro que, tanto para mí como para él, tocar para creer es tan válido como ver para creer, si no más. Cuando llega a casa, busca a tientas el interruptor de la luz que no ve, y también supongo que cuando se baña se frotará la espalda (que tampoco ve) de vez en cuando. De hecho, muchas veces el tacto constituye una prueba más segura de la presencia de algo que la vista. Por ejemplo, descubrimos que un holograma de una taza no es una taza de verdad al intentar cogerla con la mano. Y por último, por supuesto, ahí está también la historia del apóstol Sto. Tomás, quien se negaba a fiarse de lo que veía hasta que puso el dedo en la llaga de su Señor.

FISCAL, rezumando júbilo e ironía, se dirige al jurado: Estamos ansiosos de escuchar la aplastante respuesta del acusado a este testimonio, ¿verdad? [Dirigiéndose al testigo] ¿Diría usted que este hombre es estúpida aunque genuinamente ingenuo en su obsesión por tener en cuenta tan solo el sentido de la vista? ¿O que su diabólico orgullo y malvada ambición blasfema le han llevado a descartar por completo las evidencias tangibles que demuestran que, a fin de cuentas, no es más que un ser humano? Por decirlo con franqueza y sin rodeos, el jurado ha de decidir si está loco o si tan solo es un granuja. ¿Podría ayudarles en su tarea?

TESTIGO: Quizá tenga un poco de ambos. Yo creo que es un asno de oro, brillante, a su propia manera retorcida. Algo así como el rey Jaime I, aquel tipo del que decían que era el loco más sabio de toda la cristiandad.

FISCAL: Bueno, se dice que el diablo tiene un CI superior al de cualquier otro ángel... Aunque si interpretamos esas siglas como «coeficiente de idiotez», entonces no tendría ningún problema en admitirlo. ¿Tiene usted algo que decir sobre las lunáticas pretensiones de divinidad del acusado?

JUEZ: Esa es una pregunta capciosa...

FISCAL: Borre lo de «lunático».

TESTIGO: Bueno, hay algo que me gustaría saber. ¿Por qué tendría que estar Dios en la cabeza del señor Nokes (o, *en lugar de* en su cabeza, o *en su no-cabeza*, como prefieran) y no, por ejemplo, en su corazón, donde la gente religiosa dice que se encuentra? ¿Por qué esta fijación en la cabeza humana, me pregunto yo, que hace gala de un potencial aparentemente ilimitado para producir confusiones e ilusiones, las cuales ocasionalmente pueden acabar conduciendo a juicios por blasfemia como este? ¿Por qué tendría el Creador, con toda Su Creación disponible para elegir, que conformarse y limitarse a un solo «barrio», tan tumultuoso y tan infestado de delitos y fechorías? ¿Por qué limitarse a un escondite tan estrecho, a un único órgano del cuerpo humano? O, para el caso, ¿por qué limitarse tan solo al cuerpo, aunque fuese en su totalidad? Estoy seguro de que podría haber encontrado algún alojamiento menos congestionado, menos sórdido y pringoso, de entre todos los disponibles en Su universo.

FISCAL, sentándose con el aire propio de alguien que ha dicho la última palabra: Turno del acusado.

Defensa: **Tomar lo áspero con lo suave**

Continúo con el análisis del testigo.

YO: A modo de preludio antes de desinflar al fiscal, y respondiendo a las preguntas (ciertamente, muy pertinentes) que usted ha planteado, me gustaría hacerle también algunas a usted que entiende de estas cuestiones. ¿Qué es este verdaderamente peculiar capitel, esta protuberancia, esta perilla, este casco o yelmo, este problemático «lo que sea» que, a modo de tapón, constituye el extremo superior del cuerpo humano?

El fiscal pide a su señoría que desestime mi pregunta como otra distracción más, como una cortina de humo o una pista falsa que el tribunal no debería perder tiempo en seguir.

El juez no comprende por qué quiero una definición de algo que cualquier persona en su sano juicio sabe lo que es.

Por mi parte, reclamo el derecho a llevar mi defensa a mi propio modo, pero para ahorrar tiempo estoy dispuesto a reformular mi pregunta al testigo:

YO: ¿Estaría usted de acuerdo en que una cabeza humana es una caja ósea opaca, peluda y multicolor de aproximadamente unos veinte centímetros de diámetro, llena a reventar en su parte superior con una nudosa materia gris provista de un par de escotillas con persianas y una sección inferior con bisagras para permitir que salgan sonidos y que entre comida?

El testigo concede, no muy convencido, que es una definición que puede valer.

No tengo más preguntas, por lo que se baja del estrado.

YO, dirigiéndome al jurado: Mientras aún tenemos fresca en la mente esa imagen de esta especie de tapón humano, permítanme asegurarles por lo más sagrado que yo no tengo nada así aquí arriba, que me falta la cabeza, que no encuentro nada parecido sobre estos hombros. Y, ustedes, ¿ven algo así encima de los suyos? ¿Son sus hombros como un plato en el que se sirve esa selecta albóndiga, o más bien como uno en el que se sirve todo, absolutamente todo, salvo dicha bola de carne (es decir, un plato en el que servir el mundo entero)? ¿Qué hay en su plato ahora mismo? En este momento, ¿son capaces de encontrar algo que se parezca menos a aquello desde lo que están mirando, tanto si nos fijamos en los detalles como en su conjunto, que ese grotesco y bien amarrado moñete, ese penacho superior? ¿Algo más distinto que esa jugosa bola de carne?

Más adelante volveré a la cuestión de qué tenemos exactamente ustedes y yo aquí en lugar de esa albóndiga, pero ahora me gustaría responder a la pregunta que me ha formulado el testigo al finalizar su testimonio, pues difícilmente podría ser más pertinente para mi defensa.

¿Que por qué elijo la cabeza? La razón es muy simple. No lo hago: es ella la que se elige a sí misma. Es así de rara, así de bromista. Y la broma está en que aquello que más parezco ser es lo que menos se parece a mí. Es la única parte de mi cuerpo (y me refiero a mi organismo en su totalidad —que también es la Totalidad—) que *en todo momento* hace novillos, la única parte que nunca jamás encuentro aquí, la que está permanentemente desaparecida. El resto viene y va, en gran parte según les apetece, y en parte también por decisión mía. Así, cuando miro *hacia abajo,* lo único que veo que falta de mi cuerpo es la cabeza; cuando miro *hacia fuera* o *hacia delante* (tal y como estoy haciendo ahora), el resto de mi cuerpo humano también desaparece; si me subiese al tejado de este edificio y mirase *hacia arriba* para contemplar el cielo, mi cuerpo-Tierra también desaparecería, y si lo hiciese de noche mi cuerpo-Sol (de hecho, la práctica totalidad de mi cuerpo-Sistema-Solar) desaparecería también; por último, si cerrase los ojos, desaparecería todo mi Cuerpo-Universo. Lo único que se mantiene constante a lo largo de todos estos niveles es la ausencia de cabeza. La característica esencial de esta cima de mi cuerpo es que carece por completo de características. Y no solo no tiene rasgos que lo diferencien, sino que además es un sinsentido, un absurdo. Mi organismo llega hasta la altura (o, mejor dicho, hasta la «bajura»— de los hombros. Ahí me detengo.

O, digámoslo de este otro modo; la razón por la que hablo de mi no-cabeza, en lugar de hablar, por ejemplo, de mi no-torso, es que es completamente *central* para mí en toda circunstancia, mientras que el torso muchas veces no lo es. ¿Tengo que dar más explicaciones? ¡Seamos serios! Si no merece la pena fijarse en Esto que es de lo que surjo y de lo que provengo continuamente, Esto que es la Raíz de la raíz de mi vida, el Ser de mi ser y el Núcleo indispensable del Misterio de Mí mismo, observarlo con detenimiento, con tiempo y cuidado, díganme entonces qué lo merece. Estar equivocado sobre Esto (y ¿qué podría ser más perverso que taponarlo con ese saco de trucos y artimañas periférico e inmensamente complicado que es la definición comúnmente aceptada de lo que es una cabeza humana?) equivale a errar también en todo lo demás. Si hay algo más seguro para hundirme que una piedra de molino atada alrededor del gaznate, es esta otra piedra de molino ficticia atada en el cuello.

No, no es mi cabeza humana la que escojo y de la que hago tanta alharaca, sino su total ausencia aquí, y la presencia de... Bueno, de algo muy, muy distinto. Lo que me lleva a la cuestión de qué es exactamente lo que toco cuando palpo con los dedos esta cosa (o no-cosa) desde la que vivo, desde la que miro y veo. ¿A qué distancia está y hasta qué punto es diferente de esa otra cosa intangible que esos otros diez dedos exploran simultáneamente al otro lado del espejo? La pregunta es: ¿qué es, cuando presto atención, lo que me revela el tacto sobre lo que hay justo aquí, en el eje de mi mundo? No sobre lo que hay ahí, en el reino de los interruptores de la luz, de las sillas, los vasos, etc., sino aquí, en el dominio o ámbito de su usuario.

Ahí fuera, el tacto confirma y complementa a la vista, y viceversa. Ambos se ajustan perfectamente bien. Y así lo hacen también aquí (como veremos en un instante), pero en este caso se combinan para contar una historia muy distinta. Aquí se unen de la forma más hermosa para revelar Lo Que realmente soy, lo cual contrasta enormemente con aquello que parezco ser, lo que ven ustedes ahora mismo, mi apariencia, mi aspecto.

Pero, ¿de qué sirve limitarse a hablar de este contraste? Debo pedirles a todos ustedes, a los miembros del jurado así como a su señoría, que realicen conmigo un pequeño experimento. Es tan fácil de hacer, tan revolucionario en lo que demuestra, y destruye de tal modo las mentiras que guían nuestra vida, que todos deberíamos hacerlo diariamente del mismo modo que hacemos nuestros ejercicios físicos, nos peinamos o nos cepillamos los dientes. Si alguno de ustedes se siente demasiado avergonzado, inhibido, prejuicioso o perezoso para hacer esto que yo mismo estoy haciendo ahora, o para tomarse en serio lo que descubra al hacerlo, entonces estará convirtiendo este lugar en un tribunal de injusticia, en una corte desacreditada. Por no mencionar el gran entretenimiento y la fabulosa revelación que se estaría perdiendo a nivel personal. Así que, *por favor...* ¡Sí, usted también, *sir* Gerald! Y su asistente, el señor Atkinson...

Bueno, como decidan. No es de extrañar que la Corona se niegue a aceptar que reina en el vacío.

El resto, ¿preparados? Les iré diciendo lo que hago y lo que voy encontrando, de manera que ustedes también puedan hacer lo mismo y comprobar si obtienen los mismos resultados que yo. No me crean; miren por ustedes mismos.

Ahora pueden ver que me estoy tapando los oídos presionando con un dedo en cada agujero de las orejas.

Bueno, esa es su historia, lo que ustedes ven. La mía no se parece en nada a eso.

Lo que estoy sintiendo aquí es una mezcla de sensaciones táctiles, de sonidos permanentes y sostenidos, de presión, de incomodidad y un leve dolor, sin cosas, sin ningún tipo de objeto sólido, opaco y coloreado al que poder fijar o amarrar esas sensaciones. Si presto atención cuidadosamente, puede diferenciar dos partes en esta *mélange,* así como un espacio que se interpone entre ambas.

¿*Cómo de ancho es este hueco, este espacio, que hay entre las orejas que no tengo aquí?* Según la evidencia presente, ¿a qué distancia se encuentran estos dos grupos de sensaciones, uno situado en el extremo distante de mi derecha y el otro en el extremo distante de mi izquierda?

Ahora es su turno para repetir el experimento, haciéndose las mismas preguntas... ¡Por favor!...

En lugar de ponerse los dedos índices en las orejas, el fiscal se los pone en las sienes y empieza a girarlos como si se tratase de destornilladores. Su asistente asiente y guiña un ojo a los miembros del jurado, la mayoría de los cuales, aunque con reservas y vacilando, están siguiendo mis instrucciones.

YO: Lo que encuentro aquí nunca deja de asombrarme y deleitarme. No sé ustedes, pero para mí ¡esta abertura que tengo entre las orejas es, cuando menos, tan ancha como el mismo universo! Estoy encantado de comprobar (¿o debería decir más bien que el Mundo está encantado de comprobar?) que he llegado al Fin del Mundo, donde simultáneamente estoy acariciando sus bastante ásperas extremidades y viendo cuán inmenso es el intervalo que se extiende entre ellas. Sí, viéndolo: ya no imagino ni concibo mentalmente esa abertura (no más de lo que la palpo, la huelo o la saboreo). Puede decirse que, literalmente, estoy cogiendo al mundo por las orejas (que no «calentándoselas»), aunque de forma amable y suave, con el mismo cuidado con el que se agarra a una cría de conejo.

¿Y qué es lo que ahora mismo llena hasta los topes esta enorme abertura que hay entre las orejas? ¡Vaya! ¡Toda la escena, el mundo tal y como se presenta a sí mismo! Sí, ustedes (el juez, el jurado, los letrados de la acusación, los funcionarios y el ujier de la sala y todo el resto de quienes ahora mismo se encuentran en el escenario de este tribunal). Ustedes, que son los actuales inquilinos de esta inmensa Habitación que tengo para alquilar. Todos ustedes, más todo tipo de pensamientos y sentimientos sobre los aquí presentes, además de todas esas sensaciones que acabo de describir y muchas otras... y Dios sabe qué más. Y todo ese relleno que tengo entre los oídos está cambiando continuamente. En cambio, lo que nunca cambia es esta Habitación Consciente que acoge a todos y a todo por igual. ESTO SOY YO. Resulta que en esta olla que parecía tan estrecha cabe el mundo entero de una sola vez, y sus asas (las orejas) son sus polos distantes.

En uno de sus momentos más lúcidos, Bertie Wooster dice de otro personaje: «Entre el cuello de la camisa y la raya del pelo todo estaba absolutamente inmóvil». Se dice de los tontos que no tienen nada entre las orejas, pero yo digo que tonto es solo quien así lo cree, pues para mí eso también es cierto. O, mejor dicho, es la mitad de la verdad; la otra es que lo tengo todo. Nada y Todo. Yo les pregunto qué podría ser más diferente de esa cosa, de esa cabeza muerta para el mundo (de esa cabeza humana tal como la hemos definido) que esta inmensa Vacuidad-Plenitud completamente despierta. ¿Qué podría ser más parecido a la Cabeza de Dios que, precisamente como Nada-y-Todo, está viva para Sí Misma como únicamente eso? Sí, la maravillosa, dichosa y gloriosa verdad es que lo que ahora estamos explorando, esta Inmensidad que tenemos entre las orejas y que con tanto esfuerzo hemos intentado desbancar con nuestra cabeza humana, es la Cabeza Divina. Blasfemia ha sido siempre y blasfemia seguirá siendo profanar esto que es lo más Sagrado entre lo sagrado con cualquier órgano humano (y, de hecho, con cualquier cosa en absoluto). Una blasfemia y una maldición.

El fiscal sorprende a la corte haciendo repentinamente una mueca, tapándose las orejas con los pulgares y moviendo alegremente el resto de los dedos. Desconocía que *sir* Gerald pudiese comportarse de un modo tan alegre, simpático y distendido... Por su parte, su señoría parece demasiado sorprendido como para hacer ningún comentario...
 FISCAL: Pero ¿estamos en un tribunal de justicia? Cualquiera que asomase la cabeza y viese todo esto pensaría que se trata más bien de un circo, de un jardín de infancia o de un manicomio. Ya puestos, ¿por qué no nos ponemos todos a jugar a las palmitas? O mejor aún, ¡al corro de la patata! ¡Ja ja ja!
 YO: La gracia recae sobre aquel que, pretendiendo ser gracioso, no es capaz de diferenciar lo infantil de lo pueril...
 Ahora quisiera abordar seriamente la pregunta del testigo sobre por qué tendría el Rey que rebajarse ocupando unas premisas tan estrechas y plebeyas como son las del cuerpo humano, por qué motivo tendría que establecer Su trono en el sótano del carbón.
 ¿Estrecho y plebeyo...? ¡Tonterías! Tan solo tienen que observar y fijarse: ¿acaso podría esta sala del trono (en la que tanto ustedes como yo hemos intentado pasar de contrabando una cabeza humana) ser más amplia, más profunda o más elevada, más grandiosa de lo que obviamente es ahora mismo? No nos engañemos pensando que, si buscásemos en todas las galaxias y las estrellas del universo durante eones, en algún momento encontraríamos una residencia más palaciega y suntuosa para Él (una más celestial pero, a la vez, más hogareña y entrañable; más vacía pero, al mismo tiempo, más

gloriosamente llena; más habitada pero, no obstante, más resplandeciente, fresca e inmaculada) que este hogar con el que Él está siendo provisto justo aquí y justo ahora. O, para el caso, un hogar más seguro contra cualquier invasión alienígena, uno en el que los extraños molestasen menos (¿qué extraños?).

El hecho claro e incontrovertible es que, independientemente de lo mucho que nos resistamos y mintamos sobre ello, todos estamos viviendo desde Lo Que y desde Quien somos real y verdaderamente; no desde nuestra cabeza humana, sino de nuestra Cabeza Divina. Afortunadamente, no tenemos elección. Además, en cierto grado y de algún modo extraño, no estamos únicamente *despiertos* a ella sino que, además, también somos conscientes de nuestra Cabeza Divina, pues, ¿quién de nosotros, tanto los que estamos fuera de hospitales psiquiátricos como los que se encuentran dentro de ellos, creería que estamos encerrados en estos recipientes esféricos de veinte centímetros de diámetro, en estas cajas óseas puestas aquí encima con pelo por fuera y llenas de vísceras por dentro? ¿Quién de nosotros no se siente inmenso, sin importar todo lo que nos hayan enseñado *ad nauseam* en contra? ¿Quién de nosotros (incluso antes de que nos atrevamos a mirar o nos preocupemos de hacerlo) no percibe que su espacio externo forma un continuo con el interno, sin valla perimetral alguna que los separe a ambos? ¿Quién de nosotros podría siquiera imaginar lo que sería que le metiesen a presión en esa sustancia oscura, viscosa, pegajosa y atestada que sin duda ultrajaría el Centro mismo de nuestro universo? En realidad, aunque durante toda la vida se nos enseña a blasfemar superponiendo la opacidad de un ser humano en la transparencia de Dios, nadie aprende, ni tan siquiera mínimamente, la lección. Ninguno de nosotros se lo toma en serio de verdad ni por un instante. En última instancia, la blasfemia no es más que un movimiento del caballo de negras en el gran juego del fingir y el aparentar del Gran Maestro. Todos somos culpables (y al mismo tiempo, nadie lo es) de esta ofensa imposible.

Bien, miembros del jurado, supongo que con esto es

suficiente...

FISCAL, poniéndose en pie gradualmente: ¡No, no lo es! Tengo dos o tres preguntas incómodas para usted, señor a-guion-Nokes. Explique por qué, cuando palpa con sus dedos este cachivache invisible que tiene sobre los hombros, lo que siente siempre es la cabeza de un hombre y no la cabeza de un apio, de una lechuga o (lamentablemente) una cabeza hecha de humo. Y explíquenos también por qué, cuando está ante un espejo, los movimientos de su mano sobre los contornos, invisibles pero que puede sentir, del citado cachivache se corresponden tan estrechamente con los movimientos que realiza sobre esa cabeza que no siente pero que claramente puede ver. ¿No es la explicación obvia (obvia para todos salvo para los más obtusos o los más trastornados) que a este lado del espejo se encuentra su cabeza humana invisible pero real, mientras que en el otro lado está su cabeza humana visible pero irreal, la que no es más que un mero reflejo?

Y, por el amor de Dios, no nos dé otra conferencia. Responda clara pero brevemente, si no le importa.

JUEZ: Sí, por favor.

El jurado se anima, sintiendo (supongo) que esta vez sí que me han pillado. Me siento tentado a compartir dicho sentir, a pesar de lo cual, me escucho responder del siguiente modo:

YO: De Dios se dice que ha hecho al ser humano a Su imagen y semejanza (y se le acusa de ello). Y si en el proceso de fabricación se toma la libertad de introducir un toque de humor amable e inocuo, ¿acaso no es eso lo que aquí estamos aprendiendo a esperar de Él? En todo caso, cabe esperar que todos los distintos tipos de cabezas (animales, humanas, divinas...) compartan suficientes características como para justificar su nombre común. Por lo tanto, no debe extrañarnos que aquí, en mi enorme y aireada Cabeza Divina, se puedan detectar también algunas curiosas correspondencias con mi congestionada y diminuta cabeza humana que aparece ahí, en el espejo. Yo las encuentro, tal y como son, de lo más apropiadas y alentadoras. Las considero la base ideal para explorar los inmensos contrastes que existen entre ese «penacho» superior que se muestra ahí y este otro «Penacho» de Dios que veo aquí.

FISCAL: ¡Ahí lo tienen, miembros del jurado! ¡Nada de explicaciones, tan solo más blasfemia! Y permítanme añadir, más patología. Está claro que la acefalitis es una de las enfermedades degenerativas más graves.

YO: ¡Y no le costaría encontrar un buen puñado de médicos que estuviesen de acuerdo con usted, sir Gerald! Según el largamente consolidado y ampliamente respetado sistema médico (actualmente financiado por algunos miembros de la realeza), la experiencia de no tener cabeza sobre los hombros es indudablemente una enfermedad muy bien conocida. Consultando el libro *Homeopatía Clínica*, del Dr. Anton Jayasuriya ¡podemos ver que el remedio es la planta herbácea *Asarum europaeum!* El Dr. J. T. Kent prescribe otros remedios en su *Repertory of Homoeopathic Materia Medica* para curarse de la sensación de tener la cabeza vacía, muy agrandada o como desprendida. [Risas y silbidos en la corte. Incapaz él mismo de mantener el semblante serio, su señoría los deja pasar...] ¡Permítame asegurar a los miembros del jurado que no me estoy burlando de ellos! ¡Se trata de manuales clínicos estándar elaborados por autoridades mundialmente famosas! No permitiré, no obstante, que me desvíen de mi argumento.

La pregunta final y crucial es: *¿cuál de mis dos cabezas, la que se encuentra al otro lado del cristal o la que está a este lado del mismo, es la real?*

Hay ocho criterios con los que dejar clara esta cuestión más allá de toda duda, los cuales me servirán también para resumir mi defensa contra el testimonio de este testigo y del manejo (es decir, del desastre) que de él ha hecho la acusación.

(1) Mi verdadera Cabeza es la que está aquí y ahora, clavada como un plomo en el Centro de mi universo.

(2) Es la que ve, oye, huele y saborea.

(3) Es la que es lo suficientemente grande como para contener en su seno a la otra cabeza, y aún le queda infinito espacio de sobra. O digámoslo de este otro modo: es la que

está a la altura de sí misma y, por lo tanto, es infinita (que es como las cosas aparecen cuando se ven sin distancia y, consecuentemente, a tamaño *completo*).

(4) Es la que mira hacia afuera, la que está vuelta hacia el mundo en lugar de darle la espalda.

(5) Es la que luce un par de «narices», una en el extremo izquierdo de la escena y otra en el extremo derecho, *ambas palpables* pero transparentes, y tan solo ocasionalmente opacas. (¡Lo crean o no, en su tratado *Materia Medica with Repertory*, Boericke prescribe *Merc. per.* para tratar a pacientes que se quejan de tener dos narices!).

(6) Es esta cabeza increíblemente bien surtida, este Gran Almacén Universal que presenta todos los bienes del mundo colocados de la manera más atractiva, fáciles de encontrar y sin aglomeraciones, y no ese pequeño bulto de cabeza que no es más que uno de los productos de sus estanterías.

(7) Es la que no está enmarcada en ninguna otra cosa, la que no está metida dentro de ninguna caja, en claro contraste con ese otro tipo que siempre aparece enmarcada en una imagen, como el pobre payaso que siempre está metido dentro de una caja de sorpresas (en esa caja con cristal transparente en su parte delantera de la que nunca puede saltar).

(8) Por último, es esta «cosa» áspera y rugosa de cuya existencia me aseguro palpándola con los dedos a todo su alrededor, y no esa otra lisa e inaccesible tras la barrera de cristal. *No es la cabeza humana, no es la reconocible cabeza del señor Nokes, en la que nunca jamás he puesto las manos en toda mi vida.* Si tocar (y no ver) es creer, entonces esa cabeza es tan dudosa como un espejismo en el desierto, mientras que esta Cabeza es tan cierta y segura como la Gran Pirámide de Keops.

Ruego al jurado que tenga en cuenta mi preferencia final por el tacto en lugar de la vista, con el perdón del testimonio en contra del testigo.

Y, por favor, tengan en cuenta también que en todos estos ocho aspectos mi Cabeza Divina es siempre mi Cabeza única y real (el Sol del que mi cabeza humana no es más que un mero satélite). Como acabamos de ver, esa cabeza humana no solo está totalmente fuera del Centro, sino que además es inconsciente, exclusiva, está mirando hacia dentro, no se puede tocar y es imposible palparla. ¡Qué sorpresa, qué broma tan espectacular, qué llave maestra tan adecuada para descubrir mi verdadera Identidad, es esta elaborada desacreditación y descentralización de John a-Nokes, una vez que me digno a acercarme para verle de verdad! Esta otra cabeza de Dios desnuda y sin satinar con la que siempre estoy en contacto es inconmensurablemente más real que esa pulida cabeza de hombre que nunca puedo tocar. ¡Alabado sea Aquel que se ha tomado tantas molestias (asumiendo el papel de esta Bestia Rugosa frente a este otro yo pulido y zalamero) para salvarme de mí mismo volviéndome a unir con Aquel que soy Yo mismo!

De todos modos, tengo que admitir que, de los dos, el Jack liso y pulido presenta una clara ventaja: es mucho más fácil hacerle justicia en un retrato, tal y como pueden comprobar si observan el diagrama n.º 7 (un esfuerzo pictórico dudoso e inconcluso que recomiendo no añadir a la galería de autorretratos).

«Este sombrero de viaje puede parecer pequeño, pero cuando me lo pongo cubre el universo entero», decía el maestro zen Huang-po. Si no hubiera sido budista seguramente podría haber añadido que es *Dios* quien se lo pone, que es muy agradable y calentito, ¡y que le sienta perfectamente bien!

Por último, permítanme añadir estos versos extraídos de *The Derby Ram* [El carnero gigante], una canción infantil inglesa que expresa bastante bien la idea general:

> Señor, el espacio entre sus cuernos
> era tan grande como puede abarcar un hombre,
> y ahí construyeron un púlpito,
> aunque nadie se paró nunca a predicar en él.

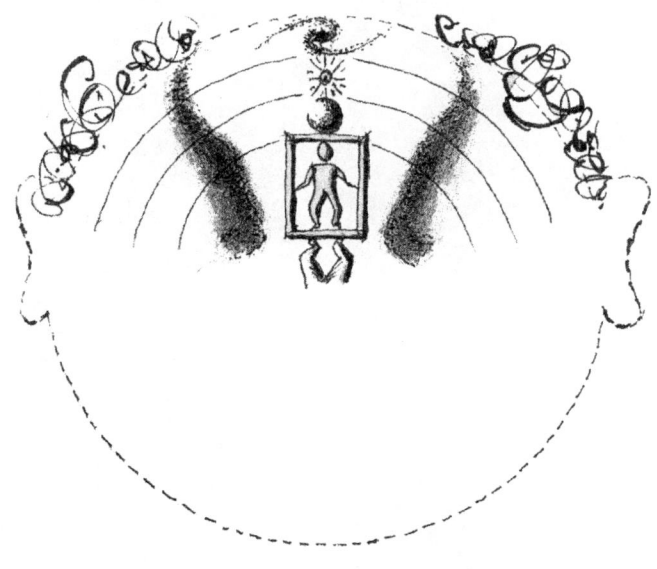

Diagrama n.º 7

Testigo n.º 8 de la acusación
EL NEUROCIRUJANO

EL TESTIGO EXPLICA QUE no me ha tratado demasiado personalmente y que no es más que un conocido casual. No, no tiene ninguna razón para considerarme una persona antisocial, loca o pervertida. Se ocupa de sus propios asuntos y no sabe demasiado de los míos. Ciertamente, ha oído rumores (¿y quién no?), pero no les presta mucha atención. Y sí, claro que es consciente de que estoy ante este tribunal por una acusación de blasfemia.

FISCAL: ¿Está usted al tanto de que el acusado se jacta y se enorgullece de no tener cabeza, lo que sin duda ha de significar que tampoco tiene cerebro? ¿Y de que afirma que esta considerable desventaja, en lugar de convertirle en alguien completamente subhumano, le vuelve superhumano, incluso divino?

TESTIGO: Sí, he oído que dice este tipo de cosas sobre su cabeza, pero la verdad es que no las entiendo en absoluto.

FISCAL: No es usted el único. Con la vana esperanza de iluminarle a usted y a la corte, permítame leer en voz alta un pasaje de uno de los libros que ha publicado el acusado:

> De modo provisional y sensatamente, [el científico] puso una cabeza aquí, sobre mis hombros, que enseguida fue desplazada por el universo. Considerarme «un hombre corriente con cabeza» (tal como hace el «sentido común» o los razonamientos que huyen de las paradojas) no funciona en absoluto: tan pronto como me pongo a examinarlo con cuidado, descubro que es una tontería.
>
> Y sin embargo (me digo) parece funcionar bastante bien en cuanto se refiere a la vida práctica, a los asuntos

cotidianos. Prosigo con mi vida como si de verdad tuviera ahí suspendida, en el mismísimo centro de mi universo, una pelota maciza de veinte centímetros de altura. Y me siento tentado a añadir que, en este mundo testarudo y quisquilloso que todos habitamos, no podemos evitar tan manifiesto absurdo: debe ser una ficción tan conveniente que a todos los efectos es como si fuera la verdad pura y simple.

Pero lo cierto es que es siempre una mentira, y a menudo una mentira inconveniente.

TESTIGO, al pedirle que comente lo expuesto: Bueno, debo decir que a mí tanto el acusado como su cabeza me parecen perfectamente normales, y toda mi experiencia profesional me dice que en esa cabeza común y corriente hay un cerebro normal, y dentro de él, millones de neuronas igualmente normales. En cuanto al estado del cerebro, si está enfermo o alterado de algún modo, si funciona con normalidad o mejor de lo habitual, no puedo pronunciarme con seguridad. De lo que no cabe duda es de que está ahí, en la cabeza, en el lugar correcto. Si no estuviese, este hombre sería la sensación del siglo y la octava maravilla del mundo moderno y yo dejaría mi ocupación actual y me dedicaría a la piscicultura... Al menos los peces *sí que tienen* cerebro.

FISCAL: ¿Podría explicarle brevemente al tribunal la importancia del cerebro, su funcionamiento en la vida del acusado, su papel central en la vida de todos?

TESTIGO: Es un tema muy amplio, pero básicamente puede verse desde dos ángulos. Por una parte, podemos considerar al cerebro como el asiento indispensable de la *conciencia;* y, como tal, determinar el grado de funcionamiento o de rendimiento de la mente, su alcance y su calidad. Así, un conejo, con su cerebro comparativamente más pequeño y mucho menos complejo, experimenta de algún modo un mundo más pequeño y menos complicado que el de, digamos, un consejero del Rey.

De este modo, tanto un conejo como un consejero del Rey que tenga un tumor cerebral o que sufra un daño cerebral de algún tipo, experimentará un mundo distorsionado. Por otro lado, podemos centrarnos en las funciones del cerebro de una forma más puramente objetiva. Así, el cerebro (en realidad el sistema nervioso en su conjunto) se considera como un mecanismo con el que procesar la información entrante para poder generar una conducta que constituya una respuesta apropiada. Algo así como la forma en la que el sistema digestivo procesa los alimentos entrantes para, de este modo, aportar energía con la que poder llevar a cabo esas mismas conductas apropiadas. Ese es el punto de vista hacia el que, dado mi campo de especialización, me inclino. Para mí el cerebro es como un ordenador que hace las veces de centralita telefónica, que coordina el funcionamiento tanto de las distintas partes del organismo como de su conjunto. En todo caso, en ambas maneras de considerar el cerebro dicho órgano resulta absolutamente crucial para la economía del cuerpo y, desde todo punto de vista, es central en nuestra vida.

FISCAL: ¿Han oído eso, miembros del jurado? Central en nuestra vida. [Se vuelve hacia el testigo] Entonces, cuando el acusado dice que no tiene cerebro (o quizá debería decir mejor que está «descorticado»), ¿está mintiendo más que el diablo, ha perdido la chaveta o, sencillamente es un ignorante?

TESTIGO: Yo diría que tan solo se está mofando de nosotros, que se limita a jugar a ser Winnie the Pooh, a fingir que es alguien que tiene muy poco cerebro, o que carece de él por completo. Travieso, ingenioso, irreverente, divertido, un bufón moderno a la manera de Till Eulenspiegel, alguien que se embarca en vuelos intelectuales o poéticos de la imaginación... No sé exactamente qué, pero, en todo caso, algo nada grave, nada serio. Yo diría que no está más loco que yo mismo. Simplemente es más fantasioso y extravagante de lo que yo me puedo permitir. Por decirlo francamente, tengo la impresión de que no solo tiene cerebro sino que además es al menos tan sesudo e inteligente como cualquiera de los aquí presentes.

JUEZ: Limítese a contestar a las preguntas del fiscal.

FISCAL: Llegados a este punto debo recordarle al jurado que el acusado no está siendo juzgado por sus creencias privadas, independientemente de lo fantásticas, elaboradas, absurdas o ingeniosas que estas puedan ser; está aquí debido a sus blasfemias públicas y a los disturbios sociales a los que estas han dado lugar. La única razón por la que sus opiniones son de tanto interés para este tribunal es que afirma extensa e incansablemente que sus argumentos son ciertos, tan ciertos, tan fundamentales y tan revolucionarios que las blasfemias de las que surgen no son tales en absoluto, sino sobrias declaraciones de hechos objetivos tal y como se presentan. Por consiguiente, uno de los objetivos de la fiscalía es echar por tierra tales pretensiones. [Dirigiéndose al testigo] ¿Lo que está usted proponiendo es que la historia del acusado (esta fantasía de que su cabeza está hueca, o vacía, o de que no tiene cabeza, o de que su cabeza es divina, o la que quiera que sea la última variante sobre este tema que utilice) no es más que un rebrote contemporáneo del típico humor absurdo británico, una especie de galimatías moderno, algo así como una revisión de la Reina de Corazones gritando: «¡Que le corten la cabeza!», una gran muestra, a buen seguro, de la ancestral excentricidad inglesa, aunque venida a menos, y llevada hasta tales extremos que ha hecho que el humorista en cuestión haya dado ahora con sus huesos en el banquillo de los acusados y esté siendo juzgado con su vida en juego, y que muy bien pudiera acabar llevándole (al igual que al propio Till Eulenspiegel) a la tumba prematuramente?

TESTIGO: Supongo que sí, salvo que yo no me lo tomo tan sumamente en serio. Además...

FISCAL: ¿Y que este rascacielos teológico (elevado hasta no sé qué cielos de la autodeificación) que él ha erigido sobre estas cómicas arenas movedizas no es más sólido ni está mejor fundamentado que aquellas?

TESTIGO: Bueno, eso lo ha dicho usted.

FISCAL: El tribunal insiste en la necesidad de obtener una respuesta clara de su parte.

TESTIGO: Honestamente, no lo sé. No soy teólogo.

FISCAL: ¿Pero sí que sabe que la afirmación que el acusado sostiene de ser único, de ser muy diferente al resto de nosotros, pobres mortales, sobrepasa todos los límites (por decirlo suavemente)?

TESTIGO: Bueno, sí...

FISCAL: Muchas gracias. Eso es todo.

Defensa: **El Cerebro de Dios**

YO, dirigiéndome al testigo: Usted y yo estamos plenamente de acuerdo sobre lo que es un cerebro humano y su importancia para la vida humana. Nuestra única diferencia radica en dónde creemos que está, y es una diferencia que lo cambia todo.

Para abordar la cuestión crucial de dónde se encuentra dicho órgano, estoy mucho menos interesado en lo que dice que en lo que hace, es decir, en la forma de *aproximarse* al cerebro que ha de adoptar en su labor como neurocirujano. Y me refiero a aproximarse literalmente, en el sentido más físico de la palabra. ¿Qué pasos ha de recorrer (pregunto) para ponerse a trabajar diariamente, para llegar realmente a la delicada tarea de, pongamos por caso, extirpar un tumor del cerebro de un paciente? Ahorraremos tiempo a la corte si me permite ir describiendo las sucesivas etapas de su viaje hacia el interior del cerebro y usted va confirmando o, si es necesario, corrigiendo, lo que diga. He representado estas etapas en el diagrama n.º 8 del cuadernillo, al cual remito a su señoría y al jurado para que puedan seguir la explicación.

Para empezar, lógicamente estando en este país, se dirige a la ciudad (a), y una vez allí, al hospital (b). Después de estacionar su vehículo, va caminando hasta el departamento de neurocirugía y entra en la sala de operaciones que le ha sido asignada. Tras lavarse bien las manos, ponerse los guantes, la bata y la mascarilla, se aproxima al paciente (c) que está sobre la mesa de operaciones, ya fuertemente sedado y con anestesia local (por supuesto, el cerebro en sí es insensible al bisturí y no necesita anestesia). Comienza a operar, haciendo incisiones, cortes, trepanaciones, etc., hasta que la zona cortical que haya que tratar queda expuesta y claramente a la vista (d).

En resumen, usted se acerca a mí (imaginemos que yo soy el paciente) por etapas, comenzando con el paisaje en su totalidad y finalizando con un diminuto paisaje cerebral.

¿Hasta el momento, es más o menos correcto mi relato sobre su labor profesional?

TESTIGO: No tengo queja al respecto. Pero, ¿por qué detenerse tan minuciosamente en algo que es obvio? ¿Qué importancia puede tener?

YO: Ahora estamos llegando a la parte realmente interesante, al meollo de la cuestión. *Es aquí, en la región (d), que todavía se encuentra a varios centímetros de mí, donde usted hace la punción y lleva a cabo su labor.* Usted, el neurocirujano, ha llegado a su objetivo, al lugar desde el cual puede ver el córtex de mi cerebro. Pero dese cuenta de lo lejos que está de mí, del paciente, lo lejos que aún está del punto en el que establecería contacto conmigo (x). Si, armado con microscopios ópticos y electrónicos, se aventurase mucho más cerca de mí, estaría perdiendo un tiempo precioso y retrasando la operación, pero en ese caso, dejando atrás la región en la que el cerebro está a la vista, llegaría a regiones en las que es reemplazado por un conjunto de neuronas (e), luego una sola neurona (f), luego un puñado de moléculas, luego una molécula... y así sucesivamente, hasta que, habiendo recorrido todo el camino hasta llegar a nuestro lugar de encuentro (x), habría dejado tras de sí todo mi ser, todas mis capas. Pero ¿acaso esto nos serviría de algo a cualquiera de los dos? Por lo tanto, es esencial para el éxito de la operación que se detenga y no penetre en estas regiones prohibidas, que permanezca justo a la distancia adecuada (a unos veinticinco centímetros) de donde yo estoy. Es imprescindible que no se aleje de la única región en la que mi cerebro está a la vista, la única en la que adopta una apariencia como tal.

TESTIGO: ¿Está diciendo que practico una incisión en el tejido cerebral manteniéndome *a cierta distancia*? Bueno... no soy mago.

YO: Justo estaba llegando a esa cuestión. Claro que no es usted, el hombre, sino su mano y su extensión en forma de bisturí la que llega hasta esa última e importantísima etapa del viaje interior (d, e, f... x), la que va atravesando las regiones celulares, moleculares, atómicas y subatómicas, hasta llegar al punto de contacto (x), al lugar en el que se produce realmente la operación. No es usted, el cirujano, sino la afilada hoja de su cuchillo la que atraviesa todas estas regiones cercanas en las que yo voy quedando progresivamente sin cerebro, luego sin células, luego sin moléculas, y así sucesivamente, hasta que llega *aquí* donde me quedo sin todo, donde no soy nada, donde carezco de cosa alguna. Aquí es donde realmente nos encontramos. Aquí es donde, por fin, los dos nos ponemos manos a la obra.

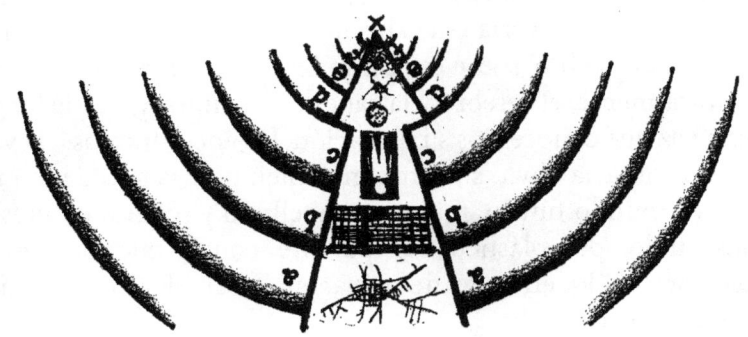

Diagrama n.º 8

TESTIGO: Bueno, creo que el patrón que presenta es correcto, pero me resulta un poco complicado comprender el lenguaje que emplea.

YO: En ese caso, centrémonos en lo verbal y volvamos a referirnos al diagrama que muestra las muchas etapas de su aproximación hacia mí, hacia el paciente. Es imposible no captar lo que intento transmitir. Es tan sumamente obvio. Se trata simplemente de que, si usted quiere mantenerse al tanto del progreso de su operación en mi cerebro, debe permanecer con él ahí donde este se manifiesta, donde se muestra, donde está a la vista (es decir, a unos cuantos centímetros de ese laborioso escalpelo).

La cuestión que queríamos abordar era dónde tengo el cerebro, y la respuesta es: aproximadamente en el mismo lugar en el que guardo la cabeza, es decir, a unos veinticinco centímetros hacia arriba de aquí, de mi Centro. Lo conservo en el mismo lugar en el que conservo la cabeza; esa pequeña cabeza que guardo ahí, en el espejo, en las cámaras de la gente y en ustedes que ahora me ven, pero nunca, nunca jamás aquí. ¡Qué ridícula se vería esa cabecita nokesiana, con su aún más diminuto cerebro, sobre estos hombros inmensamente anchos! Naturalmente, el cerebro y la cabeza van juntos y, desde luego, una vez que conocemos su ubicación, los encontramos a la vez. Esto resultaría obvio si, como muy bien podría suceder en un nuevo mundo futuro, mi cuero cabelludo y mi cráneo fuesen sustituidos por plástico transparente, con lo que, para estar bien acicalado, en lugar de peinarme la cabellera tendría que arreglarme el cerebro.

Muy bien. A usted, al testigo, le toca decidir si lo que acabo de exponer no es más que una leve extravagancia británica, o si más bien se trata de hechos universales incontrovertibles. ¿Acaso no es su aproximación por etapas a la operación un ejemplo revelador de Relatividad Básica, de la Ley (tan fundamental y tan descuidada) que dice que una cosa *no es* algo fijo, sino que su realidad depende de desde dónde esté siendo observada? ¿De la Ley que establece que la *distancia* (además de producir efectos ilusorios) determina todo lo demás y es la que crea las cosas? ¿De la Ley que afirma que cualquier cosa a la que me acerque, la pierdo, y que aquello a lo que los demás se acercan cuando se acercan a mí (literalmente, mi cabeza y mi cerebro), siempre se pierde; es decir, que se pierde para los demás y para el mundo en general? Lo que explica por qué usted, en su papel de neurocirujano, conoce su lugar (como hemos visto) y no se aventura más allá. Es un trabajo minucioso para el que ha de acercarse mucho al paciente, pero no demasiado.

Sin discrepar, el testigo manifiesta que le hace falta tiempo para acostumbrarse a todo esto porque es muy distinto de la forma en la que suele considerar su trabajo, la cual está basada en el sentido común. Sin embargo, no tiene claro por qué motivo tendríamos que molestarnos en tener en cuenta esta extraña y, por lo tanto, difícil visión, cuando la ordinaria funciona tan bien.

YO: Puedo encontrar al menos dos buenas razones. En primer lugar, si se trata de una visión verdadera, razonable y sensata, que convierte en un sinsentido a la forma de ver que nos dicta el así llamado «sentido común» (¡y por Dios que lo hace!), entonces lo mejor que podemos hacer es prestarle atención. Las mentiras son ineficaces; lo que funciona de verdad (la propia expresión nos da la respuesta) es la verdad. Las mentiras nos atan y nos comprometen, mientras que la verdad nos libera. Y, lo que es aún más importante para lo que aquí nos concierne, las mentiras matan, pero la verdad cura.

En segundo lugar, si proclama mi verdadera Identidad (¡y por Dios que así es! ¡Así es!) al afirmar mi propia unidad con el Uno que, como Fuente de todas las cosas, es en sí mismo una No-cosa, que está tan felizmente libre de cerebros como de todo lo demás, entonces es la mejor noticia que se pueda imaginar. Es la buena noticia que me muero por escuchar y que quiero poner en práctica en mi vida. Es la revelación de Aquello que más necesito, no solo para sobrevivir a este juicio y a la sentencia (la más severa posible) que el tribunal puede imponerme, sino también para asegurarme de que merece la pena sobrevivir por lo que soy si sobrevivo. En resumen, cuanto más disfruto de esta visión, más realista me parece, más práctica, terrenal en la misma medida que celestial, hermosa... Es todo lo que mi corazón podría desear.

FISCAL, incapaz de contenerse por más tiempo: También es un camelo, una patraña, un montón de pensamientos voluntariosos que no valen nada. [Me señala con su dedo huesudo] Pues ni tan siquiera ha mencionado el desagradable hecho de que, tal y como el testigo sacó a relucir, esta conciencia tan frágil suya (de cuya supuesta primacía depende todo su caso) surge en y está condicionada por el cerebro. Ha ignorado airosamente el inconveniente hecho de que depende por completo del tamaño y la complejidad de dicho órgano, y de si se encuentra sano o enfermo. Aquí, el testimonio del testigo implica que esta preciosa y maravillosa conciencia suya (a la que usted deifica) se parece tanto a Dios como los fétidos gases que emanan de una ciénaga, los cuales también son hermosos, inmensos, transparentes, incoloros e insípidos, y a veces incluso resplandecientes, pero no son más que burbujas formadas por vegetación en descomposición que suben a la superficie. Ahora yo le pregunto: ¿qué clase de Dios es este que emana de esa enmarañada y nudosa mezcolanza de materia gris, la cual, si bien no se está pudriendo con tanta rapidez, sí que sufre de una enfermedad terminal llamada vida, y se haya trágicamente sujeta a padecer tumores, cáncer, coágulos de sangre, drogadicción y otros horrores similares? ¡Eso es lo que quiero saber! [Se inclina más aún hacia delante y su voz pasa de ser un rugido a un leve susurro] Escuche, señor Nokes. Escuche con mucha atención. Le digo lo siguiente con toda seriedad. Si usted le asegura a la corte que *esta* es la divinidad que dice ser (y me estoy refiriendo a esta quimera, a esta ensoñación o alucinación suya), entonces es usted indudablemente un loco, y por supuesto que sigue siendo culpable de maltratar la lengua, y probablemente también de mostrar un comportamiento conducente al quebranto de la paz, *pero no es culpable de blasfemia*. Redefina su deidad como un subproducto seudogaseoso de la materia (o, si lo prefiere, como su mejor producción hasta la fecha), como una encantadora y deliciosa fosforescencia cuasiespiritual que emana de su superficie (podrida o tan fresca como las margaritas, me da igual), y yo consideraré deponer los cargos contra usted... Cuidado, no estoy diciendo que no sea culpable de algo menor, de algo que pueda ser juzgado en una sala de rango inferior a esta, pero al menos su vida no estará en juego... Bien, ¿qué me dice al respecto?

El juez asiente enérgicamente. El fiscal se sienta con el aire insoportablemente complaciente de un padre que con total magnanimidad perdona a un hijo rebelde y ciertamente idiota a la espera de que este muestre su gratitud entre lágrimas y sollozos. El jurado, por su parte, es todo oídos.

YO, tratando a este pacificador con el desdén que merece y llevando la batalla al terreno del enemigo: ¿He de entender que el fiscal está echando humo (o, mejor dicho, gases) en esta corte? ¿Debo entender que los fuegos artificiales forenses que acabamos de presenciar son una especie de fuego fatuo que emana de algo así como un cenagal, un barrizal o un estercolero? Bueno, tan solo él es la autoridad final para pronunciarse sobre cómo es ser dicho estercolero... Y no seré yo quien intente sacarle de ahí. Lo único que puedo decir es que a lo largo de todo este juicio no ha hecho más que reducir sus argumentos a humo, a aire caliente (un aire caliente ciertamente miasmático, a estos efectos...). Afortunadamente, mi conciencia no se parece en absoluto a eso. De seguro, no se puede precisar dónde se encuentra, no es posible concretar su ubicación o sus características, desafía toda descripción, es completamente indefinible. Pero es indefinible porque es el Gran Definidor mismo, la Fuente de la que emana toda definición. La razón por la que no puedo decirle a la corte cómo es, radica en que *no se parece* a nada, en que difiere absolutamente de todo aquello de lo que es consciente. La razón por la que me quedo sin palabras al hablar de este asunto (el más importante de cuantos pueda haber) no es que no sepa lo que es, sino que, de hecho, es lo único que sé, lo que conozco perfectamente bien, de cabo a rabo, hasta la médula, hasta el infinito, lo que sé absolutamente porque es lo que soy absolutamente. Todas las demás entidades (incluyendo, sí, los cerebros y las cabezas) son los *contenidos* de este Contenedor que nunca cambia, mientras que aquellas cambian todo el tiempo, vienen y van incesantemente. Además, en marcado contraste con su Contenedor (que permanece por siempre perfectamente revelado, y es, al mismo tiempo, perfectamente misterioso), dichos contenidos son tremendamente tímidos y retraídos, nunca exponen todos sus lados, y ya no digamos su interior. De hecho, podríamos decir que son esquivos y reservados, que en esencia siempre les falta algo, que nunca están ahí del todo, que nunca son del todo reales. Verlos equivale a verlos distorsionados. Esa realidad de la que pueden presumir y jactarse (y esto, por supuesto, también vale para el cerebro) no les pertenece en absoluto, sino que es un préstamo temporal de la Realidad Única que es la Conciencia, el Despierto del que surgen y al que regresan. Señoras y señores del jurado, considerar a este Productor Primario un subproducto de uno de sus productos es como afirmar que Mickey Mouse es lo mismo que Walt Disney, que la bombilla equivale a Edison, o el informe de *sir* Gerald al propio *sir* Gerald. Es derivar lo Real de lo irreal, lo Verdadero de lo falso, lo Conocido de lo supuesto o imaginado. ¡Y simplemente es algo absurdo y descabellado!

FISCAL, golpeando con el pie y agitando un dedo acusatorio: Pero no puede zafarse del hecho de que, en el transcurso de su propia evolución (tan rápida y puntualmente recapitulada en el útero materno), un cerebro más grande y mejor organizado ha ido siempre de la mano de una conciencia mayor y mejor organizada. Ni tampoco puede eludir el hecho de que cuando (como resultado, muy bien pudiera ser, del veredicto del jurado) sus ondas cerebrales sean planas y desaparezcan, también lo hará la conciencia a la que dan lugar.

YO: El fiscal nunca será capaz de entender lo que estoy diciendo mientras siga confundiendo y mezclando la Conciencia con aquello de lo que esta es consciente, el Contenedor con sus contenidos, el Sujeto con sus objetos. ¿Por qué no puede entender que de lo que él está hablando es de ser consciente *de* las cosas y que lo está tomando por lo que no es?

Le aseguro al tribunal que *para nada* quiero escapar del hecho de que el contenido de este Contenedor que soy varía en todos los niveles, del subatómico al supergaláctico, pasando por el humano. De hecho, está modificándose y en flujo constante todo el tiempo. Oh, no, al contrario; quiero zambullirme plenamente en él. Me deleito en toda esta deliciosa mutabilidad. Pero me deleito aún más en el hecho de que la Conciencia-Contenedor misma permanece eternamente igual e inmutable a través de todos estos desarrollos y deterioros, de todas estas idas y venidas de sus contenidos. Consideren mi propio caso y vuelvan a observar el diagrama n.º 8. Cuando yo tenía (según sus cálculos) menos de nueve meses y no era más que una sola célula en el útero, era lo mismo que soy ahora: es decir, la misma Conciencia (x), solo que vista desde la región (f), desde el lugar donde entonces aparecía (y sigo apareciendo, si se acercan lo suficiente) como un ente celular. Además, cuando muera (nuevamente, según sus cálculos) y vuelva a convertirme en materia inorgánica, seguiré siendo esta misma Conciencia (x), esta vez vista desde la región (g), desde el lugar en el que entonces apareceré (y ya aparezco, si se acercan lo suficiente) como un ente molecular. A través de estas y de las otras infinitas visiones de Mí, tanto de cerca como de lejos, yo siempre permanezco como el Contenedor invariable, el propio Ver y el Uno Visto, la Realidad Central de la cual todas las criaturas son a la vez contenidos y apariencias regionales. Teofanías, todas ellas. Apariencias de Dios. Manifestaciones de la Divinidad. Yo mismo, profusamente disfrazado.

En una palabra, estoy *a salvo*. De hecho, yo soy la única Seguridad, aquí mismo, en el Centro en el que comparto Identidad con usted, mi ilustre fiscal, y con el juez, el jurado y todos los seres de todo nivel, tiempo y lugar. Amenácenme, háganme lo peor que se le pueda hacer a alguien o trátenme de la mejor manera posible; al final, no hay ninguna diferencia. La Cabeza de Dios que todos somos está totalmente libre de cualquier cosa perecedera. Es el Único Imperecedero.

FISCAL: Por lo tanto, esta fantástica Cabeza Divina suya está limpia, pelada, sin corteza (sin córtex) y carece completamente de cerebro. ¿Por qué arriesgar su vida por el simple privilegio de ser este «cráneo» insensible, este descerebrado universal, este necio cósmico?

YO: Lo verdaderamente maravilloso es que esta Cabeza de Dios vacía está repleta de todos los cerebros del mundo, es inteligente hasta reventar, es el Cerebro de los cerebros, el Almacén de Cerebros del universo. Y lo que digo no es ninguna especie de especulación salvaje. Una vez que me tomo la molestia de inspeccionar esta inmensa Cavidad que hay aquí, entre mis propias «orejas» (las que *siento* al palpar), y que está en marcado contraste con lo que hay entre esas otras orejas (las que veo) de mi amigo (del «cabeza» de chorlito) del espejo, descubro que está llena con el mundo entero (cerebros incluidos). ¡Sí! ¡Mis cerebros están perfectamente bien! ¡Todos ellos!

Este Cerebro divino es mi Cerebro *verdadero*. Para asegurarme de ello lo único que tengo que hacer es experimentar a este Cerebro en acción, estar despierto y atento al modo en el que dirige mi vida. Les juro que es algo que marca por completo la diferencia en mi existencia cotidiana. Funciona fantásticamente bien para mí cuando, por fin, dejo de confiar en esa cabeza humana patéticamente estrecha y remota y con su minúsculo cerebro, y empiezo a confiar en esta otra Cabeza de Dios que todo lo incluye, que está eternamente presente con su Gran Cerebro. Bueno, no puedo responder por nadie más, únicamente por mí mismo. Cuando confío en esa pequeña cabeza de alfiler... ¡que Dios me ayude!, pero cuando confío en esta otra Cabeza, en este inmenso Acerico, en este Puercoespín lleno de púas... entonces, ¡Dios me ayuda!

Para despojar a estas afirmaciones tan escuetas y contundentes de toda posible imprecisión o pomposidad, para hacerlas prácticas y concretas e infundirles vida, permítanme explicarles Quién es el que realmente está llevando a cabo mi defensa. Les aseguro que no es esa pequeña criatura que yo veo en el espejo y que ustedes ven en el banquillo. Se habrán dado cuenta de que durante este juicio rara vez me he basado en él y sus ideas (si es que puede decirse que tenga alguna) y de, por el contrario, lo mucho que lo he hecho en las de la acusación. El fiscal y sus testigos no son mis enemigos sino mis amigos, pues a cada momento me ponen en bandeja el plato correcto y adecuado al que hincarle el diente.

Lo único que yo he de hacer es esperar a ser servido. Se me proporciona exactamente lo que necesito justo cuando lo necesito. El modo en el que todo esto funciona es algo a lo que jamás me acostumbraré. Cuando el señor Wilberforce y su inestimable batiburrillo de testigos me dicen lo engreído, lo presuntuoso, estúpido e ingenuo que soy, les doy la razón. No podría estar más de acuerdo, empatizo con ellos, estoy de su lado, sus argumentos son irrebatibles. Pero luego (¡Oh, sorpresa! ¡Oh, gratitud!) sin previo conocimiento, sin haberlo preparado de antemano, sin pista alguna, sin mente, más idiota que el más idiota, escucho con asombro lo que sale de esta Cabeza de Dios en su inmensa sabiduría, cómo habla de Sí Misma, por Sí Misma y, ¡sí!, a Sí Misma. ¡Qué Cerebro tan increíble este!

Todo es cuestión de *confianza*. Puedo estar seguro de que, más pronto que tarde, John a-Nokes me abandonará. Y también de que, pronto y tarde, ahora y siempre, Quien soy realmente jamás lo hará. ¡Claro que no! De hacerlo, se estaría abandonando a Sí Mismo. En lenguaje tradicional, esto significa que lo que Dios dispone para mí (y con eso me refiero al universo de las cosas tal y como ahora se presentan ante mí) es perfecto ¡con tan solo decirle «sí»! Ahí, en lo que está sucediendo ahora mismo, en lo que se despliega en este momento, podemos ver Su Gran Cerebro en acción, el cual tiene la respuesta correcta en todo momento. Escojo fiarme de la inteligencia de Dios cuando veo que ese hombre casi sin cabeza (con una diminuta) está fuera de mí, y que, en su lugar, lo que está presente es este Dios-Todo-«En-cabezado» que contiene a (y es) todas las criaturas, grandes y pequeñas, con cabeza y sin cabeza, inteligentes y descerebradas.

Para terminar, escuchemos lo que tienen que decirnos algunos de los *mejores* cerebros de esta segunda clase:

¿Cómo es posible que este pequeño cerebro tenga pensamientos, a menos que sea Dios el que piense?

Herman Melville

El cerebro es más ancho que el cielo,
pues cuando aparecen juntos
uno contiene al otro (y a ti)
holgadamente, sin dificultad.

Emily Dickinson

Y aún así, siguió observando con la mirada fija,
y maravillándose aún más
de que esa pequeña cabeza
pudiese contener todo lo que él sabía.

Oliver Goldsmith, *La aldea abandonada*

¡Más cerebro, oh Señor, más cerebro!
¡O echaremos a perder por completo
el jardín justo y virtuoso que podríamos alcanzar!

George Meredith

El alma que renuncia a sí misma va adquiriendo sin darse cuenta el hábito de actuar siempre mediante el instinto, por así decirlo, de Dios.

Si fuésemos capaces de ver cada momento como la manifestación de la voluntad de Dios, encontraríamos en él todo lo que nuestro corazón pudiera desear.

Nuestro entendimiento (nuestro raciocinio) pretende ocupar el primer puesto entre los métodos divinos, cuando en realidad debería quedar relegado al último.

Jean Pierre de Caussade

Pretender iluminar a todos los seres actuando desde el yo es ilusión; dejarse iluminar por ellos es verdadera iluminación.

Dogen

En un magnífico relato fantástico que invita a la reflexión titulado *Dónde estoy yo,* Daniel C. Dennett cuenta las experiencias de un hombre que se comunica por radio con su propio cerebro amputado, el cual flota en un tanque. «Aquí estoy», dice este desafortunado personaje, «sentado en una silla plegable, viendo mi propio cerebro a través de un trozo de cristal» Yo, John a-Nokes, si ahora mismo tuviese una pequeña ventana en el cráneo a la altura de la frente y un espejo en la mano, podría decir exactamente lo mismo.

Testigo n.º 9 de la acusación

LA PSICOTERAPEUTA

FISCAL, dirigiéndose al jurado: Habrán notado la aversión de John a-Nokes a admitir que tiene una mente propia, lo poco dispuesto que se muestra a asumir la responsabilidad de sus propios pensamientos y sentimientos. Y no es difícil comprender por qué: tal admisión le convertiría en un hombre, en un ser humano normal y corriente, y en ese caso, ni siquiera él podría pretender que su charla mental y sus pequeñas preocupaciones fuesen las del Todopoderoso, por no hablar de sus temores y odios, de sus adicciones y estados de ánimo. Por lo tanto, ¿qué es lo que hace? Con un buen espectáculo de humildad, se declara a sí mismo como el Perfecto Idiota, como alguien cuya mente está tan vacía que ni tan siquiera puede recibir tal nombre. *Proyecta* todas esas cosas subjetivas en el mundo objetivo, despejando así el camino. ¿Para quién? Por supuesto, para la deidad que afirma ser. «¡Dios está dentro, yo estoy fuera!». Esas han sido sus palabras exactas. ¡Oh, sí, está claro que su falsa modestia le merece la pena! Se trata sin duda de un gran negocio, de una ganancia enorme con una inversión ínfima. ¡Como pescar un gran pez (nada menos que Dios) con un gusano minúsculo (Jack)!

Pues bien, hay otro modo de considerar el tan utilizado y conveniente fenómeno de la proyección. Un modo que, aunque no resulta tan elogioso para Jack el gusano es (ustedes, miembros del jurado, convendrán conmigo) más realista. Nuestra siguiente testigo, una dama con una larga experiencia en el campo de la psicoterapia, nos explicará cómo funciona.

TESTIGO: Existen varios tipos de proyección, pero todos ellos dan como resultado una distorsión de la realidad. De este modo, podemos sobrestimar e idealizar enormemente a alguien y atribuirle cualidades maravillosas, o bien subestimarle y denigrarle, atribuyendo falsamente a esa persona cualidades terribles.

Como ejemplo de este segundo caso, permítanme hablarles de una clienta a la que he estado tratando en las últimas semanas a quien me referiré como Joan. Su problema, tal y como ella misma lo explica, es que todos aquellos con los que se relaciona (su pareja, sus familiares, sus amigos, sus vecinos, etc.) se comportan de una forma extremadamente egoísta con ella, disfrutan aprovechándose de ella, se muestran indiferentes ante lo que hace por ellos, actúan de forma mezquina en lo tocante al dinero y no se interesan ni se preocupan por ella en absoluto. Joan se siente explotada, el títere de todos, el monigote del que todos abusan. Ahora bien, a mí no me vale asumir que, sencillamente, todo le va mal. Ciertamente, cabe la posibilidad de que esté rodeada por un puñado de egocéntricos insensibles e interesados (por desgracia, la gente así abunda), pero es un escenario muy poco probable.

Sin embargo, a medida que fui conociendo más detalles sobre estas otras personas con las que se relaciona, cuando escuché su historia y observé cómo se expresaba, fui teniendo cada vez más claro que lo que estaba haciendo era ver en los demás los defectos que era incapaz de afrontar en sí misma. Lo que dice *de los demás* es mi mejor pista para saber cómo es ella en realidad. En todo caso, el resultado es que está muy preocupada y se siente muy triste y decaída, hasta el punto de amenazar con suicidarse. Y supongo que sus amigos y parientes también lo están pasando mal... Bueno, quizá este caso sirva para ilustrar cómo funciona el fenómeno de la proyección. Se trata de una maniobra muy simple y transparente que todos, en mayor o menor medida, llevamos a cabo.

FISCAL: ¿Puede decirnos brevemente cómo está tratando el problema de su clienta? Supongo que la estará ayudando a librarse de sus proyecciones.

TESTIGO: Bueno, puede que así les parezca a los demás, pero lo cierto es que no busco interferir en la vida de las personas y hacer que cambien la forma en la que se comportan. Lo que pretendo es más bien animarlas a ver por sí mismas qué es lo que está pasando realmente. Creo que, poco a poco, Joan se está dando cuenta de dónde proviene toda esta falta de cariño y amabilidad, toda esta brusquedad, las actitudes deplorables de todos cuantos la rodean. Está empezando a asumir la responsabilidad de sus sentimientos. Si, como sería de esperar, este *despertar* a cómo son las cosas genera un *cambio* en su actitud y su forma de ver las cosas, dicho cambio no habrá sido consecuencia de que yo la haya alentado a alterar o modificar nada, sino de ayudarla a ser consciente de ello. Es una buena hipótesis de trabajo considerar que, en lugar de esforzarnos por cambiar algo para mejor, en realidad ya cambia por el mero hecho de ser más conscientes de ello. ¡De aquí en un año es muy posible que mi clienta se sienta rodeada de gente encantadora y cariñosa!

En resumen, se podría decir que mi forma de trabajar es abordar este tipo de problemas de forma indirecta, oblicua o lateral, y no directa o frontal.

FISCAL: ¿Cómo cree que se aplica esto en el caso del acusado?

TESTIGO: Bueno, es que no creo que se pueda aplicar para él. Lo único que sé de él es lo que usted nos acaba de decir. Sin embargo, de forma tentativa, diría que está intentando algo imposible. Afortunadamente (repito, *afortunadamente)*, nadie puede descargar de una sola vez en el mundo más que una pequeña fracción de lo que tiene en la mente. Y nunca, ni en toda una vida, podría nadie llegar a descargarlo todo (al menos no sin que ello le cause un enorme trastorno). Siempre estamos actuando a partir de una enorme cantidad de material no examinado y más o menos inconsciente. Permítame asegurarle que el demandado se está engañando a sí mismo si cree que ha despejado el camino completamente para, para... bueno para lo que (o quien) crea ser.

FISCAL: ¿Y si fuese su cliente?

TESTIGO: Me olvidaría de todo lo que acabo de decir, le concedería el beneficio de la duda y empezaría de cero. Le prometo que no comenzaría dando por hecho que está enfermo.

FISCAL: Eso es todo. Muchas gracias por su valioso testimonio.

Yo, el acusado, no tengo preguntas para la testigo, por lo que esta baja del estrado.

FISCAL, dirigiéndose al jurado: El mensaje que nos deja la testigo (y que emana de su abundante y empático conocimiento de la condición humana) es que John a-Nokes se engaña a sí mismo y a los demás cuando dice que él ha salido de sí mismo para dejar que entrase Dios. Ni lo ha hecho, ni es posible.

Defensa: **La toma de la Bastilla**

YO: Damas y caballeros del jurado, para responder al testimonio de esta testigo tendré que referirme brevemente al desarrollo histórico del fenómeno de la proyección (y de la introversión) en la experiencia de la humanidad como especie.

JUEZ: Antes de que se deje llevar, al tribunal le gustaría saber cuánto va a durar esta nueva clase magistral.

YO: No mucho, señoría. Siempre y cuando el fiscal no me interrumpa.

FISCAL: Cuente con ello, señoría.

JUEZ: Supongo que tendremos que acostumbrarnos al hecho de que esta forma de proceder tiene tanto de pleito judicial moderno celebrado en Londres como de diálogo socrático celebrado en la Atenas de la antigua Grecia. En todo caso, amonestaré al acusado si resulta obvio que se ha olvidado de dónde está y de por qué.

YO: Agradezco la paciencia de la corte, pues sin ella no me sería posible responder adecuadamente a la testigo, quien nos ha introducido de pleno en la vasta y peligrosa selva de la psique, y no tengo más remedio que ir abriéndome camino como pueda a través de la maraña.

Para tener claro el tema crucial de la *proyección* (nombre provisional con el que me referiré a dicho fenómeno) tenemos que empezar por el principio y ver poco a poco a dónde nos conduce. Primero veremos cómo se da en la humanidad en su conjunto, y después, en el ser humano como individuo.

El hombre primitivo era prepsicológico. Sus pensamientos y sentimientos no estaban guardados o almacenados en su cabeza, sino que se distribuían por todo su mundo; teñían, estructuraban y animaban toda la escena. De este modo, no es que la cima de la montaña le diese pavor sin más, sino que más bien creía que en ella vivía un dragón temible, por lo que era un lugar que había que evitar a toda costa. No es que atribuyese características divinas a un ídolo de expresión severa y sombría, sino que, de algún modo, este ya las llevaba consigo desde un principio, ya poseía ciertas energías o poderes con los que podía hacer magia para sanar o matar. Y así con todo. Para el hombre primitivo las cualidades y los significados no iban volando del Sujeto al objeto, sino que nunca habían estado en ningún otro lugar que en este. Por decirlo metafóricamente, el pájaro del arbusto nunca jamás había estado en su mano.

Sin embargo, con el paso de los siglos... acabó capturando a toda una bandada. A medida que se fue haciendo cada vez más civilizado (como curiosamente lo describimos), una cantidad cada vez mayor de estas cualidades, significados y poderes fueron traídos hacia su interior, atrapados y recogidos por el Gran Ojo, enjaulados en el Observador. El hombre se convirtió en un ser *psicológico*. Podríamos decir que, además de la cabeza, también desarrolló una mente en la que meterla. Y esta protuberancia fue creciendo, haciéndose cada vez más rica y profunda a expensas del mundo hasta que, al final, estuvo llena a reventar y su mundo quedó reducido a un simple mecanismo básico y esencial. Doble problema. Deja de ser Uno y pasa a llamarse Legión. Deja de ser el Poseedor para estar poseído.

Tomemos, por ejemplo, los distintos modos en los que la humanidad ha considerado el Sol a lo largo de la historia. Al principio es visto como algo tremendamente vivo, una poderosa deidad que tiene por costumbre ofrecer una majestuosa procesión diurna a través del cielo; radiante, deslumbrante, regalando vida con su Ojo que todo lo ve puesto en el hombre que se halla a sus pies. Pero este no permanece dócil: se revuelve y se rebela contra la tiranía solar. La primera etapa de la destrucción del Sol es la separación del espíritu que lo anima de su cuerpo, el cual queda reducido a una mera bola de fuego timoneada diariamente por los cielos por un ángel solar. A continuación, este ángel-chófer también va siendo degradado gradualmente, hasta que lo único que queda de él es un puñado de restos fósiles conservados (junto con los de los ángeles de las esferas, de las estrellas, los planetas, y muchos otros ángeles no astronómicos) en las ventanas con vidrieras de las catedrales. En cuanto a la bola de fuego en sí, su movimiento diario a través de los cielos es traspasado a la Tierra y al hombre. Su calidez, su brillo y sus múltiples colores siguen su ejemplo (ahora «todo está en la mente») hasta que lo que un día fue ese glorioso Dios Sol queda reducido a una enorme masa de gas ardiente en el cielo (y a un montón de matemáticas, igualmente sobrecalentadas, en la Tierra) cuidadosamente escondida en las cabezas de los astrofísicos. ¿No equivale esto a la profanación, a la impiedad, y sí, también a la blasfemia? Y lo que vale para el Sol vale igualmente para todo lo que este ilumina, todo lo que existe sobre la faz de la tierra. Objetos que antaño poseían un tremendo valor, que eran extraordinariamente relevantes o significativos, hermosos, buenos, han perdido todas estas cualidades a manos del hombre expoliador, del hombre ladrón que, lejos de verse deificado o ennoblecido por su botín, cada vez se siente más agobiado y angustiado por él. Todas sus gallinas han vuelto al gallinero para descansar... pero la mayoría están contagiadas con la peste aviar.

Las consecuencias de este largo, inmenso, ancestral y multifacético acaparamiento interior de todo aquello que consideramos valioso están muy presentes en este momento de la historia y son muy fáciles de detectar (aunque también cada vez más difíciles de aceptar y de soportar). La cabeza del hombre moderno está hinchada y escindida con muchísimos más significados de los que puede asumir, robados todos ellos, artículo por artículo, a un cosmos que ahora ha quedado reducido a un mero trajín sin sentido de partículas inescrutables. Es indudable que dicho acaparamiento o recolección fue necesario y enormemente productivo en su momento, pues en el transcurso de este largo proceso de introversión el ser humano fue ganando los inestimables beneficios de la civilización, pero, por así decirlo, todos estos bienes sufrieron daños en el camino de entrada. No puede decirse en absoluto que el suyo fuese un buen viaje. Los problemas se acumularon, y el resultado actual es *mens insana in corpore insano;* una mente humana sanguinaria habitando en un universo (su cuerpo) sin sangre. El hombre psicológico es un desastre.

JUEZ: Estoy tratando de comprender qué conexión puede haber entre este triste relato sobre la presunta retirada a lo largo de los siglos del significado del mundo para introducirlo en la cabeza de su observador y el crimen del que aquí y ahora se le acusa.

YO: El hombre prepsicológico, señoría, es también el hombre preblasfemo, y, análogamente, el hombre psicológico es el hombre blasfemo. No es que el primero fuese claramente consciente del Dios que moraba en él, sino que, como los animales, dejaba que Dios fuese Dios en su interior y vivía a partir de Él con toda inocencia. Y tampoco se trata de que el segundo anuncie a voz en grito que ha usurpado el trono de Dios. No; la operación resulta tan efectiva precisamente por ser encubierta y permanecer oculta. Su recién adquirida mente es su arma secreta para apartar a Dios del centro de su mundo y ponerse a sí mismo ahí arriba, en su lugar, y gran parte de su enorme éxito es debido al camuflaje. La blasfemia parece una delicia cuando se viste con túnicas académicas y sacerdotales.

JUEZ: Es usted, y no la humanidad, quien está siendo juzgado por blasfemia. Le ruego que explique a la corte cuál es su papel en esta historia ancestral.

YO: El siguiente, señoría. Cada individuo condensa y recapitula en un par de décadas los cinco millones de años que ha durado la historia de la vida de su especie. Al igual que el hombre primitivo, cuando yo no era más que un bebé, también era prepsicológico. Mi desarrollo posterior para convertirme en todo un adulto, tan necesario, tan notable y tan rápido, conllevó no obstante un alto precio. La cabeza que tenía sobre los hombros estaba virtualmente vacía, pero empecé, siguiendo fehacientemente el patrón ancestral, a adornarla y amueblarla saqueando el universo. Y continué llenándola y abarrotándola de muebles y de trastos hasta que llegó a estar peligrosamente hinchada (y hasta que mi mundo se volvió proporcionalmente fatuo y denudado). Con el resultado, tal vez comprensible, de acabar teniendo que ir corriendo al loquero con la esperanza de poder reducirla a un tamaño razonable y a una presión soportable dejando salir parte de su relleno. De liberar, a ser posible, todos los pájaros que tenemos en la cabeza, todos esos enjambres de abejas enloquecidas que nos zumban en la sesera.

Pero lo cierto es que, en mi caso, no me he apresurado a visitar la consulta del psicólogo. Males desesperados requieren antídotos desesperados. Yo cuento con otro remedio (más rápido, más seguro, mucho más barato, y muchísimo más drástico que este) para acabar con esta dolencia capital. ¡La cefalectomía, nada más y nada menos! Cortar de cuajo el órgano enfermo. Decapitación, por decirlo crudamente, para liberar de un solo golpe todos esos enjambres y que puedan así retornar a sus hábitats nativos, a sus colmenas, a los campos y las flores de los que los fui recogiendo a lo largo de los años. ¡Ahí van zumbando!, para mi gran alivio. Vuelven a hacer su miel, y yo vuelvo a disfrutarla. Ahora, la vida es mucho más dulce.

FISCAL: Señoría, debo protestar enérgicamente. Este juicio, el primero que se celebra en virtud de la Ley Reguladora de la Blasfemia del 2002 y que por lo tanto a buen seguro establecerá precedentes para futuros procesos, está adoptando una forma absolutamente deplorable. Estamos viendo cómo el acusado, a quien se le imputa un delito escrupulosamente delimitado, está desviando la atención de los cargos, haciéndonos perder a todos nuestro tiempo y gastando fondos públicos al darnos una conferencia de su propia cosecha sobre psicología social. ¿O es más bien sobre apicultura, sobre cómo cuidar de las abejas en la salud y en la enfermedad? Esto no es una defensa propia. Esto es una frivolidad persistente y desacato al tribunal. Le pido respetuosamente que le retire la palabra de inmediato.

JUEZ: Ha sido usted quien ha llamado a este testigo, y si el único modo en el que es capaz de rebatir su testimonio le fastidia o le aburre, no puedo hacer nada al respecto. Por otro lado, sí, le ruego al acusado que siga mi consejo y acabe pronto. Haga el favor de ceñirse al tema.

YO: Así lo estaba haciendo meticulosamente, señoría, cuando el fiscal (por razones que no cuesta mucho adivinar) ha desviado deliberadamente la atención del tribunal. Él finge no entender la metáfora de los enjambres de abejas, así que permítame utilizar otra distinta. Mi cabeza es como una Bastilla demolida de la que salen hordas y hordas de prisioneros liberados que vuelven al lugar que les pertenece. ¡No quiero ni pensar en tratar de volver a proyectarlos hacia mi interior! ¡Si intento detenerlos comprobaré que es imposible! El sitio de la Bastilla está totalmente despejado, claro, transparente, despojado hasta de la última piedra. Despejado por la Libertad que le pertenece a Dios. No es que descarte mis pensamientos y sentimientos encarcelados para hacerle sitio a Él, no es que los deje partir, sino que simplemente me doy cuenta de que siempre han estado ahí, en el objeto y no en el Sujeto. El diagrama n.º 9, aunque debería estar pintado con colores fluorescentes, les ofrece la idea general.

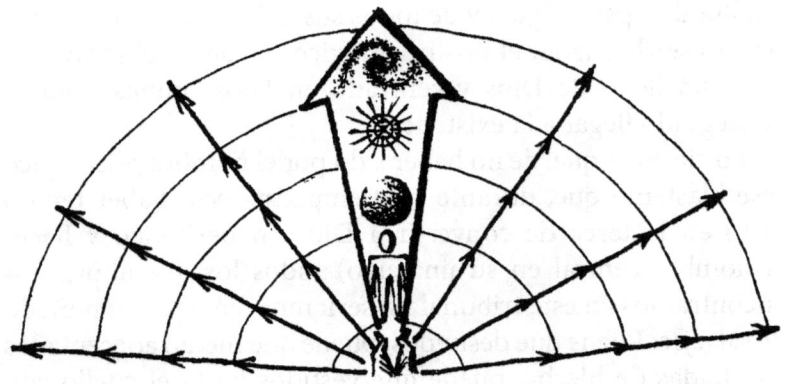

Diagrama n.º 9

Así es que, una vez más, ese mundo (que abarca desde galaxias aisladas hasta estos pequeños pies volteados hacia arriba) brota a la vida y a la mente. Volvemos al punto de partida, pero con algunas enormes diferencias. En muchos sentidos, el universo ya no es para el hombre postpsicológico lo que era para el prepsicológico (a menudo tan lleno de amenazas como de promesas, tan extraño como familiar, tan distinto y tan igual a sí mismo), sino que ahora el ancho y bullicioso mundo es el suyo propio, el relleno indispensable de su vacía e inmutable Cabeza Divina, las brillantes mentes de su desocupada y vacante No-mente, la magnífica corporeización de su No-cuerpo central. Es un mundo cuyas riquezas han estado generando una alta tasa de interés compuesto, cuyo capital se ha duplicado y vuelto a redoblar por haber sido tan penosa y dolorosamente recogido y depositado durante milenios en esa cámara acorazada temporal, maciza y atiborrada que es el cerebro humano. Ahora, liberada y vista de nuevo en esas espaciosas estaciones cósmicas (las cuales, para ser sincero, jamás hemos abandonado), esa riqueza nominal y acumulada por fin se ve actualizada. Se ha convertido en los bienes raíces de Dios, en Su Paraíso.

Por lo tanto, al final, Su mundo no llegó a la desolación. Nada se ha perdido. Nada ha sido desperdiciado. Sin la intervención del hombre psicológico y de todos sus delirios centrados en el propio ser humano, el postpsicológico (es decir, el individuo que está lleno de Dios y centrado en Dios) nunca hubiese conseguido llegar a la existencia.

Lo cierto es que, de no haber sido por el hombre psicológico (ese blasfemo que, durante un tiempo, pareció haber tenido éxito en la tarea de convertir a Dios en periférico y hacer al hombre central en su universo) todos los que ahora nos encontramos en este tribunal no seríamos más que un puñado de salvajes. Puede que desnudos, puede que medio adecentados con faldas de hierba, puede que vestidos hasta el cuello con todo el esplendor de nuestros trajes tribales... No lo sé. Pero lo que sí sé es que yo ahora no estaría disfrutando alegremente del Amado Señor aquí mismo, si John a-Nokes no le hubiese dado primero una patada en el trasero y le hubiese enseñado el suyo al trono real bajándose los pantalones.

FISCAL: Fin del (blasfemo) seminario, espero...

Bien, la acusación no va a hacer perder más tiempo a la corte refutando una hipótesis (pues no es más que eso) cuya relevancia para los cargos resulta tan marginal. No obstante, sí considero necesario señalar algo. Es como si el acusado pretendiese que más es menos. Yo digo que difícilmente puede curarse de la *proyección* (que, por lo que parece, incluso él acepta que es una enfermedad) vertiendo *todos* sus pensamientos y sentimientos en un mundo que ya de por sí ha sufrido bastante. Lo único que consigue obrando así es asegurar la aparición de la variedad más virulenta de dicho trastorno.

YO: Como de costumbre, el fiscal convierte una historia cierta en una falsedad omitiendo su conclusión. Lo que es incorrecto y nada saludable en lo que respecta a la proyección parcial propia de la segunda etapa que el testigo ha descrito no es la proyección en sí, sino su uso indebido para eludir la responsabilidad. Por el contrario, lo que es correcto y saludable en lo tocante a la «proyección» total de la tercera etapa por la que yo abogo (que, en realidad no es una proyección, sino una liberación) es que acepta la responsabilidad *total* de lo que sea que encuentre «ahí fuera». No solo veo alejados de aquí mis pensamientos y mis sentimientos, sino también aquello sobre lo que versan, el mundo al que dan lugar. Quien yo soy real y verdaderamente genera y es responsable de absolutamente todo, no se lava las manos de ninguna de sus criaturas, por muy malas o miserables que estas sean. Estos hombros sin cabeza son a las claras lo suficientemente anchos como para cargar con la culpa de todo aquello que es censurable y reprobable, así como con las alabanzas de todo lo que es digno de elogio. De ahí proviene la tradición que afirma que Dios salva Su mundo cargando con *todo* su pecado y asumiendo todo su sufrimiento.

El corolario de todo esto es que nuestra «proyección» está muy bien cuando es total, cuando nos limpia por completo. Entonces es sinónimo de *creación;* procede de Quien verdaderamente somos y se dirige a un mundo que es visto y tomado por lo que realmente es (es decir, Nosotros Mismos) y nos volvemos, tanto interna como externamente, indescriptiblemente adorables.

Lo verdaderamente nocivo y negativo son las medias tintas. Aquí tenemos el testimonio de algunos que se aventuraron hasta el fondo de la madriguera:

El resplandor del mero objeto, como si reflejase el vacío de nuestra propia naturaleza, es *samadhi*.

Patanjali

Mientras siga siendo esto o aquello, no seré todas las cosas.

Eckhart

Sentarse en el Trono de Dios es morar en la Eternidad. Reinar ahí es estar complacidos con todas las cosas del Cielo y la Tierra.

Las calles eran mías, el templo era mío, la gente era mía, sus vestidos, sus adornos de oro y plata eran míos al igual que sus resplandecientes ojos, su piel clara y sus rostros sonrosados. Míos eran los cielos, y el sol, la luna y las estrellas, y todo el mundo era mío.

Traherne

Lo mejor que pueden hacer aquellos que gozan de un intelecto superior es comprender en profundidad lo absolutamente inseparables que son el conocedor, el objeto conocido y el acto mismo de conocer.

Los preceptos de los gurús de Kargyutpa

Testigo n.º 10 de la acusación

EL TRABAJADOR SOCIAL

EL FISCAL PRESENTA AL TESTIGO como alguien que se dedica profesionalmente al trabajo social y que cuenta con una larga experiencia en este campo, aunque él no se muestra tan interesado por la etiqueta, ya que no se ve a sí mismo como un especialista. En realidad, según sus propias palabras, no es más que un individuo común y razonable al que le fascina la mente humana en toda su asombrosa variedad. Lo que más le interesa en la vida, su mayor afición a la vez que su profesión, es la gente (incluyendo al acusado). Hace años, el testigo asistió a un par de clases suyas, por lo que sabe algo sobre la forma que este tiene de ver las cosas.

FISCAL: ¿Es consciente de que el acusado afirma no tener mente, y de que, para él al menos, estar vacío de mente equivale a estar lleno de Dios, y estar lleno de Dios a ser Dios? ¡Así, sin más!

TESTIGO: Sí. Ese es más o menos su mensaje tal y como yo lo entiendo.

FISCAL: A la luz de su experiencia, ¿qué tiene que decir sobre esta extraordinaria pretensión?

TESTIGO: Un par de cosas. La primera, más que un comentario, es una pregunta. Me gustaría saber qué efecto tienen sus inusuales opiniones sobre sus relaciones con la gente, su estilo de vida, su contribución al mundo, su energía, su felicidad, etc. Dado que hace años que no coincido con él, simplemente no sé cómo es en la actualidad. A pesar de todo lo que se dice en contra de sus opiniones, por extravagantes o estrafalarias que sean, muy bien podrían ayudarle a llevar una vida mejor y, de este modo, demostrar por lo menos tener cierto valor pragmático.

FISCAL: ¿Y cuál es la segunda cuestión?

TESTIGO: Es sobre el estado de la mente. Para mí es obvio que lo que nos enseña la tradición es algo real y palpable, algo presente justo aquí y ahora, que el hombre es tripartito y está compuesto de Cuerpo, Mente y Espíritu. Y que el término central (la Mente) es de una enorme importancia, algo que, por decirlo de algún modo, ha venido para quedarse y que es imposible reasignar a alguno de los otros dos extremos (el Cuerpo y el Espíritu). No puede elevarse al nivel del Espíritu, ya que este, limpio de todo excepto de sí mismo, es conciencia pura e inmutable, el Sujeto que carece por completo de contenido objetivo, y de ninguna manera podría incluir a la Mente (ese artefacto tan sumamente caleidoscópico). Más cierto aún es el hecho de que tampoco puede ser desplazada en sentido contrario y, de algún modo, insertada en el Cuerpo. Si fuese posible, ¿qué diferencia habría entre examinar una magulladura en la rodilla y sentir el dolor?, ¿o entre mecer la cabeza apoyada en las manos mientras miramos fijamente a lo lejos y contemplar el dulce (u horrible) misterio de la vida? Sin duda, el acusado tiene (y es) una Mente en perfecto estado, una Mente propia, con sus más y sus menos únicos y particulares. Es lo que le hace un individuo distinto, lo que le convierte en persona. No puede ni extirpársela ni escapar de ella. Está condenado a vivir siempre con esta dichosa entidad.

FISCAL: Entonces, ¿la propia mente de uno está separada y es claramente distinguible de todas las demás, tal y como así parece afirmarlo el refranero cuando dice cosas como: «cada cabeza, su seso», «cada uno ve con los ojos que Dios le ha dado» o «de tal cabeza, tal sentencia»?

TESTIGO: Bueno, se produce mucho solapamiento, sus fronteras se desdibujan y se fusionan en cierta medida, pero, no obstante, es innegable que existe un núcleo central inviolable que siempre permanece. Por poner algunos ejemplos, el sabor de la mermelada que otra persona se esté tomando en el desayuno no se extiende, afortunadamente, al del café que me esté tomando yo. Por mucho que deseemos hacerlo, no podemos pasarle a otro nuestro dolor de espalda. Los demás no tienen ni idea (al menos no hasta que yo se lo diga) de qué opino sobre la última edición del manual *Guidelines for Architects* [Orientaciones para Arquitectos] publicado por la Casa Real, o sobre las protestas de Lord Scargill contra la abolición de la Cámara Alta que podemos ver en la televisión, o sobre el nombramiento de la primera mujer arzobispo de York, etc. De hecho, no se me ocurre idea más tonta que la de que tanto usted como yo o el acusado no tengamos nuestra propia mente... salvo la de que no tenemos mente en absoluto.

FISCAL: ¿Por qué, entonces, cree usted que el acusado sigue aferrándose a esta chaladura?

TESTIGO: Creí que la respuesta era obvia. Una vez que, a pesar de todas las evidencias en contra, ha llegado a la conclusión de que es divino, busca cualquier razonamiento, por descabellado que sea, que apoye dicha idea. Su problema no es que tenga ilusiones vanas o que construya castillos en el aire, sino su deseo de negarse a pensar, su voluntad de autoengañarse. Podría estar equivocado (de hecho, espero estarlo), pero esa es la impresión que tengo.

FISCAL, dirigiéndose al jurado: En lo que respecta a la primera cuestión planteada por el testigo, lo que él denomina el *valor pragmático,* la acusación llamará a otros testigos que aclararán que el acusado no es, en lo tocante a su moralidad y su comportamiento, mejor que el resto de nosotros. Algunos dirían que es incluso peor. En todo caso, demostrarán que sus pretensiones de divinidad son absurdas. Mientras tanto, ocupémonos de la segunda cuestión: el descarado rechazo que el señor Nokes hace de la mente. Esperamos con ansias y conteniendo la respiración poder escuchar su explicación sobre cómo ha conseguido librarse de algo con lo que todos los demás tenemos que cargar (casi digo: que todos los demás somos), y también sobre cómo se las apaña para manejarse tan bien sin ella.

Dado que no tengo preguntas para el testigo, este abandona el estrado.

Defensa: **Burbujas de pensamiento**

YO: Creo firmemente que no está bien descartar o rechazar sin más como inválidas las opiniones comúnmente aceptadas que se sostienen con sinceridad. Lo que sí que procede es cuestionarse desde qué punto de vista, en qué contexto, para quién, en qué momento y con qué propósito se consideran inadecuadas. Y también a la inversa, por supuesto: es adecuado preguntarse no si una opinión es válida y correcta, sino *a qué nivel* lo es.

Esta regla de oro también es de aplicación para responder a la cuestión de si tengo o soy una mente. Y tanto que lo es. Y cuando hablo de *mente*, por supuesto que no me refiero al *cerebro*, que es algo que se puede pesar, poner en un frasco y conservar en vinagre.

Tomemos, por ejemplo, el nivel del sentido común, el cual, visto desde otros niveles, es un verdadero sinsentido. Sin embargo, el habla es algo consustancial a la humanidad, y no es meramente permisible sino necesario hablar con (este pretendido) sentido común, *como* si verdaderamente tuviésemos una mente, al igual que es necesario expresarnos *como* si nos moviésemos por el mundo (a pie, en coche, en avión), como si lo viésemos a través de un par de ojos (uno vago, el otro siempre atento), y como si fuésemos aquí lo que los demás ven al mirarnos desde ahí (con cabeza, de su mismo tamaño y derechos como ellos), y así sucesivamente con todo lo demás. Negarse a comulgar con estas convenciones (con estos «como si») sería tedioso, pedante, fastidioso y desde todo punto de vista inaplicable. Por otro lado, creerlas ciegamente y enamorarnos de ellas, algo que casi todos hacemos durante la práctica totalidad de nuestra vida, es mucho peor, pues equivale a perder de vista el verdadero sentido y significado de nuestra vida.

Por este motivo mi respuesta al testimonio del testigo será doble. Primero mostraré en qué sentido carezco de mente aquí y después de qué manera la dejo desatendida por mi cuenta y riesgo.

JUEZ: ¡Un momento! ¡No tan rápido! Está claro que su defensa se basa en la diferencia que existe entre lo que usted llama la *tercera persona* y lo que denomina la *Primera Persona*, y lo que marca dicha diferencia es la *mente* de la Primera Persona, ¿cierto? El resto de personas son todas muy parecidas, pero esta última ciertamente está imbuida por esta presencia invisible, mientras que las primeras no lo están. Por decirlo de otro modo, se puede dudar de la existencia de la mente de los demás, pero no de la propia.

YO: Con todo el respeto, señoría, no podrían ser más *distintas*. Las diferencias visibles y reales entre la tercera persona y la Primera (inversión, decapitación, giro de 180°, etc.) ya son por sí mismas bastante abundantes y sorprendentes sin necesidad de recurrir a las invisibles, de las cuales, como es lógico, es más fácil dudar. De hecho, lo más estúpido del mundo es que yo, la Primera Persona, me persuada a mí mismo de que soy la imagen exacta de esas otras terceras personas que veo ahí, en el exterior... ¡a no ser que, a modo de burbuja, me salga una especie de globo de diálogo (como el de los cómics) de la coronilla! Una fantasía descabellada sobre la cual, no obstante, el sentido común construye su mundo.

¡No y mil veces no! La única mente o burbuja de pensamiento que necesito, la única de cuya existencia puedo encontrar alguna evidencia, es esta Superburbuja que surge de mi No-cabeza, de mi Línea de Fondo, y que no es más que el sistema concéntrico de burbujas cósmicas que aparece en casi todos mis diagramas, y en el n.º 10 en particular. Si no tengo más remedio que emplear el término *mente*, entonces diré que aquí está la Mente-Cuerpo o el Cuerpo-Mente de Dios mismo, su maravillosa(-mente) repleta e iridiscente Burbuja de Pensamiento, su dorado Marco Mental, profuso y detalladamente esculpido. ¡Y el mío!

En todo momento me encuentro estacionado en el punto medio de este divino nido de hemisferios. Permítanme que les recuerde cómo es este patrón. Al mirar *hacia arriba* desde aquí, encuentro las capas más exteriores en las que aparecen los cuerpos celestes. Al mirar *hacia delante*, encuentro las capas intermedias en las que aparecen los cuerpos terrestres, incluyendo a los seres humanos de toda índole y condición, y de manera especial a ese individuo que se encuentra detrás del espejo y al que identifico como John a-Nokes. Ahí está, ahí fuera, junto a los demás, puesto hacia arriba igual que ellos y, también como el resto, equipado con dos ojos en una cabeza y sin el más mínimo rastro de burbuja de pensamiento alguna que le salga de ella. Al mirar *hacia abajo* desde aquí, lo que veo es, por este orden, estos pies, estas piernas escorzadas y, también en perspectiva, la mayor parte de mi tronco.

Y veo también que todo este sistema de burbujas hemisféricas termina y descansa en mi Línea Base, en este borroso pero perfectamente visible límite que se extiende a través de mi pecho y que está por completo desabastecido de ese cuello y esa cabeza que siempre me han dicho que tengo aquí. Esto es lo que veo cuando, en todos los sentidos, tengo la humildad de *inclinarme* reverentemente ante la evidencia, ante lo que de verdad se muestra ahí arriba, ahí delante y ahí abajo (lo que se le muestra a ese ser decapitado que está aquí, en el Fin del Mundo). Y es mejor que lo acepte, pues no tengo la intención de rechazar la amable invitación de Dios a «hacer pompas» y burbujas con Él tan alegre e imaginativamente. [El fiscal, sin poder dejar los pies quietos, trata en vano de colar algún comentario de refilón]. Si piensan en ello, descubrirán que esta Burbuja de Pensamiento, o mejor dicho, este nido de Burbujas de Pensamiento, es todo Su mundo, todo a lo que equivale Su mundo. Todas esas creaciones aparentemente sólidas Suyas, incluyendo a los Sres. Wilberforce y Nokes, son meros fenómenos, superficies que no alcanzan ni la profundidad de la piel, nadas etéreas que estallan —¡pop!— si nos acercamos a ellas. Sin importar lo llamativas o espectaculares que sean estas cosas, lo único sustancial que hay en ellas es el divino Soplador de Burbujas, el *Aflato* que se encuentra en su núcleo central y que constituye su esencia.

Diagrama n.º 10

FISCAL, por fin: No era suficiente con el Dios que orina... ¡Y ahora esto! ¡Haga el favor! Un Dios burbujeante, un Dios que canturrea aquella canción *punk:* «No paro de hacer burbujas, de lanzar preciosas burbujitas al aire»[*]; un Dios que no es más que eso: ¡puro aire! [Se escuchan algunos gritos de aliento y aplausos en el palco del público].

YO: Señoría, ¿de verdad he de soportar este hostigamiento?

JUEZ: No lo tenga en cuenta y siga adelante.

YO: De las muchas características intrigantes de este mundo, de este sistema concéntrico, la que más me interesa recalcar ahora mismo es la variedad de sentidos que revela. De hecho, no es tanto una burbuja de pensamiento como una burbuja de vista, tacto, oído, gusto y olfato. Puedo *ver* las estrellas, las nubes y las cumbres de montañas. Puedo *ver y tocar* las rocas, los árboles y las casas. Puedo *ver, tocar y oír* a la gente, a los animales y a las máquinas. Puedo *ver, tocar, oír, saborear y oler* unas crujientes rebanadas de pan tostado. Puedo *sentir* dolor en un músculo o el estómago revuelto... En resumen, acompañando y revelando la jerarquía cósmica de los objetos, e inseparable de ellos, se encuentra también esta otra jerarquía cósmica (repito, cósmica) de los sentidos. Además, lógicamente, por encima de estos sentidos localizados también hay otros más generales. Así, a veces me invade la alegría del mundo, y otras, su tristeza; a veces su belleza y en otros momentos su fealdad. Muchas veces, como decía Jacob Böhme, «toda la Creación toda tiene para mí un *aroma* delicioso». Y, por supuesto, está continuamente mostrando todo tipo de interconexiones, todo tipo de significados, revelaciones y valores que van tejiendo las partes en una misma Totalidad inmensa.

Así es como se presenta el mundo. Esta es la forma que adopta, su riqueza y su abundancia. Así y no de otro modo es como me es servido el universo —que es mi Cuerpo—:

---

[*] Se refiere a la letra del tema *I'm forever blowing bubbles* de la banda punk británica Cockney Rejects. *(N. del T.)*

como un universo *sensible,* un cosmos *consciente y atento,* un organismo vivo, completo y estrictamente indivisible. Dividirlo en un cuerpo sin mente externo y una mente sin cuerpo interna (es decir, en una máquina y un alma) equivale a destruir al primero y desquiciar a la segunda. Una violencia tan absurda como innecesaria. No, yo no soy Cuerpo, Mente y Espíritu. No soy una *troika,* sino un par: Cuerpo-Mente y Espíritu.

Lo que significa que el asesinato está en marcha, que se requieren sus servicios. Soy el sicario de Dios, contratado para matar a la mente como un algo separado, como algo diferenciado, como un otro. El gran filósofo inglés medieval Guillermo de Occam (un pequeño pueblo del condado de Surrey) es el que aporta el arma homicida. La navaja de Occam es el famoso *principio de economía* o *de parsimonia,* según el cual si podemos prescindir de una idea o de una entidad, no debemos dudar en hacerlo. ¡Gran consejo! En consecuencia, descarto la mente porque no se trata de una entidad real, existente, útil. No lo es. Definitivamente no lo es. Al contrario, está de más, sobra y no es más que un maldito embrollo.

FISCAL, sumándose a mi discurso: Esto es una locura. Me guste o no, no me queda más remedio que compartir el mismo Cuerpo-Universo con el señor Nokes, pero no la misma mente (¡demos gracias al cielo!). La mente de cada individuo difiere por completo de las de los demás. Todas están oportunamente aisladas unas de otras, por lo que no podemos cogerlas, decantarlas en una licuadora y reducirlas a una especie de puré psíquico. Como bien ha dicho el testigo, cada persona es un (pequeño) mundo. Esta privacidad es lo único que hace que el hecho de que la vida del acusado y la mía propia compartan un mismo cosmos sea mínimamente soportable.

YO: No es que la mente elija su pequeño mundo privado e independiente del gran mundo público, sino que se trata más bien de que el gran mundo es autoselectivo (tacaño y cicatero por naturaleza); se revela a sí mismo de forma fragmentada, en pedazos diminutos y nunca como un todo. Tanto es así que a menudo los sabios describen el conocimiento del mundo como una especie de ignorancia. Digámoslo así: usted, yo, y todos los demás, como Espíritu, estamos a la vez absolutamente vacíos del mundo y absolutamente llenos de él, pero como Mente-Cuerpo, nunca aprehendemos más que pequeños extractos de dicho mundo. Es una limitación que se haya en el lado del objeto, no del Sujeto.

Y así, miembros del jurado, el escenario queda completamente libre de esa charlatana bastarda y sombría a la que denomino «mi mente»; libre para dar paso al Espíritu. Un Espíritu Resplandeciente que no es otro que la Conciencia; una Conciencia que no es otra que el Dios que mora en nuestro interior. La mente, esa que aspira a usurpar el trono de Dios, esa vieja pretendienta, ha visto cómo su hinchada y atormentada cabeza ha sido rebanada limpiamente con la más afilada de las navajas: la de Occam.

FISCAL: Me temo que los filósofos no le ayudarán demasiado en este tribunal. No aportan prueba alguna ni se ponen de acuerdo sobre nada. Si confía en ellos lo único que conseguirá será perder el caso (y si confía tan solo en uno de ellos ni tan siquiera podrá haber caso alguno). Yo le aconsejaría, a la vista de que el tema del que nos estamos ocupando en este momento es el estatus de la mente, que se olvide de la filosofía y se ciña a la psicología. ¿O acaso quiere dar a entender al tribunal que el inmenso cuerpo teórico y práctico que constituye la psicología moderna es algo superfluo, un montón de basura inservible?

YO: Por supuesto que no. Como ya he señalado en mi respuesta al testigo anterior, el camino que lleva del Edén del hombre prepsicológico hasta la Tierra Prometida del postpsicológico (y con esto me refiero a aquel en el que es Dios quien ocupa el trono) pasa inexorablemente por el clamoroso salvajismo del hombre psicológico. Se trata ciertamente de una región que no puede ser esquivada ni ignorada, pero es igual de cierto que es mejor detenerse en ella el menor tiempo posible.

El propio comportamiento del material que llena la mente misma me ayuda en gran medida a realizar este tránsito del ser humano psicológico al postpsicológico. Cortésmente, mis así llamados *contenidos mentales* están mirando hacia fuera y se disponen de forma centrífuga, ansiosos de escaparse y dejar sitio aquí para Aquel a quien le corresponde este lugar. Tienen una pura intención objetiva. Sienten tanta indiferencia por el baile de exangües abstracciones que es la mente misma, como pasión e interés por ese alboroto estridente, bullanguero, flameante, audaz, resuelto y lleno de vida que es el mundo (la escena a la que están locos por unirse). Por eso trato en vano de tener un pensamiento que le pertenezca a mi mente y no al mundo, uno que sea mi propiedad privada, que no esté en absoluto cosificado, sino que sea totalmente mental. Así descubro que mi amor no existe en absoluto hasta que pertenece a mi amada (no se trata de que yo la adore, sino de que ella misma es adorable); que mis pensamientos y sentimientos son siempre sobre ella y no sobre «mí», sobre aquel a quien así hace sentir; que mi odio no es odio hasta que se ve iluminado por aquello que me resulta odioso; que lo que saboreo es la mermelada, no una lengua; que lo que huelo es la rosa, y no una nariz ni tampoco una experiencia olfativa; que lo que me da miedo son las arañas, no la aracnofobia. El hecho es que es la rosa la que me proporciona el olor y la araña la que me pone los pelos de punta. *La mente es una impostora,* es falsa, una ficción. Y, en la medida en que soy una mente, también soy «mental», lo que equivale a estar majareta. La mente no existe como entidad separada (como algo que mira hacia dentro, como algo autocontenido). Y, en la medida en la que existe (o nos imaginamos que lo hace) en su soledad y su tristeza, no es más que una ladrona. Y además, una ladrona enferma; tan golpeada por la afección que planta el beso de la muerte sobre todo aquello que, aferrándose a ello como un oso, le extirpa al mundo. «Quien a sí mismo encadena una alegría, su vida alada malogra». *Soy una persona real en un mundo real, y tanto es así que no tengo mente propia independiente de mi mundo.*

Lo que me lleva al asunto del valor pragmático, la demostración sensata y realista en la vida cotidiana del hecho de que carezco por completo de mente aquí. No es que no pueda manejarme demasiado bien sin la maldita cosa, sino que con ella no puedo manejarme en absoluto, pues ella (o, más bien, la idea equivocada que de ella tenemos) se interpone en mi camino todo el tiempo. Les aseguro a los fiscales que valoro mucho más una pizca de práctica que una tonelada de teoría filosófica, por lo que tan solo diré unas breves palabras sobre lo que es vivir sin mente.

Yo lo denomino *idiotez alerta*.

FISCAL: Omita *alerta*...

YO: ¿Y la sustituyo, quizá, por *sabia*? *Sabia ingenuidad*, sería otro modo de expresarlo. Y, por si acaso confunden esta ingenuidad con la insensatez o la inmadurez, permítanme recordarles que mi defensa está siendo abordada desde esta posición de *no saber*. Hablo absolutamente en serio cuando les digo que no tengo ni idea de lo que estoy haciendo. [FISCAL: ¡Escuchen, escuchen!] Lo único que hago es ser consciente de Quién soy y esperar con impaciencia a ver cómo se desarrollan los acontecimientos. Escucho con interés todo lo que se dice en este estrado. Finalmente, después de haber aprendido la lección de innumerables desilusiones y de haber dejado de depender de los minúsculos recursos de esa cabeza de alfiler que aparece ahí, en el espejo, empiezo a confiar en los infinitos recursos de la Cabeza de Dios, en la Fuente de todos los recursos que aquí aparece; de modo que ahora me encuentro a mí mismo sabiendo lo que debe ser sabido, diciendo lo que ha de ser dicho y haciendo lo que ha de ser hecho, sin que nada de ello esté previsto o ensayado de antemano. No sé lo que pienso hasta que escucho lo que digo (es decir, hasta que escucho las palabras que brotan de mi No-boca, de algo parecido a lo que los antiguos griegos habrían llamado mi *Daimon, o genio bueno y protector*).

FISCAL: Y lo que sus contemporáneos llaman su demonio, o genio malvado y avasallador.

YO, ignorando la interrupción: Resulta tan ineficiente operar desde una mente tan llena de cosas que pueden ir mal, y tan eficiente operar desde una No-mente que está tan por completo vacía de todo ese caos y desorden. Esto no es un dogma que haya que creer sin más, sino una hipótesis de trabajo que hay que poner a prueba una y otra vez. Nunca es demasiado tarde para tener una infancia maravillosa. La verdadera madurez es esa segunda infancia que yo sigo llamando *idiotez alerta*.

FISCAL: Al menos podemos estar de acuerdo sobre su idiotez y sobre la sabiduría de Dios, en virtud de la cual queda claramente despojado de toda posibilidad de ser Él. [Le dedica al jurado una amplia sonrisa; creo que es la primera vez que sonríe en todo el juicio].

YO: ¡No, *sir* Gerald! Una vez más está usted completamente equivocado. A este nivel, y aunque resulte extraño decirlo, no es que yo no sea más que un viejo y estúpido loco y mi Dios sea completamente onmisciente, y que, si sé lo que me conviene, yo le entregue mi *curriculum vitae* para ver si soy candidato a recibir parte de su sabiduría (un consejo valioso, cierto en su propio nivel, pero no en este). Aquí, la verdad más profunda es que, por el contrario, Él no tiene ni la menor idea de nada, y que ser Él equivale igualmente a no saber nada. No hay en el mundo ninguna institución psiquiátrica que tenga un paciente con la cabeza más hueca que la de Dios. Sí, señoría, esto es deponer a Dios, colocarle en lo más bajo con todas nuestras fuerzas, bien abajo, hasta llegar al nivel basal en el que es Él quien sostiene, sustenta y es la base de todo. Así como el Abismo de la Cabeza Divina no está vivo, sino que es la Fuente de toda la vida, no es inteligente sino la Fuente de toda inteligencia, no es amoroso sino la Fuente de todo amor, no está feliz sino que es la Fuente de toda felicidad, tampoco es nada práctico, sino la Fuente de todo pragmatismo y de todo saber hacer. Ocurre así con cualquier cosa en la que puedan pensar, pues Dios, en las profundidades, está siempre libre de ellas. Está tan limpio de mente como de todo lo demás. Su CI es cero. La Cabeza más grande es la menos ingeniosa. Su mundo ya es suficientemente inteligente y mental, ya tiene suficiente conocimiento. Él continúa con su labor de Ser Consciente y deja que todas esas cosas tan sesudas vayan surgiendo cuando son necesarias. En resumen, *aunque Él no posee Nada, Todo emana de Él*.

Damas y caballeros, en asuntos tan triviales como qué ropa ponerme para pasar el día o qué tomar para desayunar, hasta otros tan serios e importantes como qué decir en mi defensa ahora que mi propia vida está en juego en este juicio, lo mejor que puedo hacer es confiar en mi Más Profunda Naturaleza, que es la No-Naturaleza. Para esta dura prueba ¡lo que necesito es *dejar de pensar* y darle a Él una oportunidad! Pero no se limiten a creer lo que digo (ni tampoco lo que dicen los santos, sabios y veedores del mundo). Les sugiero que le concedan a esta idea al menos una breve audiencia, y dediquen algo más de tiempo a poner a prueba lo que estos afirman:

No-Mente (aquí)

Cuando te lleven ante los magistrados, no pienses de antemano lo que vas a decir, pues el Espíritu Santo te lo mostrará en ese momento.

Jesús

No saber es profundo, saber es superficial.

Chuang-tzu

Sin duda mi mente es la mente de un botarate, así de insensato soy.

Tao Te King

No te preocupes de la mente. Si buscas su Fuente, se desvanece, dejando tan solo al Yo inmutable e inafectado.

Ramana Maharshi

La doctrina zen de la no-mente
>Título de un libro de D. T. Suzuki

Limítate a no saber
>Título de un libro de Seung Sahn, maestro zen contemporáneo.

La budeidad se alcanza cuando uno no pone su mente en la tarea.
>Hui-chung

Limítate a no tener ningún tipo de mente. Este es el conocimiento inmaculado.
>Huang-po

Tan solo los ciegos ven a Dios, tan solo los ignorantes le conocen, y únicamente los locos le entienden y comprenden.
>Eckhart

Es la propia mente la que te dice que la mente existe, que está ahí. No te dejes engañar... Es precisamente negarte en redondo a considerar sus giros y requiebros, sus convulsiones y convoluciones, lo que te puede llevar más allá de ella.
>Nisargadatta

Mente (ahí)

A medida que va volviéndose más pura y genuinamente él mismo [...] el astrónomo va estando gradualmente cada vez más «ahí fuera», con las estrellas, en lugar de limitarse a ser una entidad separada que observa a través del ojo del telescópico a otra entidad igualmente separada por un abismo de distancia.

Abraham H. Maslow

Lo interno y lo externo se convierten en un mismo cielo.

Kabir

Todas las cosas y todas las cualidades se sienten en el espacio exterior.

William James

El alma vive en aquello que ama.

San Juan de la Cruz

Nuestra alma vive en el mundo circundante.

Heráclito

Testigo n.º 11 de la acusación

LA CAMARERA OCASIONAL

LA TESTIGO EXPLICA QUE trabaja como maestra en la escuela local de su aldea. Los sábados por la noche y algunos otros días cuando hay mucho trabajo, echa una mano en La Cantina del Fin del Mundo, el bar de su marido. Comenta también que tiene dos hijos pequeños y que está enterada de los términos y de la naturaleza del cargo que se me imputa. Considera que la blasfemia es el mayor de los horrores. Para ella significa poco menos que aliarse con Satanás en su rebelión contra el Todopoderoso y considerarse a uno mismo como Su igual.

Y sí, me conoce de vista. Y no solo de vista, pues en varias ocasiones he ido a su bar con algunos amigos. No tiene más que una pequeña barra, por lo que, cuando he estado allí, no ha podido evitar escuchar mis conversaciones... Y no encuentra palabras para expresar la repugnancia que le producen. No le sorprende en absoluto verme en el banquillo de los acusados.

FISCAL: Dejando a un lado sus muy comprensibles sentimientos sobre el acusado, centrémonos en su afirmación de que no es realmente un ser humano. Al jurado le gustaría saber qué es lo que ocurre cuando al señor Nokes le llega el turno de pagar una ronda en su bar. Cabe esperar que, si en su grupo son cuatro personas, pida cuatro cervezas y no tres, ¿cierto? Sin vacilar ni lo más mínimo, el acusado se incluye a sí mismo entre los otros seres humanos que están alrededor de la mesa, ¿verdad?

TESTIGO: Por supuesto.

FISCAL, dirigiéndose al jurado: Pues bien, su comportamiento lo aclara todo. Lo que proclama a voz en grito queda invalidado por lo que hace. Habla mucho y como si fuese alguien importantísimo (con la importancia de Dios mismo), pero actúa como algo mucho más pequeño, algo de poca monta, como ese simple y común bebedor de cerveza que tenemos ahí, en el banquillo. Cuando está en el bar de la testigo se encuentra en su salsa, es uno más de la pandilla y ni se le ocurre *no contarse a sí mismo* a la hora de pedir las cervezas. Pero, damas y caballeros, dense cuenta de este detalle: cuando no se encuentra en compañía de otros seres humanos tampoco se le pasa por la cabeza *contarse a sí mismo*. Por lo que he oído, vive con tres gatos. Pues bien, no creo que se considere como el cuarto (un Gato con botas, un gato verdaderamente grande y orondo...). No me lo imagino lamiéndose el pelo o hundiendo sus bigotes en un platillo con comida para gatos. También tiene un perro, pero no duda ni un segundo si el que tiene que ir al veterinario es el perro o él mismo. Cuando está en el zoológico frente a la jaula de los monos, sabe perfectamente cuál es su lugar y qué lado de los barrotes le corresponde. Únicamente cuando se encuentra entre seres humanos demuestra (de forma involuntaria) que está seguro de encontrarse entre iguales. Si estoy faltando a la justicia en algo de lo que aquí expongo, él nos lo hará saber en breve.

[Dirigiéndose a la testigo] Retomemos el asunto del bar. ¿Sería justo decir que el acusado no solo se revela como un ser humano, sino que, además (si es que esto es posible) se comporta como si fuese más humano aún que los propios humanos? Por supuesto que no dice en voz alta que él es el Elegido, el tipo que está por encima de todos los demás: simplemente vive como si lo fuese. ¡Cómo intenta ser siempre el mejor, el número uno! Ese número uno que solo se quiere y se preocupa de sí mismo, que se limita a pagar la ronda que le toca pero después cuenta cuidadosamente las monedas del cambio y se las guarda en el bolsillo en lugar de meterlas en la hucha de donaciones a beneficio de los perros guía para ciegos, que se pone cómodo y está calentito frente al fuego de la chimenea sin importarle nada más... y que se cuida muy mucho de no dejar su precioso y cálido abrigo en la percha para evitar que pudiera utilizarlo el número dos, o el tres... ¿Estoy en lo cierto?

TESTIGO: Por supuesto que sí.

FISCAL: ¿Hay algo que quiera añadir?

TESTIGO: Solo lo siguiente. Una vez le oí decir en el bar: «Yo no soy el señor John a-Nokes, yo soy el señor Cero. SOY, punto y final. Soy aquel que SOY. SOY es mi primer nombre, mi nombre real y permanente, y todos sabéis a Quién pertenece ese nombre... John y Nokes son únicamente mis nombres temporales, mis apodos». Esas fueron exactamente sus palabras. Estoy segura porque en ese momento las apunté sin que me vieran. Aquí tengo el papel.
FISCAL, dirigiéndose a mí: ¿Admite usted esta evidencia?
YO: ¡Con gusto!
FISCAL: ¡Ahí lo tienen, miembros del jurado! ¡La testigo apuntó estas palabras y el acusado confirma su veracidad! Y son casi las palabras más blasfemas de cuantas alguna vez se hayan pronunciado. No permitan que los tejemanejes del acusado (con los que a buen seguro ahora intentará complicar y confundir este asunto tan simple) borren ni por instante estas palabras de su memoria.

Defensa: **Volver a la casilla cero**

YO, dirigiéndome a la testigo: En vista de su profunda preocupación por el estado de mi alma, ¿puedo preguntarle cuándo fue la última vez que fue a la iglesia? Me refiero después de casarse. ¿Cuándo rezó por última vez? ¿Cuánto hace que no lee su biblia, o, para el caso, cualquier otro tipo de escritura sagrada del mundo? Quiero decir, aparte de en el colegio.
JUEZ: No tiene por qué contestar a esas preguntas.
YO: Señoría, supongo que tengo derecho a cuestionar la credibilidad de una testigo cuyas opiniones teológicas la fiscalía se ha tomado tantas molestias en ocultar. Pero dejémoslo pasar... [Volviéndome a la testigo] Mi siguiente pregunta no es sobre su trabajo a tiempo parcial como camarera sino sobre su puesto a tiempo completo como subdirectora de un colegio. Tal vez debería recordarle que ha jurado usted decir la verdad, toda la verdad y nada más que la verdad. ¿Más o menos a partir

de qué edad los niños, tanto sus propios hijos como los demás niños del colegio, dejan de no tenerse en cuenta a sí mismos cuando cuentan a las personas presentes? ¿Cuándo empiezan a incluirse? Supongo que usted se percatará de esas cosas y estará interesada en ellas, o que, al menos recordará las teorías de Piaget de sus días como estudiante universitaria.

TESTIGO dirigiéndose al juez: ¿Tengo que contestar...?

Sí, esta vez sí que ha de responderle, con la verdad y sin omitir nada.

TESTIGO: Bueno... la edad varía. Conozco a una niña de ocho años que, cuando estábamos jugando a un juego de mesa en el que tenía que contar a los jugadores, se dejaba fuera a sí misma. Se quedó muy desconcertada y sorprendida cuando le hice ver su error, y los demás, en su mayor parte niños más pequeños, se rieron de ella. Lo curioso es que es una chica muy brillante. Y luego también hay otros niños menos espabilados que con cuatro o cinco años ya no cometen ese fallo. No parece ser una cuestión de inteligencia... Pero no entiendo qué tiene que ver...

YO: Gracias. Dejemos clara esta cuestión. Antes de esa edad crítica (ya sea hasta los ocho o a una edad tan temprana como los cuatro años), el niño por lo general no se cuenta a sí mismo, pero después de ese momento sí que lo hace. Antes de esa edad, lo que el niño les está diciendo sin palabras a los demás es: «No soy uno de vosotros». Por el contrario, una vez sobrepasada, el mensaje es: «*Soy* uno de los vuestros». ¿Lo he entendido bien?

TESTIGO: Um...

YO: No la hemos oído bien.

TESTIGO: Sí. Supongo que sí.

YO: Gracias de nuevo. No hay más preguntas. Si es tan amable, puede abandonar el estrado. [Dirigiéndome al jurado] El fiscal afirma que yo siempre y de forma natural me he contado entre los humanos presentes. No siendo así, según la testigo del fiscal, cuando me presionan o me preguntan sobre este particular. Por supuesto, es ella quien tiene razón. Examinemos esta cuestión con más detenimiento.

Mi vida, señoras y señores del jurado, se divide en tres partes. La primera es la de mis primeros años, en los que ni necesitaba ni podía contarme a mí mismo; después los años intermedios hasta la madurez, cuando podía, y ciertamente necesitaba desesperadamente incluirme también, cuando, por así decirlo, no tenía otra opción; y finalmente, estos últimos años en los que sí puedo elegir. Ahora, para mí todo depende del nivel desde el que miro y desde el que opero (es decir, del contexto). En mi capacidad humana, como el tipo que ustedes están viendo ahora y que yo mismo he examinado hoy anteriormente en el espejo, por supuesto que le tengo en cuenta. Pago alegremente cuando le toca invitar a una ronda de cervezas; ya no tanto cuando se trata de incluirle en el recuento de residentes de mi casa que determina los impuestos que he de pagar; y de mala gana consiento que quede en cuarto lugar jugando al bridge, etc. ¡Claro que sí! ¿Por quién me toman? Cuando y donde uno es un humano, digo yo que tendrá que hacer lo que hacen los humanos, comportarse como uno de ellos, y no como un ratón, como un monstruo o como cualquier otra cosa que no sea 100% humano (y de la mejor calidad que se pueda encontrar en el mercado).

Pero aquí mismo todo es distinto. Por más que lo intente, no soy capaz de encontrar aquí nada que se pueda contar —ya no digamos un ser humano—. Poner en el mismo saco a esta Nada y a las cosas sería como sumar la fecha al total de la factura, como ir a comprar verduras con cincuenta euros en el monedero y gastarse cien creyendo que el monedero en sí equivale a otros cincuenta euros de curso legal. Sería como contar el banco en el que se sienta el jurado y considerarlo como el miembro número trece del proprio jurado. En resumen, sería pedir a gritos un certificado psiquiátrico y el ingreso en una institución mental. Pero ya basta de tonterías. Yo me guío por lo que *veo*. Después de todo, ¿en qué consiste esta tercera etapa de mi vida sino en regresar a la honestidad y la veracidad de la primera, mas ahora con la clara consciencia de que soy este Cero, esta Capacidad para los números, pero estando en todo momento yo, el Contable incontable, por completo libre de ellos? ¿Qué es esto sino total humildad ante la evidencia, la clase de humildad que ni tan siquiera es capaz de encontrar alguien aquí que pudiera ser humilde? ¿Qué es esto sino recuperar por fin el sentido tras la falta de sentido del así llamado *sentido común,* el sinsentido intencionado de la segunda etapa? ¿Qué es salvo volver a ser natural tras ese falso y ficticio interludio, tras todas esas tensiones y ansiedades que acompañan al autoengaño, todo ese esforzarse, luchar, trabajar y hacerse el duro?

Si opto por salir de ese juego, ¿qué es lo que encuentro? ¿Acaso puedo encontrar números en alguna parte? Cuento una, dos y tres ventanas en la zona superior de esta sala de audiencias. Cuento una, dos, tres, cuatro, cinco... muchas caras ahí fuera, en la sala. Cuento dos piernas en perspectiva *ahí abajo,* sobre la tarima. Y más abajo, un tronco igualmente escorzado. Los números siempre se presentan ahí fuera, en mi mundo, ante mí, que estoy *aquí.*

Aquí, no cuento nada. No encuentro absolutamente nada que enumerar. En este lugar el recuento siempre es Cero (cero personas, cero perros, cero gatos, cero ratones, cero árboles, cero lo que sea). Nombren cualquier cosa, lo que les plazca, y comprobarán que tan solo su ausencia es conspicua aquí. Aquí, soy tan inocente de tener características humanas como de cualquier otro tipo, y soy tan no-humano como soy no-perro, no-gato, no-ratón, no-árbol... Soy perfectamente neutral, un miembro de ningún grupo, de ninguna clase, de ningún conjunto. Soy Nadie, No-Uno, Uno menos uno, un Cero a la izquierda, un Don-Nadie.

Sin embargo, veo que todas las series se originan a partir de este Cero, que todos los números le pertenecen, que todos ellos son contados por Él. Por lo tanto, este lugar de aparente desventaja y carencia total es en realidad una posición enormemente aventajada. Yo doy inicio a todas las series del universo. Todas ellas se originan en mí. Cero es una auténtica estación de control.

Miro alrededor en la corte. Escucho. Del mismo modo que todas estas formas son vistas desde (y por) el Vacío y escuchadas desde (y por) este Silencio mío, así también son contadas desde (y por) este Cero. Aquí regresan, no a la casilla uno, sino a la casilla Cero, aquí donde todo recuento tiene su inicio y su origen. Esta es mi Base, mi Fundamento, mi verdadera Tierra Natal.

JUEZ: Pero ¿qué tiene que decir respecto de lo que ha mencionado el fiscal de que usted se encuentra más en su terreno con gente que con cualquier otra clase de seres?, ¿que su actitud hacia ellos desmiente lo que dice sobre sí mismo y demuestra que en sus entrañas usted sabe perfectamente bien que, al fin y al cabo, no es más que un ser humano?

YO: El fiscal está muy equivocado, señoría, sobre cómo me siento. Ludwig, mi perro bóxer, es la compañía perfecta después de pasar todo el día con humanos bulliciosos, ruidosos y exigentes. Estoy acostumbrado a sentirme más cómodo en la tranquila y agradable sociedad de las estrellas (como el Cielo en el que brillan) que en las ajetreadas calles de la ciudad; más cómodo (muy bien pudiera ser para el caso) que en el club de la testigo. Ya sea en las colinas amistosas, entre los afables árboles y los cercanos arroyos, en el mar o en medio del desierto, no necesito más compañía, no soy intruso, no me siento como un extranjero en una tierra extraña. Todo encaja con esta Nocosa. No es que yo pertenezca a todas las categorías, a todos los órdenes, géneros y especies, sino que todas ellas me pertenecen a mí. Todo, hasta lo más exclusivo, está incluido en mí. Aquí soy yo quien preside la corte. Aquí está el foro, el lugar de reunión, el corazón abierto del universo, donde siempre me siento como en casa con todas las nuevas visitas porque no hay Nadie, no hay Nada aquí dentro que pueda interponerse, Nada que pueda seleccionar o escoger, Nada que pueda excluir. Como Edwin Markham escribió refiriéndose a alguien que le había rechazado,

El amor y yo sabíamos cómo ganar: trazamos
un círculo que le incluía.

Así es, miembros del jurado, la vida en esta tercera etapa, cuando dejo de fingir ser aquí lo que *les parezco* a los demás desde ahí y me siento feliz de ser este círculo omninclusivo que es el Cero.

Supongamos que estoy en una habitación con otros cuatro amigos. Cuando no era más que un niño de corta edad, me consideraba automáticamente a mí mismo como un Cero en el Centro y contaba únicamente cuatro personas presentes. Ya de adulto establezco mi yo humano en dicho Centro como número uno, por lo que cuento cinco. Como Veedor, al verme de forma consciente a mí mismo en el Centro como Cero, vuelvo a contar tan solo cuatro. El diagrama n.º 11 muestra estas tres etapas de un solo vistazo.

Cuando en la segunda etapa cuento este Cero junto con el resto de la gente es como si contase la cesta como un huevo más (y procediese a pelarla, freírla y comérmela, lo cual resulta muy poco saludable y, mucho más relevante en lo que aquí nos concierne, es una blasfemia).

Me gustaría volver a expresar, señoras y señores del jurado, la definición de blasfemia sobre la que descansa toda mi defensa. Es colocarse a uno mismo como el hombre «número uno» en el trono de Dios, en el centro del propio mundo, y quedarse ahí firmemente sentado. Es quedar atascado en la segunda de tres etapas, una etapa por la que ciertamente todos tenemos que pasar, pero que deberíamos dejar atrás lo más rápido posible. ¡Qué broma tan macabra, señoría, qué desquiciada ironía supone que sea precisamente yo el que se encuentre aquí, en el banquillo, y a quien se le acusa de este crimen en verdad atroz! ¡Yo, que insisto sin descanso en la sacralidad de lo más Sagrado entre lo Sagrado, el lugar en el que este Dios Capital mora en el Centro de todas las cosas libre de números y en todo su solitario esplendor, ahí donde ningún hombre podrá penetrar nunca jamás!

Contar de forma inocente

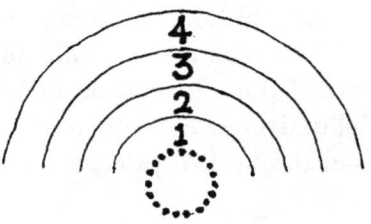

Niño pequeño

Contar de forma blasfema

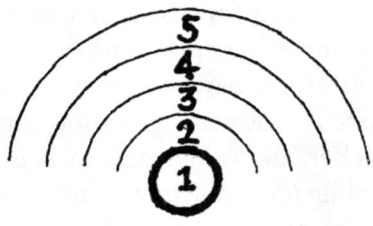

Adulto

Contar de forma iluminada

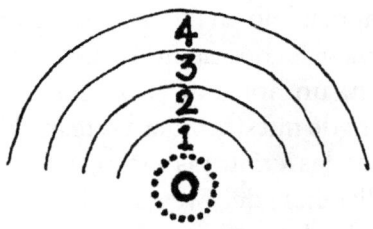

Veedor

Diagrama n.º 11

¡Qué ironía que mis acusadores, quienes hacen todo lo posible por meterse a la fuerza en ese santuario y sentar allí al hombre (por deificar al hombre), sean quienes me acusen del delito del que ellos mismos son culpables cada segundo que pasan despiertos! ¡Qué broma de mal gusto! Lo repito: ¡me acusan del delito del que ellos mismos son culpables cada segundo que pasan despiertos! ¡Me parece una broma de lo más enfermiza!

FISCAL, levantándose de un salto: ¡Señoría, esto va mucho más allá que un simple desacato! Es desacato no solo a este tribunal, sino también a su señoría personalmente, y a todos los que estamos aquí presentes!

JUEZ: Es indudable que sus palabras resultan molestas, pero lo que está en juego en este juicio es la vida de este hombre, por lo que le ha de ser permitido defenderse como considere más oportuno, aunque siempre dentro de unos límites. No obstante, le advierto [dirigiéndose a mí] de que no debe abusar de nuestra tolerancia. Adoptar un comportamiento insultante no le comportará beneficio alguno. Si insiste en mantener esta actitud me veré obligado a considerar otras medidas para que contenga sus palabras y no caiga en desacato a la autoridad.

YO: Claro, señoría, no ha sido en absoluto mi intención faltarle al respeto. De hecho, todo lo contrario. Lo que estoy diciendo es que todos los presentes en esta corte viven realmente desde la posición de la tercera etapa sin ser conscientes de ello. Lo que intento hacerles entender es que ninguno de nosotros, sin importar lo malvada y satánica que pueda ser nuestra ambición o lo desmedido que sea nuestro descaro, puede destituir ni un ápice al Dios que se encuentra en el mismísimo Centro de nuestra vida; a este inquilino es imposible desalojarlo. Todas las criaturas están, inevitablemente, a un mero sueño de distancia del Creador que mora en su corazón; no son nada en absoluto sin esta Nada, esta No-cosa central, esta Claridad, Transparencia, Capacidad, Esencia, Realidad, Vacío Consciente... Da igual el nombre que le demos a este Cero Absoluto. Incluso blasfemar contra Esto es hacerlo en virtud de Esto, gracias a Esto, impulsado por Esto. Lo cierto es que el delito de blasfemia no es más que puro ruido y furia, mero boato y postureo, pero no significa nada. Por desgracia, al mismo tiempo es lo suficientemente real como para echar a perder nuestra vida.

Simplemente no es un principio práctico aferrarse a esta segunda etapa, quedarse atascado en el medio, imaginando que vivimos a partir de los recursos inconmensurablemente parcos y limitados de ese «número uno», en lugar de a partir de los recursos infinitos del Cero. Resulta mortífero, produce ansiedad, es agotador, absurdo.

FISCAL: Señoría, ¿tenemos que soportar otro sermón más desde el estrado sobre cómo hemos de comportarnos en la vida?

YO: Esto no es predicar sin que nadie lo haya pedido, sino un llamamiento a la justicia y la cordura hecho desde lo más profundo del corazón. Si tan solo pudiera demostrar al jurado que lo que afirmo ser es algo totalmente normal y natural, razonable, sensato, saludable y mucho más eficiente que la alternativa (y, de hecho, que es lo que tanto yo como todos los demás somos ya, tanto si lo reconocemos como si lo negamos), estoy seguro de que entonces se vería en la obligación de declararme inocente en su veredicto. Pues ¿qué es la blasfemia sino negarse a encajar en el Plan Divino, en el diseño que Dios ha aplicado en el mundo, en Su *status quo*? ¿Y qué otro antídoto puede haber, más que obedecer dicho plan y decirle «¡Sí!» de todo corazón a lo que Él ha dispuesto?

Así es que, con el amable permiso del tribunal, déjenme darles una idea de lo que significa vivir conscientemente desde la base de esta tercera etapa, desde el Cero, en lugar de hacerlo desde el «número uno»; desde la vida tal y como yo la vivo, en lugar de tal y como los demás me dicen que la vivo. [El fiscal gruñe y, ostentosamente, pone el cronómetro de su reloj en marcha. Por mi parte, me limito a ignorar el gesto y a continuar].

Cero es mi no-número de la suerte. Cero es mi Corazón, mi Núcleo Central, mi refugio siempre presente en los momentos difíciles. Es al mismo tiempo el desplome absoluto de mi vínculo con todas las cosas (mi total libertad) y mi rugiente y llameante unión total con todas las cosas; mi total separación y mi total unión, mi desapego y mi adhesión. Como «número uno», yo era un hombre y nada más. Tan solo me encontraba a la cabeza de la cola de los humanos, pero para nada estaba en una posición tan dominante cuando se trataba de ratones, de gatos, perros, plantas, o de cualquier otra criatura. Al frente únicamente de una fila cósmica, estaba excluido de todas las demás. Era una posición en la que no me sentía a gusto, ni tan siquiera deseado. Era un extraño, un extranjero, un forastero en todas partes. No era una vida feliz. En cambio, como Cero estoy al frente de todas las colas y doy comienzo a todas las líneas del universo. Como la plataforma de lanzamiento de la que todo despega, estoy libre de todo (pero siempre sigo siendo su lanzadera). Aquí, como Quien soy real y verdaderamente, Yo origino y doy lugar a todas las criaturas, desde las bestias que se arrastran hasta los alados querubines. Ya no soy ese forastero solitario al que le negaban la entrada en todos los clubs; ahora soy el Único Socio. Esto no es mera y vana jactancia, simple orgullo vacuo o sentimentalismo empalagoso. En la misma medida en la que veo y penetro en mi Naturaleza sin naturaleza, veo y penetro también en la Naturaleza de todos los seres. Las barreras caen, y no tengo más opción que amar al mundo que soy. En este torneo cósmico mi marcador siempre se mantiene en «amor» (amor-quince, amor-treinta, amor-cuarenta... ¡juego!). Amor significa Cero, ningún punto en absoluto. Y, sin embargo, el amor siempre gana. Oh, sí, el amor siempre gana. Juego, set ¡y partido! Se lleva la copa Wimbledon de Dios de forma apabullante.

Todo nos habla del Cero, del Amor, de la Nada que es la Fuente de todo. Incluso la forma en la que me veo obligado a hablar de ello, en un doble y maravilloso *doble sentido* aparente, va directo al quid de la cuestión. Les aseguro que creo en Nada, que confío en Nada, que soy fanático de Nada, que veo Nada, que sé Nada, que quiero Nada, que tengo Nada, que soy Nada... y así sucesivamente hasta el infinito. Aquí, la más negativa de las afirmaciones se convierte en la más positiva. Esa otra mera nada que apenas es apta para acoger en su seno todo el montón de chatarra del universo ¡se convierte de repente en la impresionante Nada (No-cosa) que origina y da lugar a todo! Cero es la runa, la palabra mágica que, cuando no solo se dice sino que también se vive, reconcilia todos los opuestos de la vida: a las creencias periféricas con el escepticismo central, a los compromisos periféricos con la independencia central, a las riquezas periféricas con la pobreza central, al saber periférico con la ignorancia central, a la excitación periférica con la calma central... Como digo, este *doble sentido* divino no es ningún truco, no es un mero accidente lingüístico. No es tan siquiera una forma de vida, sino *la* forma que adopta la vida, pues, sencillamente, es la forma en que la vida *es*.

Por supuesto que esta Nada Consciente, este Cero, no es una abstracción fría, una imagen pálida y aséptica carente de vida. Es el Progenitor, el Padre, la Madre, infinitamente robusto y extravagante en su expresión, infinitamente inmóvil, silencioso y misterioso en su esencia, inescrutable hasta el punto de resultar increíble. Sin motivo alguno, es, y sin ninguna razón constituye la Fuente inagotable de todo. Imaginar que vivimos de forma independiente de Esto, que vivimos desde la posición del «número uno» (sin importar lo divino que este pueda parecer) es vivir en una pesadilla. Y además, es algo muy necio. ¡Como si fuese posible hacerlo, aunque tan solo fuese por un instante!

Por último, un pequeño experimento. ¡Sorpréndase de cómo hace las sumas el Matemático Divino! Para atrapar al Uno con las manos en la masa, en el flagrante acto mismo de surgir de la nada, no tienen más que sacar la mano del bolsillo y hacer un puño con ella. Para pillar infraganti a los Muchos surgiendo del Uno, extiendan los dedos. Para constatar por sí mismos cómo los Muchos regresan al Uno, cierren el puño de nuevo.

Y finalmente, para cazar al Uno en el acto mismo de retornar a la Nada, al Cero, vuelvan a meter el puño en el bolsillo. Esto no es un símbolo o una imagen en movimiento de Aquel que verdaderamente cuenta, sino lo real, la realidad, la única Cosa real, y la única No-cosa real.

Y este es el tipo de cosas que los sabios tienen que decirles sobre el No-uno, el Nadie, que se encuentra a la cabeza de todas las colas de Su universo:

> El Tao dio nacimiento al Uno. El Uno dio a luz dos cosas, tres cosas... y así hasta originar las diez mil cosas del universo.
>
> *Tao Te King*

> Los Muchos regresan al Uno, pero ¿a qué regresa el Uno?
>
> Kao-feng Tuan-miao

> 0 (cero) es la fuente de todo parlamento, un pilar de sabiduría y una consolación para todo hombre sabio, una bendición y un gozo para todo caballero.
>
> Poema rúnico anglosajón

> El sabio Maestro Eckhart quiere
> enseñarnos la tradición de la Nada,
> Y aquel que no lo vea
> se lamentará por no ver a Dios,
> pues nunca habrá sido bañado
> por la luz verdadera y celestial.
>
> Canción medieval de convento

FISCAL, haciendo un gran alarde de cómo detiene su cronómetro: Señoría, he estado muy callado durante todas estas prolongadas e ingeniosas maniobras, todas estas tácticas, estratagemas y cortinas de humo. Creo que esta vez merezco tener la última palabra, aunque tan solo sea por retomar la simple cuestión sobre la que versa este juicio.

JUEZ: Depende del acusado aceptar su propuesta.

YO: Adelante. Por mi parte, no haré ninguna réplica.

FISCAL: Miembros del jurado, en su bar, la testigo anotó estas palabras: «Soy aquel que SOY. SOY es mi primer nombre, mi nombre real y permanente: y todos sabéis a Quién le pertenece ese nombre... John y Nokes son solo mis nombres temporales, mis apodos».

Él acepta, sin ningún tipo de rubor o vacilación, que esas son sus palabras exactas. Nunca nadie ha pronunciado mayor blasfemia que esta. Ni todas las distorsiones, vueltas y requiebros que la defensa lleve a cabo hasta que acabe este juicio y ustedes se retiren a considerar su veredicto serán capaces de purgar ni una sola sílaba de esta blasfemia. O, para el caso, de disuadirles de declararle culpable.

No se dejen cautivar por su astucia y su habilidad en el juego. No me sorprendería si, aunque aún no nos encontramos ni tan siquiera en la mitad de este proceso, creyesen que el señor Nokes ya ha marcado algunos tantos sensacionales. Muchos, en realidad. Estoy de acuerdo. Su ágil juego de piernas, su arrancada y la precisión de sus disparos a puerta me han dejado en varias ocasiones (lo confieso) sorprendido y maravillado. Tanto más porque todos y cada uno de sus goles ¡los ha marcado en propia puerta! Por lo que parece, se imagina que puede librarse de la blasfemia blasfemando cada vez más descaradamente.

Testigo n.º 12 de la acusación

EL GERENTE DE LA TIENDA

El testigo me recuerda vagamente como uno de sus clientes. No recuerda nada especial en mí, salvo que en cierta ocasión hubo un poco de alboroto cuando les devolví unas patatas porque estaban algo podridas. Me dijo que había sido culpa mía por haber esperado una semana antes de abrir la bolsa de plástico en la que venían embaladas. Aunque ligeramente irritado y contrariado, prefirió actuar conforme a esa regla que afirma que el cliente siempre tiene la razón, y me la cambió por otra sin cobrarme nada..

FISCAL: ¿Le sorprendería saber que este humilde comprador de tubérculos es, a sus propios ojos, una especie de divinidad, aunque muy disfrazada?

TESTIGO: Ciertamente me sorprendió bastante cuando me lo contaron al entregarme la citación para comparecer en esta corte.

FISCAL: Doy por hecho que no es consciente de las extrañas opiniones que ha manifestado sobre los anuncios y la publicidad en general y la conexión que esta tiene con la aún más extraña opinión que tiene de sí mismo. Sostiene que hay dos clases de publicidad muy diferentes: una dirigida a nosotros, la gente común y corriente, y otra dirigida exclusivamente a él. A su entender, ambas son, dentro de unos límites, igual de efectivas.

TESTIGO: Algunos de mis clientes son bastante extravagantes y peculiares, pero procuro ocuparme de mis propios asuntos. Hasta ahora, tratarles a todos de la misma manera y, espero, con igual cortesía, me ha funcionado bastante bien. Dudo mucho que para interesar al caballero que ahí se encuentra tengamos que concebir algún tipo de póster, anuncio de periódico o spot publicitario especial; es decir, diseñar algo que a él le resultase atractivo, aunque quizá no a los demás (no sé si decir a la «gente normal»). Cuando viene a comprar, estoy bastante seguro de que en su caso las técnicas de venta estándar resultan bastante efectivas, y de que compra productos normales, casi diría que predecibles. En todo caso, mi trabajo ya es lo suficientemente exigente como para tener que atender a dos clases distintas de clientes. Para hacerlo, tendría que ser un superhombre... y dirigir una gran superficie.

FISCAL, dirigiéndose al jurado: Creo que el testimonio de este testigo habla por sí mismo y no requiere ningún comentario por mi parte. Lo único que diré por ahora es que se trata de alguien que conoce bien su trabajo, lo que significa, para todo propósito práctico y comercial, que sabe muy bien quién es John a-Nokes, el cliente que no es más divino que las patatas que dejó cerradas y olvidadas en la bolsa.

No tengo ninguna pregunta para el testigo, por lo que abandona el estrado.

Defensa: **Los pájaros de Dios**

YO: El testigo se subestima a sí mismo (o, quizá debería decir a su empresa). Es mucho más complaciente de lo que cree, pues además de los clientes normales, también me presta una atención especial a mí. Ciertamente muy considerado de su parte. Permítanme que les explique.

Sainsbury's, la cadena mundial de tiendas (de las cuales la del testigo es la más reciente y elegante) depende en gran medida de la publicidad. Cabe esperar que en la mayor parte de sus anuncios, puesto que están dirigidos a los seres humanos, aparezcan retratados dichos seres humanos. Por eso podemos ver incontables imágenes de hombres, mujeres, niños y bebés sorprendentemente sanos y guapos comiendo esto, bebiendo aquello, llevando puesto lo de más allá, y haciendo la mayoría de las cosas que hacen las personas. Ya sea en la prensa, en las vallas publicitarias, en la pantalla, o en el mero etiquetado de los productos, la mayor parte de la publicidad está obviamente dirigida al *Homo sapiens*.

Sin embargo, hay un tipo de publicidad que ni muestra representados a seres humanos ni está dirigida a ellos, sino que hace lo mejor que puede por representarme a mí (con la intención de venderme algo, supongo). Por ejemplo, tenemos esa imagen en la que sale una jarra de cerveza, ligeramente inclinada y llena hasta los topes, sostenida por una mano suelta que flota en el aire y justo a punto de derramarse aquí, en el Vacío, en la no-boca de este no-bebedor (o, por ser más precisos, de este Bebedor *real*, aquel que verdaderamente saborea el brebaje). O esa otra en la que un par de manos, igualmente inocentes de cualquier conexión con un cuerpo, manipulan con premura un paquete de cigarrillos y se llevan uno de ellos a esta ausencia de labios. O el del coche que evidentemente está diseñado para mí, ya que no es conducido por ningún conductor humano, sino por unas manos libres y desprendidas que manejan misteriosamente los controles, un poco como si fueran un cuarteto de animales de circo magníficamente entrenados para realizar sus trucos.

Diagrama n.º 12

Por favor, pasen al diagrama n.º 12, que no es más que un ejemplo del tipo de anuncio al que me refiero, uno entre cientos. Ahora miren sus manos. Agítenlas frenéticamente, como si estuviesen dirigiendo una orquesta o tocando el arpa... Así, continúen agitándolas... Dejen que se muevan libremente...

Seguramente, estas asistentes de vuelo de la Primera Persona se parecen más a pájaros que a animales terrestres. Unos pájaros que combinan las increíbles habilidades de la golondrina que se abate en picado, del colibrí capaz de quedar suspendido en el aire y del águila que todo lo ve, y que jamás han tenido entre ellas ningún accidente en el despegue, ninguna colisión aérea, ningún aterrizaje forzoso. Son pájaros de Dios, *uccelli di Dio*, que es como Dante llamaba a los ángeles, a esos mensajeros y servidores de Dios. Así pues, dos preguntas y una advertencia a cada uno de ustedes. ¿Pueden negar que están servidos de esta manera, que su disposición es así y no de otra forma? Admitiendo que lo están, ¿acaso pueden negar que sus ayudantes (sus *uccelli di Dio)* son de hecho los ayudantes *de Dios?* ¡Nada menos que *de Dios,* estoy diciendo! Reclamarlos para Jack o para cualquier otro ser humano no sería únicamente falsa humildad; sería una blasfemia.

Volvamos entonces a Sainsbury's.

Naturalmente, estos anuncios hechos a medida me causan un impacto muy especial. Al ser plenamente consciente de lo diferente que soy, se dirigen de un modo muy específico a mi condición. Ocurre lo mismo en las películas, tanto en la pequeña como en la gran pantalla. Casi todo el metraje suele estar hecho para los humanos (su tema principal), por lo que los muestra tratando sus asuntos, pero de vez en cuando el reparto incluye también a un actor sin cabeza y con los pies hacia arriba. En esas escenas, escucho su voz, oigo su respiración, sus pisadas, y, ocasionalmente, veo manos y pies, e incluso vestigios de un tronco. Y como es natural, al parecerse tanto a mí, me siento involucrado. Es el personaje con el que me identifico. Es de los míos. No es una persona; es (soy) Yo.

Del mismo modo, un agente de seguros astuto y perspicaz sabe cómo contrarrestar mi creciente resistencia a adquirir sus productos. En lugar de confrontar a un hombre a través de la mesa, se pone aquí, a mi lado, donde no hay ninguno. De este modo ya no es una persona que me entrega documentos para que yo los mire, sino que los mira conmigo. Al fusionar nuestros puntos de vista, su «humanidad» desaparece en mi «no-humanidad». Su voz y sus manos gesticulantes, liberadas ahora de su tronco y procedentes de aquí, no de allí, son ahora tan verdaderamente mías que su maniobra muy bien pudiera acabar siendo el empujoncito que necesita darme para convencerme.

La simple realidad, para mí tan obvia, tan entretenida y tan increíblemente significativa, es que existen dos tipos de extremidades completamente diferentes: por un lado, el tipo ordinario de extremidades que sobresalen de los cuerpos de personas y animales en diversos ángulos y que están fijas a ellos y, por otro, el tipo extraordinario de extremidades que no están unidas a nada y que sobresalen de esta Nada, de esta No-cosa, que brotan de un No-tronco, que pertenecen a Nadie, a Ningún-Cuerpo, y que operan desde Ningún-Lugar. Únicas como son en su absoluto desprendimiento, también son únicas en su sensibilidad, y en la milagrosa facilidad, velocidad y destreza de sus respuestas a cada una de nuestras necesidades. Son ramas excepcionalmente útiles y serviciales que hacen que las de la otra clase, las extremidades fijadas a un cuerpo, parezcan simples dispositivos ortopédicos, brazos y piernas de palo maravillosamente construidos, sí, pero insensibles, aletargados, sin respuesta. ¡Y no es de extrañar! Estos miembros sueltos pertenecen a Dios, por lo que necesariamente han de ser muy especiales. Surgen directamente de Él, como ángeles resplandecientes del cielo, siempre atentos para ocuparse de los asuntos de su Señor.

No, *sir* Gerald, esto no es una nueva idea que me haya sacado de la manga, algo sin precedentes, una nueva farsa de las mías. Puede usted encontrar la mano de Dios curiosamente representada en muchas pinturas de las primeras etapas de la Edad Media, en mosaicos que muestran a Abraham a punto de sacrificar a su hijo Isaac, en escenas del bautismo de Jesús en el río Jordán, etc. La mano señaladora de Dios (con su bocamanga llena de encajes y tan pulcramente doblada como las de su señoría), con sus largos, delicados y bien cuidados dedos, emerge de una nube en la parte superior de la imagen. Surge, se lo puedo asegurar, de exactamente la misma Nube del No-Saber que *esta* otra mano con mangas no tan elegantes, esta que ahora mismo estoy extendiendo hacia el tribunal.

Diríjanse, por favor, al diagrama n.º 13 de su cuadernillo, donde encontrarán una reproducción de una de estas imágenes.

En este cuadro, que procede de un códice romano del siglo IX, vemos como un san Juan durmiente recibe la revelación del apocalipsis de la mano de Dios. Más o menos a partir del siglo XII en adelante, los artistas comenzaron a representar no solo la mano, sino la figura completa de Dios (¡como un septuagenario bastante bien conservado!). ¡La irrealidad adoptando su forma más ridícula! ¡Yo diría que es una blasfemia en toda regla!

Diagrama n.º 13

FISCAL, haciendo florituras con sus papeles: Miembros del jurado, en el transcurso de este juicio el acusado ha ido presentándonos muchos argumentos (la mayoría ingeniosos en su seudoingenuidad y ridiculez, y algunos de ellos perversos hasta la locura) en apoyo de su muy cacareada divinidad, pero el que ahora estamos teniendo que escuchar ya es el límite. O, mejor dicho, *supera* incluso sus propios límites. ¡Es verdaderamente demasiado! Si ahora me veo obligado a hacerle algunas preguntas que no solo harán enrojecer a este tribunal y suponen una ofensa a su dignidad, sino que constituyen inherentemente una blasfemia por sí mismas, bien, no es más que por su culpa. Sus asquerosos insultos al Todopoderoso no pueden ser contrarrestados sin evitar una cierta contaminación, sin descender en cierta medida a su nivel, por lo que ruego al tribunal que sea indulgente y me haga esta concesión.

El acusado afirma que sus manos son las manos de Dios al ver que están sueltas y que no están unidas a ningún cuerpo, mientras que concluye que las de ustedes y las mías, en vista de que están fijadas a cuerpos humanos, no son más que meras manos humanas. Optaré por dejar a un lado sin más comentario la insufrible presunción y engreimiento del sujeto, y me limitaré a ocuparme de los hechos sin más. Sus manos se parecen mucho a las nuestras, ¿no es cierto? Comparen, miembros del jurado, esos primitivos apéndices pentadáctilos, muy parecidos a los de una rana, que descansan ahí sobre la baranda del banquillo de los acusados, con los apéndices similares que descansan sobre su respectivo regazo. ¿Cuál es la diferencia? Ninguna, quitando que, al menos a mí, las manos del acusado me parecen más batracianas que las que veo alrededor en el tribunal... ¿Acaso quiere eso decir que...

JUEZ: ¿Es necesario seguir abundando en este aspecto en particular? ¿No le está prestando mucha más atención de la que merece?

FISCAL: Como guste, señoría. Estaba a punto de llegar a la conclusión de mi argumento.

Reflexionen, miembros del jurado, sobre las cosas que hacen las manos del acusado (e, igualmente, las suyas y las mías) cuando están fuera de esta sala. Imagínense las cosas que hicieron ayer por la noche, o esta mañana, y lo que harán cuando salgan de aquí antes de que acabe el día. Algunas de estas cosas serán limpias, agradables, otras sucias, otras asquerosas... Muy asquerosas, en realidad. De hecho, algunas de ellas son actos tan indecentes que realizarlas en público conlleva un delito penal. ¿Acaso el acusado está insinuando (o, más bien, afirmando) que Dios Todopoderoso (¡y que me perdone por poner en palabras esta idea!) es así de sucio, de asqueroso, y, sin duda, de *obsceno*? ¿O que, por el contrario, delega el trabajo de limpiar los cuartos traseros en algunos de Sus ángeles? De acuerdo, señoría, no proseguiré con este asunto... [La corte se calma.] No es necesario, pues, lo crean o no, lo peor está aún por llegar. En efecto, el acusado está insinuando que el Todopoderoso puede caer en pequeños hurtos, en latrocinios intrascendentes, que es muy capaz de sisar, de robar alguna cosa ocasionalmente en el establecimiento del testigo. No, no estoy acusando a John a-Nokes de meterse de tanto en tanto en el bolsillo de la chaqueta una lata de anchoas, de mejillones en salsa o de caviar del mar Caspio, olvidándose oportunamente de sacarla para pagarla en la caja. Lo que estoy diciendo es que perfectamente *podría* hacerlo, usando esas mismas manos sueltas y libres que él dice son las del Todopoderoso. A decir verdad, no me sorprendería si de cuando en vez se sirve libremente (y sin cargo) alguno de los productos más escogidos del testigo; al fin y al cabo, sin duda ese Cliente Divino que pretende ser debe tener derecho a todo, ¡sin pagar! «La Tierra es del Señor, y por tanto, también sus abundantes frutos». De lo que se deduce que lo que hay en el Sainsbury´s es del señor Nokes... «¡y por tanto, también sus abundantes latas!».

¿He de explayarme más en esta cuestión tan deplorable? Con todo el respeto hacia su señoría y hacia el tribunal, me he visto obligado a decir todo lo que he dicho. Por lo que he podido saber, ciertos místicos se han salido con la suya jactándose de que Dios no tiene más manos que las suyas. Supongo que, para sus devotos, esto no sería blasfemar, pero basta con indagar un poco en las implicaciones que tal afirmación tiene, tal y como yo me he visto obligado a hacer hoy, para que sea totalmente evidente que la blasfemia (y de un tipo particularmente repugnante) se encuentra detrás de ese sentimiento aparentemente inofensivo.

El acusado ha cortado él solito la rama a la que pensaba que estaba firmemente agarrado, ha desenrollado suficiente cuerda como para ahorcarse con ella (de hecho, varias veces más). Al jurado le encantará presenciar sus esfuerzos por sobrevivir a su propia defensa.

YO: Reconozco que estoy casi tan impresionado por la repulsiva historia del fiscal como él mismo y, dicho esto, permítanme asegurarle que yo también escucharé con gran interés la respuesta que dé a lo que tengo que decirles. Les juro que no sé de antemano lo que Este a quien se ataca esconde bajo de Su manga al tribunal; una manga que, aunque, como ya hemos visto, acortada, es mucho más amplia de lo que pudiera parecer en un principio. En la medida en que sea Él quien lleve Su defensa aquí, todo irá bien; pero no será así en la medida en que sea el hombre al que veis quien lo haga. Bueno, aquí va:

¡Qué espectáculo tan delicioso supone ver los esfuerzos del fiscal por desinfectar al Todopoderoso y aumentar su posición social (hasta que sea lo suficientemente salubre y respetable como para ser invitado a una cena organizada por la flamante esposa de un director de banco jubilado en Riseholme o en Tilling, o incluso en la ciudad balneario de Bognor Regis)! ¡Una auténtica joya interpretativa que no requiere de ningún adorno por mi parte! Excepto, tal vez, para recordarle al fiscal que lo sucio, lo asqueroso, no es más que materia que está en el lugar equivocado, y absolutamente nada en el mundo de Dios puede estar en el lugar que no le corresponde. Para el Puro todas las cosas son puras. Las manos libres jamás están sucias; en cambio, las que están unidas a un cuerpo jamás están limpias.

La cuestión que me gustaría dejar clara es muy simple y a la vez muy seria. Como tantas veces ha ocurrido ya en el transcurso de este procedimiento, lo que el fiscal supone que es el toque de gracia final para mi caso, no constituye en realidad más que un práctico comienzo. Repito, *práctico*. Quien tiene el mundo entero en Sus manos no lo trata con torpeza. Cuando vivo conscientemente desde lo que soy realmente aquí, desde este cuerpo invertido y decapitado que es el Suyo y no el de Jack, veo que estas manos acarician Su mundo y hacen Su trabajo; encuentro que estos pies emprenden Sus viajes, que esta voz habla expresando Sus palabras. Reto a cualquiera de ustedes a que contemplen fijamente su Verdadera Naturaleza y, al mismo tiempo, le hagan alguna violencia. ¡Es imposible! «Aquel que encuentra su Guía Viviente en su interior se desprende del hombre», dice John Everard, «y deja que sea él quien desatienda lo exterior, si es que eso es posible». Si ven que sus manos se dedican a rapiñar paquetes de salmón ahumado de las estanterías del comercio del testigo, o a cambiar los pañales con cara de asco y arrugando la nariz, o a matar moscas en vez de dejarlas salir abriendo la ventana, o a lavar los platos mientras que ustedes están fantaseando y soñando despiertos, o a hacer cualquier tipo de trabajo desagradable o fallido, entonces pueden estar seguros de que esas no son las manos de Dios. O, mejor dicho, pueden estar seguros de que las están mostrando ignorando a Quién pertenecen realmente. De hecho, les reto a que intenten pasar por alto su Verdadera y Divina Naturaleza, a que imaginen (alucinando) que en su lugar se encuentra su naturaleza humana, e intenten no robar, no mentir, no estar molestos por algo, ser crueles, ineficientes y absolutamente torpes con las manos.

Meister Eckhart afirmó que si tuviera que elegir entre Dios y la Verdad, elegiría la Verdad. Pues lo mismo sucede en este caso. No estoy insistiendo en estas manos y pies sueltos porque sean eficientes, ni tan siquiera porque sean de Dios, sino porque nos son *dados por Dios,* o, mejor dicho, simplemente porque nos son *dados,* porque son reales, auténticos y verdaderos, y no una alucinación.

Hagan lo que quieran conmigo. Yo voy a seguir viviendo desde lo que veo que hay aquí, y no desde lo que ustedes me digan que hay. Y le seguiré contando al mundo lo que veo. Y asumiré las consecuencias. Mientras tanto, les juro que vivir desde esto es vivir realmente, que es lo mismo que vivir de forma santa, divina, vivir siendo Dios mismo.

FISCAL, en ese falsete ascendente que emite cuando está absolutamente horrorizado: ¡Oh, no! ¡Esta vez no se va a salir con la suya! Lo que usted ve, lo que le es dado (según su autorretrato del monstruo al revés y sin cabeza que usted dice que es divino) no son únicamente manos y pies. También hay un tronco truncado. Un tronco que está provisto de órganos sexuales. Órganos sexuales que se activan por la lujuria (y no me diga que existe otro tipo de activación).

Le ahorraré al tribunal una exposición detallada de lo que esto significa. El jurado ya se habrá dado cuenta de que aquí tenemos al que debe ser el Archi-blasfemo en su versión más desinhibida ¡Una criatura que reclama que incluso sus proezas sexuales son divinas! ¿Hablamos de irreverencias? ¡Pues esto equivale a arrastrar al Altísimo al mismo nivel que las bestias de un corral!

YO: Por lo que sé, no necesita que le arrastren, pues Él mismo *eligió* nacer entre bestias en aquel establo en Belén. Bestias cuya sexualidad era totalmente desinhibida e inocente.

Como tantas otras cosas, nuestra sexualidad también va apareciendo en tres fases distintas (nos va siendo conferida en tres entregas, por así decirlo). *Primero,* la del animal y el niño pequeño. Para ellos, es tan inocente y decente como pueda serlo comer o beber. En *segundo* lugar, la del adulto humano, para el que es antinatural e indecente en la medida en que sea lo que D. H. Lawrence denominaba *sexo en la cabeza* y yo llamo *sexo excéntrico,* o espiarse a uno mismo haciendo el amor. En esta fase, la sexualidad genuina de la Primera Persona sin cabeza que está en la cama es echada a perder por la falsa sexualidad de esa tercera persona con cabeza que, por así decirlo, es como si estuviese mirando por el ojo de la cerradura del dormitorio y que nunca se ha visto conmovido en lo más mínimo por el deseo. Y, *tercero*, la sexualidad del verdadero adulto, del Veedor que deja de estar al lado de sí mismo. Una vez que deja de ser su propio *voyeur*, recupera a un nivel superior su inocencia y espontaneidad perdidas. Junto con la cabeza, pierde también el sexo en la cabeza, y encuentra lo real en sus entrañas. Cabeza que pierde, cola que gana.

Y, después de todo, ver al fiscal representando su papel del beato más santo entre los santos (¡vean como nuestro querido *sir* Gerald parece estar una vez más conmocionado hasta el tuétano!) resulta bastante cómico. Y, además, también demuestra estar muy mal informado. La espiritualidad oriental insiste en que tan solo Dios ve, oye y es consciente, lo que debe querer decir también que únicamente Dios disfruta del sexo. Y la occidental insiste en un Dios que, humillándose a Sí Mismo, se hace hombre, lo que debe significar que asume también una vida sexual tan real como pueda serlo la de ustedes o la mía. Más aún, como el Ser Omnincluyente aparte del cual nada existe, Dios no puede escapar del sexo. Entonces, ¿se considera a sí mismo repulsivo o detestable por ello? ¡Difícilmente! Eso se lo deja a *sir* Gerald y sus amigos, metidos como están hasta la cintura (nunca mejor dicho) en la segunda fase del *sexo en la cabeza*.

Y ahora voy a ocuparme de la cuestión principal. Del mismo modo que les he retado a ser conscientes de su propia Divinidad y, al mismo tiempo, escamotear unas cuantas cajas de bombones de chocolate del negocio del testigo, les reto también a que, siendo igualmente conscientes de su Divinidad (viendo que son Dios) intenten hacer mal uso del sexo y utilizarlo para chulearse, para dominar o para lastimar en lugar de para amar. ¿Cómo podrían hacer el amor realmente si no es siendo Aquel que es el único que hace el Amor y que es Amor?

JUEZ, dirigiéndose a mí: ¿Cómo diablos hemos pasado de estar hablando del supermercado del testigo a todo este parloteo sobre el sexo? Creo que ya va siendo hora de que empiece a resumir su respuesta al testimonio del testigo.

YO: Ha sido el fiscal, señoría, quien ha puesto sobre la mesa el tema del sexo, ¡creyendo que iba a ser un látigo infalible con el que azotarme! De hecho, la cuestión que se plantea ante este tribunal es muy simple: *¿de quién son estos apéndices?* [Extiendo mis brazos]. Es imposible exagerar la enorme diferencia que existe entre el pequeño hombre que ustedes ven aquí y el Gran No-Hombre que veo yo. Es fascinante, sobrecogedor, escalofriante, y su diferencia se extiende desde sus respectivos miembros a todos los aspectos de la vida: esas manos conducen mi Land Rover, pero Estas conducen la Tierra; esos pies tropiezan, vacilan y titubean allí por donde Jack va con sus asuntos, pero Estos pies van directos a los asuntos de Dios; esas manos esquivan el mundo, lo repelen, mientras que Estas otras lo abrazan, lo acogen; esas manos manipulan, Estas sanan y bendicen; esas manos componen, juegan, pintan, esculpen y escriben piezas corrientes y molientes, pero Estas producen las obras maestras del Maestro.

Con tan solo verle a Él más cerca que nuestras manos y pies, inmediatamente se convierten en SUS manos y pies, totalmente ocupados y eficaces a Su servicio. Verdaderos uccelli di Dio.

Miembros del jurado, si creen que esta vez he ido realmente demasiado lejos, que de hecho me he extraviado en algún limbo fantástico de mi propia creación, escuchen por favor a mis testigos. Una compañía de seres que han pensado las cosas muy bien, eso se lo aseguro.

La Gran Función se manifiesta por sí misma sin reglas fijas. Trata cada situación en sus propios términos, presentándose en el momento justo, nunca demasiado pronto ni demasiado tarde. Reafirmarse y retractarse, avanzar y retroceder... todo esto ocurre más allá del ámbito del pensamiento. Cuando estamos en armonía con Él, los brazos y las piernas operan por sí solos.

Bankei, maestro zen japonés

Me palpé las extremidades y vi que eran de otro, que no eran mías.

Tennyson

Gary Snyder tiene un poema sobre un escalador que se queda atascado y en peligro mortal en la ladera de un peñasco. Entonces sus extremidades empiezan a moverse con tal seguridad y precisión que le parece como si él no tuviese nada que ver con ellas. Yo estoy convencido de que su cuerpo humano como tal tuvo que morir antes de que los miembros de su cuerpo divino pudiesen hacerse cargo.

La propia Naturaleza de la Iluminación es la que mueve estos brazos y estas piernas.

Bodhidharma

Cuando lanzaste, no fuiste tú quien lanzó, sino Alá.

El Corán

Yo [Alá] soy el Oír en el seno del cual él [mi esclavo] oye, el Ver en el seno del cual él ve, la Mano con la que golpea y el Pie con el que camina.

Las tradiciones del Profeta

Despertamos en el cuerpo de Cristo
y Cristo despierta en nuestros cuerpos.
Mi sencilla mano es Cristo.

Él penetra en mi pie, es infinitamente yo.
Muevo mi mano, y —¡O maravilla!—
Mi mano se convierte en Cristo...
Muevo mi pie y enseguida,
rápido con el rayo, Él aparece.

San Simeón el nuevo teólogo

Mi cabeza es el cielo, mis pies están más bajos que la tierra, y mis dos manos son el este y el oeste.

Abu 'l-Hasan Khurqani

Testigo n.º 13 de la acusación

LA VIUDA CANADIENSE

FISCAL, dirigiéndose a la testigo: Tengo entendido que conoce al hombre que hoy se sienta en el banquillo de los acusados. ¿Sería tan amable de explicarnos cómo llego a conocerle y qué es lo que sucedió?

TESTIGO: Hace unos meses cogí un vuelo a Vancouver en el aeropuerto de Heathrow, en Londres, y él ocupaba el asiento de al lado. Empezamos a hablar de esto y de aquello. Le conté un poco sobre mí, que había perdido a mi esposo recientemente y estaba regresando a mi Canadá natal. Y entonces sucedió. No tengo claros los detalles, pero fue algo verdaderamente extraordinario. Fue como si él ejerciese un extraño poder sobre mí, por lo que durante algún tiempo estuve comportándome de una manera bastante extraña. No era normal, me sentía como si estuviese a disposición de cualquiera. Ahora me siento muy avergonzada de haber sido tan influenciable y tan crédula.

FISCAL: No tiene por qué sentirse así, especialmente ahora que ya no está bajo su influencia. Me gustaría que compartiese con el tribunal lo que recuerde respecto del comportamiento del acusado en aquel viaje de unas ocho horas.

TESTIGO: Bueno, cenamos, tomamos un poco de vino. Me sentía muy relajada. Y he de admitir que me hacía sentir bien. Y entonces fue cuando me hipnotizó.

FISCAL: ¿Cómo exactamente?

TESTIGO: Hizo que le mirase fijamente a los ojos. De cerca, por supuesto (los asientos de la clase turista no dan para otra cosa). Pasó la mano varias veces de un lado a otro por delante de mi cara. Hablaba todo el rato, con una voz extrañamente tranquila pero a la vez insistente, calmada pero persuasiva.

FISCAL: ¿Y qué es lo que decía?

TESTIGO: Bueno, esta es la parte vergonzosa... ¡No hacía más que decirme que yo no tenía cabeza! Nunca entenderé cómo pude creerme esa historia. Probablemente fue una combinación de varios factores. Los viajes en avión siempre me hacen caer en una especie de sopor. Supongo que será porque la menor presión del aire me deja un poco aturdida. No niego que la comida y el vino también tuvieran su efecto. Pero, sin duda, lo que le dio resultado fue esa mirada suya fija constante, el movimiento de sus manos, su voz calmada y la repetición de esa locura de no tener cabeza. Resultado: realmente me lo creí. ¡Imagínenselo! Tan solo unos minutos bajo su influencia y ya había conseguido que estuviese segura de que, ahí, agazapada en aquel asiento de ventanilla, ¡lo único que había era un monstruo sin cabeza! Nadie más, ¡solo yo! Tan completo era su poder sobre mí, y mi entrega a él, que estoy segura de que si me hubiese dicho que tenía tres cabezas o que no tenía piernas ni brazos, también le hubiese creído.

FISCAL: ¿Qué ocurrió después?

TESTIGO: Continué estando bajo su influencia durante el resto del viaje, aunque ya no volvió a mirarme fijamente ni a pasarme las manos por delante. No hacía falta. Se dedicó a meterme en la cabeza lo que ahora me doy cuenta que eran sugerencias posthipnóticas. Lo que sí es cierto es que, lejos de decirme que tendría que olvidar sus instrucciones (conscientemente, al menos), me anunció que siempre las recordaría. Lo último que pretendía era que tuviese amnesia. Me aseguró que la vida sin cabeza que ahora iba a comenzar a vivir sería muy diferente de la que había llevado hasta ese momento, que era muy posible que perdiese el interés por las actividades menos creativas y que pusiese más energía en las que verdaderamente lo eran (fuesen las que fuesen), que ciertamente no podría preocuparme menos lo que los demás pensaran de mí, que sin duda percibiría con mucha más intensidad los colores, las formas y los sonidos... En resumen, que todo sería diferente. *Patas arriba* y cabeza abajo fueron expresiones que utilizó bastantes veces. Sí, no dormimos nada en toda la noche. Seguimos charlando y comentando la película que proyectaron durante el vuelo. Yo no hacía más que preguntarle cosas, y él me contestaba con esa voz suya tan segura y persuasiva. Ahora, viéndolo en retrospectiva, todo esto me parece algo de otro mundo, una especie de sueño...

FISCAL: ¿Una pesadilla?

TESTIGO: No, en absoluto. Fue maravilloso mientras duró. Una locura maravillosa. Hay algo que tardaré en olvidar. Con sus palabras me hizo creer que en lugar de tener una cabeza humana sobre los hombros, lo que tenía era... Me siento terriblemente mal teniendo que decir esto... la Cabeza del Mundo. Consiguió que realmente estuviese de acuerdo con él en que, como él decía, ¡perder la cabeza humana era encontrar la cabeza divina!

FISCAL: ¿Cómo terminó todo?

TESTIGO: Bueno, cuando ya quedaba poco para que aterrizásemos, me dio su dirección en Inglaterra y me dijo que, si así lo deseaba, podía escribirle. También me dio las direcciones de algunos de sus amigos «veedores», como él los llamaba, que vivían cerca de Vancouver, y me animó a ponerme en contacto con ellos. Según él, hacerlo me ayudaría a vivir esta nueva vida. También me sugirió que les demostrase a mis amigos y parientes que ellos tampoco tenían cabeza, y recalcó que era algo muy sencillo.

Y luego, al llegar a Vancouver, nos separamos y no nos hemos vuelto a ver hasta hoy. Allí estaba yo, esperando a recoger mi equipaje agradeciéndole enormemente todo lo que había compartido conmigo y prometiéndole permanecer sin cabeza y no olvidarme nunca del Ser maravilloso que realmente era. Les aseguro que fue una sensación muy extraña... En verdad había perdido la cabeza.

FISCAL: Por favor, cuéntele al tribunal cómo consiguió recuperarla. ¿Cuánto tardó en volver a sus cabales?

TESTIGO: Pasé seis meses cerca de Castlegar, en la Columbia Británica, con mi hermano y su familia. Tanto él como su esposa son médicos, por lo que están familiarizados con el tema de la hipnosis. En cuanto me vieron se quedaron muy sorprendidos con el cambio que se había producido en mí. Según me dijeron, estaba como en una especie de trance. Se dieron cuenta de que efectivamente había perdido el interés por mis aficiones, incluyendo la astrología, jugar a las cartas y leer al menos una novela a la semana. Y también se percataron de que me pasaba gran parte del tiempo simplemente merodeando, yendo de aquí para allá, como si estuviese esperando instrucciones o aguardando a que sucediera algo. Antes, siempre me mantenía ocupada y detestaba estar sola. Ahora, en cambio, me encantaba dar largos paseos en solitario. Mi hermano y mi cuñada aseguran que iba por ahí como soñando, con la mirada perdida y una extraña expresión ausente en el rostro. No cambió únicamente mi comportamiento, sino también mi apariencia (acorde con el primero). He de decir que me sentía muy distinta.

FISCAL: ¿Distinta en qué sentido?

TESTIGO: Era como si una corriente de viento hubiese llegado hasta mis entrañas y me hubiese barrido, como si me hubiese limpiado. Fue como si me hubiese convertido en una especie de idiota, en una irresponsable, siempre tan ligera de cascos, con la cabeza tan vacía... Los colores refulgían resplandecientemente. La comida sabía deliciosa. Curiosamente, ahora ya no me molestaba tener que hacer las tareas de casa. Lo que no me fue tan agradable fue constatar que un buen número de personas a las que antes solía admirar, tan solo estaban fingiendo o actuando. Para mí era muy fácil percatarme de sus juegos. Algunos amigos de siempre estaban molestos conmigo, disgustados y enfadados sin ningún motivo especial, al menos que yo fuese consciente. Y así con todo... La vida me había cambiado por completo, tal y cómo él me dijo que sucedería.

FISCAL: ¿Y, qué ocurrió después?

TESTIGO: Bueno, después de dos o tres semanas en las que mi hermano estuvo bastante preocupado por mí y de lo que tan solo puedo definir como compañías normales y conversaciones sanas y razonables, conseguí salir de ese estado. Por decirlo de algún modo, desperté del sueño. Volví a ser la misma de siempre, con los pies en la tierra. Mi hermano y su esposa (siempre les estaré muy agradecida por ello), haciendo gala de toda la paciencia del mundo, me mostraron cómo había sido hipnotizada por un hombre ciertamente peligroso, y me hicieron ver que había estado actuando siguiendo sus instrucciones. En cuanto comprendí con claridad lo que me había ocurrido, leí un poco sobre los sorprendentes efectos de la sugestión posthipnótica y vi un par de vídeos sobre el tema, con lo que enseguida recuperé la normalidad. Volví a tener los mismos intereses de siempre, dejé de tener esa mirada vacía, y recuperé la capacidad para disfrutar de todo tipo de compañía. En resumen: mi cabeza volvió a estar firmemente atornillada sobre mis hombros. Mis parientes se sintieron muy aliviados al ver que mejoraba y que no había sufrido ningún daño permanente, o al menos, eso creo. Pero siempre me sentiré profundamente avergonzada por haber sido víctima de ese hechicero de ahí.

FISCAL: Entiendo que no se puso en contacto con esas personas cuyas direcciones le facilitó el acusado.

TESTIGO: Pues al final sí que lo hice. Mi hermano estaba convencido de que era mi deber escribirles y advertirles del peligro que corrían si seguían en contacto con el señor Nokes. Es muy posible que ya hubiesen llegado demasiado lejos, que estuviesen demasiado atrapados bajo su influencia como para ser capaces de liberarse como yo lo hice, pero al menos teníamos que intentarlo.

FISCAL: ¿Y cómo resumiría sus sentimientos actuales hacia el acusado?

TESTIGO: Diría que es alguien tan dominante y manipulador como el mismísimo Svengali. Equipararle con Rasputín quizá sería ir demasiado lejos. Pero incluso ellos, creo yo, se limitaban a jugar a ser Dios, a pretender ser Dios, pero nunca dijeron que fuesen Dios, nunca creyeron serlo. ¡Lo que está haciendo este hombre es absolutamente horrible! Y sin embargo... Bueno, no puedo decir que me desagrade. Simplemente me da muchísima lástima, lo siento mucho por él. Está realmente muy enfermo, y la suya es una enfermedad muy pero que muy infecciosa sobre la que el público debería estar prevenido.

FISCAL: Por favor, permanezca en el estrado, pues, por lo que parece, el acusado también desea interrogarla.

Defensa: **Hipnosis y contrahipnosis**

YO: Sí, en efecto. Tengo un montón de preguntas que hacerle. Pero antes que nada quisiera recordarle lo que ocurrió realmente en ese avión. Estoy seguro de que será tan veraz y tan honesta como su memoria se lo permita, y que no necesito recordarle que está usted bajo juramento. Espero que considere como un hecho cierto y objetivo que no fui yo quien inició la conversación (seria, ciertamente) que mantuvimos. Estábamos hablando de forma casual y distendida cuando usted se percató de que el libro que estaba leyendo tenía el intrigante título de *Vivir sin cabeza: el zen y el redescubrimiento de lo obvio*, y quiso saber de qué trataba. Como recordará, le respondí que sería bastante complicado y que tardaría mucho en explicarle el mensaje del libro, pero que podría mostrárselo de forma rápida y sencilla, siempre que estuviese segura de que eso era lo que quería. «¡Sí, por favor!», me respondió usted entusiasmada. Así es que lo hice. Ciertamente, se lo mostré. ¿Me equivoco en algo de lo dicho hasta ahora?

TESTIGO: Recuerdo haber preguntado por el libro, así que supongo que me presté a lo que vino a continuación... Me refiero a todo ese asunto de no tener cabeza.

YO: Es de vital importancia que tengamos esto muy claro. *En ningún momento* le dije que no tuviese cabeza. Todo lo contrario. Recuerde que le hice sacar su espejo de mano para que pudiese encontrar ahí su cabeza. También le demostré que yo mismo estaba en posesión de su cabeza. ¿De qué otro modo si no podría describir con infinidad de detalle todo tipo de cosas sobre ella que en ese momento estaban ocultas para usted? Recordará que estuvimos de acuerdo en que, lejos de no tener cabeza, lo cierto es que tenía un sinfín de ellas agazapadas y acechando dentro de cualquier objeto que contase con una superficie pulida, así como en todas las personas y cámaras que estuviesen a su alrededor. Y nos reímos juntos ante la ironía que suponía que el *único* lugar de ese Boeing 787 que estaba completamente libre de ese curioso copete ¡era la región maravillosamente clara que se encontraba en la parte superior de sus hombros! Su risa, tan alegre y animada, hizo que nuestros vecinos se volviesen a mirarnos. Ah, sí, y sobre ese libro, estuvimos de acuerdo en que su viejo y tonto autor se había equivocado completamente al elegir el título. ¡Debería haberlo llamado *Vivir con millones y millones de cabezas!*

TESTIGO: No. No estaba de acuerdo con usted en nada. No al principio, al menos, no hasta que empezó a realizar sus trucos habituales, cuando comenzó a mirarme fijamente, a pasar su mano por delante de mi cara y a hablar con esa voz profunda y monótona. Eso fue lo que le dio resultado, lo que me sacó de mis cabales.

YO: ¿Trucos habituales? ¡Tonterías! Con trucos no funciona. Usted ha de procurar recordar lo que ocurrió *de verdad* y olvidarse de lo que su hermano le ha dicho que ocurrió... ¿Sabe qué le digo? Que para refrescarle la memoria voy a volver a repetir todo el proceso rápidamente ahora mismo. No se preocupe por el tribunal y por todas esas personas que nos están escuchando. Limítese a ignorarlos. Volvamos a hacer este experimento juntos, usted y yo, exactamente igual que lo hicimos en el avión. [Se desata un pequeño alboroto en la galería. La testigo hace señas con la mano, como para indicar a quienquiera que lo estuviese produciendo que no hay problema, que ella se encuentra bien].

TESTIGO: ¡Por todos los cielos! ¡No! ¿Por qué tendría que prestarme a tal cosa?

YO: Porque lo que está en juego en este juicio es mi vida y su negativa podría suponer mi muerte. Y porque su señoría me está permitiendo llevar mi defensa a mi manera.

TESTIGO, claramente avergonzada: Bueno, no me gusta la idea en absoluto, pero si el juez cree que debería...

YO: Ya lo ve, está asintiendo vigorosamente con la cabeza. De acuerdo entonces. Ahora, mire hacia aquí, hacia mi cara. Observe esta bóveda sin pelo, esta barba grisácea, estos ojos verde oscuro ligeramente entrecerrados, esta boca que no para de hablar, y todo lo demás. A diferencia de mí, usted sí que puede registrar todo el conjunto, ¿verdad?, todo, hasta el último hoyuelo, cicatriz o arruga. Ahora bien, *según la evidencia presente*, ¿hay algo, cualquier cosa, justo donde usted se encuentra ahora, que se interponga en el camino de esta imagen? ¿Hay algún resto, algún remanente, algún resquicio, por pequeño que sea, de un rostro o de una cabeza propias que excluyan la mía, que le bloqueen el paso? ¿No son estas manos mías que ahora se mueven una especie de cepillo distante que le ayuda a barrer toda esa confusión, a limpiar su espejo de toda esa suciedad imaginaria? De hecho, sin ninguna ayuda por mi parte, ¿no está usted ahora mismo completamente abierta, de par en par, también para todas estas otras caras, para absolutamente todo lo que se muestra, mientras que usted misma permanece más clara y transparente que el cristal? ¿No ha sido, por así decirlo, barrida por el viento una vez más? [La testigo, riéndose y agitándose violentamente, no quiere (o, más bien, no puede) responder...] Con toda sinceridad, dígame, ¿la he hipnotizado o, por el contrario, la he deshipnotizado? ¿Le he estado hablando con la intención de sacarla de quicio o de hacer que lo recuperase, de sacarla de sus cabales o de procurar que volviese a entrar en ellos? ¿E intentando hacerla alucinar o, de hecho, que deje de hacerlo? ¿Que niegue o que admita lo que resulta tan dolorosamente obvio? ¿Que mienta, o que admita la simple verdad?

TESTIGO, recomponiéndose: Bueno, tengo que admitir... ¡Oh, Dios mío, lo ha vuelto a hacer! [Estalla nuevamente en carcajadas que recuerdan al repique de las campanas, mostrándose cada vez más histérica...].

FISCAL, interviniendo: Ustedes dos se lo están pasando en grande, ¡pero también agotan la paciencia del tribunal! La demostración que acabamos de presenciar resulta bastante marginal en lo que se refiere al asunto que trata este juicio. No está usted acusado de brujería, de fraude o de hacer mal uso del hipnotismo para aprovecharse de individuos fácilmente sugestionables. Tales comportamientos, si bien aunque ciertamente deleznables, sorprendentes y quizá también punibles, son relevantes en este procedimiento únicamente en la medida en que implican blasfemia, y eso, a la vista de lo que aquí se ha expuesto, es exactamente lo que supuso en aquel avión. La testigo ha dado testimonio de cómo usted la indujo a sustituir su cabeza humana por la Cabeza de Dios (como tiene el descaro de llamarla). Siendo usted mismo un blasfemo, consiguió que esta mujer siguiese sus pasos, y eso sí que es relevante en lo que respecta al cargo del que se le acusa. Ruego al jurado que lo tenga en cuenta.

YO: La respuesta a la cuestión del mal uso del hipnotismo se la daré más adelante. Entre tanto, permítanme concluir este intercambio entre la testigo y yo abordando la importante cuestión de en qué lugar exacto se encuentra esta Morada de Dios. [Volviéndome a la testigo] Por favor, preste mucha atención. ¿No es un hecho que, ahora mismo, acunado sobre sus hombros, en lugar de haber una mera protuberancia humana concreta y particular (de mujer, de pelo rubio, de unos cincuenta años, canadiense, etc.) lo único que hay es Espacio para todas las demás protuberancias con forma de cabeza que se encuentran en la sala? ¿No es cierto que es el Lugar Adecuado para que aparezcan, que tan solo es Capacidad Consciente, perfectamente simple, clara e inmutable, para esta escena enormemente compleja y siempre cambiante? ¿No es verdad que es perfectamente consciente de Sí Misma como un Vacío para ser rellenado con todo ello? ¿Sí?

TESTIGO: ¡Sí!

YO: Ahora, dígame. ¿Tendría algún sentido llamar a este maravilloso Estado de Alerta (el Cielo más despejado, más ancho y más resplandeciente de cuantos puede haber) Sra. Ingrid Mary Stevenson (espero haber dicho bien su nombre)? ¿O, más bien, sería un completo sinsentido y una blasfemia?

TESTIGO: Sería una estupidez, por supuesto.

YO: Pero, si en lugar de eso, le damos a esa Conciencia Pura que algunos de nosotros reconocemos el apelativo de Dios, ¿sería también un absurdo y una blasfemia?

TESTIGO: Bueno... No, no lo creo.

YO: Veo que el fiscal se retuerce en su asiento. Si él es capaz de sugerir un nombre más apropiado para este Increíble Uno que es la Conciencia misma, o si puede concebir un Palacio en el que Su Majestad pueda celebrar la corte que sea más espacioso y confortable que este, a todos nos encantaría saberlo (también a Su Majestad, se lo aseguro).

FISCAL, dirigiéndose a la testigo: Me pregunto cuánto tiempo tendrá que pasar con sus familiares (quienes, según tengo entendido, se encuentran en la sala) para recuperarse de este nuevo ataque a su integridad y su sentido común. ¿Cree usted que esta vez el tratamiento tendrá efectos permanentes? [La testigo, ahora llorando desconsoladamente, no puede (o no quiere) responder. Se le permite bajar del estrado...].

FISCAL, dirigiéndose a mí: Si piensa usted que esta demostración prueba que su técnica no es hipnótica, que no es, de hecho, hipnosis puesta al servicio de la blasfemia, será mejor que se lo replantee, pues lo único que ha probado ha sido eso.

YO: Déjeme explicarle en qué consiste esa supuesta «hipnosis» y por qué me he puesto cara a cara con la otra persona (la testigo, en este caso). Mi objetivo en esta demostración, como siempre, ha sido apelar a los hechos tal y como se muestran, y desacreditar todas las distorsiones y negaciones que de ellos hacemos habitualmente. El trabajo de mi vida consiste en cazar y destruir las ilusiones en las que se basa la sociedad. De hecho, soy un resuelto anti-hipnotizador, pues siempre advierto a la gente que no crea lo que les digo (ni mucho menos lo que dicen los demás), sino que lo comprueben por ellos mismos. *¡Que se atrevan a ser su propia autoridad!* Esa es mi cantinela, mi consigna.

FISCAL: Pero cuando el sujeto es tan sugestionable como claramente lo es la testigo, ¿cuál es el precio que supone este alardear de apelar puramente a los datos?

YO: Sin duda, en eso tiene parte de razón. A veces sucede (a pesar de que pongo toda mi intención en lo contrario) que mi manera de plantear ciertas preguntas causa una especie de ligero trance en las personas, pero no me arrepiento en absoluto de ello. De hecho, estoy orgulloso de causar una especie de hipnosis benigna y temporal con la que contrarrestar este otra clase de hipnosis crónica y maligna que sufren todos los seres humanos adultos hasta que aprenden a despertar de ella. Es como un clavo que saca otro clavo, un remedio homeopático que en verdad funciona, tal y como indudablemente acaba usted de presenciar.

No puedo decirlo con más énfasis ni demasiadas veces: la condición humana «normal» es en sí una hipnosis profunda. En lugar de ver lo que realmente vemos, nos pasamos la vida viendo aquello que los demás nos dicen que veamos. Y la diferencia entre estas dos formas de ver es total. Tomemos tan solo un ejemplo entre cientos, uno que sencillamente es el más relevante ahora mismo para el caso que nos ocupa. Desde su más temprana infancia, los padres y familiares de la testigo, sus amigos y conocidos, incluso el lenguaje mismo, le han estado inculcando machaconamente la idea de que está cara a cara con todos aquellos con quien se encuentra. Así que, por supuesto, alucinando para encajar con el resto de nosotros, ella «construye» una cabeza ficticia sobre sus hombros con la que mantener a raya (fuera de sí) todas las demás (es decir, las reales), y pasa a «ver» su cara aquí, *¡justamente en el único lugar en el que siempre está ausente!* Las consecuencias que esto tiene para la vida son absolutamente fatídicas, deplorables y, en última instancia, desastrosas.

Permítanme recordarles, señoras y señores del jurado, que cuando está en escena un hipnotizador puede conseguir que sus siervos hagan cosas espectaculares. Por ejemplo, puede sugerirle a una damisela de clase media y de mediana edad que, tan pronto como la despierte de su trance, se dirija sin preocupaciones al centro de la escena, se levante la falda y empiece a bailar el cancán. Y, ¡oh, maravilla!, la mujer así lo hace, con gran convicción y aplomo y sin saber por qué. Bueno, ese no es más que un ejemplo humilde, ligero y comparativamente inofensivo de lo que puede suceder cuando uno se encuentra bajo la influencia de la hipnosis. Pero lo que nos ocurre a todos nosotros es inconmensurablemente más grave. Nosotros, los humanos, estamos tan encantados por el hechizo del «gran hipnotizador» (el nombre educado que suele recibir es *sociedad*) que creeríamos y haríamos prácticamente cualquier cosa para ganarnos la admisión en el club que dirige y en el que nos morimos de ganas por entrar. ¡Y a ustedes les sorprende mi uso ocasional y de no más de un minuto de la sugestión hipnótica y posthipnótica, si es que se le puede llamar así! La vida humana consiste *en su totalidad* en sugestiones hipnóticas y posthipnóticas, solo que no se trata tanto de algo que sea «post», sino que más bien ¡siempre está presente! La inmensa mayoría de los adultos somos, en mayor o menor medida, los zombis de este «gran hipnotizador». Mi trabajo consiste en estimular el despertar y la libertad en aquellos que están empezando a sospechar que los han reducido a ese estado. Y si esto significa un poco de contrahipnosis, ¡demonios!, ¿por qué no? ¡Este tratamiento contra la alucinación que acabamos de presenciar es tan maravilloso, que cinco minutos deberían ser lo suficientemente eficaces como para deshacer cinco décadas de ese otro tratamiento del «gran hipnotizador», el que nos hace, precisamente, alucinar!

FISCAL: Le repito que no está siendo procesado por brujería, ni por abusar de la hipnosis para lavar el cerebro a la gente y tenerla bajo su dominio. No va a resultar tan sencillo que el jurado pierda la pista de la blasfemia.

YO: Le aseguro que en mi discurso no hay ni pizca de distracción. Le sigo mucho más de cerca la pista a la blasfemia de lo que usted lo hace. Durante demasiado tiempo la sociedad y el lenguaje me tuvieron hipnotizado, haciéndome imaginar (alucinar) aquí, justo en el Centro del mundo, la existencia de esa especie de bulto condensado, de ese bulbo sólido y abarrotado de cosas personales que constituye el sello y la esencia de la identidad separada de John a-Nokes. Esta era la esquirla que llevaba sobre sus hombros, su blasfemia, su cerebro contaminado y obstruido. En cambio, ahora está profundamente implicado en el negocio del lavado de cerebros. Mirar, simplemente «mirar para ver» es la Marea (levemente hipnótica, balsámica, de proporciones económicas y potencia industrial) que lava por completo el cerebro y el cráneo de Jack.

Y lo único que queda, cuando pasa la Marea, es Dios. Es Dios...

En esta ocasión dejaré que sea Eckhart, un verdadero maestro (Meister), quien complete la historia:

> Cuando todas las cosas se reduzcan a nada en ti, entonces verás a Dios.

> En todo aquel que mantenga su humildad, Dios derramará Su Ser por completo y con toda Su fuerza.

> (El alma) tan solo se muestra intrínsecamente receptiva, sin intermediarios, a la Esencia Divina. Aquí Dios penetra en el Alma con todo Su poder, no parcialmente, sino por completo. Dios penetra en la esencia misma del Alma, pues nada puede siquiera rozar dicha esencia salvo Él. Ninguna otra criatura es admitida.

> Dios ha ordenado que cada cosa tenga su lugar. Para el pez, el agua; para los pájaros, el aire; para las bestias, la tierra; y para el Alma, la Cabeza Divina.

Testigo n.º 14 de la acusación

EL PSIQUIATRA

FISCAL, dirigiéndose al testigo: El acusado sostiene que, aunque en apariencia es un hombre, en realidad es Dios. Al tribunal le gustaría saber si en sus veinte años de práctica profesional se ha encontrado en alguna ocasión con este tipo de locura... De acuerdo, señoría... Digamos, con este tipo de condición.

TESTIGO: Sí, de vez en cuando he tenido pacientes similares.

FISCAL: ¿Cómo describiría su dolencia? ¿Y cómo la trataría?

TESTIGO: A mi entender, concluir que sufre delirios de grandeza sería limitarse a adscribirle una etiqueta práctica que en realidad no explica nada. Por otro lado, afirmar, por ejemplo, que su trastorno es un retorno a la omnipotencia infantil, tampoco nos explica demasiado; muy bien pudiera ser cierto, pero no nos dice el motivo por el que el cliente revierte a esa primera etapa de su vida, y podría encontrar decenas de razones. Nuestro trabajo en conjunto sería, si fuese posible, sacar a la luz las causas profundas y ocultas de su caso, pues una vez que quedasen expuestas, siempre existirían muchas posibilidades de curarse. Es probable, aunque no necesario, que la causa principal del problema se halle en algo vivido en la primera infancia que, ahora, ha quedado convenientemente olvidado y cubierto, en cuyo caso tendríamos una larga y complicada tarea por delante, pero habría esperanza. Lo importante, según mi experiencia, es mantenerme con una mentalidad abierta, ganarme la confianza del cliente a medida que va viendo que de verdad me importa, y conseguir que hable. Mi labor consiste en escuchar, escuchar, escuchar... observar con atención, y esperar. Cuanto menos diga mejor. Aquí, ambos tenemos que ser pacientes, pues cuanta más prisa tengamos menos recuperación seremos capaces de conseguir.

FISCAL: Tengo entendido que nunca hasta el día de hoy ha visto usted al acusado en persona. No obstante, deduzco que ha llevado a cabo un estudio bastante cuidadoso y pormenorizado de sus distintos libros, artículos, audios y vídeos.

TESTIGO: Sí, así es.

FISCAL: Bien. ¿Diría usted que está cuerdo pero, al mismo tiempo, profundamente enfermo, o por el contrario, que está totalmente loco, que es un demente, aunque con intervalos de lucidez?

TESTIGO: No me gusta demasiado usar la palabra loco... De lo que no cabe duda es de que padece algún tipo de trastorno. En qué grado dependerá en gran medida de la seriedad con que se crea sus propias afirmaciones, de hasta qué punto quiere realmente decir lo que dice. Si se tratase de uno de mis clientes, prestaría especial atención a su comportamiento, la manera en que se expresa, su tono de voz, su lenguaje corporal, así como a su personalidad en conjunto y a su estado de salud. Esta imagen general podría aportarme más información sobre él que el hecho mismo de comprender sus ideas. Podría darme la clave, la pista necesaria para profundizar en sus delirios, y poder demostrar si está completamente atrapado en ellos y ha perdido todo contacto con la realidad o si, por el contrario, está fingiendo o jugando a algún tipo de juego.

FISCAL: ¿Sería tan amable de hacernos un resumen de cuáles han sido sus conclusiones al estudiar el material publicado del acusado?

TESTIGO: Tengo la fuerte impresión de que está muy lejos de ser lo que usted llamaría loco. Por otro lado, sus delirios de grandeza no son meramente superficiales, no son una pose. Sospecho que son los más profundos de cuantos he conocido en mi labor profesional hasta el momento. Ciertamente no se trata de una especie de Barón de Münchhausen, ni de alguien que simplemente esté jugando del modo que propone el psiquiatra Eric Berne en su teoría del análisis transaccional. Si fuese mi cliente, creo que pensaría que las posibilidades de remisión son bastante remotas. No necesito añadir que, como resulta evidente, es exactamente el tipo de individuo que no acudiría a mí para que le tratase ni en un millón de años. Y, que si se presentase en el umbral de mi puerta, ¡sería únicamente para dejarme su tarjeta y ofrecerme terapia a mí! Eso sí, tratamiento gratuito; la señal inequívoca de que se trata de un fanático con algún tipo de espada omnipotente que esgrimir.

FISCAL: Una última pregunta. ¿Qué razón tiene para describir al acusado como alguien que *sufre delirios?* Por favor, explique al tribunal a qué se debe que esté tan seguro de que no es Quien dice ser.

TESTIGO: La respuesta es sencilla. Yo soy agnóstico, pero considero que cualquier Dios digno de tal nombre ha de ser omnipotente, omnisciente y omnipresente. Y... bueno, si el caballero que se encuentra en el banquillo no poseyese más que una de las tres, aunque fuese de forma intermitente, todo lo que he dicho hasta ahora sería completamente irrelevante ¡y me tragaría mis propias palabras!

FISCAL: Gracias. Me da la sensación de que ha hecho mella en la insufrible petulancia del acusado, por lo que creo que querrá hacerle algunas preguntas.

Defensa: Los tres «omnis»

YO: No, el testigo puede retirarse. No tengo ninguna pregunta que formularle ni ningún asunto pendiente que tratar con él. Muy al contrario; debo darle las gracias por mostrarme, al final de su testimonio, algo de lo que hasta ese momento no tenía ni idea; es decir, la manera en la que contrarrestar y echar por tierra todo lo que ha dicho antes de ese momento. Una vez más en este proceso judicial, me parece que he perdido el hilo y, de pronto, (¡alabado sea el cielo!), resulta que lo único que tengo que hacer es seguir desarrollando los argumentos que el fiscal ha preparado contra mí hasta convertirlos en argumentos a mi favor. O, mejor dicho, despejar el camino, dejar que los acontecimientos se vayan desarrollando por sí solos y, después, lanzarme a hacer un doble salto mortal sin necesidad de que nadie me empuje o me incite a hacerlo.

Omnipresencia, omnisciencia, omnipotencia. Estos son los tres aspectos que me gustaría discutir. Y, de ellos, el mayor y más importante es el último: la omnipotencia. Si de algún modo pudiese, miembros del jurado, transmitirles el sentido en el que ahora mismo estoy disfrutando de los tres, poniéndolos en práctica aquí, en la sala del tribunal, entonces no tendrían más opción que emitir un veredicto de inocencia, pues les habría probado sin duda posible que soy Quien digo ser. Pero permítanme añadir de inmediato que ni en mil años podrán percatarse de mi Identidad (y de los poderes que la caracterizan) si no desarrollan un cierto interés, por mínimo que sea, por descubrir la suya propia y los poderes que ustedes mismos ostentan. No entenderán ni una sola palabra de lo que digo hasta que se atrevan a mirar por sí mismos y comprobar si Aquello que afirmo ser y hacer no ha sido siempre también Aquello que ustedes, manifiestamente, han sido y hecho. La cuestión es que (no puedo recalcarlo suficientemente) son ustedes los que están siendo juzgados hoy aquí, y antes de que puedan alcanzar un veredicto real sobre mí han de lograr establecer un veredicto real sobre ustedes mismos. La justicia comienza en uno mismo. Y también, lamentablemente, la injusticia, la intolerancia, los prejuicios firmemente arraigados y la cerrazón mental.

Y una de las formas preferidas que tenemos de echar la persiana y desentendernos de todo es quedarnos profundamente dormidos... Lo cual, señoría, es evidente que dos miembros del jurado ya han hecho incluso antes de que comenzase esta sesión.

[El juez da unos cuantos golpes ensordecedores con su martillo. Uno de los dormilones se despierta de forma brusca, como si le hubiesen pinchado con un picador de hielo. El otro echa una mirada entornada a la sala, como si fuera incapaz de determinar si lo que ve sigue siendo parte de su sueño...].

JUEZ, dirigiéndose a mí: Bueno, ¿quién tiene la culpa de esto? Depende de usted mantener su interés. Ya le advertí de los riesgos de llevar a cabo su propia defensa... En cuanto al jurado, ¡espero no volver a pillarles echando una cabezadita!

A partir de este momento cada uno de ustedes es responsable de mantener despierto a su compañero de al lado, así como a sí mismo. Si no están seguros, no duden en propinar un codazo a su vecino. ¡Con ganas!

YO: El miedo a la verdad es un soporífero mucho más poderoso que el aburrimiento. Me he dado cuenta de que la mitad del tiempo hay al menos un miembro del jurado dando cabezadas, y no porque esté fallando en mi propósito de llegar a ellos, ¡sino por todo lo contrario, porque lo estoy consiguiendo! En cierta ocasión, en un taller aquí en Londres, la señora que estaba a mi lado se quedó dormida al principio y no se despertó hasta casi el final, parte del tiempo con su cabeza apoyada sobre mi hombro, y evitando así el terrible peligro de la Autorrealización. Antes de despedirse, comentó: «¡Me ha encantado este taller!».

JUEZ: Por muy fascinantes que puedan parecernos todas estas reminiscencias del pasado, me temo que tendremos que esperar hasta leerlas en sus memorias para conocerlas. Por el momento, ¡déjeme recordarle que estamos en un juicio!

YO: Un Juicio con mayúsculas, señoría, para dirimir quién está investido con poderes divinos y quién no. Lo que nos lleva de vuelta a nuestra triada divina, comenzando con la omnipresencia, que es la más fácilmente demostrable.

¡Observen con atención! Me propongo demostrarles que en algún lugar (el más básico y fundamental) de este tribunal se encuentra su Creador, el Corazón y el Alma de todas las cosas. Es el Gran Inoportuno, que se planta frente a todas las puertas y a todas llama. «¡Veámonos! ¡Hagamos algo juntos!», es su propuesta constante. Seguirle la pista no debería ser muy complicado. «Para Dios —dice Eckhart— nada está lejos». Él es el que se traga las distancias, el que hace que todo coincida, el siempre Centrípeto, la Gran Atracción. Es como si hubiese una banda elástica entre Él, que está en el centro, y todas las cosas que le rodean, una goma tan tensa que algo tiene que ceder necesariamente y... ¡zas! ¡ahí va todo! Él es el único en el mundo entero que, arrastrando hacia sí todo aquello con lo que se encuentra allá donde esté, es todas las cosas, mientras que los demás se quedan en alguna parte, son locales, están mutuamente distanciados, son presuntuosos, no hacen más que darse codazos y siempre están tratando de mantener sus preciosas distancias, insistiendo en tener su propio espacio. Todos y todo salvo el Omnipresente pertenecen a una «hermandad exclusiva» (que es lo mismo que decir que son exclusivos, excluyentes, o que no son hermanos en absoluto). Tan solo Él es el Amigo, el Inclusor, el Íntimo de todos, el Imán, la Piedra Magnética. Esa es una de las razones por las que Su nombre es Amor.

Olvídense de mí por un momento. Olvídense de todas las demás personas presentes en la corte. Dejen de hacer lo que estén haciendo y dediquen unos instantes a examinar su propia condición, a observarla personalmente; es decir, en Primera Persona. Basándose en su propia experiencia personal, de primera mano, ¿a cuál de estas dos especies creen que pertenecen, a la de los excluyentes o a la de los incluyentes, a la de los que empujan todo lejos de sí o a la de los que lo atraen todo hacia sí? Debo admitir que, vistos desde aquí, ustedes ciertamente parecen pertenecer a la primera, a la de los excluyentes, pero no siempre nos podemos fiar de las apariencias, ¿no creen? Cómo me gustaría que su señoría me dejase tender un cordón entre cada uno de ustedes y yo mismo y que todos se colocasen su extremo bien tenso delante de los ojos para que, de este modo, pudiesen comprobar que, bien estirado, queda reducido a un simple punto; o bien que me permitiese utilizar una cinta métrica del mismo modo para verificar si la lectura de la distancia que nos separa equivale a diez, a veinte, a treinta metros... o a cero. Lamentablemente, es una idea que no se puede llevar a la práctica, pues de hacerlo la sala acabaría pareciendo una especie de telaraña gigante, con una única Araña en la que todos los hilos convergen y multitud de moscas en sus extremos. Pero lo cierto es que tan solo han de echar un vistazo ahora mismo para comprobar si se encuentran en la posición de la Araña en el Centro, o en la de una de las muchas moscas que han quedado atrapadas en su red; una mera mosca, destinada a reponer más pronto que tarde a algún arácnido voraz.

Bien, como siempre, no estoy en condiciones de hablar por los demás, así que vuelvo a mí mismo. Les aseguro que en este preciso momento no puedo distinguir ni un solo ángstrom de distancia entre ustedes y yo mismo. Les estoy incluyendo, acogiendo, de forma total y absoluta; a los doce miembros del jurado, a su señoría, al ilustrado fiscal y a su erudito ayudante, al ujier del juzgado, a la muchedumbre del palco, y a todo lo demás. Tanto si les gusta como si no, todos ustedes se precipitan en mí. Dense cuenta de que estoy con ustedes, de que estamos unidos, incluso hasta el fin del mundo. Somos Uno. Estamos Unificados.

Damas y caballeros, sean tan amables de pasar al diagrama n.º 14 del cuadernillo. Le pregunto a cada uno de ustedes si son la Araña x, o una de esas moscas a, b, c... La respuesta no puede ser más sencilla. Desde x, desde el punto de vista de la Araña, las distancias a-x, b-x, c-x, etc., son todas igual a 0. Y, por su parte, las distancias a-a', b-b', c-c', etc., son todas mayores o iguales a 0. Lo cual equivale a decir que *por muy distantes que estén las cosas unas de otras, ninguna de ellas está alejada de uno mismo.*

Diagrama n.º 14

Lo único que tienen que hacer es mirar, tan directamente como cuando de niños miraban a la luna. Aunque resulte sorprendente, eso es lo único que hace falta para estar seguro de Quiénes son real y verdaderamente. Ahora bien, si dijesen que es un humano (d) (un humano ciertamente orgulloso) el que está viendo esto, el que está diciendo esto, sin duda alguna estarían blasfemando, pues tan solo Dios está en posición (en (x)— de abolir la distancia. *Únicamente Dios (x) es lo suficientemente observador, lo suficientemente grande, lo suficientemente gracioso y humilde como para permitir que Su omnipresencia sirva de prueba para demostrar Su divinidad.*

Y si esta noche salen las (sus) estrellas, podrán comparar las distancias que las separan con la no-distancia que las une a ustedes; el aislamiento y la pobreza de las estrellas con sus incomparables riquezas. Pero no esperen hasta entonces; bajen la guardia y dejen que todas las cosas se precipiten, ahora, en su interior. «La Tierra y su plenitud son del Señor».

FISCAL, en un *crescendo:* Un Dios que orina, un Dios idiota, un Dios que hace pompas de jabón, un Dios que se limpia el culo... ¡Y ahora un Dios araña! ¿Qué va a ser lo siguiente? ¡Debo decir que, al afirmar falsamente ser Él, lo único que está haciendo es arrojar toneladas de luz sobre lo que es usted de verdad!

Miembros del jurado, este es un buen momento para recordarles lo que al comienzo de este juicio he denominado los cuatro criterios para probar que el acusado es culpable, y para llamar su atención sobre lo bien que este renegado ha cumplido con todos ellos en el último cuarto de hora. *En primer lugar, la blasfemia;* este hombre insulta al Todopoderoso adueñándose de Su omnipresencia. *En segundo lugar, su forma extrema,* ya que afirma con total rotundidad ser el mismísimo Todopoderoso. *Tercero, su difusión,* ya que lo afirma ahora, en este procedimiento judicial que están presenciando millones de televidentes. Y, *en cuarto y último lugar, la reacción;* puedo sentir que, al igual que todos los que siguen este juicio por televisión, ustedes también están tan molestos e indignados que no dudarían en echarle las manos al cuello si pudieran, aunque solo fuese para que dejase de soltar blasfemias por la boca.

EL JUEZ, medio de pie, golpeando su martillo con todas sus fuerzas: ¡No, no! ¡No voy a tolerar esto! ¡Esto es absolutamente indignante! El jurado está aquí para examinar las evidencias con tanta objetividad y neutralidad como pueda, y no para verse exaltados e inducidos al frenesí en favor de una postura concreta. El apasionado arrebato que acaba de tener supone un descrédito para la Corona a la que representa. Me sorprende que un miembro tan distinguido del Colegio de Abogados haya perdido los papeles de este modo.

El fiscal, poniéndose casi tan blanco como sus papeles, se hunde en su bancada como si le hubiesen apaleado... Después, haciendo un esfuerzo por recomponerse, mantiene una pequeña conversación en susurros con su ayudante... El tribunal se mantiene a la espera...

El señor Atkinson asiente con la cabeza, se expande visiblemente como un globo rubicundo y se pone en pie enérgicamente con la intención de aprovechar la oportunidad. Por su parte, *sir* Gerald, encogido y con el rostro helado, se queda ahí sentado mirando fijamente hacia delante.

AYUDANTE DEL FISCAL: Muy bien, para reducir la tensión, volvamos a los detalles de la supuesta omnipresencia de este caballero. Si el señor John a-guion-Nokes tuviese a bien consultar a un astrónomo, este podría informarle de que entre él y las estrellas hay una distancia de cientos de años luz.

YO: Por supuesto. Y después le preguntaría dónde está la estrella que él ve y fotografía. Estoy seguro de que admitiría que no está a cientos de años luz de distancia, ni tan siquiera a un metro, sino ahí, en el lugar en que se presenta, tanto en el observatorio como en el observador mismo y en su cámara fotográfica. Y si siguiese indagando, me explicaría que aquello que vemos ahí arriba en el cielo no es para nada una estrella, si por ese término nos referimos a esas diminutas y titilantes lucecillas sobre las que la gente escribe poemas, sino que se trata más bien de un mundo letal de gas increíblemente caliente al que es imposible acercarse y que, en cualquier caso, muy bien pudiera haber estallado en pedazos en cualquier momento del siglo pasado, sin que ni el más sabio de entre nosotros pudiera saberlo. E incluso si dudase del astrónomo, cualquier fisiólogo podría confirmar que lo que veo lo veo aquí, donde estoy, y no allí, donde supongo ingenuamente que se encuentra el objeto. ¡Pues claro! ¡Hasta el sentido común ha de ceder ante la evidencia!

La verdad, tan sorprendente y hermosa pero a la vez tan simple y obvia, es que hay Uno en esta corte que es omnipresente, mientras que todos los demás somos, por así decirlo, omniausentes (una sola Araña, multitud de moscas). ¡Salve, Arácnido!

¿Cómo? ¿Que no lo entiende? ¡Magnífico! ¡Yo tampoco! Pero puede verlo, ¿no es cierto? ¿Puede darse cuenta de que es algo que también se aplica por completo en su caso?, ¿que usted también es así? En ese caso estará empezando a hacerse justicia a sí mismo. De lo que se sigue, con tanta claridad como que el luminoso día sigue a la más oscura noche, que también estará empezando a hacerme justicia a mí.

AYUDANTE DEL FISCAL: Elucubraciones y divagaciones en las que no caerá el jurado, aunque solo sea porque usted mismo las ha invalidado al admitir que no tiene ni idea de lo que le ha estado ocurriendo a la estrella ahí arriba en el transcurso de los cien años que su luz ha tardado en llegar a nosotros. Usted (un maldito ignorante) no lo sabe, pero *Él*, el Omnisciente, sí que lo sabe.

YO: Lo cual, señor Atkinson, nos lleva al segundo de los tres puntos que deseo tratar.

¿Qué *es* la omnisciencia divina? ¿Qué significa este maravilloso conocimiento total, esta sabiduría tan perfecta, esta completa iluminación? No existe ningún otro tema sobre el que haya tanta confusión, tantos cabos sueltos ni que haya sido tan malinterpretado. En algún lugar en el fondo de nuestra mente tenemos la imagen del Todopoderoso como un ser que, de algún modo, se mantiene al corriente del comportamiento de cada grano de la arena del Sáhara, que se ocupa personalmente de arbitrar y controlar con sumo interés el mundo de las esferas atómicas y subatómicas en su totalidad, que conoce en secreto los movimientos de cada mota de polvo del suelo de esta sala y la disposición de cada fibra de la peluca de su señoría. ¡No seamos ridículos! ¿De verdad creen que Dios puede ser así? ¿O, de hecho, que ni tan siquiera algún diablo digno de tal nombre pudiera ser así? ¡Tal vez un burócrata demente sí pudiese, un monstruo miope y obsesivo, el comandante en jefe de los mirones, los fisgones y los cotillas, todo él manos llenas y ceño fruncido!; un dios que (como dice Bunyan) no puede hacer más que mirar hacia abajo y seguir acumulando inmundicias con el rastrillo que aferra fuertemente en sus manos*, un sabelotodo en el peor sentido de la palabra, un objeto que merece más que piedad y desprecio, que tan solo los feligreses necios pueden encontrar apto para el culto.

El conocimiento de las cosas (como tales) no es más que un conocimiento relativo. Ese tipo de información siempre es parcial, unilateral, errónea, una fantasía útil en el mejor de los casos y, en el peor, la más pésima clase de desinformación. ¡Imagínense a la Eterna Sabiduría prestándose a participar en tal ofuscación! En el Antiguo Testamento el profeta dice que Sus ojos son tan puros que es incapaz de ver el mal. Como si imitase a aquellos tres monos hindúes *(no ver maldad, no escuchar con maldad, no decir nada malo)*, Él sabe perfectamente qué es lo que quiere saber: lo que las cosas son real y verdaderamente. No es un Dios superficial. Conoce a todas Sus criaturas a fondo, hasta lo más profundo, en su mismísima Esencia. Y por supuesto que también tiene conocimiento de sus accidentes y características particulares, pero en, como y a través de ellos mismos. Su campo de especialización y Su alegría radican en el

---

* Referencia a la novela alegórica *El progreso del peregrino*, de John Bunyan. (*N. del T.*)

Autoconocimiento, el cual, lejos de ser una simple introversión egoica (o presuntuosamente olímpica), es necesariamente el conocimiento de lo que todas las criaturas de todo rango, desde las subatómicas hasta las supergalácticas, pasando por las humanas, son intrínsecamente. Es decir, nada menos que la Conciencia que es Él mismo.

Esta, señoras y señores del jurado, es la omnisciencia a la que me refiero y la que afirmo poseer. Es la única clase de omnisciencia a la que vale la pena echar un segundo vistazo, la única que merece la pena tomarse en serio por un momento. Y digo esto por tres razones. Primero, porque solo esta nos aporta una información verdadera, final, conclusiva y estable. Segundo, porque es la única que funciona en mi vida diaria: al tratar con los demás necesito por encima de todo asegurarme de que, en lo más profundo de su ser (en su esencia), no son otros. Y tercero, porque al dirigir la atención hacia mi propio interior en este mismísimo instante, me veo y me conozco a mí mismo como soy de verdad, como soy realmente: es decir, como esta Conciencia central donde no hay posibilidad de error porque no hay absolutamente nada que pueda fallar o ser susceptible de error; como esta Claridad ilimitada que no lleva ninguna etiqueta, ningún «yo», «tú», «él» o «ella»... ningún «acusado», «miembro del jurado», o lo que sea, pero que, no obstante, constituye la esencia interna de todos los seres de todo tiempo y lugar. Esto es lo que veo con la máxima claridad que pueda haber, lo que sé con total certidumbre, y no es otra cosa que la omnisciencia divina que reconcilia y une a unas cosas con otras y a cada cosa con la totalidad. Y esta es la segunda razón por la que Su nombre es Amor.

Hay millones de preguntas, pero una sola Respuesta. ¡Así de reconfortante y de cómodo es este conocimiento divino! En Él me apoyo. En Él descanso. La otra clase de conocimiento, el laico y secular, no me ofrece refugio alguno donde pasar la noche. Me expulsa, me echa a patadas a la gélida y oscura calle para seguir buscando por siempre más y más y más información... Pero ¿para qué? ¿Con qué finalidad? ¿Hasta cuándo?

AYUDANTE DEL FISCAL, entrometiéndose: La prueba de lo que se sabe está en lo que se hace. Por el amor de Dios. ¿De qué le sirve toda esa información interior si ni tan siquiera le permite realizar algún sencillo truco de magia? ¿O tal vez, amable caballero, le gustaría deleitarnos con alguna pequeña demostración de su omnipotencia? ¿Qué le parece, por ejemplo, mover algún objeto de esta habitación (pongamos por caso mi pequeña peluca enlazada, o la de torso entero que luce su señoría) unos centímetros a la derecha o la izquierda? Me refiero a moverla sin salir del banquillo. Si, tal como afirma, es usted tan todopoderoso, un poco de telequinesis muy bien ha de estar incluida dentro de sus capacidades.

JUEZ, llevándose una mano a la cabeza: Preferiría que interfiriese sobre esta pluma estilográfica y no sobre mi peluca.

YO: Descuide, su señoría no se verá incomodado en absoluto...

Les juro que ahora mismo, tal y como ha solicitado el ayudante del fiscal, estoy realizando el milagro de desplazar plumas y pelucas hacia los lados. Oh, ya sé lo que estará pensando: «¡Lo único que está haciendo ese tontaina es balancearse un poco de un lado a otro!». Pues que así sea. Esa no es más que la versión del señor Atkinson sobre lo que está ocurriendo. La mía, justo ahora, es que es toda la corte la que se está balanceando, la que se mueve de lado a lado como si se estuviese viendo sacudida por un terremoto de magnitud 9 en la escala Richter.

¡Pero esto es una menudencia! Si lo desean, puedo ser mucho más drástico...

¡Puedo destruir esta corte por completo! Y, de hecho, lo acabo de hacer.

Y ahora, tres segundos después, decido volver a reconstruirla, vuelvo a colocar todos sus muebles, a las personas, al señor Atkinson, etc. Todo intacto y funcionando perfectamente bien.

Nunca jamás serán capaces de encontrar a una criatura con cabeza capaz de hacer una cosa tan tremenda (ni con el derecho a hacerlo). Blasfemia es suponer que un individuo así puede usurpar ese poder divino. Lo único que los seres humanos pueden hacer es subir y bajar unas diminutas persianitas que tienen en sus preciadas cabezas, lo cual no es más que un acontecimiento absolutamente insignificante, la más trivial de las trivialidades, algo que no afecta en lo más mínimo al mundo. Tan solo el que está Del Revés, el que está Patas Arriba, Aquel que no tiene cabeza alguna, solo el Hacedor del mundo, puede (y de hecho, lo hace con mucha frecuencia) crearlo y destruirlo de manera instantánea cuando y como le plazca. ¿Quién más podría hacer tal cosa? Un hombre que parpadea no es más que eso, un hombre que parpadea. El señor Atkinson parpadeando es tan solo el señor Atkinson parpadeando. Pero cuando es Dios quien parpadea da nacimiento y muerte a todos los mundos. Podríamos denominar a esto el Sendero del Parpadeo hacia la Iluminación, o cómo salir de la oscuridad en un abrir y cerrar de ojos (o, mejor dicho, en un cerrar y abrir). Les pido a todos y cada uno de ustedes que lo hagan. ¡Parpadeen! Y, aunque solo sea por una vez, no se mientan, no se engañen a ustedes mismos sobre lo que está ocurriendo en realidad (ni respecto a Quién está haciendo que todo esto suceda).

AYUDANTE DEL FISCAL, fatigadamente, tras consultar en voz baja a *sir* Gerald: Aquí está el señor Nokes presentándonos nuevamente sus principios generales de la idiotez, esta vez, con algo que se parece mucho al cuento infantil de *Guiño, Parpadeo y Cabeceo,* y deleitándonos con sus números en la cuerda floja (los tres omnis) en su circo demente y alocado. Pero apostaría a que el jurado está tan poco impresionado por sus payasadas como lo estoy yo. Señor Nokes, hace un instante usted mismo se ha atrevido a comparar la experiencia divina con un trío de monos. Pues bien, yo creo que estos pretendidos milagros suyos no son más que trucos de mono de circo realizados por una criatura que, delictivamente, los atribuye al Creador. ¿Quiere saber por qué no son más que trucos circenses? Pues porque no importan ni un comino, porque no suponen ni la más mínima diferencia. Lo que sí que impresionaría a esta corte sería que fuese capaz de cambiar un poquito para mejor este penoso mundo: un estallido generalizado de felicidad en los suburbios, un vergel en el desierto del Valle de la Muerte en California, la erradicación del virus del SIDA, la generación de energía limpia a partir del viento, de las mareas y de la luz del sol...

YO: Todo lo cual, e infinitamente más, está en proceso de ser logrado por el Todopoderoso, cuyas únicas herramientas, cuyos únicos miembros [agito los brazos] son como estos...

Pero estamos yendo demasiado deprisa. Habla usted de energía. Pues bien, echemos un vistazo a quién la tiene y en qué medida. Un ser humano, que es una cosa muy pequeña, tiene muy poca energía (o, en todo caso, eso es lo que él cree), pero Dios, al ser Nada, al ser Ninguna-cosa, no tiene ninguna energía, ningún poder en absoluto y, al mismo tiempo, al ser Todas-Las-Cosas, tiene todo el poder del universo. Y el Veedor, aquel que se ha despedido de su humanidad y ha dado la bienvenida a su Divinidad, asume también esta aparente paradoja, esta misma unión de contrarios. Es completamente impotente y, a la vez, absolutamente omnipotente. No desea nada y, al mismo tiempo, lo desea todo. Lo que esto significa en su vida cotidiana es que concurre de tal modo en lo que Dios dispone para él que verdaderamente es como si fuese él mismo quien lo hubiese dispuesto. Su voluntad se funde con la de Dios, y *todo sucede tal y como él desea que suceda*. No como lo que desea superficialmente, por supuesto, sino como lo que desea en lo más profundo de su corazón. Su *verdadero* gozo y su *verdadera* paz están en cumplir la voluntad del Único que *realmente* es. Y ahí tenemos a todos los santos y salvadores del mundo, individuos que viven lo que predican (una vida doble, en verdad), deseando nada y todo, completamente impotentes y absolutamente omnipotentes. La suya es la vida que funciona. Una vida meramente *humana* (en la medida en la que eso es posible) no resulta práctica. Tenemos dos opciones: o ser el mismo Dios rendido a Dios, o ser un desastre. Ha sido Él quien ha dispuesto que seamos Él Mismo. Y esa es la tercera razón por la cual Su nombre es Amor.

Tampoco se trata de que esta doble vida, esta unión divina de debilidad y fuerza, sea una especie de aceptación fofa, rebajada, diluida, ñoña y acaramelada de los males del mundo, una evasiva benigna y beata, un pretexto religioso hipócrita, una mera elusión de responsabilidades en el nombre del desprendimiento, del desapego y la trascendencia. Al contrario, aquellos santos que más enfática y plenamente le han dicho «¡Sí! a la buena voluntad de Dios son también los que profieren el más enérgico «¡No!» a la mala voluntad del hombre, y los que emprenden tareas increíblemente asombrosas para tratar de aliviar el sufrimiento del mundo. Santa Catalina de Génova es, en mi opinión, el ejemplo más destacado. Su «mi Yo es Dios» y su tema recurrente de que el infierno es la propia voluntad y querer satisfacer los propios deseos, siempre fueron de la mano con su increíble solidez, su fortaleza, su energía sobrehumana y su gran eficiencia a la hora de fundar y dirigir un inmenso hospital en su ciudad natal. Ella, junto con su tocaya Catalina de Siena, y muchísimas otras personas imbuidas de Dios, han supuesto y suponen en la actualidad una enorme diferencia en el mundo (tanto públicamente y a la vista de todos como, aún con más intensidad, en el anonimato y sin que nadie pudiera verles). No quiero ni imaginarme lo que sería el mundo sin ellos...

AYUDANTE DEL FISCAL, moviéndose arriba y abajo y echando chispas de pura excitación: Bueno, ciertamente, se encuentra usted en muy buena compañía. Al igual que usted, muchos de los más infames personajes del siglo pasado han descrito el estado del mundo como «vuelto del revés», con ellos mismos, por supuesto, en su centro y con las estrellas pintadas en la cara interna del firmamento. Y, como usted, también afirmaban ser omnipotentes. Una pretensión que la historia se ha encargado de desacreditar y poner en evidencia de forma concluyente.

YO: Los extremos convergen. Satanás era el ángel más aventajado. No niego que la inusual maldad de Hitler tenía algo en común con la bondad de las más santas de sus víctimas: que Quien realmente soy es...

AYUDANTE DEL FISCAL: farfullando y dejándome otra vez con la palabra en la boca: ¡No puedo creerlo! ¿Está usted... ¿Está usted... ¡Me fallan las palabras! ¿Acaso tiene usted el descaro y el arrojo de estar ahí sentado y reivindicar en serio ser un santo? ¿Un gran santo?

YO: ¡No sea absurdo! Aparte del hecho de que todos los santos están seguros de no ser más que un piojo, lo cierto es que ser humano y ser bueno son contrarios excluyentes. «Tan solo Dios es bueno» (recordará de quién es esa frase). Un santo es aquel que relega su mala humanidad al lugar en el que debería estar y da la bienvenida a su buena Divinidad en el lugar que le corresponde, en el lugar que jamás ha abandonado, y *vive la vida a partir de esa premisa,* con esa disposición. Pero verlo, darse cuenta de ello, supone al menos dar el primer paso hacia una vida llena de Dios.

JUEZ: Creo que ya se ha explayado suficientemente en su respuesta al testimonio del psiquiatra.

YO: De acuerdo, señoría. Permítame tan solo resumir lo dicho.

Al igual que Catalina, afirmo que mi Yo real es Dios. Lo he probado por triplicado; tres omnis son suficientes para Él y también deberían serlo tanto para mí como para ustedes. Esto no es blasfemia, no es un simple delirio de grandeza, no es una fantasía, no es uno de los extras opcionales de la vida, no es un adorno intensamente deseado y buscado, sino algo así como un ornamento que proviene de la Gracia, un resplandeciente halo de tres anillos reservado tan solo para algunas grandes almas. No se trata de un logro al alcance de piadosos, ni de algo sin lo que ni ustedes (tan encantados como están de haberse conocido) ni yo podamos pasar fácilmente.

No. Es un deber. Es el único estilo de vida sensato y razonable, el único (lo repito) que funciona, que es práctico. Esto es lo que, una y otra vez, nos han demostrado los santos. Pero no es necesario que nosotros, la gente común, dediquemos una gran cantidad de tiempo, de atención o de práctica, para constatar en carne propia hasta qué punto estaban en lo cierto.

Sin embargo, la razón última por la que este es el único modo de vida *satisfactorio* no es que sea el único que nos puede procurar una verdadera satisfacción, sino que es el único posible. La única manera en la que se puede vivir, en todo caso. No es algo que lograr, sino algo que aceptar, algo a lo que rendirse. No es algo sobre lo que pensar, algo que sentir o que llegar a comprender algún día; no, es para verlo ahora.

He dividido a mis testigos en tres grupos, de manera que cada uno de ellos preste testimonio sobre cada uno de los tres omnis.

JUEZ: Un momento. No hace más que referirse a estos tipos ya fallecidos como testigos, cuando lo cierto es que acordamos desde un principio que no eran tales, pues no están bajo juramento, ni tampoco pueden ser preguntados ni puestos en entredicho. Del mismo modo, tampoco podemos fiarnos ciegamente de las ideas registradas en los escritos que se les atribuyen. Como mucho, pueden servir para ilustrar su caso, para clarificarlo, pero no para probar nada.

YO: Me doy por corregido, señoría. En todo caso, mi mensaje al jurado siempre es el mismo: No crean en las «autoridades». Comprueben lo que dicen por sí mismos y *conviértanse así en su propia autoridad*. Estos son los sólidos cimientos sobre los que descansa toda mi argumentación.

Omnipresencia

La distancia es una fantasía.

Blake

Dios es un círculo cuyo centro está en todas partes y cuya circunferencia no está en ninguna parte.

Proverbio medieval

Y entonces nuestro Señor abrió mi ojo espiritual y me mostró mi propia alma en el mismísimo centro de mi corazón. Vi el Alma, tan inmensa como un mundo sin fin, como si fuese un reino de dicha y felicidad... Y en medio de esa Ciudadela se sienta en su trono nuestro Señor.

Juliana de Norwich

Omnisciencia

Cuando el Ser es visto, oído, pensado y conocido, todo se conoce.

Brihadaranyaka Upanishad

La iluminación suprema no es otra cosa que el conocimiento total. No quiere decir que el Buda conozca cada cosa particular, sino que ha comprendido el principio fundamental de la existencia y que ha penetrado profundamente en el núcleo central de su propio ser.

D. T. Suzuki

Si me conociera a mí mismo tan íntimamente como debería, tendría un conocimiento perfecto de todas las criaturas.

Eckhart

Omnipotencia

Es el Padre que mora en mí quien realiza todas las obras.

Jesús

Es Dios quien opera en ti, tanto para hacer sus buenas obras como para desearlas.

San Pablo

Al contrario, está enteramente dentro de su capacidad cambiar un mundo cuya única fuente y fundamento es usted mismo. Lo que se crea siempre puede ser disuelto y vuelto a crear. Todo sucederá tal y como usted desee... siempre y cuando lo desee de verdad.

Nisargadatta

General

Shiva, el Señor Supremo, es omnisciente, omnipotente y omnipresente. Puesto que yo también poseo estas tres cualidades, yo soy Él.

Vijnanabhairava

Testigo n.º 15 de la acusación

EL NUEVO APOCALIPTICISTA

UN NUEVO DÍA Y UNA nueva semana. Han pasado dos días y tres noches desde que el tribunal celebrase su última sesión. Tiempo más que suficiente para que *sir* Gerald se recuperase, volviese a ponerse en pie y desplegase de nuevo todo su garbo y salero.

Sin dilación, procede a presentar al decimoquinto testigo.

FISCAL: Usted se autodenomina «nuevo apocalipticista». ¿Podría por favor explicar al tribunal lo que eso significa?

TESTIGO: *Apocalipsis* es una palabra griega que significa revelación o descubrimiento. Soy miembro del consejo y portavoz de la Iglesia de mismo nombre, cuyos miembros toman como guía infalible la Santa Palabra de Dios y el evangelio que aquella proclama. Creemos sincera y totalmente en Cristo Redentor, en Jesucristo como el único Hijo de Dios y el Salvador de los pecados, así como en la inminencia de su Segunda Venida, la cual acaecerá después del Día del Juicio Final. Luchamos contra todos aquellos que niegan su absoluta exclusividad como Segunda Persona de la Santísima Trinidad y contra todo aquel que cuestione la eficacia de la bendita sangre que derramó por todos nosotros pecadores. Y somos enemigos especialmente de aquellos hijos de Satanás que, no contentos con haber apostatado de la verdad salvadora, guían a otros (y estoy pensando en los jóvenes ingenuos e impresionables) a la perdición y les conducen a las llamas eternas del infierno. ¡Claro que sí! Es una guerra santa que libramos contra todos los anticristos, contra todos los blasfemos. Y cuando uno de ellos llega tan lejos como para colocarse a sí mismo en el lugar del Señor al que ha deshonrado, por supuesto que haremos cualquier cosa para acabar con él. ¡Lo que sea!

FISCAL: ¿Es cierto que algunos miembros de su Iglesia, antes de la aprobación de la Ley Reguladora de la Blasfemia bajo la cual está siendo juzgado el acusado, llegaron realmente a tomarse la ley por su mano? ¿Que capturaron a algunos de esos apóstatas (estoy usando su lenguaje), los juzgaron, los condenaron a muerte y los ejecutaron?

TESTIGO: Mi congregación no niega que realiza la misión que Dios le ha encomendado donde puede y como puede.

FISCAL: ¿Puedo inferir que ahora que la ley oficial contra la blasfemia ha sido aprobada e incluida en el código legislativo, la actitud de su Iglesia ha cambiado?

TESTIGO: Esperamos que esta ley haga justicia en los peores casos, pero no estamos nada seguros de ello... Ya veremos. En todo caso, nosotros seguiremos haciendo nuestro trabajo. Seguiremos trabajando para Cristo y contra todos los anticristos.

FISCAL: ¿Anticristos? ¿Sería tan amable de explicarnos a qué se refiere con ese término? Sí, puede utilizar la biblia sobre la que ha prestado juramento.

TESTIGO, con la biblia en una mano y tajando el aire vigorosamente con la otra: Son aquellos de los que san Juan habla aquí, en su Primera Epístola: «Han aparecido en el mundo muchos falsos profetas. En esto reconocerán al que está inspirado por Dios: todo el que confiesa a Jesucristo manifestado en la carne, procede de Dios. Y todo el que niega a Jesús, no procede de Dios, sino que está inspirado por el Anticristo». Y san Pablo se refiere a ellos de este modo: «No os engañe nadie de ninguna manera, porque no vendrá sin que antes venga la apostasía, y se manifieste el hombre de pecado, el hijo de perdición, oponiéndose y levantándose contra todo lo que se llama Dios, o lo que se adora; tanto que se sentará en el templo de Dios como Dios, haciéndose pasar por Dios».

FISCAL: Si mira a su alrededor ahora mismo, ¿puede ver a alguno de esos anticristos presente en la sala? ¿Alguien a quien puedan aplicársele estos dos textos que acaba de leer?

TESTIGO, ahora presa de una especie de frenesí: ¡Por supuesto que sí! ¡Ahí pueden verlo! ¡En el banquillo!

Se desata el griterío y una gran conmoción en el palco público. Alguien despliega una gran pancarta en la que se puede leer: «MUERTE AL BLASFEMO»...

El testigo prosigue con su testimonio unos minutos después, una vez que los funcionarios del juzgado han expulsado a los infractores, han retirado la pancarta y restablecido el orden.

TESTIGO: Mis colegas y yo hemos estado siguiendo atentamente las palabras, tanto escritas como habladas, de este hombre de pecado, y le consideramos culpable de todo tipo de blasfemias. De entre todos los anticristos contemporáneos, sin duda él es quien se lleva la palma. La simple decapitación sería una salida demasiado fácil para él. Yo estoy pensando más bien en lo que le hicieron a James Nayler, otro blasfemo y uno de los primeros cuáqueros, en 1656. Fue severamente azotado, le marcaron con la letra B (de blasfemia) en la frente y le atravesaron la lengua con un hierro candente.

FISCAL: No debe preocuparse por eso. La cristiandad ha recorrido un largo camino desde aquellos viejos, toscos y lejanos tiempos. Gracias a la ciencia, hoy en día sabemos cómo dar a los Naylers del mundo su merecido, ¿no cree?

TESTIGO, sin el menor rastro de ironía: ¡Sigue siendo mucho menos de lo que se merecen!

FISCAL, tras una larga pausa, como si por una vez estuviera realmente cohibido: Muy bien, miembros del jurado, ahí lo tienen... Permítanme recordarles que la acusación de blasfemia que pende sobre el acusado no niega su derecho a tener pacíficamente opiniones que puedan producir el tipo de sentimientos que acabamos de presenciar. No; el delito que se le imputa es su persistente y flagrante divulgación de tales opiniones, ya que de este modo ofende a otras personas, propiciando su indignación y dando lugar a disturbios y alteraciones del orden público. Estoy seguro de que convendrán conmigo en que el testimonio del testigo (por no mencionar el sobrecogedor comportamiento de sus amigos en el palco del público) demuestra con creces que John a-Nokes es culpable de este tipo de provocación. Dejando a un lado todas las cuestiones referentes a la compasión, el decoro y las buenas costumbres, y sobre quién ostenta la verdad y quién no, lo que no podemos negar de ningún modo es que estas personas se han escandalizado hasta alcanzar un punto de auténtica histeria por lo que perciben como la guerra del acusado contra todo aquello que para ellas es sagrado. ¡Incluso estando en esta sala sigue incitando a la gente a la violencia!

Defensa: **Anticristo y procristo**

YO: No tendría sentido debatir con este testigo tan franco y honesto. Este hereje que ya se encuentra atado sobre una pila de leños no tiene intención alguna de dar comienzo a una interesante conversación con alguien que se acerca a él con una antorcha encendida. Así es que puede abandonar el estrado.

En cuanto a la última observación del fiscal referente a que soy yo quien hace que la gente cometa actos violentos y quebrante la paz, tanto fuera como dentro de esta corte, le ruego al jurado que considere seriamente este principio, así como el precedente que va a sentar... y el mundo de pesadilla que puede desatar para nosotros en el futuro, pues lo que hace es simplemente traspasar la culpa de los asaltantes a la anciana señora a la que asaltan, que el niño del que abusan sexualmente sea culpable de la agresión, que el banco sea culpable del robo y el inspector de hacienda del fraude fiscal. Bueno, ya lo ven. Ustedes, los miembros del jurado, están obligados a ser fieles a la Ley Reguladora de la Blasfemia y a la forma en que penaliza sin miramientos a la víctima y no al que perpetra los actos violentos. No hay nada que puedan hacer al respecto... Bueno, eso no es del todo cierto.

Ustedes ya saben lo que ocurre cuando un caso se juzga en base a una ley que ha demostrado claramente ser injusta, anticuada, o simplemente impracticable desde un principio. En estos casos, los miembros del jurado se muestran renuentes a emitir un veredicto de culpabilidad y juzgan como lo más conveniente no infligir sobre el acusado más que la sentencia más mínima y benigna posible. Sin duda, damas y caballeros, más adelante tendré ocasión de recordárselo.

JUEZ, hecho una furia: ¡No, no la tendrá! ¡Deponga su actitud! Si continúa con esto tendré que acusarle de desacato a la autoridad judicial. Está usted invitando descaradamente al jurado a que viole su deber, por lo que este deberá ignorarlo completamente. En cuanto al acusado, le advierto solemnemente que se abstenga de repetir lo que acaba de decir o algo similar.

Tras unas cuantas viles disculpas (que, no obstante, no contienen ninguna promesa al respecto) se me permite reanudar mi exposición.

YO: Centrémonos de nuevo en las evidencias presentadas por el testigo. Ha mencionado al Anticristo, un término que tiene dos significados, pues el prefijo *anti* implica tanto oposición como sustitución. Por lo tanto, alguien a quien designemos con tal apelativo puede estar tratando o bien simplemente de degradar a la Deidad, o bien de ponerse a sí mismo en su lugar a expensas de aquella... ¡O muy bien pudiera ser que procurase hacer ambas cosas a la vez! Es indudable que si el testigo ha dicho algo importante sobre mí, ha sido precisamente eso, que no solo estoy empeñado en arrastrar a Dios a mi nivel, sino también en promocionarme a mí mismo para ponerme ahí arriba, en Su lugar.

Pues bien, el tribunal no debería sorprenderse si me declaro inocente de ambos cargos. Lejos de deshonrarle y degradarle, les aseguro que Dios (como tal) es para mí lo más preciado que hay en mi vida, mi tesoro, mi gema más querida, mi pasión, mi razón de ser, aquello ante lo que me inclino con el mayor de los respetos. No un Dios diluido o rebajado a mi gusto, hecho a mi medida o que se ajuste a mis deseos, sino un eterno asombro, un deslumbramiento constante, un esplendor sin fin, impresionante, impactante, devastador. Lejos de tratar de situar a la criatura John a-Nokes en Su lugar, la preocupación principal de mi vida adulta ha sido poner y mantener a ese tipo tan diminuto en el lugar que le corresponde, ahí fuera, y frustrar sus siempre renovados esfuerzos por liberarse y volver a plantarse en el Centro de las cosas. Señoras y señores del jurado, si todo lo que llevo expuesto hasta ahora en mi defensa aún no les ha convencido de que este es mi objetivo, confío en poder lograrlo en lo que queda de juicio.

Por supuesto que al testigo jamás podría convencerle ni aunque los nueve coros de ángeles sagrados declarasen a mi favor. En su perfecta sinceridad, los que actúan como él pueden tildarme de Anticristo única y exclusivamente porque han tomado la decisión de taparse los oídos ante mi mensaje. Se aseguran de no escuchar ni una sola palabra de lo que digo. Y con razón, pues si se parasen a escuchar correrían el riesgo de darse cuenta de que no soy yo, sino ellos, quienes son unos blasfemos por excelencia. En vez de colocar a Dios (que no es sino paz y amor) en el Centro del mundo, lo que hacen es situar en su lugar al incorregible y descuidado hombre, lo cual siempre es un absurdo y, casi siempre, un desastre. Pero van mucho más allá, pues el hombre que ponen en el trono es cruel hasta el extremo y está absolutamente enloquecido; una desafortunada amalgama de Torquemada, Stalin y el Gran Hermano... una verdadera trinidad (si es que alguna vez ha existido tal cosa) que no tiene nada de sagrada, un auténtico Anticristo (igualmente, si es que algo así puede existir). Contrariamente a lo que proclaman, no actúan por convicción religiosa, sino por una total y absoluta falta de ella. Lo suyo es una mera caza de brujas, puro y ciego fanatismo que aumenta sin cesar para poder así estar a la altura y ser capaz de ocultar toda esa masa (igualmente siempre creciente) de dudas, contradicciones y mentiras que enmascara. Es una auténtica paranoia, en su forma más horrible y enferma. La obscenidad última. Y, por desgracia, es endémica. En 1490, Gennadius de Novgorod, un prominente sacerdote, escribió lo siguiente con toda seriedad: «Es necesario celebrar un concilio eclesiástico, no para debatir cuestiones de fe, sino para juzgar, ahorcar y quemar en la hoguera a los herejes».

La ironía de todo esto es que la cura para esta nauseabunda enfermedad no puede ser más simple, estar más a mano o ser más eficaz, pues consiste en darse cuenta de que todo este asunto no es tan solo un juego, sino que además es un juego absolutamente ilusorio, y de que nadie ha podido ni podrá jamás desplazar al Todopoderoso ni un milímetro del lugar que ocupa; es comprender que Su Majestad está muy a salvo de todos los pretendientes al trono; es tener la decencia, la cortesía y el buen sentido de dejar que Dios sea Dios en el Centro y que el hombre sea un hombre en la periferia. Entonces Dios es verdaderamente Divino y los seres humanos se vuelven verdaderamente humanos.

El testigo y sus agitados correligionarios del palco no pueden comprender lo que digo, lo sé, pero espero que el jurado sí que sea capaz de hacerlo, y también espero ser capaz de hacerles entender mi profunda convicción en lo que respecta a la absoluta distinción que hay entre Dios y el hombre, así como su absoluta inseparabilidad.

FISCAL: ¿Podría recordarle que al tribunal le importan un comino sus profundas convicciones (siempre y cuando permanezcan así, ocultas en lo más profundo)? Es precisamente el haberlas desenterrado y mostrado al mundo sin tener en consideración los sentimientos de los demás lo que ha hecho que acabase dando con sus huesos en el banquillo. De hecho, me atrevería a decir que nadie se opone a que usted lleve sus sentimientos bien escondidos dentro de su propio abrigo, por así decirlo, sino únicamente a que se lo quite y se dedique a airearlo y a exponer aquellos al ojo público (un órgano, ciertamente muy delicado), lo cual tiene graves consecuencias en lo que respecta al orden público (una pequeña muestra de las cuales acabamos de presenciar en este tribunal).

YO, con cierto acaloramiento: señoría, me veo en la obligación de protestar, pues el fiscal está abusando de su posición para confundir al jurado sobre mi estilo de vida. No es cierto que vaya por ahí lanzando mis ideas al público. ¿Acaso a alguien se le ha obligado a leer mis libros o a acudir a alguno de mis encuentros? Más aún, les juro que nunca he puesto en marcha un taller, un seminario o una conferencia por mí mismo, sino que siempre me he limitado simplemente a responder a las invitaciones que se me hacían. Jamás he intentado imponer nada a nadie, y por Dios que jamás lo haré. Y cuando, como en aquel vuelo a Vancouver, me lanzo a explicar todo esto, siempre les digo a los que me estén escuchando que no se crean nada de lo que yo les diga, que lo comprueben por sí mismos, que miren por sí mismos.

FISCAL: De todos modos, la gente va a escucharle, compra sus libros, los lee y se convence de sus locuras. Es obvio que su mensaje se está difundiendo en gran medida, y usted no puede limitarse a lavarse las manos de todo esto. Y el mensaje que este testigo ha recibido, el que usted no duda en pregonar públicamente, es que niega en público que Jesucristo se haya hecho carne, siendo esta negación la que le estigmatiza como el Anticristo.

YO: Esto es difamación descarada, miembros del jurado. Lejos de negar que Cristo se haya encarnado, esa es la verdad que más valoro y atesoro sobre todas las demás, como espero que quede absolutamente claro antes de que finalice este juicio. Si hasta ahora no he hablado demasiado en público de la encarnación de Dios en Cristo no es por indiferencia. Muy al contrario. Es porque me resulta demasiado precioso, es algo que llevo demasiado cerca del corazón como para hablar sobre ello cuando no corresponde. ¿Cómo podría convencer al tribunal de esto y, de este modo, conducir mi defensa contra este testigo y su panda de matones (estos extraños discípulos de Aquel que es la mismísima encarnación del amor, la bondad y la compasión) a una conclusión apropiada? Confieso que estoy desconcertado, pero, en cualquier caso, déjenme intentarlo.

Estoy convencido de que la revelación más noble y verdadera, la más profunda y atrevida, es la que nos hace comprender que la Majestuosidad que está detrás del universo no es sino el Amor entregado y desinteresado; que Él es aquel cuya ternura y afecto es tal que deliberadamente acoge en su seno toda la alegría, todo el resplandor y la increíble riqueza de Su mundo, cada lágrima, cada gemido, toda su terrible privación, su oscuridad, su culpa, logrando con ello que el mundo pueda disfrutar de la felicidad sin opuesto, de la alegría sin mancha, de la paz que no se puede conseguir de ningún otro modo ni a ningún otro precio. Por supuesto, esto no es algo que pueda demostrar formalmente. Da igual lo mucho que hable de ello, da igual lo penetrantes o elocuentes que sean mis palabras, pues ninguna de ellas podrá persuadirles de la verdad de la Encarnación. Si, haciendo caso omiso a todas las evidencias, se toma como un dogma, muy bien puede parecer completamente absurda. No. La prueba está en verlo y en vivirlo, en comprometerse uno mismo de la forma más íntima posible en el proceso de salvación, nada menos que la propia (y auténtica) Cristianización: la asimilación, la igualdad con Cristo. No hay otra manera. San Pablo simplemente estaba siendo realista cuando exclamó: «No soy yo, sino Cristo quien vive en mí». Pablo estaba fuera, Cristo estaba dentro, y esto puso fin a su blasfemia. Nada en el mundo podría ser menos anti-Cristo, o más pro-Cristo. Este apóstol tenía su forma particular de expresarlo, y yo tengo mi forma particular de dibujarlo, como pueden ver en el diagrama n.º 15.

Diagrama n.º 15

Podría alargarme sin fin en mi defensa contra la acusación de ser anti-Cristo, pero ni aun así conseguiría decir tanto como las nueve palabras de este Autorretrato.

Cuando considero a esa tercera persona que está ahí, detrás del cristal del espejo, como el antiguo y caduco hombre egocéntrico (es decir, que se pone a sí mismo en el centro), como un Adán, y a la Primera Persona que está aquí, delante de él, como el nuevo hombre centrado en Dios, como Cristo, las palabras de san Pablo (tan manidas y trilladas) cobran de inmediato un nuevo significado que me derrumba por completo y hace que mi tapa (esta cabeza-tapón) salte por los aires:

> Pues si como Adán, todos morimos, igualmente cierto es que como Cristo, todos (¡*todos!*) viviremos. El primer tipo de hombre es mundano y terrenal (pertenece a la tierra); el segundo es el Señor de los Cielos. [Ese cuerpo] está sembrado de deshonra; [este cuerpo] se eleva en la gloria. [Ese cuerpo] está lleno de debilidad; [este cuerpo] está encumbrado con todo su poder. [Ese] está limitado a ser un cuerpo natural; [este] alcanza todas las cumbres como cuerpo espiritual. Sed vosotros mismos nuestro Señor Jesucristo. Pues aquel que es en Cristo, se convierte en una nueva criatura. En él [en Cristo] mora corporalmente toda la plenitud de la Deidad. Y en él estáis completos. ¿Acaso no lo sabéis ya por vosotros mismos? ¿Acaso no sabéis que Jesucristo está en vosotros?

Cuando mi forma de ver las cosas y de vivir niega estas palabras de san Pablo, ciertamente soy anti-Cristo, pero cuando las proclama, no solo soy pro-Cristo, sino que soy completamente Él. Estoy, en el sentido literal de la palabra, Cristianizado.

«El abrazo de la Bondad Infinita es tan amplio —dice Dante— que acoge en su seno todo lo que a ella llega». ¿Cuál va a ser mi elección? ¿Abrazar el diminuto mundo de ese pequeño individuo, o el inmenso mundo de esta Inmensa Indivisibilidad? ¿Acaso no me doy perfecta cuenta de que estoy encarnado como el Uno omniabarcante que aquí veo, y no como ese otro de ahí que tan poco abarca con sus brazos? ¿Es o no es cierto que mi tapa ha saltado por los aires y que he sido vaciado por completo, puesto patas arriba (cabeza abajo, solo que sin ninguna cabeza abajo) por él y como él?

JUEZ: ¿Acaso nos está queriendo decir que después de todo este ir y venir, después de todas estas maniobras, usted se considera a sí mismo un verdadero cristiano? ¿Que después de todas sus idas y venidas teológicas, después de todo ese fascinante juego de piernas a izquierda y derecha, al final resulta que está usted de acuerdo con el buen credo cristiano? En ese caso, podría haberle ahorrado al tribunal y a la fiscalía mucho tiempo y muchos problemas si lo hubiese dicho desde el principio.

YO: Señoría, Jung dice en alguna parte que la Iglesia es el custodio de misterios que no entiende. Bien, yo no voy a pretender entenderlos (en todo caso, la comprensión intelectual no es más que un premio de consolación). ¡Su significado —alabado sea el Señor— es absolutamente inagotable! No obstante, lo que sí entiendo es que *para darme cuenta del perfecto sentido que tienen estas doctrinas básicas tan solo tengo que MIRAR.*

Y ahora, simplemente mirando para ver, no tengo ninguna necesidad de pronunciar ni una sola palabra de fe (ni mucho menos de suscribirme a todo tipo de sandeces y estupideces manifiestas) para poder beneficiarme de todos sus misterios subyacentes. En este preciso instante todo su maravilloso poder terapéutico está fluyendo, sin verse obstruido por dudas, por reservas, ni por el profundo autorreproche que conlleva el engañarme a mí mismo por el simple hecho de alcanzar una promesa, una supuesta terapia de cuerpo, mente y espíritu. La verdadera medicina no se puede comprar pagando el precio de la doble moral, del pensamiento escindido, de timarnos a nosotros mismos o de cualquier otro tipo de farsa. De hecho, no puede ser comprada a ningún precio. Se ofrece gratis a todo aquel que sea capaz de verla.

Suscribo sin dudarlo las palabras de Coventry Patmore al referirse a estos grandes misterios que, más que para comprenderlos, son para verlos y vivirlos:

> El único secreto, el más grande de todos, es la doctrina de la Encarnación, pero no considerándola como un acontecimiento histórico que tuvo lugar hace dos mil años, sino como algo que se renueva constantemente en el cuerpo de todo aquel que se encuentre en el proceso de realización de su destino original.

Y también estas otras palabras, más osadas, de Meister Eckhart:

> La gente se imagina que Dios se ha hecho hombre únicamente en ese caso (en Su Encarnación histórica), pero no es así, pues Dios está aquí, en este mismísimo lugar, tan encarnado en un ser humano como lo hizo todo ese tiempo atrás. Y se ha convertido en humano a fin de engendrarte nada menos que como Su unigénito, como su único hijo.

Testigo n.º 16 de la acusación

EL OBISPO SUFRAGÁNEO

EL TESTIGO DECLARA QUE, aunque no me conoce personalmente, ha leído tres de mis libros, incluyendo *La autobiografía de Don Simplón*. También tiene amigos que me conocen y que le han confirmado que dicha autobiografía bosqueja un retrato de mí mismo razonablemente fiel a la realidad. Asimismo, sostiene que dicha obra es más que suficiente para condenarme (por méritos propios) por el delito de blasfemia tal y como dicha acusación está recogida en la ley. Y también, añade el obispo, de blasfemia tal y como él mismo la entiende. Lo que le resulta tan llamativo, lo que le llama la atención y le sorprende particularmente, es hasta qué punto mi carácter y mi comportamiento son opuestos a mis pretensiones espirituales, cuando no las contradicen directamente. Para él, cultivar la experiencia mística sin tener en cuenta la virtud y la rectitud ordinaria (y ya no digamos la santidad), pretender ser depositario de los privilegios de la divinidad mientras que, al mismo tiempo se renuncia a las responsabilidades de la moralidad es, en sí mismo, inmoral y reprobable; hace que el adjetivo *místico* se convierta en una palabra impura. No se sostiene. Y es algo que tan solo puede acabar de manera lamentable.

FISCAL: ¿Considera usted que si el acusado se pareciese en algo a los santos y los sabios cuyas palabras emplea con tanta ligereza no estaría hoy sentado en el banquillo de los acusados? ¿O, por decirlo de otro modo, que si hubiera invertido su dinero (el capital del trabajo y de los actos de su vida) en el mismo lugar que sus palabras (si, en suma, practicase lo que predica), no se habría emitido contra él ninguna acusación de blasfemia? ¿O, que de haber sido así, no hubiese prosperado?

TESTIGO: Precisamente. La historia de la cristiandad nos proporciona muchos ejemplos de santos cuyo amor, humildad y entrega manifiestos eran de tal naturaleza que excusaban ciertos pronunciamientos que, de haber sido proferidos por los impíos, sin duda les hubiesen supuesto problemas muy serios con la Inquisición. Santa Catalina de Génova, por ejemplo (cuya frase: «Mi yo es Dios», el acusado exprime hasta la última gota), fue una de las mujeres más desprendidas, altruistas y desinteresadas que han existido, un verdadero modelo de santidad en acción. De modo que esto compensó este tipo de afirmaciones, las cuales, de no ser por eso, hubiesen hecho que diese con sus huesos en la hoguera. La Iglesia no consideró esa frase suya fuera del contexto de su vida o de sus enseñanzas, y también nosotros hemos de interpretarlas conjuntamente con otros dichos suyos que apuntan sin fisuras en la dirección opuesta y reconocen claramente su naturaleza humana esencial.

Aún más relevante resulta el caso de Ruysbroeck. Su propia vida, en marcado contraste con la de los místicos más salvajes y descarriados de su época, fue irreprochable. De hecho, sus escritos consistían en gran parte en una diatriba contra aquellos. Estos dos factores positivos demostraron ser más que suficientes para compensar el ciertamente negativo que supuso su comentario: «ser Dios, ser uno con Dios, sin intermediarios». Tanto es así que le beatificaron. De ahí que su título oficial sea *el beato Jan van Ruysbroeck.*

FISCAL: Todo eso no carece de importancia, pero es historia. Según su opinión, ¿cabría esperar que los sucesores extraoficiales de la Santa Inquisición, los cazadores de blasfemias de hoy en día que trabajan por libre, mostrasen un grado de tolerancia equiparable ante casos similares?

TESTIGO: ¿Y por qué no? Creo que, si observásemos cuidadosamente a nuestro alrededor, podríamos encontrar de forma ocasional a algún santo que, aunque sea técnicamente culpable de blasfemia, en la práctica se le reconozca como inocente de tal crimen, alguien cuyos actos excusen y compensen sus imprudentes palabras, cuyo estilo de vida y forma de actuar le aseguren no verse nunca arrastrado ante un tribunal como este.

FISCAL: Volviendo al caso concreto del acusado, ¿sería tan amable de explicar con más detalle lo que ha mencionado anteriormente respecto a que su conducta, que tan lejos queda de sus pretensiones, convierte a estas en un disparate y una ofensa criminal?

TESTIGO: Como reza el dicho: «Por sus actos —por los frutos de sus acciones— les conoceréis». Si aquello de lo que tanto se jacta el acusado (de «ver y ser el Uno que realmente es») fuese en verdad genuino, habría provocado toda una serie de cambios radicales en él como hombre. Sin embargo, él mismo confiesa en esa autobiografía suya que nada de eso le ha ocurrido. ¿Cuán bueno es? ¿Cuánto bien hace a los demás? ¿Qué hace por la humanidad, por la gente que sufre? Yo no veo que tenga ninguna virtud especial, no aprecio en él ningún autosacrificio digno de mención, o que se preocupe por los enfermos y los necesitados... No puedo discernir en él nada que sugiera que haya trascendido la condición humana impía o no regenerada. Lo único que le hace tan especial es, única y exclusivamente, su propia pretensión de ser tan especial (tanto que todo vale). Pareciera como si su iluminación no hubiese hecho más que oscurecer aún más su lado más sombrío. No parece preocuparse ni lo más mínimo por los delitos sexuales, por la debilidad ante las tentaciones, por el miedo que nos atenaza ante los peligros, o por la mezquindad y la ira que él mismo confiesa libremente que son recurrentes en su vida. «¿Y qué importancia tiene todo eso?», nos pregunta. Él mismo responde: «Quien contempla su propia humanidad desde las alturas que están más allá de lo humano, no está sujeto a las normas ordinarias de los seres humanos, ni mucho menos a las normas y obligaciones (ciertamente más exigentes) de la vida religiosa».

FISCAL: Supongamos que el acusado le rebate poniendo en duda que esta falta de moralidad cause un daño tan tremendo, o preguntándole qué es lo que tiene de inusual. Supongamos que argumenta que si nuestros fracasos privados a la hora de estar a la altura de nuestros propios ideales constituyese un delito público, entonces todos deberíamos estar procesados y nos juzgaríamos los unos a los otros.

TESTIGO: Dejando a un lado la falta de integridad y los perjuicios que esta actitud produce en el ámbito de lo personal, los daños causados a nivel espiritual son enormes. En la historia de la religión abundan los ejemplos que nos advierten de qué es lo que sucede cuando la espiritualidad queda fuera de control. «Los lirios podridos —dice Shakespeare— huelen mucho peor que los yerbajos». No hay peor maldad que la corrupción de la bondad. No son las capas exteriores sino la mismísima médula de la vida espiritual la que se ve afectada por este tipo de envenenamiento (más virulento que la propia salmonella). La segunda mitad del siglo XX estuvo plagada de víctimas de este mal: superevangelistas, gurús, *bhagwans*, *rishis*, *siddhas* y rinpochés de todo tipo que, si bien durante un tiempo gozaron de un éxito asombroso, sucumbieron junto con sus seguidores presas de esa infección. De un modo u otro, tanto la conducta de los maestros como la de los discípulos acabó estando escandalosamente alejada incluso de la altura de los hombres comunes que no han alcanzado la salvación o la iluminación. ¡Hay que estar prevenido! Podemos soltarnos la melena, hacer lo que demonios nos apetezca, que nos importe un carajo la opinión pública, aspirar a una divinidad barata (intentar alcanzar la divinidad por cualquier clase de atajo rápido y sencillo), pero más pronto que tarde veremos cómo caemos por debajo de toda decencia mínimamente humana, cómo nos precipitamos a una bien merecida desgracia y, con el tiempo, al más completo olvido.

FISCAL: Muy consciente de todo esto (presumiblemente), el acusado nunca se cansa de hacernos saber que él no es ningún gurú, que no pretende en absoluto ser un maestro, que no está arropado por ninguna organización ni por ningún *ashram* (y también, claro está, que no predica sus propios Diez Mandamientos ni nada similar). Lo único que hace es, por así decirlo, regentar un establecimiento con artículos de tipo «hágalo usted mismo» en el que pueden encontrarse todo tipo de artilugios y cachivaches para que el cliente se convierta en su propio *bhagwan, rishi* (o lo que sea) de bolsillo.

TESTIGO: Sí, por supuesto. No es ningún tonto. La forma más inteligente de convertirse en un supergurú es menospreciar toda idea de gurú. Y la forma más astuta de propagar la blasfemia es hacer lo mismo que el cuco, que va dejando sus propios huevos en los nidos de los demás sin que estos se percaten. Así uno se ahorra muchas molestias, pero los daños sociales son considerables. Esta forma de actuar amenaza con convertir en cucos a una gran parte de la población.

Defensa: **La manzana y el manzano**

YO: Hay tres razones por las que no tengo preguntas para el testigo. Primero, porque el fiscal ya se ha ocupado amablemente de hacerlas en mi nombre. Segundo, porque estoy de acuerdo con gran parte de las respuestas que ha dado el obispo. Y tercero, porque a pesar de ello, él y yo tenemos puntos de vista tan sumamente distintos que si le interrogase lo más seguro es que sus respuestas y mis preguntas tuviesen intenciones totalmente opuestas.

Podría decirse que su negocio consiste en vender frutas, mientras que yo me dedico a la arboricultura. Lo que él busca son respuestas sobre las manzanas, si son sanas, si están dulces, si son abundantes... En cambio, lo que a mí me interesa es el árbol. ¿Se trata de un árbol que da manzanas verdes, rojas, de un árbol con injertos...? O quizá no se trate de un manzano en absoluto. Yo creo que lo primero es lo primero: resulta prematuro juzgar algo antes siquiera de saber qué es lo que se está juzgando. Esta debería ser la cosa más obvia del mundo, pero por lo general resulta ser la menos evidente. Las cortes medievales que juzgaban a los animales por inmoralidad eran abominables y absurdas. Pero ¿acaso lo es mucho menos la que me juzga hoy a mí? La justicia y el buen sentido nos dicen que, antes de que decidan qué reacciones son apropiadas y cuáles no, deberían preguntarse: «¿Reacciones de quién? ¿Reacciones a qué?». Los hechos se presentan antes que los juicios de valor que realizamos sobre ellos, las cosas son como son antes de ser como (según nuestra opinión) deberían ser. La pregunta crucial que mi vida plantea no es cómo he de comportarme, sino quién es aquel que se comporta o deja de hacerlo. Averigüen cuál es la respuesta correcta a esta última pregunta y la de la anterior llegará por añadidura, pero traten de hacerlo al revés (de resolver la primera antes que la segunda) y todo irá mal. El problema fundamental de este juicio no es el caso que se esgrime en mi contra o los cargos que se me imputan, sino las presuposiciones no examinadas en las que se fundamenta. Asunciones que la corte se niega a tratar y que yo insisto en analizar y examinar. Lo que se está tratando realmente en este juicio es la verdadera identidad del acusado (y, en consecuencia, también la de sus acusadores, quienes lamentablemente consideran todo este asunto de la identidad como algo cerrado a cal y canto, algo incuestionable, algo que no se puede someter a examen).

JUEZ, jugueteando con su martillo: Estoy harto de este desprecio por la corte y por la justicia que imparte. Además, ¿para qué están aquí todos estos testigos si no es para establecer su identidad (como alguien completamente humano)?

YO: Señoría, si se llamase a mil testigos, ninguno de ellos estaría en condiciones de determinar nada semejante. Calculo que la distancia que hay entre el asiento para los testigos y mi banquillo es de unos seis metros. Ese estrado constituye un lugar perfecto para determinar *cómo soy (el aspecto que tengo) desde ahí,* pero no es nada bueno para examinar *cómo soy aquí.* Desde ahí, el testigo capta una de mis innumerables apariencias regionales, pero todas ellas son apariencias de la Realidad Central que soy aquí. Y la diferencia entre estos dos puntos de vista es, en todos los aspectos, inmensa. Con el mayor de los respetos, señoría, le digo que usted y yo estamos ubicados de manera similar el uno frente al otro (como en un *vis-à-vis*). Aquí, a poco más de seis metros de su tribuna, yo estoy perfectamente bien situado para decirle lo que usted, el juez, está haciendo, pero justo ahí, en su sillón, a distancia cero de usted mismo, usted está perfectamente situado para decirme Quién es aquel que está, por así decirlo, suplantando al juez, personificándole o representando su papel. Tan solo usted puede determinarlo, porque únicamente usted, al coincidir con sí mismo, está en posesión de la información interna necesaria para responder a esa pregunta.

FISCAL: Que le dé lecciones al tribunal ya es de por sí bastante nefasto, pero que se atreva a dárselas al juez ya es demasiado. No le hace ningún bien, y ciertamente tampoco oculta el hecho de que está esquivando la cuestión que el testigo ha planteado en su testimonio: que la forma en la que usted vive no está a la altura de sus pretensiones. De hecho ¡está a miles de kilómetros de distancia! Lo que el testigo ha alegado es que su conducta revela quién es de verdad, es decir, John a-Nokes. Por sus actos (por sus frutos) conocemos al señor a-Nokes. Una cosecha un tanto escasa y ruinosa, por decirlo suavemente.

YO: Exacto. Yo mismo no podría haberlo expresado mejor. Por sus frutos (una cosecha ciertamente bastante pobre) tanto usted como yo conocemos a ese tal Nokes. ¿Qué otra clase de frutos podrían esperarse de él?

Al igual que el obispo, yo también establezco una clara diferencia entre los falsos místicos (odio la palabra *místico*, pero no conozco otra mejor), cuyos frutos, aunque vistosos, resultan ser indigestos, cuando no absolutamente nauseabundos, y el verdadero místico, cuyos frutos, a pesar de que a menudo son negados y apenas visibles, demuestran ser los más íntegros y saludables. Pues bien, ¿cuál es el factor decisivo, la diferencia determinante entre ambos? ¿Cómo podemos impedir que la espiritualidad se convierta en un infierno? Yo les diré cómo. En la práctica, el falso místico proclama: «No importan los hechos, no importa lo que yo sea; lo único que importa es lo que pueda llegar a ser», mientras que el verdadero místico afirma: «Primero voy a dilucidar qué es lo que soy y, una vez hecho eso, ya me ocuparé de hasta dónde puedo llegar o qué es lo que puedo conseguir». Para mí esto es combatir la confusión y las tribulaciones por medio de la verdad y la honestidad. La verdad es la clave, la consigna, la salvaguardia, la única póliza de seguros que existe contra los desastres espirituales. La verdad dada, la verdad brutal, siempre la verdad.

JUEZ: Eso suena muy bien, pero *¿qué es la verdad?*

Un griterío incoherente (algo acerca de un gobernador de Judea) proviene de la galería pública, aunque esta vez no se trata de los amigos del nuevo apocalipticista... Después, un desganado intento (fallido) por localizar al alborotador para expulsarle de la sala... Al poco, se restablece el orden.

YO: La verdad es la verdad de Dios. Puede que proclamar la verdad de Dios nos meta en líos, pero es lo que nos libera. La verdad de Dios es lo que cada uno de nosotros somos como la Primera Persona del Singular, tiempo presente. La verdad de Dios es lo que todos vemos cuando nos atrevemos a bajar la mirada, a dirigir la atención hacia dentro y a tomarnos en serio lo que encontramos. La verdad de Dios es la visión del Uno que se encuentra en el Centro de las cosas, Aquel que ha lanzado sus brazos hacia la inmensidad abriéndolos de par en par, que ha hecho saltar por los aires su parte superior, se ha vaciado por completo y se ha puesto patas arriba (no-cabeza abajo). La verdad de Dios, la verdad salvadora, es el comportamiento que emana de esa bendita visión.

¿Serían tan amables su Excelencia y las damas y caballeros del jurado de observar nuevamente el diagrama n.º 15?[*]

Permítanme recordarles lo que en él se muestra. En la parte inferior de la imagen he dibujado lo que todos somos como Primera Persona, y más hacia arriba la apariencia, el aspecto que tenemos como segunda o tercera persona ahí fuera, en el espejo y en la experiencia de cualquier otra persona que nos esté observando. Dense cuenta de cómo, cuando ese pequeño

---

[*] Véase el capítulo correspondiente al testigo n.º 15, el nuevo apocalipticista.

individuo de ahí extiende sus diminutos brazos, estos tan solo abarcan una porción extremadamente mínima del mundo (de su pequeño y reducidísimo mundo). Y de cómo cuando cada uno de ustedes, el Gran Indivisible, expanden sus enormes brazos, estos abarcan toda la inmensidad del mundo. Por favor, háganlo ahora, extiendan sus brazos, miren hacia el frente y observen cómo verdaderamente abarcan todo el ancho mundo. Por favor... [Dos miembros del jurado acceden. El resto parece sentirse avergonzado o se limita a mirar fija y fríamente hacia delante...] Estoy seguro de que desean garantizarme un juicio justo, ¿verdad?, concederme la misma consideración que le mostrarían a un abogado defensor en caso de que hubiese tenido uno. Ya sé que para realizar este experimento están sentados demasiado cerca, pero que sus brazos se superpongan un poco unos con otros no afectará en absoluto a la eficacia del experimento a la hora de demostrar lo que quiero enseñarles, que no es más que, *según la evidencia presente*, su mano izquierda está tan alejada de la derecha como lo está el este del oeste, que realmente están abrazando y acogiendo al mundo... [Aunque más o menos a regañadientes, con un poco más de persuasión, los diez miembros del jurado restantes acaban prestándose también a realizar el experimento].

Esos falsos místicos de los que hemos hablado no son más que un atajo de orgullosos y engreídos que se niegan a bajar la mirada e *inclinarse profundamente* ante la evidencia. Son pura arrogancia y altivez, tan condenadamente vanidosos que nunca llegan a pasar por la transformación descendente que nos lleva del humano poseedor de esos diminutos brazos al Divino Poseedor de estos brazos inmensos, los brazos de Dios que acogen y aman Su mundo. O, si llegan a verse en la Línea de Fondo, nunca van más allá, solo llegan hasta ahí, el fondo que tocan es ese Fondo, y se aseguran de utilizarlo como plataforma de lanzamiento desde la que despegar de nuevo hacia las alturas para dominar la escena, en lugar de centrarse en dirigirse hacia los lados para englobarla y acogerla.

JUEZ: Todo esto es demasiado... ¿cómo decirlo? Demasiado

físico. El testigo se estaba refiriendo a la moralidad.

YO: Admito, señoría, que verse a uno mismo como Aquel que acoge al mundo en su seno, sentir el amor que subyace tras ese gesto y actuar en consecuencia, son tres cosas absolutamente diferentes. Sin embargo, *si se le concede una mínima oportunidad, lo primero florece y da lugar a lo segundo y a lo tercero*. Es algo que lleva tiempo y que se da de forma invisible, pero no se trata de ninguna clase de logro; es despertar a los infinitos méritos del Gran Uno, no cultivar los míseros (o inexistentes) méritos de ese otro pequeño individuo. De hecho, este último parece empeorar con el tiempo cuando se ve expuesto a la cada vez más brillante luz derramada por el Gran Uno. ¡Lo sé! Puedo garantizarle al obispo que Jack es un elemento aún más deplorable de lo que él mismo se imagina. Cuento con información privilegiada en este sentido. Todas sus virtudes no son más que harapos inmundos.

¡Y, de entre todos ellos, el harapo más engañoso es aquel que enarbola el extraño aparataje de la excelencia! Con ambición e ínfulas de encumbramiento, el falso místico toma el camino de la ganancia en lugar del de la pérdida, de vivir la espiritualidad a lo grande, de tratar en vano de alcanzar la cumbre más alta, la que le sitúe por encima de todo y de todos, el zénit en el que por fin logre la perfección y esté tan alejado como sea posible del valle del que surgió. El verdadero místico, en cambio, se rinde ante el hecho de que lo que encuentra en la Línea de Fondo (tan resplandecientemente visible como el lugar en el que su camisa se desvanece en el Vacío) con tan solo inclinarse lo suficiente, con llegar lo suficientemente bajo, no es otra cosa que su Realidad, su Fuente, su único Recurso, su Raíz. Permaneciendo con esa Raíz, cuidando de ella, disfruta a su debido tiempo de los frutos que esta le ofrece; unos frutos reales, verdaderos, enormes, abundantes y deliciosamente dulces. Qué distinto de aquellos otros que buscan la excelencia siempre hacia arriba, siempre alejándose, con la cabeza bien erguida, nunca doblegada, estirando el cuello más y más y alcanzando alturas cada vez más precarias y estériles. Infructuosos, por decirlo suavemente, resultan sus intentos por cultivar la virtud personal distanciándose de la Raíz de toda virtud y su negativa a rendirse ante la evidencia de su Naturaleza y su Fuente Esenciales.

Con tan solo inclinarme, con tan solo caer lo suficientemente bajo, encuentro todo lo que necesito. Aquí, en el mismísimo lecho de la imagen (de la vista) del mundo, se esconde Aquel que aparece de pronto justo donde y cuando yo desaparezco; el Uno que soy yo (y que, sin embargo, no soy yo, sino el Uno que vive en mí); el Eterno Pantocrátor cuyos frutos no son únicamente los más jugosos del mundo, sino el mundo mismo.

FISCAL: Lo cual no tiene demasiado que ver con su blasfema doctrina, la cual no es más que un farragoso montón de inconsistencias. La mitad del tiempo se la pasa reclamando una extraordinaria cosecha de frutos y la otra mitad proclamando que está podrida. ¿No será que no hay ninguna cosecha en absoluto?

YO: Dejaré que sea Juliana de Norwich quien responda por mí: «Dios es todo lo que es bueno, y la bondad que hay en todas las cosas es Él». Yo no soy ningún santo, pero pregúntele a cualquier santo cuán justo y virtuoso es, y no alegará poseer ninguna santidad sino ser un pecador. Ni tan siquiera su Maestro permitiría que la gente dijese de Él que es bueno, tal y como yo lo estoy haciendo.

Es usted, *sir* Gerald, quien está confundido. La verdad es tremendamente simple. Tan solo *mire* y *vea*. «Mientras nuestros pasos recorran la senda de las creencias —dice san Bernardo— y no la de la contemplación, seguiremos morando en las tinieblas. Los virtuosos, al vivir en las creencias, viven en la sombra». Lo que todos somos, lo que ustedes son en y para sí mismos en su capacidad como Primera Persona es precisamente eso, Capacidad. Visiblemente carentes de todo fruto propio, cada uno de nosotros es como un almacén ilimitado en el que albergar los frutos de los demás. Es por esto que suele decirse que si queremos saber cómo es alguien de verdad, no tenemos más que preguntarle qué es lo que piensa de los demás. No es ningún secreto. Una persona es buena en la medida en la que ve bondad en los que le rodean. Y esto tiene perfecto sentido, pues como Quien es real y verdaderamente, es la Raíz (y las raíces, como tales, son completamente estériles). Dios como su mundo es el más rico de los vergeles, está repleto de tantos frutos maduros y deliciosos como es posible concebir, pero Dios como Él mismo, intrínsecamente (Dios como Abismo), está privado de todo aquello a lo que da lugar. Ser su propio Origen equivale a ser su propia Ausencia. Nadie es más pobre que Él. Únicamente Él está lo suficientemente bajo, es lo suficientemente humilde, simple, nada, como para crearlo y mostrarlo *todo*.

Miembros del jurado, según un antiguo proverbio chino una imagen vale más que mil palabras. Les ruego que hagan un par de cosas. En primer lugar, que se refieran una vez más al diagrama n.º 15, que observen con atención su mensaje (que lo vean *ahí delante*) y, una vez hecho esto, que se apliquen dicho mensaje a ustedes mismos, que se miren, que dirijan su mirada *hacia abajo,* hacia su Línea de Fondo, su Línea Base, su Fundamento, y verán con una claridad incomparable el Lugar en el que su apariencia (aquello que creen ser) se da la vuelta como un calcetín y se convierte en Lo que son de verdad; el emplazamiento en el que Ustedes como Raíz comienzan a florecer, a avivarse, a brotar y a fructificar, eternamente, como el mundo mismo.

A Jack lo conoceréis por los frutos de Jack, y a su Yo Mismo (a su propio Ser) por Sus frutos.

Los siguientes extractos (hindúes, budistas y cristianos, en ese orden) tienen sentido cuando nos los aplicamos a Nosotros Mismos como Primera Persona, pero carecen por completo de él cuando lo hacemos como tercera persona (sin tener en cuenta para nada a la anterior).

¿Quién puede prohibirle vivir como le plazca a este espíritu inmenso que sabe que el universo entero es únicamente Él mismo?

Ashtavakra Samhita

Sus acciones no pueden someterse a los juicios externos habituales. Mientras sean el flujo inevitable de su Vida Interior, son buenos, incluso santos.

D. T. Suzuki

La Iluminación Suprema consiste en comprender que no hay ni la más mínima cosa que alcanzar.

Sutra del Diamante

En todo hombre que se incline humildemente, Dios derrama en él todo Su Ser con toda Su fuerza y todo Su poder tan completamente que no le negará ni Su vida, ni Su naturaleza ni Su perfecta divinidad. De este modo, se vacía completamente de sus frutos vertiéndolos en aquel que, abandonado a Dios, asume el lugar más bajo.

Eckhart

En verdad os digo que a menos que el grano de trigo caiga en la tierra y muera, quedará solo, pero si muere, dará muchos frutos.

Jesús

Ama a Dios, y haz lo que quieras.

San Agustín

Testigo n.º 17 de la acusación

EL ATEO

EL TESTIGO DECLARA QUE me conoce desde la infancia. Fuimos juntos a la escuela. Desde entonces, no puede decirse que seamos amigos íntimos, pero sí que hemos mantenido el contacto y nos hemos visto con frecuencia para ponernos al día, intercambiar noticias y opiniones. Sí, me conoce bien.

FISCAL: Hablando de opiniones, ¿qué piensa de la palmaria y notoria declaración que el acusado ha hecho al mundo afirmando que en realidad no es en absoluto John a-Nokes, sino su Creador? ¿Hasta qué punto casa con esto lo que usted sabe de él?

TESTIGO: Bueno, supongo que hasta ahora sus testigos han dicho que Jack no es lo suficientemente *bueno* como para ser el Creador del mundo. Yo digo que en realidad es al contrario, ¡que no es lo suficientemente *malo* y que está siendo tremendamente injusto consigo mismo!

FISCAL: ¡Tenga cuidado de no cometer blasfemia usted también!

TESTIGO: ¡No puedo creerlo! Me envía una citación que no puedo rechazar, me fuerza a venir aquí y a testificar contra un hombre que siempre me ha caído bien, me hace jurar que diga la verdad y nada más que la verdad hasta donde alcanza mi conocimiento, eso es justo lo que empiezo a hacer ¡y prácticamente me acusa de cometer un delito! ¡Encima, un delito capital! Le suplico al juez que intervenga.

JUEZ: Como testigo, puede usted permitirse cierto grado de privilegio, pero le aconsejo que cuide su lenguaje y que evite ofensas innecesarias.

FISCAL: Gracias, señoría. [Dirigiéndose al testigo] Haga el favor de continuar con su exposición, pero teniendo en cuenta las advertencias del juez.

TESTIGO: Estaba a punto de explicarle a la corte cómo es Jack en realidad. Ciertamente no es ningún santo, y en su juventud, como todos los demás, hizo su buena parte de fechorías, pero se ha convertido en una de las personas más afables que conozco. Cuando digo que no le haría daño ni a una mosca, lo digo literalmente. Se tomaría muchas molestias para rescatar a una araña que haya quedado atrapada en la bañera o en el fregadero y volverla a poner en algún lugar seguro del jardín. Le he visto angustiarse al darse cuenta de que había pisado sin querer a algún insecto o a algún bicho que pasaba por ahí. Le cuesta horrores deshacerse de una planta moribunda si ya ha estado viviendo con ella uno o dos años. En lo que respecta a otros seres humanos, si bien, como es lógico, no le gusta que le engañen ni que le pongan en ridículo y siempre se muestra escrupuloso y exacto con pequeñas menudencias hasta el punto de parecer mezquino, en los asuntos verdaderamente importantes es más que generoso y siempre perdona a todo el mundo. Si tienes dificultades, es más probable que te preste cincuenta mil libras que cincuenta. Siente el dolor de los demás como si fuese el suyo propio. No puede aislarse de la angustia o la alegría de aquellos que le rodean. La gente le gusta de verdad. Hasta admira a algunos políticos... Puedo asegurarles que este hombre, a pesar de sus muchos defectos, posee el corazón más grande, más abierto y más cálido del mundo. Supongo que no soy objetivo y que estoy condicionado para estar a su favor. Si no fuera así, supongo que diría que es un *imbécil*.

JUEZ: Al jurado le gustaría saber qué tiene que ver todo esto, por muy edificante que sea, con el delito que se le imputa al acusado. Muchos asesinos han mostrado afecto hacia los animales, muchos ladrones violentos han sido buenos y leales amigos de otras personas, pero todo esto no ha contribuido en lo más mínimo a su defensa. Hasta donde yo sé, los blasfemos pueden ser maridos y padres ejemplares y tener un gran encanto social, pero eso no hace que dejen de ser blasfemos.

TESTIGO: Si la blasfemia es darnos una importancia desmesurada a nosotros mismos y que se nos suban los humos a la cabeza, si consiste en pretender públicamente ser más de lo que en realidad somos, entonces a buen seguro el acusado no es ni por asomo un blasfemo. Muy al contrario; al pretender ser el Creador de un mundo como este, estaría de facto declarándose a sí mismo como un monstruo, como alguien que ni tan siquiera llega a humano, y no como alguien superhumano o que, de algún modo, esté por encima de los demás. Como digo, se está menospreciando, está cometiendo una gran injusticia consigo mismo.

FISCAL: Me veo obligado a reiterarle mi advertencia...

TESTIGO: Lo único que hago es señalar algo que hasta los colegiales saben (o al menos, aquellos que presten la debida atención en las clases de biología). Nos lamentamos por la mortalidad infantil como si no se tratase de algo natural, cuando lo cierto es que sobrevivir hasta alcanzar la madurez es un auténtico milagro. ¿Qué posibilidades reales de salir adelante tienen un alevín de bacalao, una araña de jardín recién nacida o, para el caso, un espermatozoide humano? ¿Acaso necesito recordarles que en la naturaleza impera la ley de matar o morir, que todos los organismos han de luchar y defenderse con uñas y dientes, que la vida ataca despiadadamente a la vida, la horrible crueldad y el dolor innecesario que la caracterizan, o la incontestable e inmemorial victoria de la fuerza bruta sobre la razón? Estoy hablando de algo que está descaradamente a la vista, algo que cualquiera con dos ojos en la cara puede ver y que a todos debería estremecernos. Pensemos en los sucios e indecentes trucos en los que nuestra querida Madre Naturaleza incurre en secreto, en sus hordas de gusanos quintacolumnistas que, no contentos con infestar el hígado y otras vísceras, pueden llegar incluso a invadir también el ojo y el cerebro. Y no me refiero al parásito ocasional que podríamos esperar encontrar medrando en algún fruto hermoso y reluciente, sino de esos espantosos horrores armados con ganchos y ventosas que son tan corrientes como las criaturas sobre las cuales prosperan. Todo pájaro que hiende el aire con su vuelo (con el perdón de William Blake) es un inmenso mundo de garrapatas, gusanos, quistes y trematodos que en modo alguno están ahí por casualidad. Muchas criaturas marinas lo tienen aún peor. La *Sacculina* es, como su nombre indica, un demonio con forma de saco; se agarra al abdomen de los cangrejos y desde ahí envía ramificaciones a todas las partes del cuerpo de su huésped aún vivo. Díganme, ¿qué ha hecho el cangrejo para merecer este castigo? Y lo mismo ocurre con otros mil ejemplos que podríamos mencionar. El modo en que la Vida se infesta, se hostiga y se mortifica a sí misma está más allá de todo lo concebible.

Y, por supuesto, después tenemos la condición humana. Nacen niños con trastornos psicológicos, o con cáncer. En este mismo instante innumerables bebés agonizan presa de cientos de aflicciones horribles. Contemplen el escandalosamente injusto reparto de premios y castigos de la Vida, los seculares dolores, padecimientos y depravaciones con los que la naturaleza humana siempre ha tenido que lidiar y de los que todos somos víctimas. Si estamos hechos a partir de un diseño, no cabe duda de que el diseñador ha de ser un demente o un sádico.

Sin embargo, John a-Nokes (bendito sea su corazón) cree y confía en un Dios Creador. Tanto es así que, de hecho, tanto cuando piensa como cuando habla, se identifica a sí mismo con este Ser. Y no lo hace de forma ocasional y a escondidas, sino incesantemente y en público, lo que despierta la cólera de los píos. Pero me alegra poder decir que en lo que respecta a su conducta y a sus sentimientos se encuentra a años luz de ser un Dios que pudiese ser responsable de un universo así.

FISCAL: ¿Está usted diciendo que efectivamente existe un Dios (un Dios malvado, según sus palabras) a los pies de cuya puerta deberíamos poner todas estas abominaciones? ¿O, por el contrario, lo que está sugiriendo es que una Entidad tan malévola resulta impensable, que lo único que podría excusar a Dios sería que no existiese? En otras palabras, ¿es usted de los que sostienen que todo el espectáculo de la vida no es más que una concatenación aleatoria, irreflexiva y accidental de partículas, un universo que se muestra en igual medida indiferente ante los valores humanos que tan hermosamente ha llegado a producir como a la aniquilación de los mismos?

TESTIGO: Sí. Me decantaría más bien por la hipótesis de la concatenación aleatoria e irreflexiva. Al fin y al cabo, la materia viva es tan rara e irrelevante en el universo como pudieran serlo un puñado de agujas hipodérmicas desechables en sendos pajares. Además, la hipótesis de la concatenación aleatoria e irreflexiva es mucho menos horrible que su alternativa, en la cual necesariamente tendríamos que asumir que el universo es un artilugio diabólico orquestado por el mismísimo Diablo.

FISCAL: Dejemos esto claro. Usted ha llegado exactamente a las mismas dos conclusiones que los anteriores testigos, solo que desde la dirección opuesta, siendo la primera de estas conclusiones que el acusado insiste pública y escandalosamente en que es el Todopoderoso, y la segunda que miente y que, en realidad, está a miles de kilómetros de distancia de serlo. ¿Estoy en lo cierto?

TESTIGO: Bueno, lo que he querido decir es que...

FISCAL: ¿Sí o no?

TESTIGO: Sí, pero...

FISCAL: Decídase.

TESTIGO: Sí.

FISCAL: Ruego que el jurado lo tenga en cuenta. Lo importante no es cómo ha arribado el testigo a estas dos conclusiones (las cuales, si se toman conjuntamente, evidencian la culpabilidad del acusado), sino el hecho de que haya llegado a ellas. Que lo haya hecho sin intención y sin malicia no hace sino conferir un mayor peso a su testimonio.

Defensa: **El cactus nocturno**

No tengo claro si dejar marchar al testigo o si retenerle unos instantes para un pequeño contrainterrogatorio. Con un amigo como este en la corte, ¿quién necesita enemigos? Su adulación tiene visos de resultar tan perniciosa como la censura del resto de los testigos. Echando cuentas... sí; creo que mi decisión final es ver hasta dónde puedo llegar para poner a este viejo compañero de escuela de mi lado, y tal vez al mismo tiempo ganarme también a algún escéptico miembro del jurado.

YO: No puedo permitir que salgas de aquí sin haber puesto en tela de juicio previamente la caricatura de Dios y Su mundo que has presentado. Es justo que el jurado descubra si se sostiene al someterla a examen. Nunca hemos hablado de tu ateísmo, pero ahora me veo obligado a hacerlo, pues es necesario para mi defensa. ¿Puedo asumir que, dado que mi vida está en juego y que hasta el momento puedo conjeturar que lo único que has hecho ha sido reforzar los cargos en mi contra, te mostrarás abierto a mis argumentos?

TESTIGO: Claro que sí. Adelante.

YO: No digo que tu exposición *mienta* sobre los hechos, pero sí que los toma de forma selectiva. Siendo un poco más exigentes a la hora de examinar el comportamiento de la Naturaleza, es posible (y así se ha hecho en muchas ocasiones) argumentar que en esta la cooperación prevalece sobre la competición brutal, que la ayuda mutua es más común y tiene más peso que la explotación. Ojalá tuviese tiempo para exponer ante la corte las maravillosamente intrincadas e improbables formas en las que criaturas despiadadas y egoístas apoyan y fomentan de forma involuntaria el bienestar de otras criaturas igualmente despiadadas y egoístas. Lo más probable es que las especies que evolucionan con rapidez les deban más a sus enemigos que a sus amigos. Aunque cueste creerlo, la unidad orgánica de las miríadas de criaturas que constituyen la Vida es al menos igual de completa que la unidad orgánica de las miríadas de células que constituyen un organismo, una forma de vida individual. De hecho, John a-Nokes es un todo inferior al de la biosfera, la cual, a su vez, es un todo que abarca muchísimo menos que la totalidad del Cosmos. Tan solo el mundo de Dios (tan solo Dios como Su mundo) es *Uno*. Cualquier cosa inferior es incompleta, no está autocontenida, no está presente en todas sus partes, no está a la vista en su totalidad y, por lo tanto, no debe ser tomada al pie de la letra. Solo la Totalidad es *total*.

Únicamente la Totalidad de las cosas se encuentra en una posición desde la que puede apreciarse a Sí Misma en su unidad desde la Nada, la No-cosa que se encuentra en su mismo Centro. Y esa posición es la tuya, ¡exactamente donde y lo que eres ahora mismo como Primera Persona del Singular! ¡Así de afortunado eres!

¿Me sigues hasta aquí?

TESTIGO: Más o menos... Lo que no puedo aceptar es el término Dios, pues para mí ese nombre tiene demasiadas connotaciones negativas...

YO: Entonces refiérete a Él como Nadipapi. No le va a importar lo más mínimo.

Ahora abordemos la cuestión del sufrimiento que se da en Su mundo (la historia interna de las dolencias y achaques de Dios, podríamos decir). Es indudable que existe una gran cantidad de sufrimiento, pero no de la clase ni de la intensidad que proyectamos en criaturas cuyos niveles de organización y sistemas nerviosos difieren mucho de los nuestros. ¿Cómo es posible que incluso nosotros, los seres humanos, que, por lo general, tenemos muy desarrollada la sensibilidad, seamos capaces (en accidentes, en momentos de éxtasis, cuando estamos atrapados en alguna aventura que nos absorbe por completo, o simplemente cuando nos hemos dado una panzada de algo) de no sentir ningún dolor en absoluto a pesar de que al cuerpo se le esté infligiendo la más severa de las penas? Por otra parte, has incidido en la manera tan abominable en la que se comportan las criaturas, devorándose las unas a las otras así, sin más, ya sea abiertamente o en secreto. Pero sería al menos igual de razonable considerar el hecho de comerse a otra criatura o ser comido por ella como el intercambio de cumplidos más sincero y profundo que puede existir, o incluso como la forma más elevada de amor. Cuando están en la cama, John le dice a Mary que la quiere tanto que *se la comería*, y viceversa. ¡Metafóricamente! Hambrientos después del coito, se dirigen a la cocina y allí ambos aman tanto al lenguado que se lo comen (a la *meunière*). Aman tanto al pollo que se lo comen igualmente (a la *cacciatore*). ¡Y en este caso no hay nada de metafórico! El amor que John y Mary sienten por los peces y las aves de corral es tan profundo que los convierten en ellos mismos, en John y Mary. Lo más probable es que no den las gracias después de la comida, pero si lo hiciesen, lo más seguro sería que tuviese más que ver con lo Supranatural y con la Sagrada Comunión que con la crueldad de la Naturaleza.

¿Ves a donde quiero llegar?

TESTIGO: Voy avanzando a trompicones, Jack. No es que me importe la terminología que empleas.

FISCAL: Quienes a buen seguro no le siguen, sea cual sea la terminología que emplee, son los miembros del jurado. ¿Qué rayos tienen que ver estos placeres de cama y de mesa con el delito de blasfemia?

YO: Mucho. No estoy divagando en absoluto. De hecho, de lo que se me acusa es de ser un mero fragmento de la Totalidad que pretende ser la propia Totalidad, lo que trastoca en gran medida a otros «meros fragmentos». El argumento de mi defensa se basa en afirmar que, en el mejor de los casos, esto es ridículo, una verdad tan sumamente parcial que equivale a una estrepitosa mentira. Estoy en medio de mi digresión para probarlo, por lo que pido que se me deje continuar...

Vuelvo entonces a dirigirme al testigo de la acusación (a ti, mi viejo compañero de colegio) para tratar de convertirle en testigo de la defensa. Tomamos en consideración lo que has dicho sobre el enorme volumen que ocupan los objetos inanimados que componen el universo en comparación con la menudencia de las cosas animadas. Lo que pareces estar diciendo es que la rareza de estas agujas refulgentes que son los seres vivos, perdidas en este inconcebiblemente grande pajar, tan solo puede significar que son irrelevantes, una mera casualidad sin consecuencia o importancia alguna, agujas sin brillo ni punta, por seguir la metáfora. Pero tal valoración por volumen es vulgar y estúpida; no vale la pena ahondar en ella.

Según ese criterio, el Coliseum ha de ser millones de veces más importante que la gema helenística Gonzaga Cameo, y el Niágara miles de millones de veces más hermoso que una simple gota de rocío que refulge al reflejar el incipiente sol de la mañana. En cambio, si lo pequeño es hermoso, la Vida en el universo es lo más prodigioso, delicado y exquisito que existe. Tanto más por el hecho de brillar sobre un telón de fondo tan sumamente vasto y sombrío.

Lo mismo puede decirse de la valoración basada en los lapsos temporales. En el Himalaya crece un cactus sucio, puntiagudo y desagradable como solo pueden serlo los cactus; una desgracia de planta bien conocida entre las malas hierbas. Pero una noche al año despliega una flor de ensueño, un único capullo que, al abrirse, resplandece con la mitad de los colores del arco iris en un diseño hermosamente complejo al tiempo que emite su delicada fragancia. A la mañana siguiente, terminado el sueño, de la flor no queda más que el recuerdo, pero su breve aparición hace que no sea posible seguir incluyendo a este cactus en la categoría de «malas hierbas», ni tampoco que la despreciemos o la dejemos de lado como una criatura poco agraciada que tan solo en raras ocasiones tiene el privilegio de hospedar a algo nuevo y precioso. ¡Oh no! Independientemente de lo grande, común, mediocre o manida que sea la planta, o de lo minúscula, rara y breve que sea la flor, lo cierto es que a partir de ahora la planta es considerada como lo que siempre ha sido: una planta *con flor*. Por la misma razón, una oruga no es un simple gusano con patas, sino una mariposa almirante rojo en ciernes, una semilla no es una mera semilla sino la primera fase de un florido *mesembryanthemum*, un óvulo fertilizado no es una mera célula sino el modesto comienzo de Leonardo da Vinci. Cuando se trata de dar un valor a las vidas individuales que se desarrollan en las escalas más diminutas de nuestro entorno somos razonablemente generosos y generosamente razonables. Juzgamos al héroe por lo que le hizo ganar la medalla, a la criatura más tosca por su mejor momento, a la raíz que se alimenta de estiércol por la rosa de Damasco a la que da lugar.

Y así debería ocurrir también (¡mas Dios sabe que no ocurre!) con este trágicamente infravalorado y abusado universo Suyo. Engañados por su tamaño y por nuestras propias varas dobles de medir, donde menos racionales y generosos nos mostramos es justamente ahí donde más deberíamos serlo. Todos somos blasfemos cuando despreciamos hasta el límite el mundo de Dios. Si algo florece, rechazamos la flor como un mero accidente, como algo extraño, una flor que podemos cortar y regalar sin el más mínimo empacho. Si algún organismo desarrolla una extremidad, ¡se la amputamos para poder así demostrar que el cuerpo está muerto! Pero ¿por qué no admitir que también este gran Organismo ha de ser juzgado por sus flores, en lugar de por sus semillas o sus raíces (juzgado, de hecho, por la semilla, la raíz, la flor y el fruto como un Todo estrictamente indivisible)? Visto de esta manera tan realista, todo se transforma al instante. Un universo tosco, funesto y ceniciento capaz de producir una obra como *El nacimiento de Venus* de Botticelli no es en absoluto un universo tosco, funesto y ceniciento. Un universo silencioso y con los labios apretados que es capaz de cantar *O Isis und Osiris* es un universo que canta a pleno pulmón. Un universo con cara de póquer que se saca de la manga a un autor como P. G. Wodehouse capaz de crear a personajes como Jeeves, Bertie Wooster o Gussie Fink-Nottle, es un universo que se está riendo a carcajada limpia. Un universo sin corazón que en la plenitud de los tiempos ha dado lugar al tierno, compasivo y entregado amor de Jesús de Nazaret, es un universo que, cuando menos, ha desnudado por completo su corazón.

FISCAL: ¿A dónde nos conduce toda esta *mélange* de poesía, teología y cosmología? A la Ley Reguladora de la Blasfemia no podrían importarle menos sus momentos de rapto con respecto a la relación que existe entre el ser humano, el mundo y Dios. Ni tan siquiera ventilándolos públicamente dejan de ser un asunto meramente personal y en ningún caso conciernen a esta corte (siempre y cuando no indignen a quienes sostienen opiniones contrarias, no desprecien lo que consideran sagrado ni amenacen con causar desórdenes públicos).

YO: Justo ahora iba a llegar a la parte escandalosa e insubordinada. Prepárese para lo que usted a buen seguro juzgará como algo suficientemente escandaloso como para poner mi vida en juego, si bien para mí no es más que puro sentido común.

El verso de Gertrude Stein que dice «una rosa es una rosa es una rosa es una rosa», si bien suena como una obviedad forzada y llevada un poco lejos, en realidad no es más que un absoluto disparate. La rosa no es una rosa, ni una rosa, ni una rosa. La rosa no es nada sin el rosal o todo lo que este necesita para ser lo que es (que es bastante). No es absolutamente nada sin hojas, sin tallo, sin raíces, sin humus, aire, lluvia, sol, y así hasta el infinito. No es absolutamente nada sin Todo. A decir verdad, no es ni más ni menos que el propio universo brotando y floreciendo; este tosco, funesto y ceniciento universo que produce una cabeza (la más hermosa de las cabezas) rosada y perfumada. ¡Eso sí que es una rosa! ¡Esta rosa que es el mundo entero me deja profundamente maravillado! Pero no hasta el punto de considerar que una mera planta me supere. Lo que vale para la rosa también vale para mí. *No soy* John a-Nokes, *ni* John a-Nokes, *ni* John a-Nokes. No soy absolutamente nada sin todo lo que necesito para ser John a-Nokes, sin el resto de su ser, que es lo mismo que decir sin todo lo demás. Para mí, fingir que soy John a-Nokes, presente y completo como ese pequeño individuo, como ese fragmento inviable que tan solo por conveniencia recibe el nombre de John a-Nokes, es puro orgullo, una necedad y, ciertamente, blasfemia. Por el contrario, admitir que me muestro como John a-Nokes únicamente por cortesía de todo lo que me constituye (es decir, por cortesía de la Totalidad, del Uno que realmente soy) es pura humildad, es tener buen sentido y haber encontrado el remedio para la blasfemia. Dios está floreciendo aquí como John a-Nokes. Y también lo hace, y de una manera muy hermosa, ahí, en los bancos del jurado. ¿Acaso hay algún lugar en el que Él *no esté* brotando, floreciendo?

Y, por supuesto, cuanto más alta y fragante sea la flor, más humildes y silenciosos son sus orígenes. El tallo de pinchos de la rosa y su poco atrayente raíz están mucho menos *sub rosa* (es decir, son mucho más notorios y conocidos) que esta planta de judías que es Jack.

FISCAL: Lo único que consigue con todas estas ocurrencias y retorcidas paradojas es probar su culpabilidad. ¿Qué sentido tiene tratar de ganarse al testigo al lado de la defensa ahora que usted mismo, una vez más, ha vuelto a ponerse inadvertidamente del lado de la acusación y se ha condenado con sus propias palabras? ¡Dice que ahí, en el banquillo de los acusados, lo que está floreciendo es nada más y nada menos que la flor de Dios! ¿Acaso se refiere a alguna especie de violeta apocada o retraída? ¡En absoluto! ¡Y lo dice sin el más mínimo rubor o empacho! ¡Asegurando de este modo que vaya a ser arrancada antes de tiempo!

Por cierto, ¿ha terminado usted de interpelar al testigo?

YO: No del todo. Lo que he estado tratando de explicarle durante toda la sesión tanto a él como a todos los presentes en la sala es algo perfectamente sencillo, algo serio, sobrio, objetivo y evidente. Se trata de llegar a la verdad de cuál es mi Naturaleza intrínseca y expresarla tal y como es, sin tapujos ni cortapisas. Es la verdad que me libera del poder que esta corte ejerce sobre mí. Den lo mejor (es decir, lo peor) de ustedes mismos; por mi parte, no puedo permitirme comprar un veredicto de inocencia que me cueste ni una sola mentira.

Vuelvo, por lo tanto, a ti, mi querido amigo ateo. Si a estas alturas puedes considerarte testigo de la acusación o de la defensa es algo que, sinceramente, no me importa demasiado. ¿Dime si tiene sentido para ti mi insistencia en la unidad de la rosa, el rosal, su raíz, la tierra y el mundo entero?

TESTIGO: Sí, tiene sentido, pero algunas de sus rosas son realmente malvadas. Parece que olvidas el hecho de que este maravilloso y floribundo universo tuyo también ha dado origen a brotes de la calaña de Gilles de Rais, el Marqués de Sade o Aleister Crowley. Por no hablar de Julius Streicher,

Calígula, Iván el Terrible o Jack el Destripador. Ver el arbusto desde cerca o desde lejos, a través de cristales de color rosa o tintados, no ayuda en lo más mínimo a podar esas ramas, a evitar su indeseable crecimiento o a curar sus trastornos, y ya no digamos a modificar su especie. Los hechos son hechos son hechos son hechos. Y muchos de ellos son hechos espantosos.

YO: Sí, pero no son fijos e inmutables. Lo que en un cierto nivel puede parecer un hecho incontestable muy bien puede ser falso en el siguiente. Simplemente no es cierto que los objetos permanezcan igual sin importar desde dónde se los vea. La distancia es la varita mágica de Dios, su hechicería más absoluta. Acercarse a mí es como adentrarse en el País de las Maravillas. Un segundo y un metro son suficientes para convertir a este hombre travieso y problemático en un Edén de criaturas inocentes, y una fracción de milímetro y de segundo adicional son más que suficientes para dejarlas a todas ellas más tiesas que una piedra.

Como objeto que puede ser visto desde todos los puntos de vista y desde todas las distancias, poseo una infinita variedad, soy cósmico. Pero ¡qué diferente es eso a cómo soy cuando me veo desde mí mismo, desde ninguna distancia, cuando me veo como Sujeto! Aquí soy eternamente uno y lo mismo. Aquí y ahora soy el Único, la Conciencia Una e Indivisible que ni es, ni está dentro de, ni es propiedad de, ninguna cosa. Muy al contrario: todas las cosas están en Ella, parten de Ella, están hechas de Ella y surgen por Ella. Soy Yo Mismo como la Raíz de mi raíz, Yo Mismo como Primera Persona del Singular en tiempo presente, Yo mismo como el Uno que ve, el Uno que oye, la Conciencia Una presente en todos los seres a la que se refieren los Upanishads.

Por favor, pasen al diagrama n.º 16. La imagen 16a muestra a un yo engañado, embaucado; un yo que confunde perversamente esa cabeza de alfiler y la toma por el asiento y el centro de mi conciencia, por el mirador desde el cual veo el mundo; un objeto que se hace pasar por Sujeto, una tercera persona que interpreta el papel de la Primera; una rosa altanera y presumida que finge ser su propia Raíz, su propia Fuente. Me muestra a mí saliéndome de mí mismo (a una distancia de aproximadamente un metro hacia delante). Me muestra blasfemando como un loco. Y, sin embargo, tal es la condición humana; tan endémica y generalizada es esta falacia de la conciencia desubicada que rara vez se pone en duda. El resultado es un mundo profundamente mal percibido, un mundo soñado que se está convirtiendo a pasos agigantados en una pesadilla, una ficción social de proporciones gigantescas que se perpetúa a sí misma; una ficción que, no obstante, no es lo suficientemente real como para acabar por completo con el mundo de Dios.

En cambio, en la imagen 16b podemos ver Su mundo puesto al derecho, tal y como corresponde realmente; un mundo que se percibe conscientemente desde el único lugar desde el que se puede percibir en todo caso: desde el Centro de todo, desde el Origen de todo, desde el Receptáculo de todo. Aquí está la visión que Dios tiene de Su mundo; el mundo tal y como se ve a través del ojo de Dios, y es en todo punto contrario al ilusorio mundo percibido a través del ojo del hombre (tan pronto inestable, tan pronto caótico o absolutamente desastroso).

Espero que estas dos imágenes no solo muestren claramente la diferencia que existe entre el punto de vista del blasfemo y el del no-blasfemo, sino que también den una idea de lo distintos que, necesariamente, han de ser ambos mundos.

TESTIGO: Pero todo esto no me dice nada sobre lo que ocurre en mi experiencia cotidiana. No alcanzo a entender qué diferencia supone (si es que supone alguna) este cambio de perspectiva en lo que respecta al objeto visto.

YO: Las consecuencias son muchas, radicales y profundamente apreciables, pero no es posible descubrirlas discutiendo sobre este asunto, sino tan solo llevando a cabo dicho cambio uno mismo y permaneciendo en este «nuevo» estado. No obstante, lo que sí puedo hacer para alentarte es esbozar tres de sus resultados principales:

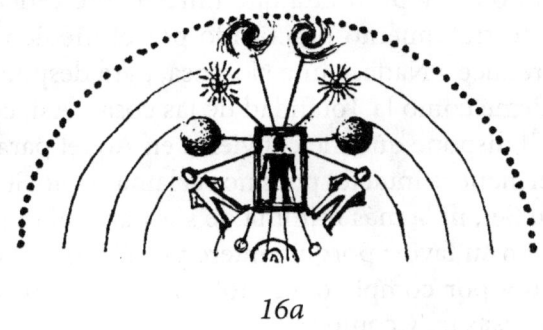

16a

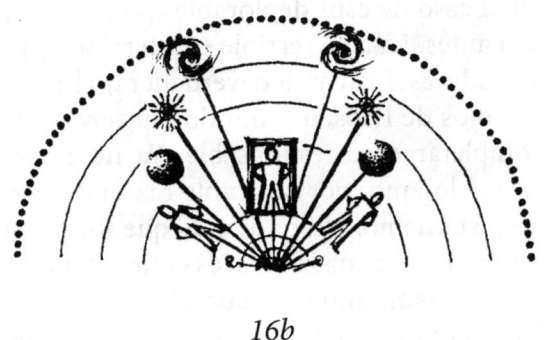

16b

Diagrama n.º 16

(1) La falsa visión, la que se obtiene cuando se ve a través del ojo del hombre (16a) inflige al mundo una herida casi mortal al dividirlo en una parte llamada «yo» y otra llamada «no-yo», en una pequeña cosa (lo que ve) aquí y otra cosa gigantesca allí (lo visto). ¡No es de extrañar que se derrame tanta sangre! Solo Dios puede sanar una herida así, una

herida tan honda y profunda que únicamente cederá ante el más drástico tratamiento practicado por el Médico Maestro, quien me reduce a Nada, a una No-cosa, para después volver a reconstituirme como la Totalidad de las cosas. Así, con gracia absoluta, Él dispone que me convierta en Aquel para quien el mundo permanece intacto, pues no reclama como Suya, como parte de su Ser, ni la más mínima de sus partículas; porque se desvanece en su favor; porque muere por él. Solamente como Él aquí estoy por completo allí, totalmente en mis cabales y viendo las cosas tal y como son.

(2) La segunda diferencia está relacionada con la primera. Por un lado está mi falsa visión, el mundo visto a través de los ojos del hombre; un mundo al que me enfrento, del que no soy responsable, del que me lavo las manos; un mundo que, en su mayor parte, me desagrada y que en algunos casos detesto; por ejemplo, en el caso de esos deplorables personajes que hemos mencionado antes. Iván el Terrible es... terrible, y punto.

Por otro lado está mi visión verdadera, el mundo visto a través de los ojos de Dios; un mundo que soy yo mismo y del que soy completamente responsable. Ya no es solo que me guste, sino que lo amo, por la simple razón de que uno tiene que amarse a sí mismo. No duden de que un mundo amado, un mundo por el que se da la vida, es completamente diferente a como es «ese mismo mundo» cuando no se le ama, cuando no se da la vida por él, cuando se teme y se odia. Y tengan también por seguro que solo este amor, al que uno se entrega totalmente, permite percibir con la suficiente claridad y es lo suficientemente realista y práctico como para ver a través del mal del mundo y ser capaz de discernir su bondad subyacente. El mal verdaderamente *maligno* no es algo que esté del lado del mundo, algo que sea intrínseco en él, sino que se encuentra en mi lado y es una impostura: es el daño que le causo al desentenderme de él, al lavarme las manos de todo lo que en él ocurre. Cuando dejamos de renunciar a nuestra responsabilidad el cambio que se produce es inmediato y profundo. Esta visión de Dios no es ciega a ningún defecto ni se muestra indiferente a ningún sufrimiento, pero, no obstante, transforma la escena por completo; otra luz impregna e ilumina el mundo, un Resplandor salvador que ninguna criatura, por hermosa que sea, puede llamar suyo; y que ninguna, por repulsiva que sea, puede extinguir. De algún modo todo es abrazado, amado (y, sí, a pesar de todo, *¡alabado y refrendado!*). Cuando Dios está aquí, en Su cielo, todo está bien con el mundo ahí fuera; dejo de formularme preguntas ansiosamente, de querer saberlo todo a toda costa. Desaparecen las quejas.

(3) La tercera consecuencia de este desplazamiento, de este cambio que me hace ocupar mi verdadero Centro es que consigo acceder a energías que hasta ahora no estaban disponibles. Ya no me limito a quedarme tranquila y cómodamente sentado en el sillón, negando toda responsabilidad por el mal que aqueja al mundo y sin hacer nada al respecto. Muy al contrario; en la medida en la que descanso en esta Perfección central, estoy lleno de voluntad y de ganas por lanzarme a «combatir» (en mi propia forma única y peculiar) a su «opuesto» de ahí fuera. Los verdaderos Veedores no son simples drones o clones, sino gente verdaderamente activa y trabajadora. Paradójicamente, somos capaces de poner todo nuestro corazón en la batalla de ahí fuera (donde somos muchos y diferentes y todo está por hacer) precisamente porque la guerra ya ha sido ganada aquí dentro, (donde somos Uno y lo Mismo y no hay Nada que hacer).

Pero, ¿de qué sirve *hablar* de este cambio de punto de vista que transforma el mundo de un modo tan radical si no lo *llevamos a cabo*, si no damos el paso realmente y, una vez ahí, permanecemos en esta «nueva» posición? Y, ¿cómo podemos hacer eso? Pues cultivando el hábito de ver, lo cual en realidad no supone ningún cambio, sino simplemente estar donde siempre hemos estado: en el Centro del mundo. Mira hacia fuera, al mundo del que nada ha sido sustraído, y hacia dentro, al Veedor del que todo ha sido sustraído, al Veedor que ha muerto por y para lo Visto. Capta simultáneamente esa absoluta plenitud y este absoluto vacío, y así podrás sanar (o, mejor dicho, dejar que Dios te sane). De este modo, regresarás al instante y al lugar en el que siempre, en todo momento, has estado en el Corazón de las cosas; un Corazón lo suficientemente abierto como para abrazar y transformar con su amor hasta el más despreciable y mísero de sus objetos (aquí, en el eterno Corazón de incluso las más efímeras de las criaturas).

En el diagrama n.º 17 puedes ver qué es lo que hay que hacer exactamente.

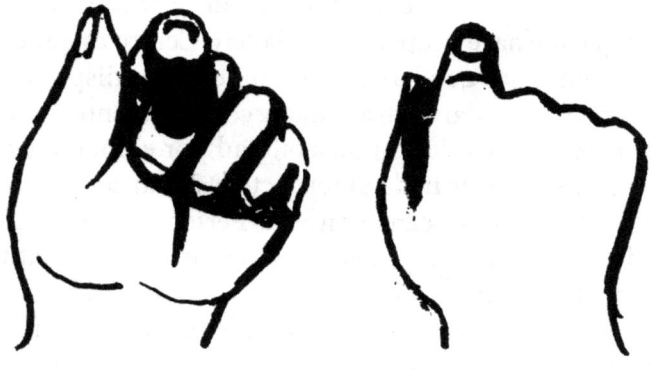

Diagrama n.º 17

Bueno, mi querido amigo de juventud, después de todo, tu testimonio ha resultado ser muy útil. Gracias. Puedes bajar del estrado. [El testigo abandona su lugar y yo me dirijo nuevamente al jurado].

Escuchen ahora el testimonio de cuatro seres que hablaron desde, por y como ese Corazón:

> Los buscadores genuinos de Dios no toman nada, ya sea bueno o malo, de ninguna criatura, sino que todo lo toman única y exclusivamente de Dios.
>
> Eckhart

Hay y solo puede haber una felicidad y una desdicha. La única desdicha es la naturaleza y la criatura abandonadas a su propia suerte; la única felicidad es la Vida, la Luz, el Espíritu de Dios que se manifiesta en la naturaleza y en la criatura.

William Law

En verdad existen dos mundos. Uno fue hecho por Dios, el otro por los hombres... Abandona este último y así podrás disfrutar del primero.

Traherne

La percepción es falsa e ilusoria cuando el universo se percibe como separado de Brahman.

Ramana Maharshi

FISCAL: Finalizada esta visita guiada por el cosmos con la que nos ha obsequiado el señor Nokes, me gustaría dirigir unas palabras al jurado a modo de conclusión. En el transcurso de la misma, ¿cuántas veces se ha dicho de forma implícita o se ha declarado categóricamente que el acusado no actúa simplemente como un «guía» humano, sino que más bien es el Empresario Divino responsable de haber creado y puesto en funcionamiento todo el espectáculo del mundo? Tan solo en la última media hora hemos escuchado suficientes blasfemias como para acusarle en repetidas ocasiones del cargo que se le imputa.

YO: Una y otra vez usted escucha las palabras pero deja escapar su significado. Si es por el sentido que es capaz de extraer de ellas, tanto daría que hubiesen sido pronunciadas en lengua pashto, en oigob o en suahili. La explicación más caritativa que puedo concebir es que el fiscal está actuando, fingiendo, mostrándonos su capacidad para el histrionismo en lugar de sus habilidades forenses; que, dicho de otro modo, no estamos ante un juicio auténtico y genuino en el que todas las partes actúan de buena fe, sino más bien en un juicio-espectáculo en el que su propósito real, aunque secreto, es no limitarse a actuar para la galería, sino como los ejemplares más estúpidos de la misma. Y, de hecho, actuar representando el papel de los miembros más lerdos, tarados y prejuiciosos de la población hasta su amarga conclusión.

Amarga para mí, quiero decir. Para este distinguido consejero del Rey, no será más que un dulce refresco en su largo y polvoriento camino de ascenso hasta el Woolsack? *

JUEZ: ¡Deténgase! No voy a tolerar abusos personales en esta corte. Haga el favor de pedirle disculpas al fiscal.

YO: ¿Disculpas por qué, señoría? Creo que lo que acabo de decir ha sido justo, incluso diría que un cumplido...

---

* El *Woolsack* es un asiento sin respaldo ni brazos con forma de gran cojín relleno de lana y tapizado con tela roja en el que se sienta el portavoz de la Cámara de los Lores en el Palacio de Westminster. *(N. del T.)*

Testigo n.º 18 de la acusación

LA DEVOTA

A PETICIÓN DEL FISCAL, la testigo se presenta a sí misma.
TESTIGO: Mi nombre como religiosa es sor Marie-Louise. Soy una de las fundadoras de una congregación que está extendida tanto por este país como por el extranjero. No sé cuántas somos y, si lo supiese, tampoco estaría autorizada a decírselo. Nos ocupamos de todo entre todas; algunas contribuimos saliendo al mundo exterior y ganándonos la vida de la forma habitual, en cuyo caso todo el dinero que conseguimos se destina a un fondo común; otras se ocupan del jardín, de cocinar, de limpiar, etc. Todas nos reunimos diariamente para meditar y estudiar. Y, como pueden ver, llevamos un hábito característico.

FISCAL: ¿Qué es lo que estudian y sobre qué meditan? ¿Cuáles son sus creencias?

TESTIGO: Creemos en el Mesías Maitreya, meditamos sobre él, estudiamos sus palabras y tratamos de vivir de acuerdo con sus enseñanzas. Como súbditas de su reino (que ya ha llegado) hacemos todo lo posible por que llegue a su máximo esplendor.

FISCAL: ¿Quién es este Mesías Maitreya?

TESTIGO: Esencialmente es un Ser misterioso que está más allá de toda descripción. Su nombre indica que reúne en una sola persona a dos figuras tradicionales. Como Maitreya, es la última encarnación del Buda eterno, venido al mundo para iluminar a la humanidad al final del Kali Yuga, la Edad Oscura. Como el Mesías, es el Señor Resucitado que, sin ser anunciado, ha regresado al mundo ahora, al final del Segundo Milenio, para instaurar en el Tercer Milenio el reino del amor y la paz. También es el Gran Rishi, quien durante siglos ha permanecido en las regiones más remotas del Himalaya y ahora ha venido a nosotros para salvar al mundo de sí mismo. Tanto estos tres como otros Seres gloriosos están reunidos en la figura de nuestro bendito Maestro.

FISCAL: En su opinión, ¿qué relación existe entre dicha figura y Dios Todopoderoso?

TESTIGO: No hay ninguna relación; ¡Él mismo es Dios Todopoderoso!

FISCAL: Y las hermanas de su comunidad, incluyéndola a usted misma, ¿también son figuras deificadas?

TESTIGO: ¡Oh, no! Él es absolutamente único. Es Dios. Nosotras somos sus devotas, y estamos en un nivel muy inferior. El fundamento mismo de nuestra comunidad es la total entrega a Él. Nuestro objetivo es no olvidarle en ningún momento, tenerle siempre presente, hacer todo en su servicio y obedecer todos y cada uno de sus deseos. Esta sumisión a nuestro Maestro es la que nos brinda paz y alegría, la que nos mantiene unidas y nos da una razón para vivir.

FISCAL: Bien. Y ahora, la gran pregunta. ¿Esta deidad es una persona real, viva y visible? ¿Está encarnada en este mundo del mismo modo en el que lo estamos yo o usted o, por el contrario, se trata más bien de una presencia espiritual, de un ideal, real a sus ojos pero no a los míos o a los del jurado?

TESTIGO: ¡Eso es lo más maravilloso! Somos inmensamente afortunados de poder vivir en esta época. Él ha escogido este momento de la historia para descender a nuestro mundo y salvarnos a todos, y para poder cumplir ese propósito se ha materializado en carne y hueso.

FISCAL: Así es que este Mesías Maitreya suyo, este Dios que se revela en forma humana, ¿está viviendo ahora mismo en algún lugar de la Tierra, haciendo las cosas normales que hace la gente (comer y beber, caminar, hablar, dormir o estar despierto, vivir y morir), solo que haciendo todo esto «de incógnito», siendo reconocido por ustedes pero pasando desapercibido para todos los demás?

TESTIGO: Exactamente.

FISCAL: ¿Por casualidad sabe usted dónde está ahora? ¿Conoce con certeza cuál es su paradero en este mismo momento?

TESTIGO, con un hilo de voz casi inaudible: ¡Claro que sí! [Una larga pausa...].

FISCAL, con gran parsimonia: Me veo obligado a pedirle que le diga a la corte dónde se encuentra exactamente.

TESTIGO, inclinándose hacia adelante, agarrándose a la barandilla del estrado y señalando con un dedo tembloroso, susurra: ¡Ahí! *¡En el banquillo de los acusados!*

Se desata una tormenta en la sala. Todos los presentes en la corte han estado conteniendo el aliento al anticipar este momento (una conmoción más intensa si cabe por el hecho de que, en cierta medida, todos se lo esperaban). Varios individuos comienzan a forcejear en la galería pública. El fiscal se desploma en su asiento, como si no supiese lo que se avecinaba. Los miembros del jurado comienzan a susurrar entre ellos con evidente excitación. El juez empieza a dar sonoros golpes con su martillo y llama al orden... pero al ver que todos sus esfuerzos son inútiles decide suspender la sesión durante veinte minutos.

Al rato, cuando ya se ha restablecido una cierta calma, se reabre la sesión. Sin embargo, ahora el ambiente es muy diferente. Todo está extrañamente tranquilo y en silencio. Casi se diría que el edificio del New Bailey hubiese quedado de pronto escindido del mundo exterior y hubiese comenzado a flotar a la deriva en una nueva dimensión espaciotemporal.

FISCAL, con un nudo en la garganta, reanuda su examen de la testigo: Dios es omnipotente. Sin embargo, en este momento el personaje que tenemos en el banquillo está, como poco, ciertamente impedido, inhibido, limitado. ¿El hecho de que su Maestro sea un prisionero y que su vida esté en juego no hace que se tambalee su confianza en él, aunque sea mínimamente?

TESTIGO: ¡No! ¡En absoluto! Si lo quisiera, podría desaparecer instantáneamente de su vista, o incluso destruirle invocando a los fuegos celestiales y haciendo que desciendan sobre usted. Él tiene sus razones para dejarle estar aquí sentado juzgándole.

FISCAL: ¿Y en caso de que sea declarado culpable y condenado a muerte?

TESTIGO: No hay ningún poder en el mundo que no provenga de él. Si llegase a permitir que algunos hombres malvados le quitasen la vida... Bueno, no sería la primera vez. Ni tampoco su muerte sería lo que aparentase ser. Es imposible matar al propio Autor, al Hacedor, al Creador de la vida y la muerte.

FISCAL: ¿Cómo sabe usted todo esto? Explíquenos por favor su conexión con el acusado, las circunstancias en las que le conoció y cuál ha sido su relación con él desde entonces.

TESTIGO: Si bien he asistido a docenas de conferencias suyas, nunca he hablado con él directamente. Me ha escrito tres veces en respuesta a mis cartas. Tengo muchas fotos suyas, grabaciones de audio y de vídeo y, por supuesto, copias de todos sus libros... pero... ¿Cómo podría explicarlo? Nunca he sentido que pudiese aproximarme a él en persona. Nunca he creído que fuese *digna* de hacerlo.

FISCAL: Una última pregunta. ¿Cómo se lleva su comunidad con el resto de la gente?

TESTIGO: Desde que nuestra orden se fundó hace cuatro años, hemos conseguido despertar el interés de quienes sienten curiosidad por las enseñanzas de nuestro Maestro, y ocasionalmente también hemos reclutado a un cierto número de personas. Por otro lado, ha habido serios intentos de quemar nuestra casa, e incluso en cierta ocasión explotó una pequeña bomba. Hubo algunos daños, pero nadie resultó herido. Tenemos que permanecer constantemente en guardia, pues algunos de nuestros enemigos no se detienen ante nada. Nos han obligado a tomar medidas de protección.

FISCAL: Me dirijo ahora a ustedes, miembros del jurado. Gracias a las evidencias aportadas por otros testigos y a lo que el propio acusado ha dicho por sí mismo, creo que a estas alturas ya están ustedes familiarizados con sus pretensiones y con cómo trata de justificarlas. Sin embargo, lo que estamos descubriendo ahora es algo bastante diferente, otra faceta suya que no hemos mencionado hasta ahora. Acaban de ver una muestra del efecto que este hombre tiene en sus discípulos y devotos. Lo importante no es si ustedes sienten o no que dicho efecto es, en términos humanos, claramente espantoso y detestable, sino el hecho de que esto confirma y avala la desmedida altura, profundidad y seriedad que conllevan sus pretensiones de divinidad.

Lo único que nos faltaba para completar la escena (convirtiéndola en una especie de *bajorrelieve*) era la banda de discípulos aquí representada hoy por la hermana Marie-Louise. A quien, y con esto concluyo, la fiscalía le agradece su colaboración.

Defensa: Un pedestal muy alto

YO, dirigiéndome a la testigo: Bueno, sor Marie-Louise, por fin nos conocemos, aunque sea en extrañas circunstancias. ¿Recuerda lo que le decía en mis cartas?

TESTIGO: Sí, Maestro, lo recuerdo muy bien.

YO: No me llame Maestro. Le dije entonces y también le digo ahora, que yo no soy el maestro ni el gurú de nadie. Y que su problema (al igual que el del resto de su comunidad y, de hecho, de la mayor parte de la raza humana) es la *intimidación,* la ciega subordinación a la autoridad, ya sea esta religiosa o secular. Le supliqué que se atreviese a ser su propia autoridad en lo que únicamente usted puede saber y que es lo más importante que puede haber: es decir, Quién es usted según su propia experiencia. Una y otra vez le he recalcado que ninguna segunda o tercera persona está en posición de decirle lo que usted es como Primera Persona. Le imploré que mirase por sí misma. Le dije que John a-Nokes no es más digno de ser reverenciado que cualquier otro intruso, que mi misión consiste tan solo en señalarle dónde se encuentra el Morador Interno, el

Uno que está más cerca de usted que usted misma, Aquel que es el único digno de adoración y veneración. ¿Se ha olvidado de todo esto?

TESTIGO: ¡Oh, no, Maestro! Leo esas cartas todos los días. Podría recitarlas palabra por palabra. ¡Son maravillosas!

YO: ¿Y usted, la persona de la que tratan y a la que se refieren en todo momento, acaso no es usted maravillosa?

TESTIGO: Tal vez algún día, Maestro, yo misma sea capaz de ver y de vivir a partir de estas grandes verdades que usted enseña. Mientras tanto no soy más que una humilde aspirante espiritual, una buscadora, una principiante. Me basta con poder bañarme en su luz.

Usted es el Uno honrado por el mundo. Por supuesto, Maestro, fue usted mismo quien nos dijo que el sol poniente despliega su alfombra roja en el mar tan solo para usted, para la persona más importante del universo, nunca para los que son como nosotros.

YO: ¿Acaso es usted sorda además de ciega? Lo que dije es que se despliega para el Uno Sin Cabeza, para la única Primera Persona del universo.

Le pido (y también a los miembros del jurado) que observe el diagrama n.º 18 del cuadernillo, el cual muestra dos versiones distintas del hábito o el uniforme religioso que lleva puesto. El diseño está basado en una camiseta que solía llevar puesta habitualmente y que me regaló una muy querida amiga que se ve a Sí Misma y, ¡gracias a Dios!, no es devota mía.

Le formulo la siguiente pregunta al jurado: Si miran a la testigo, ¿no es la primera versión, la (A), la versión en la que está escrito **"FIN DEL MUNDO"** la que está al revés de como debería estar, aquella que *ustedes* están percibiendo? Y le pregunto a la testigo: Cuando usted se mira a sí misma, ¿no es cierto que la versión que percibe es la (B), la versión en la que está escrito «FIN DEL MUNDO» al derecho, la que está bien colocada? ¿Y acaso no es esta la visión verdadera de sí misma, la visión que Dios tiene cuando mira con sus propios ojos, tan cimentada, tan arraigada y tan firmemente establecida en Él?

¡En Él, nada menos! En AQUEL QUE ES. No en aquel que no es, en esa calabaza en la que se han tallado unos ojos, una nariz y una boca, ese fuego fatuo que está viendo aquí, sentado en el banquillo.
TESTIGO: Escucho lo que dice con toda mi atención, Maestro, pero lo cierto es que no alcanzo a comprender de qué me está hablando. Tal vez algún día lo logre...
YO: Me deja usted sin palabras, sor Marie-Louise... ¡Que Dios la bendiga por su inocencia! No tengo más preguntas. La devoción que siente por mí es la mejor manera (la más pulcra e impecable) de protegerse de todo lo que defiendo y represento. Si no le importa, puede dejar el estrado. [Se marcha, pero para nada alicaída o cabizbaja; ¡cuanto más la pincho y más intento hacerla entrar en razón, más encantada está ella y más ferviente es su adoración por mí!].

Damas y caballeros del jurado, dense cuenta del brete en el que me encuentro. No es que esta señora y sus cofrades me hayan puesto en un pedestal tan sumamente elevado que ya no pueden oír ni una palabra de lo que digo; ¡es mucho peor que eso!: el pedestal en el que me han colocado es lo suficientemente bajo como para que escuchen tan solo algunas *partes* de lo que digo, de manera que el mensaje que acaban entendiendo ¡es justo el *contrario* del que yo quiero transmitir! ¿Qué clase de discípulos son estos que cuando digo «Mirad dentro», miran fuera; cuando digo «Mirad hacia abajo», miran hacia arriba; cuando digo «Tan solo mirad», cierran los ojos en actitud piadosa? Odio tener que decir esto, pero lo cierto es que tengo muy buenos amigos, amigos normales, enemigos, enemigos acérrimos... y discípulos. Gracias al cielo que son bastante pocos.

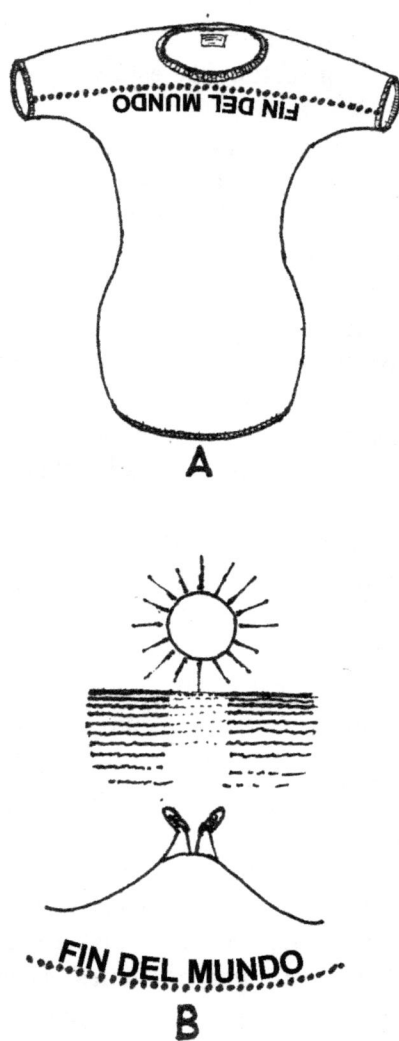

Diagrama n.º 18

Ustedes comprenderán que yo *no* soy uno de esos maestros espirituales que proponen a sus discípulos una de estas dos opciones: «O ves Quién eres o te entregas a mí. Si no estás listo para encontrar al verdadero Gurú en ti mismo, al menos, como un primer paso, puedes encontrarlo provisionalmente en mí. Así, es posible que en algún momento se acabe produciendo el segundo paso: de mí como tu autoridad a ti mismo como propia y real Autoridad». Muchas de las más grandes almas que han existido entran dentro de esta categoría y han sido maestros de este tipo. De ningún modo estoy diciendo que lo que hagan esté mal o que estén equivocados. No se trata de desechar este camino indirecto a la iluminación, esta vía basada en la devoción a un gurú; lo que ocurre es que se trata de un desvío largo y dificultoso, y son muy pocos los que han conseguido recorrerlo con éxito y alcanzar la autopista principal. Aún estoy por ver a algún devoto que lo haya conseguido y así nos lo haya hecho saber. Por lo tanto, el mensaje que he repetido incansablemente, día tras día, a cualquiera que tenga orejas para oír es: ¡Por el amor de Dios!, ¿qué hay de malo con el camino directo hacia Uno Mismo? Es una vía que no podría estar mejor pavimentada, ser más segura, corta o fácil de recorrer. De hecho, lo único que tienen que hacer es apuntar en la dirección correcta y, como un tiro, ¡ya han llegado al Lugar que nunca jamás han abandonado! Ese giro de 180º de la atención es suficiente para darse cuenta al instante de que ya están ahí, justo en Casa. Pero ustedes mismos son los responsables de hacerlo. Su atención no es algo que yo pueda agarrar como si fuera una señal que apunta hacia el lugar equivocado y girarla para que señale hacia la dirección correcta. Son ustedes quienes han de hacer eso.

FISCAL: Independientemente de cuál sea el efecto que su evangelio tenga sobre las personas, tanto si lo interpretan correctamente como si entienden lo contrario, la responsabilidad de lo que les suceda es suya y solo suya.

YO: Eso puede sonar razonable, pero en realidad no es más que otro de sus artificios dialécticos. Cúlpenme a mí por la forma en la que la testigo (¡Dios bendiga su inocente corazón!) da la vuelta a lo que le digo e igualmente tendrá que culpar a Karl Marx y a Friedrich Engels por los millones de rusos que liquidó Stalin, a Madame Curie por lo ocurrido en Hiroshima o a Jesucristo por las aberraciones a las que ha dado lugar el cristianismo, como la Cruzada Infantil, las innumerables matanzas de judíos, la Guerra de los Treinta Años y toda la espantosa obra de la Santa Inquisición. Por no mencionar a las Iglesias del Apocalipsis...

FISCAL: No puede eludir el hecho de que usted está exhibiendo dos tipos de divinidad, una de forma inconsciente e inadvertida y la otra a propósito y con toda intención. Está haciendo que una gran masa de gente mentalmente débil le deifique, que unos cuantos de mente malvada y perversa se deifiquen a sí mismos, y que un buen puñado de individuos de mente cruel y sangrienta deifiquen la violencia. ¿Qué más hace falta para condenarle de blasfemia y hacer recaer sobre usted todo el peso de la ley?

YO: Eso digo yo, ¿qué más hace falta? Por una vez, y teniendo en cuenta algunos ligeros ajustes en el lenguaje empleado, creo que tiene usted razón.

FISCAL, lleno de emoción: Miembros del jurado, ¿han oído eso? [Dirigiéndose al juez, con actitud triunfal] Señoría, esta clara e incontestable admisión de culpabilidad por parte del acusado (ciertamente no la primera, pero sin duda alguna la más frontal y directa) plantea una cuestión de vital importancia respecto a cómo ha de conducirse este juicio a partir de ahora. ¿Tendría a bien concederme un breve receso para poder plantearle algunas cuestiones de procedimiento?

JUEZ: Muy bien. Se suspende la sesión durante media hora.

Receso

El juez se reúne a puerta cerrada con el fiscal y el acusado

FISCAL: Supongo, señoría, que la clara admisión de culpabilidad del acusado que acabamos de escuchar debe alterar el curso del juicio. No veo razón alguna para llamar al resto de testigos. Quizá con dos o tres de ellos bastará.

JUEZ: Entiendo. Señor Nokes, ¿qué tiene usted que decir al respecto?

YO: En ningún momento he admitido que sea culpable. ¿Puedo recordarle a su señoría que la opinión del fiscal sobre qué es blasfemia y la mía son polos totalmente opuestos? Mi alegato es que *yo soy* la única persona de la corte (aunque ciertamente esperaría que a estas alturas ya hubiese alguien más) que *no* está blasfemando. Yo veo a Dios sentado justo en el Centro del universo de todas sus criaturas, independientemente de cuáles sean sus circunstancias o condiciones particulares. Al igual que hacen los animales, los niños pequeños y los sabios, estoy más que complacido de dejarle ahí cómodamente sentado, mientras que, por su parte, la mayoría de los humanos adultos están absolutamente empeñados en destronarle y ocupar ellos el lugar que le corresponde a Él. ¡Como si eso fuese posible! ¡Eso *sí* que es blasfemia!

JUEZ: Comprendo su postura perfectamente, pero la cuestión más inmediata es si cree usted necesario llamar a declarar al resto de testigos. ¿Qué tiene que decir al respecto?

YO: Yo digo que sí, que han de ser llamados a declarar. Como es lógico, antes de la celebración de este juicio se me han facilitado sus nombres y un resumen de sus declaraciones, por lo que mi defensa no estaría completa si no compareciesen ante el tribunal. Tengo esperanzas en que las evidencias que aporten puedan aquí y allá acabar apoyando mi caso una vez que les haya interrogado. Así que no puedo renunciar a la posibilidad de que al menos algunos de los testigos de la fiscalía acaben siéndolo de la defensa. Es un riesgo que *sir* Gerald tendrá que asumir.

FISCAL: Creo poder dar por hecho que no se me puede exigir que baile al son que el señor Nokes quiera tocar. Yo mismo seré quien diseñe mi propia estrategia y quien tome la decisión sobre un posible *nolle prosequi*.

JUEZ: Si el acusado cree que puede hacer tambalear hasta tal punto la evidencia de algunos de sus testigos como para que se conviertan *de facto* en testigos de la defensa, entonces tiene todo el derecho a seguir haciéndolo así. No obstante, a la luz de los acontecimientos producidos hasta el momento en este juicio, también agradezco su preocupación por lo que pueda acarrear el resto del mismo. Usted tiene la obligación de cumplir con sus funciones y yo con las mías, y en este caso eso implica concederle a John a-Nokes, cuya vida (a diferencia de la nuestra, no lo olvidemos) está en juego, toda posible oportunidad de salvarla. Por lo tanto, ordeno que llame a declarar a los testigos restantes.

FISCAL: En La Corona contra Simpson (1921), Tribunal de Apelación Criminal, el juez, a pesar de las vehementes objeciones de la defensa, dispensó a la fiscalía de llamar a declarar a cuatro testigos que en un primer momento había acordado citar.

JUEZ, después de consultar brevemente su ordenador: Por lo que veo, se trataba de un juicio por violación, y los motivos de la cancelación fueron muy diferentes a los que usted esgrime, *sir* Gerald. No. Lo siento, pero mi decisión es irrevocable.

FISCAL: Su señoría me obliga a considerar si no debería dejar que sea mi asistente aquí presente quien se ocupe del resto del caso por parte de la acusación. Y quien le explique al jurado que obro de este modo porque a partir de ahora los procedimientos tan solo pueden ser *de minimis,* un anticlímax básicamente irrelevante que no merece mi atención, ya que el señor Nokes se ha declarado *de facto* a sí mismo como culpable. En resumen, que a partir de este momento yo ya he cumplido con mi cometido.

JUEZ: Por supuesto que eso depende de usted... pero, si me permite me gustaría hacerle algunas preguntas:

¿De verdad puede estar tan seguro de cómo va a desarrollarse el caso? ¿Considera que su retirada estaría al servicio del interés público, de las intenciones de la Corona; que serviría a la causa de la justicia misma? Por no mencionar el... ¿cómo podría decirlo?... el efecto que esto tendría en su propia carrera profesional... No es que el señor Atkinson no pudiese hacer un excelente trabajo, por supuesto...

FISCAL, suspirando y sacudiendo la cabeza tan vigorosamente que casi se le cae la peluca: Señoría, es una cuestión meramente profesional. No tiene que ver con ninguna consideración personal...

Bueno, Atkinson, por lo que parece no tenemos más opción que seguir trabajando codo con codo.

AYUDANTE DEL FISCAL, de súbito con aire desalentado: Supongo que sí, *sir* Gerald.

Testigo n.º 19 de la acusación

EL VENERABLE *BHIKKHU*

AL SER PREGUNTADO POR EL FISCAL, el testigo se presenta y explica cuál es su relación conmigo.

TESTIGO: Soy un occidental (un galés, concretamente) que se ha convertido en monje budista como resultado directo de haber conocido al acusado, algo por lo que le estaré eternamente agradecido. Conocí a John a-Nokes hace cinco años en uno de sus talleres-seminarios, en este caso organizado por un grupo de estudiantes de Filosofía y Psicología de nuestra facultad. El tema de la charla era el budismo (bueno, su muy particular versión de dicha doctrina). Por entonces yo ya era una especie de buscador espiritual, pero no tenía ni idea de a dónde dirigirme, dónde mirar, cómo mirar o qué era lo que debía buscar, lo que hacía que me sintiese confundido e insatisfecho a partes iguales. Jack fue quien cambió todo eso. Hizo que girase mi atención 180° y me mostró lo que necesitaba ver (lo obvio, tan temido y tan pasado por alto). Me inició en el arte de mirar hacia dentro, el arte de contemplar el Vacío.

Sus directrices bastaron para alterar por completo el curso de mi vida, pues supusieron el inicio de mi propia odisea espiritual (aunque más que ayudarme, por así decirlo, a ponerme «en cabeza», diría que me ayudaron a empezar a estar «en no-cabeza»), si bien ahora sigo estando en las etapas iniciales de la misma. Tampoco es que busque algo anterior o adicional a la Vacuidad que ya está aquí presente; mi objetivo es ser capaz de verla cada vez con mayor claridad, con más profundidad, vivir a partir de ella de un modo más consistente.

FISCAL: Entonces, fue al budismo a donde acudió en busca de orientación, y no a la versión (o inversión, o perversión) que el acusado hace de él, ¿no es cierto?

TESTIGO: Sí. Así es. Al fin y al cabo, se trata de una tradición que lleva más de dos milenios y medio siendo puesta a prueba. Me pareció el medio ideal para alcanzar la claridad y la libertad permanentes que buscaba. Cuanto más estudiaba el budismo, más directo, metódico y práctico me parecía este enfoque sobre la iluminación. Un año después de conocer a John a-Nokes, me convertí en un *samanera* (un monje novicio) en el monasterio de Amar?vati, donde ahora soy un monje de la orden.

FISCAL: ¿Considera que el acusado ha tomado el camino equivocado?

TESTIGO: Yo diría más bien que se encuentra en el camino correcto pero se ha detenido a la mitad del recorrido, y la razón por la que se ha quedado estancado es que imagina que ha llegado hasta el final del mismo. Confunde la valiosa comprensión que tanto él como yo compartimos al tomarla por la verdad final, por la plena Iluminación, mientras que para mí es como un aspecto de la verdad, como un simple atisbo de la verdadera Iluminación. Él sostiene que ya ha llegado a la meta; yo digo que ambos nos encontramos aún en el camino. La budeidad o el *nirvana* consiste en algo más que en meros atisbos distantes y fugaces de ella. Es esencial llegar a alcanzar, por así decirlo, su aroma, su gusto, tener un verdadero contacto permanente con ella. Metafóricamente hablando, hay todo un mundo de diferencia (y un sendero plagado de peligros) entre ver nuestro restaurante preferido desde el otro lado de una calle ancha y atestada de gente, captando de vez en cuando algún olorcillo procedente de la cocina, y sentarse a la mesa y poder degustar todos sus platos.

FISCAL: ¿Está diciendo que el acusado es un embaucador o que, de algún modo, es un fraude?

TESTIGO: No tengo la menor duda de que sus intenciones son sinceras. Simplemente no puedo estar de acuerdo con que se haya aproximado lo más mínimo a la meta.

FISCAL: ¿Qué meta? ¿Podría hacer el favor de ser un poco más específico?

TESTIGO: Un *arahant* o un buda plenamente iluminado es aquel que se ha liberado a sí mismo de todas las limitaciones y de todas las impurezas, tales como el deseo, la animadversión, el rencor, la ignorancia y el orgullo. No tiene miedo. Está lleno de energía, de sabiduría, de inspiración y de todas las cualidades puras y nobles. Su compasión no excluye a nadie y no conoce límites. En resumen, es perfecto, lo que significa que no volverá a nacer en este mundo. El resto de nosotros, seres imperfectos, cuando esta vida haya concluido, regresaremos una y otra vez a otros cuerpos, seguiremos viviendo, muriendo y renaciendo hasta que finalmente también nos convirtamos en Budas.

FISCAL: ¿Significa la plena Iluminación despojarse de la cualidad humana (dejar de ser un ser humano) y revelarse o convertirse en un ser divino, de modo que uno emerge como una especie de Dios, o del equivalente budista del mismo?

TESTIGO: El budismo no reconoce a ningún dios. No, el Buda es un ser humano perfecto.

FISCAL: Por lo que sabe de él, ¿cuáles son los méritos o las cualidades del Buda de los que el acusado claramente carece?

TESTIGO: Tengo la impresión, aunque no puedo demostrarlo, de que a veces está preocupado, cansado, enojado, aburrido, disperso, irritado, o incluso, en ocasiones, hasta las mismísimas narices. Ciertamente le conozco lo bastante bien como para poder asegurarle a la corte que está muy lejos de ser un buda, lo cual no es de extrañar, pues no tiene ni el más mínimo interés en recorrer el largo camino que lleva a la perfección. En varias ocasiones le he oído decir que no quiere ni oír hablar de los rigores de lo que los budistas denominamos el Noble Sendero Óctuple, el cual combina la disciplina moral con una serie de prácticas de meditación. Sostiene que todo eso son, en el mejor de los casos, extras opcionales, no más que una enorme cantidad de obstáculos arbitrarios puestos ahí con la única finalidad de poder entrenar. Ha dicho repetida, pública e incansablemente, que él ya ha alcanzado la meta de la perfección que propone el budismo, y que lo ha hecho sin requerir ningún tiempo en absoluto, instantáneamente, y por su propia cuenta. ¡Al diablo con todos esos pasos interminables, con todas esas incontables etapas y fases de desarrollo, todas esas penalidades y dificultades por las que hay que pasar para llegar de una a otra; todo lo que, en definitiva, el budismo ha considerado durante todos estos siglos como indispensable! Lo cual es lo mismo que suponer que, si por casualidad somos muy mañosos en el manejo de la navaja, no solo podemos operarnos a nosotros mismos de apendicitis, sino que también somos perfectos candidatos para formar parte de la Real Escuela de Cirujanos; y más aún, para proclamar incansablemente que otros menos duchos en el uso de la navaja deberían seguir nuestro ejemplo.

FISCAL: ¿Cómo suelen reaccionar los budistas comunes al saber que (según el acusado) son ellos mismos los que erigen toda una serie de barreras y de peligros formidables para hacer que un simple esprint de quince segundos se convierta en una carrera de obstáculos que dura toda la vida?

TESTIGO: Algunos se quedan perplejos y desconcertados, otros reaccionan con indiferencia, hay a quienes les causa una gran conmoción, y algunos pocos directamente montan en cólera. Pero la mayoría de ellos están confundidos, porque a veces John a-Nokes da la impresión de ser una especie de budista, mientras que en otras ocasiones no lo parece en absoluto, o incluso llega a parecer que está abiertamente en contra del budismo. En fechas recientes, da la sensación de que, a su modo, se ha convertido en algo parecido a un cristiano.

FISCAL: ¿Es cierto que no pocos budistas piensan que se está burlando de lo que ellos consideran sagrado, que desprecia abiertamente al Bendecido, que está cometiendo lo que en su tradición equivaldría a una blasfemia?

TESTIGO: Bueno, sí. Pero creo que...

FISCAL: Corríjame si me equivoco, pero entiendo que tener como objetivo convertirse en un buda (¿o debería decir en el Buda?) no es exactamente lo mismo que querer convertirse en Dios Todopoderoso. Y, si así fuese, ¿cuál es la diferencia?

TESTIGO: La mayor parte de los expertos dirían que la diferencia es total y absoluta. Puede decirse que el budismo es una religión atea, pues niega la existencia de un yo individual, y ya no digamos de un Yo Universal. Sin embargo, para los místicos cristianos más profundos (como, por ejemplo, Meister Eckhart) la Cabeza Divina (así él la denominaba) es la Fuente, la Realidad y la Verdad absolutamente impersonal e inefable que subyace tras toda apariencia; y como tal no resulta tan distinta de aquello a lo que los budistas nos referimos cuando hablamos de *Naturaleza Búdica*. Por otra parte, el budismo *theravada*, con sus principios del karma y de que uno cosecha lo que siembra, es totalmente contrario a los dogmas cristianos sobre la culpa, el sufrimiento y la salvación.

FISCAL: Por consiguiente, podemos concluir que usted considera que la pretensión del acusado de haber alcanzado y ocupar la más alta cumbre espiritual (ya sea que la llamemos *plena Iluminación, nirvana, budeidad, divinidad,* o como sea) es falsa. ¿Me equivoco? Y, a mayores, una pretensión que escandaliza a los seguidores de una religión antigua, ampliamente extendida y que sigue estando muy viva en la actualidad.

TESTIGO: Sí. No tengo más remedio que estar de acuerdo con eso, aunque...

FISCAL: ¿Y está usted también de acuerdo en que instigar a los demás (y en particular a jóvenes fácilmente manipulables) a seguirle equivale a engañarles, incluso a corromperles?

JUEZ, poniéndose colorado y dando golpes con su martillo: Hasta en este juicio hay límites respecto a cuán lejos voy a permitir que llegue la conducción y el silenciamiento de los testigos. Está usted poniendo sus propias palabras en boca del testigo e impidiendo que este se exprese libremente.

FISCAL, entre dientes, su voz poco más que un susurro escénico: ¿Acaso su señoría quiere aleccionar a la Corona sobre cómo debe conducirse?

JUEZ: ¡Exactamente! [El fiscal arroja sus papeles sobre la mesa, se echa la peluca hacia atrás y se restriega la frente...].

TESTIGO, con la típica actitud calmada y sosegada de los budistas: Estoy completamente seguro de tres cosas, señoría. Que John a-Nokes está muy por encima de esta especie de sopa neblinosa de dudas y confusión en la que la mayoría de nosotros vamos avanzando a tientas; que si yo estoy en cierta medida libre de dicha confusión es precisamente porque él me mostró el camino hacia los niveles más elevados; y que tanto a él como a mí aún nos queda mucho camino por recorrer antes de lograr alcanzar la cumbre más alta, allí donde el aire es totalmente puro y saludable, la absoluta perfección. Y permítame añadir que, si ha decidido detenerse en su ascenso, es algo que tan solo le concierne a él. Digamos que se está tomando un descanso, que se está echando una siestecilla en la que está teniendo sueños placenteros sobre lo que puede haber en la cumbre, al final de la ascensión.

FISCAL, ya un poco más calmado: Me dirijo a ustedes, miembros del jurado. Es posible que este homenaje postrero que el testigo ha ofrecido a su amigo de antaño (¿o debería llamarlo más bien su intento de última hora para reparar el daño causado?) sea digno de elogio, pero no cabe duda de que es de todo punto irrelevante y debe ser ignorado, pues no modifica ni una sola letra de sus afirmaciones previas: que el acusado no es en modo alguno el ser exaltado que afirma ser, que embauca a los jóvenes y les lleva a hacer las mismas afirmaciones, y que ha ultrajado públicamente a algunos budistas al pervertir y menospreciar aquello que ellos consideran como lo más sagrado.

No pierdan de vista la gran relevancia que este testimonio tiene a la hora de apoyar la acusación que pende contra él.

En cuanto a la alta estima que el testigo tiene del acusado a nivel personal, bueno, tan solo confiere mayor peso a las evidencias que ha aportado contra él, en el sentido de que corrobora que sin duda es culpable de los cargos. Una vez más, el testimonio en principio adverso de un testigo como este (condicionado a favor del acusado) ha acabado valiendo más que el de dos testigos neutrales.

Defensa: **Vías hacia la perfección**

YO, al testigo: Creo que convendrá conmigo en que el budismo es un paraguas muy amplio que abarca muchas variedades enormemente diferentes del mismo. Por resumir, etiquetémoslas como el budismo popular de Oriente, el budismo evangélico de la Tierra Pura, el estrafalario y desconcertante zen, el ultrapuritano *theravada*, el ultrarrelajado *tantra*, la miscelánea de cultos pintorescos y fantásticos que abarca el budismo tibetano, y así sucesivamente, por no mencionar sus infinitas subdivisiones. En lugar de «variedades del budismo» casi podría haber dicho «parodias y contradicciones del mismo».

TESTIGO: Sí, no le falta razón, pero en todo caso, también existen factores comunes.

YO: Pronto examinaremos algunos de ellos. Entretanto, estoy seguro de que aún quedará espacio en este paraguas, en esta gran marquesina, para albergar a una nueva y extraña versión desarrollada recientemente, ¿verdad?

TESTIGO: Así debería ser, pues el budismo es una religión viva.

YO: Muy bien, entonces, en el transcurso de mi interrogatorio, espero ser capaz de persuadirle de que mi propia variedad de budismo (nunca pertenecí a la escuela de las «piernas doloridas») no está en modo alguno tan alejada de este que no pueda meter la nariz bajo su paraguas. Y lo que es más (y mucho más relevante para lo que interesa a esta corte), espero poder demostrar que merece ser incluida sin suscitar mayores escándalos o acusaciones de blasfemia que las que pudieran generar otras variedades de budismo; variedades cuya gran antigüedad enmascara convenientemente su asombrosa audacia, osadía y excentricidad (incluyendo toda suerte de insultos calculados al Buda) y los cubre con un manto de santidad.

TESTIGO: Bueno, estoy dispuesto a dejarme persuadir.

YO: Vayamos directamente al meollo del asunto, a este Vacío que tanto usted como yo podemos comprobar que está más cerca que ninguna otra cosa. ¿No está también —le pregunto— absolutamente claro que ha sido siempre total y absolutamente perfecto desde el inicio? En su declaración ha dado a entender que se va volviendo más lúcido o claro con la práctica, pero dudo mucho que fuese eso lo que quería decir.

TESTIGO: He de admitir que, al mirar hacia mi interior, nunca encuentro ninguna especie de vacío nebuloso, inconsistente o irregular, un mero perfil o un único aspecto de eso que los practicantes de zen denominan mi *rostro (sin rostro) original*. No. Es un caso de «todo o nada»; o se ve o no se ve, pero no es posible ver solo una parte. Sin embargo, de algún modo misterioso, con los años también parece ir produciéndose una mayor claridad o una intensificación de su resplandor. Lo más probable es que lo que madura con la práctica sean los sentimientos asociados, el significado que se va adquiriendo sobre la absoluta estabilidad y continuidad del ver, pero no la visión en sí misma.

YO: Por lo tanto, estamos de acuerdo en que el primer atisbo del Vacío es igual que el último; y en que, de haber algún recorrido o progreso en esto, la línea de salida y la de meta son una y la misma. Pero, por supuesto (usted ha insistido en ello), también tenemos la sensación de que una enorme distancia separa ambas líneas y de que, por consiguiente, se requiere un gran esfuerzo, someterse a una disciplina severa y practicar meditación regularmente. Ahora bien, ha dicho a las claras que yo no medito, ¡lo cual es una calumnia, y usted lo sabe! ¿Qué es lo que ha querido decir? Y, en todo caso, ¿qué es la meditación?

TESTIGO: ¡Eso no puedo aceptarlo! ¡Ya incluso en el primer encuentro al que asistí, cuando nos conocimos, dijo que la meditación (la meditación sentada, con las piernas cruzadas y la espalda recta) no era para usted! Bueno, nunca he sostenido que esta o cualquier otra postura sea absolutamente esencial para el crecimiento espiritual, sino únicamente que a la mayoría nos resulta de gran ayuda. Como sabe, el budismo no es ninguna clase de entrenamiento físico o de yoga corporal, sino más bien la práctica del *mindfulness,* de la atención plena, de estar muy atento y muy despierto a lo que está ocurriendo. Normalmente estamos despistados, fantaseando, casi como en estado de coma, y se necesita mucha práctica para ser capaz de salir de ese sopor a voluntad. Más aún para salir del coma. Esta es la disciplina del budismo, y sentarse de la manera correcta nos ayuda a lograr nuestro objetivo.

YO: Mi práctica difiere de la vuestra en los detalles. Vosotros os sentáis a diario en la posición del loto y permanecéis inmóviles durante horas y horas siendo plenamente conscientes, mientras que yo mantengo esa actitud consciente cuando me siento en cualquier parte y en cualquier postura, cuando estoy de pie, cuando camino, cuando me tumbo y cuando me levanto, según lo que pida el impulso y la ocasión del momento. Vosotros reserváis una parte del día para practicar sentados formalmente en la tranquilidad de la sala de meditación, mientras que yo no divido el día en dos partes, una sagrada y la otra secular, sino que para mí el día entero es sagrado, el día entero es secular, y durante el día entero permanezco tan atento o consciente como me es posible. Por eso mismo ahora el ajetreo y el bullicio de la ciudad me parecen tan propicios para la atención como la paz de la naturaleza o de mi habitación. El alborotado y estruendoso mundo es mi sala de meditación.

TESTIGO: Ambos tenemos como objetivo el pleno despertar, pero nuestra forma de prepararnos para alcanzarlo es diferente. Sin embargo...

YO: Sin embargo, ahora llegamos a una diferencia enorme, quizá insalvable, entre nosotros. Gran parte (si no la totalidad), de los budistas *theravada* asumen, tal como usted mismo ha declarado con rotundidad, que el ser humano puede ser perfeccionado, y que no puede alcanzar el nivel de la budeidad hasta que no sea ciertamente perfecto. ¡Repito, *perfecto!* Pues bien, yo digo que ningún ser humano puede nunca jamás ser reformado radicalmente, y ya no digamos *perfeccionado*. Y, en todo caso, tampoco tenemos ninguna necesidad de serlo cuando vemos que ya somos siempre absolutamente perfectos como el Ser no-humano que realmente somos. Yo digo que mi Iluminación consiste en que he dejado de buscar y de cultivar la perfección en el lugar equivocado, ahí fuera, en mi región humana, y, en lugar de eso, la he encontrado brillando resplandeciente en el lugar correcto, aquí, en mi Centro, desde donde ilumina al mundo entero.

Esta diferencia entre nosotros es crucial. De hecho, todo este juicio gira en torno a esta cuestión. Ahora, cuando analicemos este asunto juntos, tengamos en cuenta la advertencia que nos hace Santayana: «Nada requiere mayor heroísmo intelectual que la voluntad de ver escrita la ecuación que le define a uno mismo».

TESTIGO: Usted puede tener su heroísmo intelectual, pero en lo que a mí respecta, me conformaré con los hombres y mujeres tal como son (y *como podrían llegar a ser*). Usted se está basando en la gente que conoce, pero demuéstreme que nunca podrían, con el tiempo y el entrenamiento adecuados, convertirse en Budas, lo que equivale a decir, en seres perfectos.

YO: Lo haré, y por duplicado. Aquí está la primera demostración: si uno se para a pensarlo, la idea de que la naturaleza humana no es más que una especie de sucia borraja que puede llegar a convertirse en seda divina es tan ridícula que no merece la pena ni tratar de refutarla. ¿Por qué? ¡Pues porque el mero hecho de que su naturaleza sea la humana, y no también la del león, la del delfín o la del colibrí, por no hablar de la del chinche, y así sucesivamente *ad infinitum*, significa que tan solo es un diminuto fragmento de la Naturaleza!

Y esta es la segunda: ¡Tan solo intente concebir a un ser humano sin deseos, sin debilidades, alguien que únicamente tenga pensamientos y sentimientos perfectos! ¡Por el amor del Buda! ¿Qué clase de monstruo de feria sería un ser así? ¡Una persona sin falta, sin tacha, sin zonas oscuras en absoluto! Yo, sin ir más lejos, me echaría a correr hasta estar a kilómetros de distancia de esa criatura monstruosa. No; el tipo de ser humano que me conmueve y que alienta mi corazón es el que tiene defectos, limitaciones y dudas, el que alberga un lado estúpido y sin sentido y es lo suficientemente honesto consigo mismo como para reconocer todo esto. Quien no tenga estas cualidades, quien no sea así, me deja temblando y más frío que una piedra. E incrédulo, pues un ser así no sería más real que un robot con tentáculos salido de una película de terror.

TESTIGO: Un Buda es un ser humano perfecto en el mismo sentido en el que una rosa *perfecta* es una *rosa* perfecta. En ningún caso se pretende alcanzar una perfección que esté fuera del alcance de su propia naturaleza.

YO: Venerable monje, se contradice usted a sí mismo. Primero ha dicho que la budeidad es estar libre de toda limitación, y ahora admite explícitamente que existen un sinfín de limitaciones. Además, si ahora define la perfección como una determinada clase de excelencia, en contraposición con infinidad de otras clases de excelencia, lo que está haciendo es despojar al mundo de todo significado. La Naturaleza Búdica es la perfecta Naturaleza Búdica. ¡Fantástico! Pero de igual modo podríamos decir que la naturaleza malvada es la perfecta naturaleza malvada. ¡Estupendo! Que la inmundicia es la perfecta inmundicia. ¡Maravilloso! O que la blasfemia es la perfecta blasfemia (es decir, que es perfectamente blasfema). ¡Magnífico! ¡Todo eso es cierto, pero no nos sirve para nada!

Por supuesto que, al igual que usted, a mí también me encantaría enderezar, adecentar y pulir un poco a mi yo humano, pues en su estado actual... ¡es horrible! Pero a diferencia de usted, yo me propongo hacerlo descansando en mi Yo no-humano, en mi Yo que es el Dios adorable, con la esperanza de que, con el roce, el segundo tal vez consiga desgastar un poco al primero, en cuyo caso la mejora, por mínima que sea, al menos será totalmente real y no una impostura. ¿Por qué? Pues simplemente porque estaré viviendo mi naturaleza humana periférica a partir de mi Naturaleza Búdica central y verdadera.

Si bien seguiré siendo un hombre vulnerable ahí fuera, me convertiré en un hombre mucho más natural, en alguien totalmente distinto a esa monstruosa (y, afortunadamente, mítica) criatura que es el hombre invulnerable y perfecto. Seré tan humano como puede serlo un ser humano.

Damas y caballeros del jurado, si son tan amables de volver a detenerse en el diagrama n.º 15* podrán ver de inmediato qué es lo que quiero decir.

Las dos versiones de uno mismo que claramente diferencia —la periférica y la central— son diametralmente opuestas en todos los sentidos. Fusionarlas es un completo absurdo, un sinsentido, una blasfemia y un regreso a la oscuridad. Por el contrario, distinguirlas y vivir conforme a dicha distinción es la Iluminación, además de puro y simple sentido común.

TESTIGO: El budismo no entra en esta clase de especulaciones.

YO: ¡Y tanto que lo hace! El budismo *mahayana* confiere una importancia crucial al papel que juega Aquello que ocupa el lugar central de mi diagrama. Lo llaman *nirmanakaya* o *cuerpo de transformación del Buda*. Este Buda nace y renace en el mundo a través de los siglos. Al ver claramente su verdadera naturaleza, dedica cada una de estas vidas a compartir su visión con la humanidad, que es presa de la ilusión; y durante todo este tiempo está sujeto a las mismas afecciones que son propias de la carne, incluyendo la vejez y la muerte. Bajo un sinfín de apariencias humanas, se entrega a sí mismo por compasión hacia todos los seres, sufre en su lugar y en su nombre y les confiere sus propios méritos. Quien está aquí, sin ningún tipo de disfraz en absoluto, no es otro que Aquel al que a lo largo de todo este juicio he estado refiriéndome como la Primera Persona del Singular, la Persona sin cabeza y vuelta del revés que abarca el mundo entero entre sus brazos, la Persona que todos y cada uno de nosotros somos y que reconocemos una vez que

---

* Véase el capítulo correspondiente al testigo n.º 15, el nuevo apocalipticista.

hemos despertado del coma. No necesito señalar el paralelismo que existe entre este tipo de budismo (muy diferente al suyo, si se me permite decirlo) y el cristianismo que no ha dudado en atribuirme en el trascurso de su exposición.

Pues bien, venerable *bhikkhu*, ¿acaso mi forma de ver la vida y de vivir están tan alejados que no caben bajo el paraguas-marquesina del budismo? Y, en todo caso, ¿no son, de hecho, muy similares a lo que algunas escuelas del budismo *mahayana* enseñan y practican? ¿No están completamente en concordancia con el mensaje del Buda, cuyas palabras al morir: «¡Sed una lámpara para vosotros mismos», yo me tomo muy en serio?

TESTIGO: Está pasando por alto, se diría que a propósito, la vida del Buda, y en concreto uno de los episodios más significativos de la misma: una vez que, tras seis años de austeridades que casi acaban con su vida, alcanzó por fin la perfecta iluminación, lo primero que pensó fue que tenía que compartir este tesoro con la humanidad sufriente. Lo segundo fue que esa tarea, compartir su comprensión, sería prácticamente imposible a la vista de lo que le había costado a él mismo alcanzar la Iluminación. Su tercer pensamiento fue que con un entrenamiento tan completo como el suyo, si bien no tan exigente a nivel físico, quizá algunos podrían alcanzar el mismo grado de perfección. En virtud de esto, elaboró lo que se conoce como el Noble Sendero Óctuple y fundó la *shanga*, la comunidad de discípulos que siguen esa larga y ardua disciplina. Disciplina para la cual , por lo que parece, usted no tiene tiempo.

YO: Existen varias versiones de esa historia. ¿Conoce las tradiciones birmana y tibetana, las cuales defienden que hubo una razón muy diferente por la que el Buda, en un primer momento, sintió que nadie más podría alcanzar aquello que él mismo había conseguido? Según estas tradiciones, ¡era porque la gente rechazaría su descubrimiento por ser demasiado obvio, demasiado simple, demasiado accesible!

TESTIGO: No. No lo sabía.

YO: Venerable *bhikkhu*, a la luz de esta información, permítame repetirle la pregunta: ¿acaso mi vía, mi método, es incompatible con esta religión tan abarcante y permisiva de ustedes? ¿Hay algo de lo que yo haya dicho que justifique la ira de los budistas que conocen bien su doctrina?

TESTIGO: Lo que tanto les molesta e irrita es más bien lo que usted *no ha dicho* a pesar de haber usado tantas palabras. Consideran que está haciendo trampas al llegar (o, mejor dicho, al proclamar que ha llegado) a la meta así, tan fresco, sin el menor esfuerzo, sin proceso alguno y sin despeinarse, sin molestarse siquiera en dar el primer paso del camino. Todas las distintas variedades del budismo real y verdadero insisten en que hay un sendero largo y difícil que recorrer, en la necesidad de llevar a cabo un riguroso entrenamiento durante muchos años, cuando no durante muchas vidas. Tanto los *theravadines* de Birmania, Sri Lanka y Tailandia con su Noble Sendero Óctuple como los *mahayanas* del Tíbet con su visualización y sus técnicas de fortalecimiento corporal, los *mahayanas* de China, Japón y Corea con su *zazen*, o los budistas de la Tierra Pura con sus prácticas de *japa* o recitación, proclaman que uno consigue aquello por lo que se esfuerza, con paciencia y determinación, según el camino prescrito. Y aquí está usted, John a-Nokes, en su triste y simplista soledad, sin ninguna tradición a sus espaldas, anunciando sin empacho que la vastísima experiencia que hay detrás de todos estos sistemas de entrenamiento y perfeccionamiento no vale para nada. ¡Que para usted el Noble Sendero Óctuple y todos los demás caminos que corren paralelos a este pueden ser alegremente remplazados por el Atajo del señor Nokes!

YO: ¡No es cierto! Bueno, es verdad que este Atajo existe, y de hecho su recorrido no conlleva ninguna distancia en absoluto. Nuestra Naturaleza Verdadera o Búdica está completamente a la vista en este momento, expuesta, brillantemente iluminada para todo aquel que quiera verla. Pero para poder permanecer en ella, para tenerla presente de forma constante y vivirla de verdad, uno ha de seguir (y esto es algo que quiero dejar claro para evitar confusiones) lo que yo denomino el Sendero Plebeyo de los 8x8 Pasos, el cual, en su forma más mundana, constituye un periplo tan largo, duro y dificultoso como la más aristocrática de las autopistas. De hecho, si están ustedes interesados, aquí tengo un puñado de copias de un mapa explicativo del mismo.

JUEZ: ¡Si este mapa forma parte de su defensa debería habernos sido proporcionado con antelación para que tanto el fiscal como el jurado tuviesen ocasión de examinarlo! Por el contrario, si no es más que una especie de memorándum que quieren intercambiarse entre ustedes a nivel personal, no quiero oír hablar más del tema.

YO: Señoría, el hecho es que existe y que describe con gran precisión mi práctica, por lo que... sí, forma parte de mi defensa y de mi argumentación contra el testimonio del testigo. Sin embargo, los detalles del mapa son complejos y en este momento tan solo confundirían al jurado, motivo por el cual, si bien está disponible para que quien quiera pueda inspeccionarlo, no lo he incluido entre los documentos presentados para mi defensa.

JUEZ: De acuerdo... Veamos ese mapa, como usted lo llama. [Se distribuyen las copias*].

YO: Mi propósito al mostrar este documento es aclarar hasta qué punto está equivocado el testigo respecto a lo que él denomina «el Atajo del señor Nokes». No es más que un cuadro-resumen del largo y arduo camino que me ha traído hasta aquí; el prolongado y jalonado Sendero Plebeyo de los 8x8 Pasos que he tenido que recorrer para llegar al Lugar que nunca, ni por un solo momento, he abandonado.

Y bien, venerable *bhikkhu*. ¿Sigo suponiendo una ofensa para sus creencias? ¿Aún he de ser considerado como un hereje al que no se le permite tener un lugar bajo el amplísimo toldo de su religión?

TESTIGO: Me llevará un tiempo analizar esto y tener una

---

* Véase el apéndice.

opinión clara al respecto. No puedo darle una respuesta rápida.

YO: Bien. Mientras lleva a cabo su análisis, aprovecharé para darle un poco más de información al jurado. ¡Los primeros maestros zen tenían por costumbre equiparar al Buda con el papel higiénico después de ser utilizado! Papel higiénico, papel de baño... como quieran llamarlo (un símil ciertamente apto, cuando se aplica a esa monstruosa mezcolanza que enturbia y ensucia nuestra Perfecta Budeidad con nuestra muy imperfecta humanidad). Y si este tipo de afirmaciones no se consideran blasfemia, ¡entonces me gustaría saber de qué demonios se me está acusando a mí! Si no hay ningún problema con ellas (y he visto a budistas relatar este tipo de historias completamente embelesados y cautivados), entonces todo vale ¡y yo soy un modelo de tacto y de veneración budista!

Venerable caballero, sin duda recordará el modo en el que el fiscal ha resumido su testimonio en mi contra. Según él, usted dice que yo afirmo ser Quien no soy, que embauco a otros para que acaben afirmando lo mismo y que insulto al Buda, atentando así contra los sentimientos de budistas provenientes de diversas escuelas. Dígame, ¿qué es lo que queda de todo esto ahora?

TESTIGO, vacilante, tomándose un tiempo para responder: Ahora mismo diría que nada de eso da en el blanco...

FISCAL, colándose en la conversación: La corte ha escuchado pacientemente toda esta agradable charla interna sobre budismo, pero, a fin de cuentas, ¿en qué se resume? No se puede decir que el acusado haya logrado gran cosa en su intento por sumir al testigo en un estado de confusión y desconcierto y desacreditar su testimonio original. Apostaría a que, cuando salga de aquí, no tardará mucho en empezar a pensar en todas las cosas que podría y tendría que haber dicho hoy en esta sala para defender su postura.

YO: Si este tribunal de verdad quiere impartir justicia ha de interesarse única y exclusivamente por los argumentos que objetivamente se expongan hoy aquí, y no por los hipotéticos argumentos que puedan producirse mañana.

FISCAL: Señoría, estos insultos, viniendo de quien vienen...
JUEZ: Creo que tal vez lo mejor sería que el ilustre fiscal haga llamar a su siguiente testigo.
YO: Antes de que lo haga, señoría, quisiera leerle al tribunal un texto del Dr. Walpola Rahula, uno de los principales portavoces del budismo *theravada,* y concluir con algunas citas que contrastan claramente con dicho texto provenientes del budismo *mahayana,* en concreto de maestros *ch'an* chinos de los siglos VIII y IX. Creo que mi propia posición respecto a estas dos escuelas resultará más que evidente por sí misma. Este el texto de Rahula:

> Entre todos los fundadores de religiones, el Buda fue el único maestro [...] que no pretendió otra cosa sino ser pura y simplemente un hombre. Atribuyó tanto su percepción directa y total de la Verdad como sus logros espirituales al esfuerzo y la inteligencia estrictamente humanos. [...] Aquel que, mediante dicho esfuerzo, ha llegado a la realización de la Verdad, del Nirvana, es el ser más feliz del mundo, pues está libre de todos los complejos, obsesiones, zozobras y turbaciones que atormentan a los demás. Su salud mental es perfecta. [...] Es feliz, está alborozado, disfruta de la vida pura, sus facultades están satisfechas, está libre de ansiedad, es sereno y pacífico. Puesto que está libre de todo deseo egoísta, de odio, de engreimiento, de orgullo, así como de otras «máculas» similares, es puro, apacible, está colmado de amor universal, compasión, bondad, simpatía, comprensión y tolerancia.

¡Tal, me alegra decir, es el estado del Buda al que están dirigidas todas las prácticas del venerable *bhikkhu!* Algo realmente difícil de alcanzar para él (y ya no digamos para nosotros, tipos laicos e indisciplinados) en un millón de *kalpas,* ¡y todo por medio del «esfuerzo y la inteligencia estrictamente humanos»! ¡Ahí es nada!

Me complace añadir que muchos textos *mahayana,* por el contrario, nos invitan a despertar ahora mismo y a recostarnos en el Eterno Absoluto *(dharma-dhatu o Buda-kaya),* en la Perfecta Sabiduría *(Prajna,* la sagrada y hermosa «diosa») y en la Talidad *(bhutatathata* o Perfecta Inmutabilidad); tres aspectos de nuestra Verdadera Naturaleza en el Centro que están tan alejados del «puro y simple ser humano» del Dr. Rahula como es posible estarlo. Intentar cerrar esta brecha, tratar de unificar la propia humanidad con la propia divinidad prescindiendo de esta última es como (y aquí reproduzco la bien conocida metáfora zen) tratar de convertir un ladrillo en un espejo puliéndolo sin descanso.

También es un ejemplo de la vieja falacia de la perfección mal ubicada. Darse cuenta de esto es la verdadera prueba, la condición sine qua non de la vida espiritual; es lo que nos guarda contra la absurda blasfemia que supone confundir lo que parezco ser como tercera persona con Quien soy realmente como Primera Persona, y lo que nos permite dejar que las cosas sean lo que son, dejarlas donde están en verdad; es verdadero *mindfulness* o atención plena. Una atención plena, que, según el testigo, constituye el corazón mismo del budismo. Y, en ese caso, esta gran religión, al igual que algunas otras, ¡está sujeta a sufrir ocasionalmente algún paro cardíaco!

Concluyo con varias citas de dos famosos maestros *ch'an* que nunca dejaron de advertir a sus discípulos sobre la falacia de la perfección mal ubicada: la falacia de que la perfección no está aquí, que no está ahora, y que no es mía. En primer lugar, Huang-po:

> Nuestra Naturaleza Búdica es vacía, silente, omnipresente y pura; es el júbilo apacible, glorioso y misterioso. Y eso es todo. Entra profundamente en ella despertando a ti mismo, despertando a Aquello que está justo donde estás, en toda su plenitud, totalmente completo.

Y en cuanto a conseguir los innumerables méritos (tantos como granos de arena hay en el Ganges), puesto que tú ya eres fundamentalmente completo en todos los aspectos, no deberías tratar de complementar dicha perfección con prácticas disparatadas y carentes de sentido. No existe distinción alguna entre Buda y los seres sintientes, salvo que estos últimos están apegados a las formas y, por lo tanto, buscan la Budeidad fuera de ellos mismos.

Y, en segundo lugar, Hui-hai:

Te pasas eones y eones buscando al Buda en vez de reconocerle justo en el lugar en el que estás.

La iluminación no es algo que se pueda alcanzar. Puedes llegar a la Budeidad en un solo instante.

Eres como un cachorro de león, que ya es un león genuino desde el mismo instante de su nacimiento.

Testigo n.º 20 de la acusación
LA FISIOTERAPEUTA

FISCAL: Hace tres días, la vigésima testigo de la fiscalía tuvo que abandonar el país, con nuestro pleno acuerdo, para acompañar a su madre, la cual se encuentra gravemente enferma en san Juan Capistrano, California. No obstante, comparecerá a través de la pantalla de videoconferencias que tenemos instalada en el estrado de los testigos. Por este medio podrá prestar juramento y ser interrogada de la forma habitual.

Al menos en lo que a mí concierne, es casi como si esta testigo, a la que podemos ver mucho más grande en la pantalla, estuviese incluso *más* presente aún que los demás...
La testigo declara que está en posesión de los certificados correspondientes a tres instituciones diferentes relacionados con la mejora del bienestar físico. Lleva quince años practicando la fisioterapia de forma profesional y trata a una media de treinta clientes a la semana. Sus métodos, en parte desarrollados por ella misma, han aparecido en varias publicaciones profesionales y consisten principalmente en la manipulación de los músculos y del tejido conectivo para conseguir una mejor alineación corporal y para eliminar lo que ella llama *nudos*.

FISCAL, dirigiéndose a la testigo: ¿Qué luz puede aportar su experiencia profesional respecto a las pretensiones del acusado, de las cuales supongo que estará usted enterada? Me refiero en concreto a la idea de que sus miembros brotan a partir de una especie de divinidad incorpórea, lo que les confiere una agilidad y una eficiencia excepcionales.
TESTIGO: Mi impresión es que, para no tener que afrontar que está hecho una carraca, es decir, el estado absolutamente contraído, tensionado y falto de coordinación en el que se

encuentra su cuerpo, se limita a rechazarlo, a descartarlo por completo o, al menos, una gran parte del mismo. ¡Como si pudiera hacerlo! Su cuerpo es muy real y, por descontado, muy típico. Cuenta con cabeza, tronco y extremidades, e incorpora también todo tipo de desequilibrios, contracturas, nudos y rigideces; zonas en las que se ha ido acumulando la tensión debido a años y años de un uso incorrecto del cuerpo y a toda una serie de reacciones de miedo, ira, odio y frustración que han pasado inadvertidas y se han ido acumulando en esas zonas. Lo que ya no resulta tan típico es su artimaña de tratar de evitar todas estas condiciones negativas anulando su base física. El acusado, con notable minuciosidad e ingenio, ¡hace desaparecer como por arte de magia al hombre cargado de problemas y alegremente lo sustituye por un Dios que está libre de toda complicación! ¡Qué original! Así es que, lejos de despejar o descongestionar las zonas en las que hay tensiones, lo único que consigue con esta estratagema es extender sobre ellos una especie de velo de protección, una cubierta irreal; lejos de aflojar las rigideces, añade otra capa más a la armadura. Con su pretendida divinidad tan solo logra exacerbar su condición absolutamente humana. No existe ninguna panacea, no hay ningún sustituto rápido, sencillo y eficaz para el trabajo manual paciente y progresivo que va deshaciendo los nudos y las contracturas.

FISCAL: Por lo tanto, ¿sería correcto afirmar que la argucia del acusado falla porque es descabelladamente irrealista, porque se fundamenta en el sueño o la ilusión vana de ser ese tipo maravilloso y suprahumano que en realidad no es?

TESTIGO: Precisamente.

FISCAL, dirigiéndose al jurado: Convendrán conmigo en que no se puede dudar de la sinceridad de la testigo ni de su pericia y profesionalidad, acumuladas y probadas durante quince años de trabajo con cientos y cientos de pacientes. Apuesto a que no muchos de ellos habrán sido tan poco conscientes de sus nudos corporales como el señor Nokes. O, mejor dicho, tan deshonestos respecto a su existencia.

Defensa: **Nudos**

YO, a la testigo: Por lo que he podido entender de sus palabras, estoy plenamente de acuerdo con usted en todo lo que nos ha contado sobre los desequilibrios corporales, los nudos y la armadura protectora, y también sobre el modo en el que estos se van creando y acumulando. Lo que me choca es cómo puede estar tan segura de que el único modo que existe de aflojarlos y deshacerlos es el que usted practica. ¿Cómo sabe que yo no he dado con alguna otra alternativa, y, para el caso, una que, por decirlo suavemente, resulta mucho más radical y efectiva que la suya? A menos que tuviese ocasión de ponerme las manos encima y darme un buen repaso, debe usted admitir que sus comentarios acerca de mi achacosa condición no son de recibo, que son puras conjeturas que no se fundamentan en evidencia alguna.

TESTIGO: Me baso en mi amplísima experiencia profesional.

YO: No creo que en su experiencia tratando a personas que, como yo ahora mismo, se encuentren a miles de kilómetros de distancia, que hagan la clase de afirmaciones que yo hago y que, no voy a decir que estén a la altura de ellas, sino que sean lo suficientemente humildes como para descender hasta ellas.

TESTIGO: Bueno, supongo que eso he de admitirlo. Por otro lado, apostaría mi reputación profesional a que usted no es en absoluto la excepción que dice ser.

YO: Y yo apuesto mi vida a que YO SOY dicha excepción total y absolutamente. De hecho, no es posible saber lo que significa en realidad la palabra *único* hasta que uno se gira para ser SÍ MISMO, la Primera Persona del (tan sumamente) Singular.

En todo caso, gracias por su colaboración. No tengo más preguntas. [En la pantalla, termina la conexión con la testigo...].

No tengo la menor duda de que la testigo conoce bien su trabajo y lo lleva a cabo muy bien; ni quiero ni me encuentro en posición de poner en duda sus métodos o sus resultados. No obstante, lo que sí tengo que decirle es que tanto mi labor como el material con el que yo trabajo son muy, muy, muy distintos a los suyos. Ella trata con una especie, un orden y un género (o reino, más bien) concreto, y yo con otro. Nos ocupamos de asuntos completamente diferentes.

Brevemente, aquí les presento algunas de estas diferencias:

(1) Los cuerpos con los que trabaja la testigo son sistemas cerrados, están encapsulados en una piel y son autónomos. Cada uno de ellos es una cosa, un objeto clara y netamente definido (contenido o inmerso en el familiar mundo de los objetos clara y netamente definidos). Mi cuerpo, por el contrario, está abierto por un extremo. En el Fin del Mundo que es su Línea de Fondo, este mundo da paso y se funde por completo con otro mundo de infinito misterio, un No-lugar, un No-momento, un No-cómo en el que no hay nada en absoluto. El primer mundo, el de las formas, se nutre de este Otro Mundo del mismo modo que un árbol se nutre de sus raíces y estas del suelo por el que se extienden.

(2) Este extremo abierto mío no es en modo alguno una apertura pequeña, estrecha o constreñida, como el cuello de una botella descorchada, la boca de un tarro sin tapa, o el músculo del esfínter en el que desemboca nuestro conducto alimentario. No. Es más bien como el gran río Amazonas, el cual se ensancha cada vez más hasta convertirse en el océano Atlántico.

(3) Este cuerpo mío abierto de par en par es absolutamente único en su especie. Nunca me he encontrado con otro ni remotamente parecido. En cambio, los cuerpos con los que trabaja la testigo son muchos y notablemente similares. Por lo tanto, al tratarlos, está bien ubicada, sabe perfectamente cuál es su terreno.

(4) Además, todos ellos están al derecho (con la cabeza hacia arriba y los pies hacia abajo), mientras que el mío está del revés; yo estoy apoyado sobre mi cabeza.

(5) O, mejor dicho, sobre mi no-cabeza, sobre mis hombros. Todos los clientes de la testigo están convenientemente tapados y rematados con una especie de tapón esférico, un *nudo* superior

(un nombre apto para lo que viene a equivaler a una maraña de tejidos, cables, tubos y empalmes, a un embrollo de nudos de todo tipo imposibles de deshacer). Es una maraña de la que yo, por el contrario, estoy absolutamente libre (¡doy gracias al Cielo por ello!) en cuanto me detengo a mirar. No hay nudo alguno en este no-tapón. No existe aquí falta alguna que sacar a relucir, nada que poder rebuscar, nada que atribuir a algún episodio traumático de mi historia personal, ni, en general, nada por lo que preocuparse o inquietarse.

(6) Tanto en forma como en tamaño, el resto de mi cuerpo es muy diferente de aquellos con los que trabaja la testigo. La altura de una persona normal (como ya señaló Plinio el Viejo) es igual al ancho de sus brazos extendidos; en cambio, esta persona (esta Primera Persona) es la gran excepción. Ciertamente tengo brazos, piernas y tronco... pero son de un tipo muy concreto, de un tipo único. Cuando extiendo los brazos hacia los lados, veo que son lo suficientemente largos como para abarcar el mundo entero. Por el contrario, mi tronco y mis piernas están drásticamente reducidos y escorzados, y mi tronco carece de espalda. En cuanto a mis hombros, son muy amplios y difusos, y entre ellos hay un gran Hueco. Esto significa que mi brazo izquierdo y mi brazo derecho no están conectados, o mejor dicho, que están conectados a una Nada, a una No-cosa. ¡Cuán diferentes son de los pequeños brazos de John a-Nokes ahí, detrás del cristal del espejo, y de los de los clientes de la testigo, los cuales emergen todos ellos de cuerpos humanos!

(7) Lo que estoy describiendo es mi verdadera realidad física, tan sólida en su parte superior, tan etérea en la inferior (en aquel que se da aquí mismo, justo aquí), ¡y me estaría condenando a mí mismo si renegase de un regalo tan alucinante como este! Condenándome y volviéndome loco. Este es el Ser que veo y con el que veo, el que oigo y con el que oigo, el que siente el placer y el dolor, el que toma alimentos que realmente tienen sabor y el que huele inmundicias en verdad pestilentes. Por supuesto que también tengo un seudofísico que es absolutamente incapaz de todas estas cosas, uno que cuenta con una cabeza regular y

que está al derechas (si bien, al ser insensible, es una miseria de cuerpo...); y es ese que cuelga ahí, a aproximadamente un metro de distancia. Y decir que *cuelga* es correcto, pues no es más que una imagen distante, fina como el papel, enmarcada y esmaltada, que está ahí suspendida en medio de otras imágenes igualmente enmarcadas y esmaltadas de familiares y amigos. Una imagen tan poco apta para vivir como puedan serlo todas esas fotos de otras personas. Está tan muerta como la pared de la que cuelga, y el hecho de que ese Jack-de-la-foto o ese Jack-del-espejo se parezca a los tan bien encarnados clientes de la testigo no contribuye en lo más mínimo a infundir vida a ese «hombre de papel».

Este pequeño surtido de diferencias entre mi físico y el de los clientes de la testigo en modo alguno agota la lista de todas las que existen, pero deberían ser más que suficientes para confirmar que es del todo improbable que lo que funciona con ellos pueda funcionar conmigo, y viceversa. *Este paciente único requiere un tipo de terapia igualmente único.*

Sí, por muy distinto que este cuerpo sea de aquellos, también necesita tratamiento, pues puede «estropearse» con mucha facilidad. Cuando se pasa por alto o no se le presta atención, desarrolla todo tipo de tensiones, rigideces, tiranteces, bloqueos y nudos de su especie. ¿Qué hacer con ellos? ¿Hasta qué punto es efectivo el tratamiento? Esa es la cuestión que me gustaría abordar a continuación.

FISCAL, a voz en grito: ¡No! ¡Esa *no* es la cuestión! No se le está acusando de estar hecho una carraca, sino de estar hinchado y envanecido a más no poder. Tanto como para alcanzar (a sus ojos) dimensiones divinas. Pero ahora tiene usted a bien confesar que, después de todo, no puede ser divino y que todo este tiempo nos ha estado engañando, pues acaba de admitir que, al menos parte del tiempo, no es más que un manojo de nudos y contracturas físicas. Nudos de los cuales el Ser Divino que pretende ser está libre total, absoluta y eternamente. Así es que, después de todo, ¡No es usted divino! Venga, no tenga remilgos y admítalo. Más vale tarde que nunca.

YO: La teología de la que hace gala nuestro ilustre fiscal es del todo simplista. Comprenderemos todo esto más fácilmente si pasamos al diagrama n.º 19.

Tal y como entiendo la tradición cristiana, la Divinidad se presenta en tres paquetes muy, muy diferentes: Todas-las-cosas (Todo), Alguna-cosa (Algo) y Ninguna-cosa (Nada). *El primero* de ellos, del que podríamos decir que es de tamaño infinito o, si lo prefieren, tan enorme como un 747, abarca, junto con todas las demás cosas que existen, los posibles nudos que pudiese haber. Al contenerlos, se libera de ellos, está completamente de-nudado; del mismo modo que el océano, aunque sostiene y abarca a todos los peces, en sí mismo carece de ellos por completo; o como la cobra, que si bien lleva su veneno dentro de ella, no se ve afectada por él. *El tercer* paquete de la Divinidad, en este caso de proporción infinitesimal, es absolutamente puro, está libre de todo objeto y, por lo tanto, también de todo nudo. Sin embargo, no ocurre lo mismo con *el segundo* (el paquete, podríamos decir, de tamaño normal). Al ser finito, al estar entre dos aguas y no ser ni lo uno ni lo otro, esta facción sí que lleva asociada su buena ración de nudos y tensiones que han de ser deshechas. Y este es el aspecto de la Divinidad (este ser sin cabeza, con unos brazos larguísimos y con los pies hacia arriba) que he estado describiendo. ¡Y sí! ¡Eso es lo que afirmo ser! Este es el Cristo Cósmico, el Dios encarnado en el Hijo que constantemente asume la forma de un Algo (Alguna-cosa) limitado y mortal, en marcado contraste con el Padre que es Todo (Todas-las cosas) y con el Espíritu que es Nada (Ninguna-cosa).

Es justo aquí y tan solo aquí donde encuentro al Hijo cuyo cuerpo único es sin duda el mío propio. Aquí está la Gran Majestuosidad que desciende y se rebaja a Sí Misma para asumir la forma de... *¡Yo y mis nudos!* ¡Y eso, os lo puedo asegurar, es verdadera humildad! Es un descenso que tan solo Dios, que es el Amor mismo, puede realizar.

3 EL ESPÍRITU COMO NINGUNA-COSA

Diagrama n.º 19

FISCAL, montando en cólera: Miembros del jurado, ¿han oído ustedes eso? ¡John a-Nokes vuelve a decirnos que es nada más y nada menos que la Segunda persona de la Santísima Trinidad! Les ruego que no lo olviden. Ténganlo muy presente cuando se retiren a considerar su veredicto.

YO: ¡Equivocado una vez más, como de costumbre! John a-Nokes es la imagen que aparece en esa estructura enmarcada y esmaltada (ya sea una foto o un espejo) que cuelga de la pared. Es una apariencia, no tiene nada de sustancial ni de real (ya no digamos de divino). Pero en lo que se refiere a esta otra persona, a la que está totalmente libre de todo marco y de todo esmalte, la que se encuentra justo aquí y es tan sumamente real y sustancial, les juro que los hechos tal y como se presentan me han *obligado* a regresar (de mala gana, en contra de mi voluntad) a algo que se asemeja en gran medida al Cristo interior de mi infancia. ¡La gracia divina por fin ha hecho que recupere el sentido!

Ahora, mi historia, al igual que la de san Pablo y la de un número incalculable de otras almas devotas, es la del Cristo que vive en mí, el Cristo que es la vida de mi vida y el alma de mi alma. ¡Afortunados ellos que no pudieron ser acusados de blasfemia, arrestados y juzgados como yo en aplicación de la Ley Reguladora de la Blasfemia del 2002!

FISCAL: Dudo mucho que usted juegue en la misma liga que el gran apóstol que ha mencionado.

YO: Él se llamaba a sí mismo *el supremo pecador*. No le quepa duda de que pertenezco a esa liga.

Pero ahora, con o sin su permiso, quisiera reanudar mi respuesta al testimonio de la testigo que usted ha tenido a bien citar para que declare en mi contra.

La cuestión que me propongo abordar es: ¿cuál es el tratamiento efectivo para los nudos y las tensiones que ciertamente pueden formarse en este cuerpo único mío? ¿Cuál es la cura práctica y apropiada (que necesariamente ha de ser tan distinta de las que usa la testigo como el material con el que trabaja lo es de mí mismo), la cura que, según mi experiencia de primera mano, realmente funciona; el remedio que, al persistir, consigue deshelar esas zonas de mi ser que están duras como el hielo, me despoja de mi armadura y desenreda los nudos que conlleva consigo la encarnación?

Hablando con propiedad, el tratamiento no es tal en absoluto, no es nada que haya que hacer, sino más bien un despertar. Es *atención, humildad* frente a la evidencia ineludible, mirar y sostener la mirada para ver, estar *agradecido* por lo dado, por el Dios que se entrega a Sí Mismo.

Y la visión crucial y primordial es la Ausencia de ese nudo de nudos que es mi parte superior (mi parte inferior, en realidad). *Desenredar* ese nudo, ese copete que es la cabeza, me llevaría un tiempo infinito y me acarrearía multitud de problemas; e incluso si tuviese éxito en esta empresa, seguiría teniendo un manojo de cabos sueltos. *Abolirla* por completo y de un plumazo es infinitamente más efectivo.

Este es el comienzo, la ventaja y la oportunidad que puede y debe conducirnos a deshacer todos los nudos de este cuerpo ahora decapitado. Llega a zonas que ningún otro tratamiento o medicina consiguen llegar y, una vez allí, obra maravillas. Para tomar esta cura tan solo he de añadir mi cuerpo a mi cabeza ausente, de modo que también este quede anulado, revocado, vacío, ausente y completamente *en orden*. Para hacer esto, simplemente dejo por unos instantes de mirar hacia *abajo* (lo que hago para comprobar que no tengo cabeza) y miro hacia *delante* para comprobar que, además, tampoco tengo cuerpo. De hecho, por lo general mi tronco y mis piernas quedan fuera de mi vista y son reemplazadas por la escena o el paisaje que tenga en frente; de este modo, todos los nudos de esas partes quedan instantáneamente disueltos. Obviamente, no de una vez por todas, pero cuando este tratamiento se aplica conscientemente y se repite con la suficiente frecuencia, no hay nudo ni contractura que se le resista.

Ser consciente de esto resulta de vital importancia. Para poder liberarnos de los nudos es necesario que despertemos real y verdaderamente a lo que vemos, en lugar de seguir soñando con lo que se nos ha dicho que debemos soñar. Es cierto que quizá no resulte tan sencillo como cabe suponer; la visión final, la atención sostenida que completa el trabajo, consiste en poner del revés este cuerpo sin cabeza. Si tenemos una jarra llena de agua sucia, no es posible vaciarla simplemente quitándole la tapa. Ni tampoco la vaciamos inclinándola pero dejando la tapa firmemente apretada en su posición. No; hacemos ambas cosas a la vez: primero quitamos la tapa y después volcamos la jarra. De este modo, toda el agua sucia se elimina de inmediato. (El cuadro que les he proporcionado en mi alegato al testimonio del anterior testigo (el mapa del Sendero Plebeyo de los 8x8 Pasos) ilustra este proceso con más detalle[*]). Por decirlo en lenguaje sencillo, el tratamiento completo tiene tres partes: requiere que pierda la cabeza, que me dé cuenta de que mi cuerpo está invertido, y que con frecuencia y conscientemente lo pierda también. ¿Qué podría ser más simple?

---

[*] Véase el apéndice.

En todo caso, que sea simple no significa que sea fácil. Este tratamiento para los nudos y las contracturas (que también lo es para la blasfemia) no es definitivo, no se aplica una vez y listo, sino que más bien se trata de algo que ha de ser mantenido en el tiempo. Si mi atención flaquea, el copete superior que es mi cabeza vuelve a colarse en la escena, el tronco hace un salto mortal para igualarse a aquellos que me rodean y, antes de que pueda darme cuenta, vuelvo a tener una cabeza sólida sobre los hombros. Por decirlo de otro modo, los nudos vuelven a anudarse, Jack está de vuelta, y con su llegada desplaza a Cristo, quien queda nuevamente excluido, ahí fuera, en la intemperie. Y entonces... ¡Que Dios me ayude! (cuando se lo he pedido, nunca me ha fallado).

Para finalizar, aquí tenemos a un cristiano, un musulmán, un taoísta, un budista, un judío y un hindú que consiguieron desvelar el secreto de cómo deshacer este nudo de nudos que es el ser humano:

> El hombre exterior y el hombre interior son tan diferentes como la tierra y el cielo.
>
> Eckhart

> «He aquí —nos dijeron— que nosotros somos hombres y ellos también son hombres y que, por lo tanto, tanto nosotros como ellos somos esclavos de la comida y el sueño». En su ceguera, no se dieron cuenta de que había una diferencia infinita entre ellos.
>
> Rumi

Al contemplar las aguas fangosas, perdí de vista el claro abismo. Al mantener mi cuerpo físico, perdí de vista mi yo real.

Chuang-tzu

Yo no habito donde habitan los demás. No voy donde van los otros. Esto no significa que me niegue a relacionarme con otras personas, sino que hay que distinguir lo que es blanco de lo que es negro.

Pai-Yun

Que el cielo y la tierra sean testigos de que un día me senté y escribí un secreto cabalístico: de repente vi mi propia forma ahí de pie, delante de mí, y a mí mismo desprendido de ella.

Escuela de Abulafia

Del mismo modo que los ríos pierden su nombre y su forma al llegar al mar, también los sabios pierden su nombre y su forma al llegar a Dios, resplandeciendo más allá de toda distancia. Aquel que encuentra el Espíritu es Espíritu. [...] Los nudos de su corazón han sido desatados.

Mundaka Upanishad

Testigo n.º 21 de la acusación

EL EX-*SANNYASIN*

FISCAL, dirigiéndose al jurado: El acusado se refiere a menudo a su enseñanza y su práctica como la *Vía sin cabeza*. ¿En qué consiste esta «vía»? ¿Qué quiere decir cuando habla de ella? En su propia jerga blasfema (y cito de uno de sus libros), es «ver que sobre los propios hombros, en lugar de una cabeza humana que no está ahí, lo que tenemos es la Cabeza Divina que sí está ahí y, de este modo, sanar». Pues bien, nuestro siguiente testigo nos hablará de sus aventuras y desventuras al recorrer esta «vía sin cabeza», y el tipo de «sanación» a la que dicho camino le condujo.

TESTIGO: Todo comenzó años antes de que yo ni tan siquiera hubiese oído hablar de John a-Nokes. Tenía veinte años, era un sanyassin de túnica naranja y formaba parte de una muy extensa comunidad seudorreligiosa de Oregón. ¡Hay que ver las cosas que conseguimos! Ahora me doy cuenta de que algunas fueron bastante beneficiosas, la gran mayoría inofensivas, y unas pocas ciertamente bastante dañinas. De entre todas, hubo una práctica que me fascinó y que al final casi me volvió completamente loco. Se llamaba la *Meditación de la guillotina*. Nuestro gurú la tenía en muy alta estima, siempre la elogiaba y la describía como una técnica muy antigua, profunda y enormemente liberadora. Según él, era una de las más hermosas meditaciones tántricas.

FISCAL: ¿Meditación sobre qué?

TESTIGO: Sobre no tener cabeza.

FISCAL: Prosiga.

TESTIGO: No tengo ni idea del motivo, pero lo cierto es que esta meditación se apoderó de mí de tal modo que perdí por completo el interés en todas las otras cosas que mis compañeros sanyassins exploraban y practicaban. Todos los días me dedicaba a practicar el no tener cabeza durante horas y horas, y en los momentos en los que me despistaba, dejaba de prestarle atención o se me escapaba, me sentía culpable. Poco a poco me fui volviendo cada vez más insociable y me fui sintiendo más y más solo entre aquella multitud de, literalmente, miles de personas.

Luego llegaron los enfrentamientos, las revelaciones de corrupción y violencia, y todo eso condujo a la rápida ruptura y disgregación de la comunidad. Enojado y desilusionado, lo único que quería era marcharme lo más lejos posible, así es que quemé mi túnica naranja y mi *mala* y regresé a Nueva York. Conseguí un trabajo y me establecí en lo que puede considerarse una vida bastante normal. Poco a poco, con el paso del tiempo, cada vez me daba más la impresión de que toda aquella pesadilla de lo acaecido en Oregón jamás había tenido lugar... A no ser por un detalle que hacía que me sintiese como si estuviese permanentemente de resaca: no conseguía dejar de pensar en la *Meditación de la guillotina*. Aún seguía practicándola diariamente, tanto como mi trabajo me lo permitía. Y también seguía sin conseguir alcanzar la sanación que prometía. En todo caso, lo único que lograba con ella era que mi ansiedad y mi estrés empeorasen. Sin embargo, nunca se me ocurrió dejarla, hacer borrón y cuenta nueva y, sencillamente, abandonar esta práctica. ¡Así de estúpido era! ¡Así de enfermo estaba!

FISCAL: Y entonces conoció al acusado...

TESTIGO: No, nunca llegué a conocerle. Me topé por casualidad con su libro sobre no tener cabeza en una tienda de libros de segunda mano. Lo leí y releí con gran entusiasmo, esperando (contra toda esperanza) que esta *Meditación de la guillotina - Versión 2*, al estilo del señor Nokes, me aclarase finalmente las cosas de una vez por todas. No contento con la palabra escrita, intenté contactar con el autor. Hice una pequeña escultura de madera de haya representando al Uno Sin Cabeza y se la envié, pero no obtuve respuesta. Luego le hice llegar varias imágenes de figuras sin cabeza, en su mayoría budas, que había encontrado por ahí, pero tampoco en esta ocasión se dignó a responderme. Ni tan siquiera unas breves palabras de reconocimiento. La verdad que me sentí profundamente herido y frustrado, pero seguí leyendo sus libros y continué con mi práctica, lo que propició que me sintiese más enfermo y trastornado que nunca.

FISCAL: ¿Cómo terminó todo?

TESTIGO: Bueno, esta obsesión mía hizo que me despidiesen del trabajo como contable que había conseguido. Me convertí en una persona incapaz de trabajar, pues no podía concentrarme ni en la más simple de las tareas durante más de unos minutos. Y, como es natural, también estaba muy deprimido. Hubo momentos en los que consideré muy seriamente la posibilidad de suicidarme. No sé cómo me las he arreglado para que no me ingresaran en un manicomio.

FISCAL: Pero salta a la vista que se ha recuperado. ¿Qué es lo que ocurrió?

TESTIGO: Para ser honesto, la verdad es que no lo sé con seguridad. Creo que lo que me salvó fue que me enamoré de Hedda, mi psicoterapeuta. Yo solía decirle que era mi psicoterapeuta de «cabecera», porque, de un modo bastante literal, me devolvió la cabeza. Esa fórmula se convirtió en una pequeña broma privada entre nosotros, en el eslogan y la consigna de nuestra relación: «Hedda: psicoterapeuta de cabecera». «Lo que el hombre al que quiero —me decía— tiene sobre los hombros es una cabeza de hombre, labios para besar, ojos para mirarme, y no una especie de vapor etéreo. Pobre idiota, ¿no ves que te has dejado engañar por un par de estafadores? Primero, ese gurú lánguido y de ojos llorosos, y después este otro loco de las paradojas que, entre los dos, a punto han estado de hacerte perder la chaveta».

También es posible que hubiese tocado fondo en mi profunda desesperación, de modo que el único camino que me quedaba era comenzar a ascender hacia la luz del día del sentido común. Sea como fuese, el cambio se produjo casi de la noche a la mañana. Había recuperado la cabeza sin el menor atisbo de duda, y no tardé en tenerla firmemente atornillada de nuevo en su lugar.

Tras un mes de vacaciones con Hedda en las Montañas Allegheny, regresé a la ciudad entero, de una sola pieza y en perfectas condiciones. Desde entonces he llevado una vida bastante normal. Me alegra poder decir que el recuerdo de aquel interludio tan traumático y vergonzoso de mi vida se va desvaneciendo progresivamente. Cada día que pasa me parece más como si fuese algo que le hubiese ocurrido a otra persona y no a mí. Este recordatorio forzado de hoy de que no es así no es en absoluto de mi agrado, eso puedo asegurárselo.

FISCAL: ¿Y qué puede decirnos del aspecto religioso de dicho interludio? ¿Cuál era y es su opinión respecto a la Cabeza Divina que el acusado le prometió conseguir a cambio de su cabeza humana?

TESTIGO: Bueno, en ese momento estaba más embelesado que sorprendido. Ahora, después de haber vuelto a acudir a la sinagoga de forma regular y conectar de nuevo con mis raíces judías, me he dado cuenta de que tanto John a-Nokes como ese otro gurú no son más que un par de demonios que me incitaron a cometer el más abominable pecado que se puede perpetrar contra Dios: el pecado de la Cabeza Henchida a más no poder. Con tan solo mirar al hombre del banquillo se me revuelve el estómago y pienso en todo el daño que nos ha hecho tanto a mí como a muchos otros.

Defensa: **La meditación de la guillotina**

YO, al testigo: Mi objetivo al interrogarle no es poner en duda su testimonio, al menos no en lo que ha dicho hasta el momento, pues simplemente se ha limitado a describir lo que ha vivido, y no hay ningún problema en eso. Lo que me gustaría hacer ahora es analizar un poco más pormenorizadamente algunos detalles. Examinemos juntos la enseñanza real de estos dos seguros estafadores (como usted nos considera ahora) y cómo ponerla en práctica. Pasemos pues, en primer lugar, a su gurú y su *Meditación de la guillotina*. Por favor, explíquele a la corte que instrucciones le dio y cómo las siguió.

TESTIGO: Tenía que pensar que no tenía cabeza, imaginarme que había desaparecido por completo. Sentado, caminando, hiciese lo que hiciese, en todo momento tenía que visualizarme a mí mismo haciéndolo sin cabeza. Eso era todo.

YO: ¿No le dio alguna clase de técnica o de recordatorio; algún consejo para estimular su imaginación?

TESTIGO: Sí. Me dijo que bajase el espejo de mi cuarto de baño para que de este modo no pudiese ver mi propia cabeza reflejada en él, y también que colgase fotos mías por la casa en las que se viese todo el cuerpo menos la cabeza. Se suponía que estos trucos debían resultar útiles en dos aspectos: por un lado, servían como recordatorio para llevar a cabo la meditación y, por otro, me mostraban en qué tenía que centrarme al practicarla.

YO: Según su gurú, ¿qué beneficios se suponía que le aportaría esta técnica?

TESTIGO: Me prometió que al cabo de unos días sentiría un silencio, una ligereza, una ingravidez, absolutamente maravillosas, y que empezaría a estar más centrado en mi corazón.

YO: ¿Le ocurrieron estas cosas?

TESTIGO: Bueno, me imaginé que sí. Me convencí a mí mismo de que me sentía más relajado y de que era más feliz, menos testarudo o «cabezota». Pero a largo plazo (e incluso diría también que a corto plazo) el efecto que tuvo sobre mí fue claramente negativo. Cada vez me sentía más tenso, más ansioso y preocupado.

YO: ¿Las instrucciones para la práctica de la *Meditación de la guillotina* se daban en privado a pequeños grupos selectos o, por el contrario, se ofrecían públicamente a todo aquel que estuviese interesado?

TESTIGO: Eran públicas. Estaban ahí, en el *Libro naranja* de meditaciones del gurú, disponibles para todo el mundo. No tenían nada de secreto.

YO: Muy bien. Ahora pasemos a lo que usted denomina *Meditación de la guillotina - Versión 2*, es decir, a mi versión de lo que es no tener cabeza; la práctica y las técnicas que usted tomó de mis libros. ¿En qué sentido difieren (si es que lo hacen) de las de su gurú? ¿Cree que ambos venimos a decir básicamente lo mismo, si bien cada uno con su propio estilo y su propia voz?

TESTIGO: No puedo recordar ninguna diferencia destacable...

YO: Respecto a esa estatuilla sin cabeza que usted talló y me envió y esas fotos de Budas decapitados, supongo que representaban la idea que tenía sobre lo que es el estado sin cabeza tal y como se describe en mis libros, los cuales ha dicho que leyó en repetidas ocasiones.

TESTIGO: Sí.

YO: En ese caso, recordará los experimentos. Todos y cada uno de mis libros contienen descripciones completas de ellos, así como instrucciones precisas sobre cómo llevarlos a cabo.

TESTIGO: Bueno, son libros que leí hace mucho tiempo... Pero no recuerdo haber hecho ninguno de los experimentos. ¿Qué clase de experimentos son?

YO: Apuntar hacia nuestro propio rostro y ver que no estamos apuntando hacia ningún rostro; ponernos las gafas y ver que no son gafas, así, en plural; conducir y ver que no estamos conduciendo el coche en absoluto, sino todo el paisaje; etc. Hay al menos una docena de ellos.

TESTIGO: Estoy seguro de que no hice ninguna de esas cosas.

YO: Dejemos bien claro este punto para que el jurado no tenga dudas al respecto. Su gurú le aconsejó que usase su imaginación, que pensase o visualizase ciertas cosas, y usted cumplió con sus instrucciones. Le hizo algunas sugerencias para estimular su imaginación, como colocar los espejos más bajos, y usted cumplió igualmente con lo ordenado. Llevó a cabo todo esto meticulosamente y se imaginó durante largos períodos cada día lo que se le indicó que imaginase. Un auténtico ejemplo de obediencia, no hay duda. Eso en lo que respecta a la *Meditación de la guillotina - Versión 1*. Ahora pasemos a la *Versión 2,* como usted la llama. Por mi parte, le dije (a través de mis libros) que su problema era, precisamente, la imaginación; le conminé a que *dejase de imaginarse cosas* y se limitase, simplemente, a mirar. Usted se negó a hacerlo. Le proporcioné una serie de instrucciones muy bien detalladas de los experimentos que tenía que llevar a cabo si es que su intención era que mi enseñanza tuviese algún significado para usted. Sin embargo, también se negó a realizar ninguno de ellos. Una y otra vez le he advertido que mis libros tan solo le confundirían —e incluso le causarían efectos nocivos— si simplemente se limitaba a leer estos experimentos, estos pequeños y sencillos tests de comprobación. Nuevamente, tan solo los leyó pero no los llevó a cabo. El resultado no fue tan solo que no captase mi mensaje, sino que, directamente le dio la vuelta. Lo invirtió y lo pervirtió hasta que lo hizo coincidir con el mensaje de su gurú y, por lo tanto, tuvo un efecto igualmente perjudicial sobre usted.

Mi intención al exponer todo esto no es culparle de nada; la gran mayoría estamos tan profundamente convencidos de que mirar en nuestro interior es un destino peor que la muerte, que estamos dispuestos a hacer casi cualquier cosa con tal de evitarlo. Supongo que no más de uno de cada tres lectores de mis obras me toma en serio cuando insisto en que simplemente leer sobre Aquello a lo que señalo está a años luz de verlo realmente. Con todo el respeto, señoras y señores del jurado, tengo la impresión de que esa misma proporción de uno de cada tres se aplica también a ustedes. Observando cómo han llevado a cabo los experimentos que les he ido pidiendo que hiciesen aquí y allá, me resulta más que obvio que la mayoría de ustedes se ha limitado (en el mejor de los casos) a fingir que los estaba realizando, pasando así cuidadosamente por alto el verdadero significado de lo que quiero transmitirles y asegurándose de no ver a Aquel que ve (o, mejor dicho, su total y completa ausencia). Habrán de disculparme si les digo que esta ceguera voluntaria a la esencia de mi defensa amenaza con afectarme y hacerme un daño mucho mayor que el que me haya podido hacer hasta este momento el testigo. *La verdad es que sencillamente no es posible ignorar los experimentos y captar el significado de mi exposición, entender lo que digo, y que, del mismo modo, sencillamente no es posible hacer los experimentos y no entenderlo.* El testigo puede abandonar el estrado.

Ahora, ¿serían tan amables los miembros del jurado de pasar al diagrama n.º 20?

La ilustración 20a no es más que el esquema con el que ya están familiarizados y que constituye la base de mi defensa. Por su parte, la 20b es muy similar a la anterior, pero con una diferencia muy importante: en este caso el espejo se ha bajado convenientemente para cortar la cabeza del hombre que en él aparece. Representa la visión que el testigo tiene de sí mismo cuando, dando buen cumplimiento a las instrucciones de su gurú, coloca un poco más bajo el espejo de su cuarto de baño. También representa esas imágenes de Budas decapitados y la talla de madera igualmente decapitada que el testigo me hizo llegar. Dicho en una palabra, representa *violencia*. Cortarle la cabeza a alguien es la pena más sumaria, sangrienta e irreversible que se puede aplicar. Si ese alguien es uno mismo, es suicidio; si es otra persona, asesinato; si se trata de una multitud, genocidio al estilo de Calígula, quien deseaba que los romanos tuvieran un mismo cuello para poder decapitarlos a todos de un solo golpe. Para ser exactos debería decir más bien «intento de suicidio, intento de asesinato e intento de genocidio». Y a buen seguro que todo esto es horrible, un auténtico infierno.

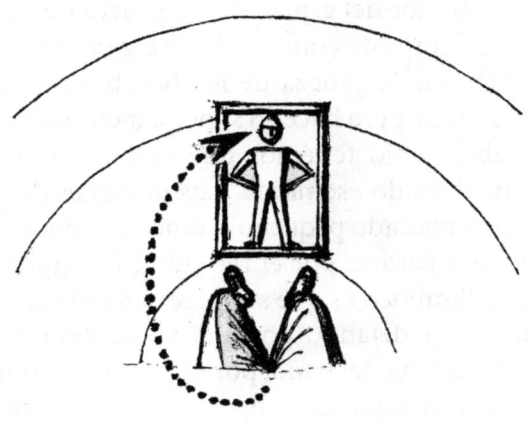

20a La Observación que pone tu cabeza en su lugar

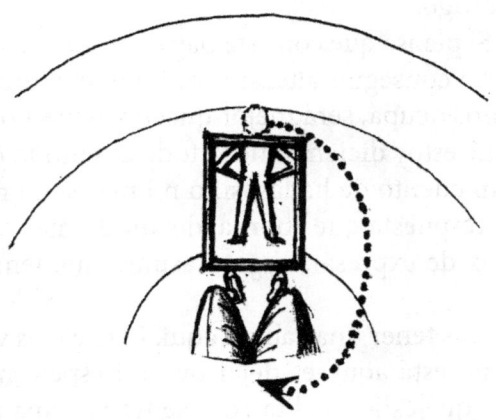

20b La Meditación que desaloja a tu cabeza de su lugar

Diagrama n.º 20

El borde superior del espejo de mi cuarto de baño está tan afilado y es tan cortante como el de una guillotina. Bajarlo un poco para rebanar la cabeza de los hombros es la cosa más sencilla del mundo, pero hacerlo supone meterse en problemas, ya que en algún sitio tenemos que meter esa cosa pobre y miserable que ha sido escindida. Los desagües de la bañera y el lavabo son demasiado pequeños como para poder esconderla ahí, ni tampoco pasaría por el retrete ni tan siquiera tirando de la cadena. Tampoco es que sea precisamente el tipo de cosa que uno pueda ir dejando por ahí, en cualquier sitio, en el umbral de la ventana del baño, por ejemplo. No, por lo visto el único lugar que es capaz de acoger esa masa sanguinolenta es justo aquí, sobre estos hombros. De modo que es aquí donde se establece; *¡en el único lugar del mundo en el que jamás puede estar!* ¿Les parece suficiente despropósito?

Este es precisamente el disparate, el sinsentido, al que se sometió el testigo.

FISCAL: Si piensa que con esta payasada de Nokes-a-través-del-espejo va a conseguir alterar la opinión del jurado sobre el asunto que nos ocupa, será mejor que lo vuelva a pensar.

YO: Lo que estoy diciendo tiene todo el sentido del mundo. No es ningún cuento de hadas, sino mi más seria respuesta al testigo. Una respuesta que aborda, del modo más convincente que soy capaz de expresar, el gran asunto que tenemos entre manos.

El infierno es tener una cabeza aquí. El Cielo es ver por uno mismo que no está aquí, es dejar que mi espejo me muestre el lugar en el que esta maldita cosa se transforma por arte de magia en esa bendita cosa cuando está ahí fuera, en el lugar que le pertenece.

¿Y por qué es tan horroroso mantenerla aquí? Pues porque estar encerrado en esa esfera minúscula, opaca, oscura y apretada equivale a quedar excluido de esta otra esfera inmensa en la que estoy iluminado por la luz de Dios y soy barrido por Su viento; porque coloca al pequeño yo frente al (y en contra del) mundo, reduciéndome así a poco más que un mero extraño en él, alienándome; porque tarde o temprano este mundo acaba merendándose al extraño; y porque no es más que un montón de chorradas, la más inverosímil de las mentiras. No es de extrañar, por lo tanto, que la *Meditación de la guillotina* le haya acarreado tantísimos problemas al testigo, pues *en lugar de decapitarle, lo que consiguió más bien fue «capitalizarle», hacerle sentir con más intensidad que nunca que tenía una cabeza ahí.* Lo realmente sorprendente es que se las arreglase para no acabar completamente trastornado.

Ponernos una cabeza aquí a nosotros mismos es suicidarnos. Decapitar a los demás es asesinato. Una violencia tal contra la persona (ya sea la que se encuentra detrás del espejo o cualquier otra) y contra la verdad, constituye una auténtica ofensa capital. El peso de toda mi enseñanza (aunque yo prefiero llamarlo «desenseñanza») y, ahora, también de mi defensa contra la acusación de blasfemia, recae en que todas esas segundas y terceras personas (Jack incluido) tienen necesaria y deliciosamente una cabeza sobre los hombros y no han de ser decapitadas bajo ningún pretexto; y en que del mismo modo esta única y particular Primera Persona carece necesaria y deliciosamente de cabeza y no ha de ponérsele ninguna bajo ningún pretexto. Simplemente dejemos que estas dos clases diferentes sean tal y como son y todo estará bien. De hecho, todo *está* bien. Por el contrario, si empezamos a toquetearlas y manipularlas, todo estará peor que mal y el embrollo al que llegaremos será monumental. Dejemos que, sencillamente, este espejo mágico de Dios siga llevando a cabo su labor sanadora de situar esa *albóndiga,* esa bola de carne, en su lugar. Dejemos que haga desaparecer como por arte de magia esta malevolencia, esta perversidad, este parásito central, y lo coloque ahí fuera, donde realmente pertenece, convirtiéndolo así en la más inofensiva y devota de las mascotas. Dejemos que nos cure para siempre de nuestra blasfemia crónica, del diabólico orgullo que superpone esa cabeza de humano en esta Cabeza de Dios.

Miembros del jurado, Dios ha puesto en sus manos la mejor y más brillante herramienta de jardinería: la pala con la que arrancar de raíz toda blasfemia. Les ruego una vez más que sostengan su espejo a la distancia del brazo y echen un buen vistazo a la mala hierba que acaban de desenterrar.
¡Miren! Ahí tienen su *belladonna,* la hermosa tentadora. Ahora están manteniendo a esa fascinante pero potencialmente letal dama a una distancia segura. Asegúrense de que se queda ahí. Si por el contrario, la agarran y la colocan en el lugar en el que ustedes están, será ella la que se apodere de ustedes. Aquí, en su propio hogar, el veneno de la *belladonna* resulta mortal.
La manera de apartarla no es —repito, ¡no es!— en absoluto la que defiende Bhagwan Shree Rajneesh en su *Libro Naranja:*

> Esta es una de las más hermosas meditaciones tántricas: camina e imagina que la cabeza ya no está ahí, que tan solo está el cuerpo. Recuerda continuamente que la cabeza ya no está presente. Imagínate a ti mismo sin cabeza. Hazte con un retrato ampliado de ti mismo pero sin cabeza y contémplalo. ¿Cómo? Bajando un poco el espejo del cuarto de baño, de manera que puedas verte pero sin la cabeza, únicamente el cuerpo. Unos pocos días de recordación* (sic) y sentirás cómo se apoderan de ti una liviandad y una sensación de silencio tremendos. Si puedes concebirte a ti mismo sin cabeza —y no cabe duda de que es algo que se puede hacer sin dificultad—, pronto sentirás que vas estando más y más centrado en el corazón. En este mismo instante puedes comenzar a visualizarte a ti mismo descabezado. Así comprenderás de inmediato lo que estoy diciendo.

Yo afirmo que mi *ausencia de cabeza* no es algo que tenga que ser más «concebido», «visualizado», «recordado» o «pensado» (todos ellos verbos que usa el propio Rajneesh) que

---

* *Remembrance* en el original inglés.

su presencia. Ambas cosas son para ser vistas. Es precisamente ahí, en esta fragmentación, en esta manipulación de lo que se muestra de forma evidente, donde radica el problema de la *Meditación de la guillotina* que el testigo practicó con efectos tan sumamente desastrosos.

Una nota a pie de página: No tengo mayores problemas con el resto de lo que he leído de Rajneesh, si bien he de admitir que tampoco ha sido mucho. E incluso en este caso estuvo a punto de dar en la diana. Permítanme añadir también que tengo un buen puñado de amigos ex-*sanyassins* que me aseguran que, en cierto modo, las enseñanzas de Rajneesh les prepararon para la Visión Interior esencial de la que ahora disfrutan. Supongo que este gurú nunca se topó con aquella frase del rabino Izaac de Acre, un cabalista español del siglo XIII, que dice: «Has de saber que estos filósofos cuya sabiduría tanto alabas tienen la cabeza ahí donde tú tienes los pies». Quizá le hubiese ayudado.

Testigo n.º 22 de la acusación

EL ZOÓLOGO

AL SER INTERPELADO POR el fiscal, el testigo se presenta. Es profesor en el Departamento de Biología de la Universidad de Cambridge y está especializado en anatomía comparada. Sí, ha leído un par de libros del acusado y es consciente de sus aseveraciones en lo tocante a su verdadera identidad, a su encumbrado estatus en el esquema de las cosas.

FISCAL: A la luz de los conocimientos que le confieren su campo de especialización, ¿qué opinión le merecen las pretensiones de divinidad del acusado?

TESTIGO: No sé muy bien si decir que están tan por encima de mi comprensión que no soy capaz de entender ni una sola palabra de lo que dice, o que están tan por debajo que, de todos modos, no hay absolutamente nada que entender, que no son más que un montón de conceptos vagos y difusos. Digamos que estoy desconcertado. Está claro que este hombre no es ningún demente, y sin embargo, al mismo tiempo, se muestra tan loco como el que más; un hombre que obviamente no peca de vanidad, cuyo ego no está henchido como un globo; un hombre cuya sinceridad es más que evidente y que está jugando a un juego muy elaborado. Supongo que hace falta ser muy complejo e inteligente para adoptar y defender una posición tan insostenible como la suya.

FISCAL: ¿Qué es lo que la hace insostenible?

TESTIGO: Bueno, lo que tenemos ahí, en el banquillo de los acusados, es un espécimen biológico (lo digo con todo el respeto: aquí, en el estrado de los testigos, tenemos otro ejemplar de la misma especie). Permítanme explicar, en términos caricaturescos y no científicos, algunos hechos que el tribunal debe conocer sobre dicho espécimen. Espero que lo que mi descripción pueda perder en precisión técnica se vea compensado por el impacto que les produzca y la relevancia que tenga para el desarrollo de este juicio.

Me dedico a estudiar a los organismos vivos, desde los más simples hasta los más complejos, y hay en ellos un par de aspectos contrarios que son los que más me sorprenden: su inagotable variedad y su elevado grado de uniformidad; es decir, su diferenciación y su unidad. La vida es indivisible, y las formas que consideramos más altas o elevadas forman parte del mismo mecanismo que las más bajas. Tomemos por ejemplo esa mosca que vuela hacia la ventana. Quisiera que el acusado dirigiese su atención a este pariente suyo por tan largo tiempo olvidado. Si John a-Nokes siente que es superior a ella en lo más mínimo, permítanme asegurarle que este pequeño bichito volador es un arcángel comparado con cómo era él mismo no hace mucho tiempo. Por supuesto que, hace unos cuantos años, no era más que un niño, un triste y diminuto ejemplar de ser humano y de mamífero, ahí expuesto, a la vista de todos. Pero antes de eso, cuando era aún más joven, no era más que un lejano y borroso esbozo de persona, un mero amasijo de huesecillos y estructuras que permanecía sereno y en paz dentro de la cavidad uterina. Allí, por un breve periodo, fue también un lejano esbozo de reptil, y antes de eso, de pez, y antes de eso, de gusano. Y cuando era muy muy joven, al comienzo de su actual periplo vital, era prácticamente nada, una diminuta partícula, algo que no llegaba casi ni a la altura de una mota de polvo. Es cierto que, bajo los cánones habituales de las motas de polvo, esta era una bastante complicada, pero sin duda alguna supuso una entrada en el registro social de la vida infinitamente más humilde que cualquiera de las criaturas que el acusado puede hoy contemplar en el zoológico, en el jardín o donde sea. Sí, era una mota especial, por decirlo de algún modo, una mota *yuppie,* una diminuta partícula destinada a medrar en el mundo, pero a lo que voy es que ni por un solo instante ha dejado de ser esa clase de objeto: una partícula a la que lo que más le conviene es mantenerse dentro de la familia de las partículas... ¡Y ahora esta partícula engreída y advenediza emerge de entre todas las demás para hacerle saber a un asombrado universo que ella misma es su Origen y su Propietario! ¡Que la partícula es el universo mismo! ¡Vaya desparpajo! ¡Qué desfachatez! Sin duda un ejemplo insuperable de arrogancia y de cómo subir puestos en la escala social.

FISCAL: Por favor, retroceda aún más en esta saga *nokesiana* y háblenos del origen de esta partícula, de esta espícula diminuta.

TESTIGO: Bien... Había una vez un pequeño mar en el que vivía una gorda y perezosa partícula globular, un diminuto ser femenino que se dedicaba a difundir sus encantos sexuales en todas direcciones. Pueden imaginársela como a la Mae West de las partículas. Imaginen también, corriendo a todo correr hacia ella en un apasionado frenesí, a huestes de admiradores cuya forma y comportamiento nos haría creer que estamos ante un batallón de renacuajos precoces y lascivos, solo que a una escala mucho más humilde. Eran como una flota de lanchas rápidas con motores fueraborda, todos ellos dirigiéndose a todo gas hacia un puerto seguro. La nave ganadora, la que consiguió llegar en primera posición a su destino (todas las demás perecieron en este océano), se convirtió en la mitad masculina del bosquejo inicial de lo que ahora llamamos John a-Nokes, mientras que, por su parte, el puerto mismo se convirtió en la mitad femenina. Ahora bien, la probabilidad de que ese pretendiente particular superase a todos sus rivales y ganase así la carrera y la dama, era de una entre millones. ¡Date prisa, Jack! ¡Ágil y ligero, Jack! (como dice la canción infantil*)—. Sí, será mejor que ese espécimen que ha alcanzado el muelle afronte el hecho de que es el más accidental de los accidentes, un forastero en tierra extraña, un intruso prácticamente imposible, una mera casualidad, si es que las casualidades existen.

Así es que la existencia de lo que acabaría convirtiéndose en John a-Nokes fue algo menos improbable aún de lo que lo es que su versión actual salga victoriosa de la contienda en la que está inmersa. ¡Y esta diminuta partícula que llegó a la existencia

---

* Se refiere a la canción inglesa *Jack be nimble*. (N. del T.)

como por carambola, ahí erguida sobre sus recientemente adquiridas patas traseras, se dedica en cuerpo y alma a difundir a los cuatro vientos que es el Rey del mundo! ¡Eso sí que es tener agallas! ¡Toda una osadía, una insolencia!

FISCAL: ¿Y si él argumentase que hace años que dejó atrás esos orígenes tan inciertos y humildes y que desde entonces se ha convertido en un ser muy distinto? Al fin y al cabo, los reyes no nacen coronados, con un cetro en la mano y ya sentados en su trono.

TESTIGO: No. No ha superado nada. En cierto sentido, John a-Nokes no es más que una fachada, una ilusión óptica, más bien como un espejismo o un arcoíris, pues si nos acercamos a él, el hombre desaparece y lo único que encontramos es un montón de partículas que son, todas ellas, descendientes de aquel par original. Todo lo que le constituye, toda su sustancia, su vida y su funcionamiento, es en realidad la sustancia, la vida y el funcionamiento de estas partículas, las cuales actúan de forma coordinada.

FISCAL: No obstante, supongo que estará de acuerdo en que el todo trasciende la suma de sus partes.

TESTIGO: Sí, por supuesto. Y no. Por ejemplo, en este caso, el todo vive a base de introducir materia externa por uno de sus extremos y expulsarla por el otro, que es esencialmente el mismo mecanismo que permite vivir a toda la miríada de partículas que lo constituyen.

Aún más elocuente a la hora de corroborar que no ha trascendido nada es el modo en el que se desarrollan sus correrías sexuales. El hombre que habita en esta gran tierra firme está sujeto al mismo juego que el practicado por ese diminuto «renacuajo» hace unos cuarenta y cinco años en aquel pequeño mar. Es como si la lujuria estuviese siempre presente, como si formase parte de nuestro diseño intrínseco. ¡Toda una vida de adicción! ¡No puede evitarlo! Es más, su vida entera transcurre en una especie de maravilloso burdel en el que todas sus relaciones, tanto las de mayor envergadura como las de menor calado, incluyen una amplísima y variada gama de juegos sexuales, la mayoría de ellos lo bastante extravagantes y estrafalarios como para hacer que los mismísimos Havelock Ellis o Krafft-Ebing levantasen las cejas, cuando no para ruborizarles y causarles cierto apuro. Ahí tenemos, como ejemplo de esta esplendorosa desinhibición, todas esas plantas florecientes desplegando bien a la vista sus órganos sexuales, esos estambres masculinos desenfrenados y alineados en torno al pistilo femenino, magníficamente resaltados por los perfectamente acicalados y emperifollados pétalos que se despliegan a modo de magnífica y seductora ropa interior. O fijémonos en los escarabajos, que no hacen más que retozar sin descanso entre la hojarasca. Rodeado como está por tal cantidad de recordatorios de sus propios impulsos primitivos y su propia psique ancestral, ¿qué es lo que hace el señor Nokes (el espécimen que nos ocupa)? ¿Se limita a reconocerlos, a apreciar su valor, inclinarse ante ellos y mantener la compostura ante todas estas relaciones tan desinhibidas, dejándose inspirar más bien por sentimientos de lealtad y fidelidad a la familia? ¡En absoluto! Muy al contrario. ¡Lo que hace es levantar la vista hacia el cielo y proclamar que él mismo es su Alfa y su Omega, su Sustancia y Soporte, el Puro Espíritu inmaculado que constituye su base y su fundamento! ¡Más blanco que la nieve más blanca! ¡Más puro que la Pureza misma! ¿Acaso es posible superar tal hipocresía, tal grado de impudencia, descaro y osadía?

FISCAL: Y, por cierto, ¡dicha Pureza es para siempre! De la eternidad a la eternidad, *per secula seculorum,* el espécimen que se sienta en el banquillo es por siempre la Realidad Una e Imperecedera. O al menos así nos lo ha hecho saber.

TESTIGO: Podríamos pensar que al estar rodeado de todas esas flores, insectos, y otros seres menos humildes, todos ellos entregados a los placeres y los límites de la carnalidad (copulando y muriendo como moscas, podríamos decir), muy bien pudiera darse cuenta de que él mismo no es ninguna excepción, de que también él tendrá que seguir su ejemplo más pronto que tarde y perecer. ¿Cómo es posible que, a la vista de que tanto en su origen como en su constitución y funcionamiento actuales se ciñe tan sumamente bien, tan por completo, a ese patrón estándar, este hombre sea capaz de persuadirse y convencerse a sí mismo de que tan solo él es permanente? ¿En qué fantástico y auspicioso momento de su progreso, del desarrollo que le ha llevado de ser un renacuajo copulador hasta este caballero igualmente copulador, le sobrevino el milagro de la inmortalidad? ¿Cómo y por qué lo hizo? ¡Preguntas estúpidas! ¡Lo único que le sobrevino fue una absoluta y desmedida megalomanía!

FISCAL: Quisiera formularle una pregunta personal, referente a usted mismo. ¿Podemos asumir que bajo esa coraza de profesionalidad se esconde un hombre religioso?

TESTIGO: Si ese es el caso, jamás ha asomado la cabeza.

FISCAL: ¿No le molesta en lo más mínimo la increíble presunción y jactancia del acusado?

TESTIGO: Me divierte y me sorprende, pero eso es todo. E incluso este sentimiento de asombro está desapareciendo rápidamente, pues últimamente he tenido que centrarme en analizar este espécimen tan interesante con fría y neutra objetividad. Ciertamente lo que aquí tenemos es una variación o una mutación que se sale de la norma, pero en todo caso no deja de ser un fenómeno tan natural como todos los demás. Es un hecho científicamente comprobado que algunos de estos organismos humanos claman ser Dios con una voz inusualmente aguda e intensa, del mismo modo que también lo es que hay gatos que, en lugar de maullar, chillan.

FISCAL: Muy bien, eso es todo por el momento... Veo que el acusado nos hace saber con sus gestos que no tiene ninguna pregunta que hacerle. En todo caso, le ruego que permanezca en la sala por si tuviese que volver a interrogarle.

Miembros del jurado, permítanme recordarles que los dos objetivos principales de la fiscalía son los siguientes: En primer lugar, presentar suficientes pruebas de que el acusado está ofendiendo grave e innecesariamente a quienes albergan sentimientos religiosos al ridiculizar o denigrar públicamente todo aquello que consideran sagrado. Esto incluye escandalizarlos hasta el límite afirmando ser Aquel a quien reverencian sobre todos los demás. Nuestro segundo propósito es presentar pruebas de que, en todo caso, dichas pretensiones son absolutamente falsas. Según algunos testigos, el acusado es culpable de ambos cargos; según otros, es culpable o bien de uno o bien del otro. El testigo que nos ocupa, que no se considera a sí mismo como una persona religiosa, pertenece a este último grupo. Es cierto que está más sorprendido que conmocionado por la pretensión del acusado de ser el mismísimo Origen del mundo, pero sin duda su testimonio ha dejado bien a las claras (creo que estarán de acuerdo conmigo) que su pretensión no es más que una locura total, un absoluto delirio, una completa alucinación. Resulta evidente que el testigo ha hecho estallar en pedazos el principal argumento de la defensa, el cual se basa en afirmar que, cuando dice que no es otro sino el Ser que adoran los demás, John a-Nokes se está limitando a comunicar la más sobria verdad sobre su propia identidad. Lo cual, según él, tiene el inalienable derecho a hacer.

Le sería muy complicado encumbrar su identidad (su estatus cósmico) más de lo que ya lo ha hecho. Y, del mismo modo, al testigo no le resultaría nada sencillo ponerlo en un lugar más bajo del que acaba de adjudicarle. Convendrán conmigo en que este biólogo no podría estar mejor cualificado para poner al acusado en su sitio, es decir, para hacerle descender más escalones de los que sería posible contar. Además, las cuestiones en las que ha basado su testimonio corresponden a descubrimientos que se encuentran entre los más universalmente estudiados y aceptados de los últimos cuatrocientos años. Quizá antes de la aparición de Leeuwenhoek y su microscopio el acusado hubiese tenido alguna posibilidad de convencer a los demás de la verdad de su autodeificación, pero hoy en día es sencillamente imposible.

Defensa: **El renacuajo engreído**

YO: No todos los embriólogos pueden describir de un modo tan gracioso y divertido a los especímenes con los que trabaja, ni todos los especímenes pueden disfrutar tanto como yo lo he hecho de que se rían de ellos de este modo. No solo acepto el testimonio del testigo, sino que acojo con asombro y entusiasmo el lenguaje tan refrescante y despojado de toda pretensión con el que lo ha expuesto. Es posible que la jerga de laboratorio sea necesaria ahí, en el laboratorio, pero fuera de ese contexto tan solo produce efectos narcóticos. El relato de mi ascensión desde el primitivismo más extremo (el más emocionante de los *thrillers*) cae de bruces y pierde toda la gracia cuando se recita en esa jerga técnica tan adusta y limitante a la que tan acostumbrados estamos (todas esas pamemas sobre el mendelismo, los óvulos y los espermatozoides, los genes, los cromosomas, el ADN, el núcleo, las vacuolas, los flagelos y todo lo demás). Al emplear esa clase de lenguaje, la historia queda diluida, y lo que ya acaba rematándola por completo es dejar de aplicarla a uno mismo, al Sujeto presente, para adscribírsela a objetos remotos e impersonales; hacer que deje de ser una conmovedora autobiografía para convertirla en una fría y simple biografía que o se acepta o se rechaza; pasar de aspectos concretos y particulares vivos y encarnados como la sangre a generalidades y abstracciones totalmente anémicas y faltas de vida. Incluso si un día los embriones y los fetos «humanos» (siguiendo el ejemplo de las orugas y de los renacuajos, esta vez, de renacuajos reales) se convirtiesen en objetos de gran tamaño y anduviesen libres por toda la casa en lugar de seguir siendo diminutos y estar confinados al útero, apuesto a que la jerga científica encontraría una manera de desconectar a estas larvas y pupas humanas de sus madres y padres, una forma de hacer que pareciesen meras mascotas con pedigrí, como los gatos persas o los siameses (o meros invasores, como los ratones y las cucarachas), pero en ningún caso como auténticas personas en proceso de desarrollo. La ilusión fundamental de los seres humanos es precisamente que creen ser tan solo eso, seres humanos. ¿Cuándo despertarán al hecho de que, en la escala temporal de su desarrollo (tan diferente a la del tiempo del reloj), su humanidad no es más que un apéndice y un concepto de último momento que pertenece a los últimos segundos de la undécima hora de su corto día?

Estoy en deuda con el testigo por recordarme de una forma tan vívida estas verdades tan censuradas como indispensables, y al fiscal por incitarle de un modo tan sumamente eficiente. Entre los dos me han proporcionado todas las claves que necesito para mi defensa en esta coyuntura.

Si su señoría y el jurado son tan amables de detenerse ahora en el diagrama n.º 21 y de mantener su atención centrada en él, no tendrán ningún problema en entender la esencia y la sustancia de dicha defensa. Esta sola imagen vale más que todas las palabras del diccionario. Estoy convencido de que, si todos fuésemos lo suficientemente honestos y estuviésemos lo suficientemente atentos, se haría cargo por si sola de mi defensa sin necesidad de que yo pronunciase ni una sola sílaba. También me evitaría tener que repetir (tal y como me veo obligado a hacer brevemente ahora) algunas cosas que ya he dicho previamente en este juicio.

Por ser más específico, nuestro diagrama establece:

(1) Cómo me ven los demás
(2) Cómo me veo a mí mismo
(3) Cómo me siento
(4) Qué necesito
(5) Qué soy
(6) Qué son los demás

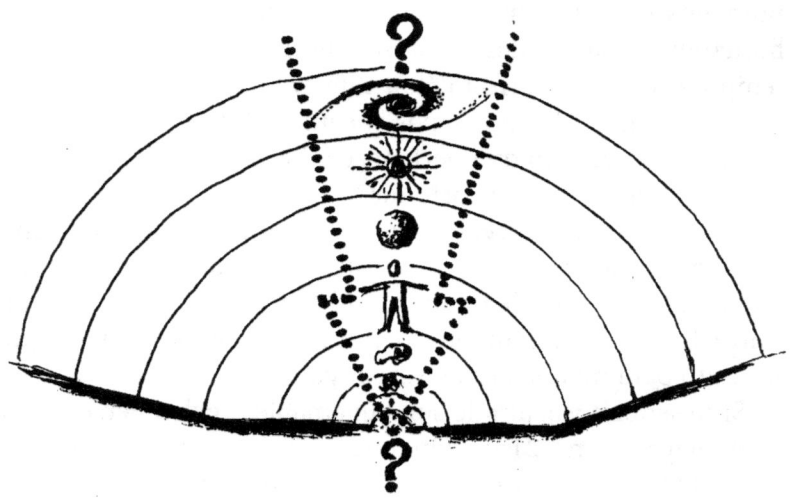

Diagrama n.º 21

O, con un poco más de detalle:

(1) El diagrama representa la *visión hacia dentro*, lo que ve quien mira hacia el punto en el que me encuentro, lo que otra persona ve que soy a medida que se va aproximando a mí desde lejos. Al principio no ve nada (lo que he representado con un signo de interrogación), luego ve una galaxia, un sistema solar, un planeta, un continente, un país, una ciudad, una casa (estos cuatro últimos no están representados), un hombre (que esta vez no está detrás del cristal de un espejo), una célula, una molécula, un átomo, una partícula y, finalmente nada más que otro signo de interrogación.

(2) Mi *visión hacia fuera*, lo que yo veo desde el punto en el que me encuentro, coincide en lo esencial con este mismo patrón, con la opinión del observador que se aproxima a mí. Primero la misma nada, luego toda esa serie de objetos, y después nuevamente nada, pero realizando todo el recorrido en sentido inverso. Yo, como parte integrante de mí mismo, dirijo mi mirada *hacia arriba* y veo el signo de interrogación cósmico,

mi espacio ilimitado y mis encarnaciones astronómicas; miro *hacia delante* y veo mis encarnaciones terrestres, geográficas y humanas (incluido, esta vez sí, el hombre de detrás del espejo); miro *hacia abajo* y veo las distintas partes y piezas que conforman mi cuerpo humano; y, finalmente, cuando miro *hacia dentro* lo que veo es mi completa desencarnación, el signo de interrogación que se encuentra justo aquí.

(3) Cómo me *siento* también varía en función del mismo patrón. Para mis estrechos y limitados propósitos humanos, me identifico con ese individuo, ese ser humano separado y diferenciado; para propósitos más grandes y ambiciosos, con mi familia, mi país, mi especie o mi planeta; en mi versión más expansiva, siento que lo incluyo todo en mí: me identifico con el universo entero como si fuera (que lo es) mi propio cuerpo, incluyendo también el tiempo y el espacio mismos. Por el contrario, en la versión más diminuta y contraída de mí mismo, me encojo hasta identificarme con este o con aquel órgano de mi cuerpo humano; o incluso, aunque no con tanta frecuencia, con nada en absoluto, nada salvo un gran signo de interrogación enorme y central. *Elasticidad* es mi segundo nombre.

(4) De hecho, todas estas encarnaciones mías están ahí juntas, todas ellas suspendidas de esta Totalidad estrictamente indivisible que es mi universo multinivel; para ser lo que son, todos estos niveles necesitan de todos los demás. Por ejemplo, ¿qué sería John a-Nokes sin sus células, moléculas y átomos, o sin sus plantas y animales, su planeta y su sol (por no mencionar qué sería sin sus pantalones de pana verde botella)? ¿Qué es la Tierra sin su Mahler o sin su *Das Lied von der Erde*? ¿Qué son las galaxias sin su Hubble, o el mundo sin la absoluta fascinación que siente ante sí mismo?

(5) Por lo tanto, todas estas cosas regionales, son lo que *necesito, cómo me siento, lo que aparento ser para mí mismo y lo que soy para los demás*. Por el contrario, esta Nada, esta Nocosa Central, este Estar Despierto que está despierto a todas esas cosas, esta Capacidad que las acoge y se hace uno con ellas,

es lo que Yo soy. Ese pequeño individuo del espejo no es más que uno de mis incontables disfraces. A un par de metros es mi apariencia favorita; esa segunda o tercera persona que dice: «Yo soy John a-Nokes», pero aquí, a cero metros, soy esta Primera Persona que dice: «YO SOY». La diferencia que existe entre este Núcleo Central y todos esos objetos periféricos es tan total y absoluta como su indivisibilidad.

(6) No encuentro nada *aquí* que vincule de forma especial o particular a esta Realidad Central con John a-Nokes, nada que lo convierta en algo así como su propiedad privada. Este YO SOY más blanco que la nieve y a prueba de manchas no se adueña ni se apropia nunca de las etiquetas de las distintas prendas de ropa que entran en su lavadora. John a-Nokes no constituye en modo alguno más (ni, por supuesto, menos) la Realidad, la Esencia o la Verdad Interna de Jack de lo que pueda serlo de su galaxia, de su estrella, su planeta, sus células o sus moléculas, y así hasta llegar hasta sus más diminutas partículas. *Si quiero saber* (¡y por supuesto que quiero!) *cuál es o dónde radica la Subjetividad de todas y cada una de todas estas encarnaciones mías, tan solo tengo que mirar aquí, justo aquí, al lugar en el que resplandece y está totalmente a la vista. Estrictamente hablando, tan solo hay un Sujeto, una única Primera Persona, un único YO SOY, en el corazón de todas estas encarnaciones tan diferentes y aparentemente separadas. Y ese es, simultáneamente, Aquel al que miro (lo que contemplo) y Aquel desde el que miro justo aquí y ahora.*

Un diagrama tan simple que se puede dibujar en diez segundos y comprender en uno, y que, sin embargo, puede representar y explicar tan bien estos seis aspectos esenciales de uno mismo sin palabras si se le permite hacerlo, no es algo que debamos pasar por alto o tomar a la ligera. Me dirijo ahora a cada miembro del jurado individualmente: ábrase ahora a su mensaje, simplemente mirando para asegurarse de que es un mapa real y verdadero de usted mismo como Primera Persona, como Consciencia y todo aquello de lo que es consciente. (¡No de mí!, y esto he de decirlo enfáticamente; ¡no del señor Nokes, que para usted es una tercera persona!). Entonces, en lugar de su habitual «Dios está fuera; yo estoy dentro», se descubrirá a sí mismo exclamando: «¡Hurra! ¡Es Dios quien está dentro y yo estoy fuera!». En consecuencia, también encontrará que el señor Nokes no es culpable de blasfemia, porque usted podrá comprobar y constatar de primera mano que usted mismo no es culpable de blasfemia.

JUEZ: Creo que haría bien en posponer todos estos elogios tan maravillosamente generosos hacia su propio diseño para cuando haya dejado un poco más clara la relevancia que pueden tener con respecto al testimonio del testigo.

YO: El responsable de este Autorretrato no es estrictamente ese John a-Nokes que tan solo ocupa un nivel (ese extra que a duras penas se las ha arreglado para formar parte de la imagen), sino más bien el Sujeto y el Protagonista Principal multinivel (y, al mismo tiempo, central) de la imagen. ¡Eso sí que es un diseño! ¡Eso sí que es un Diseñador! Por supuesto que Dios lo ha diseñado todo de forma geométrica. Su señoría recordará que fue Platón quien nos lo dijo.

Kabir, en línea con los veedores y místicos de todas las grandes tradiciones, dice: «¡No veáis más que al Uno en todos los seres!». La verdad interior de todos los seres y todas las cosas, sea cual sea su nivel o su grado, es idéntica. Al mirar hacia mi propio interior, constato que soy intrínsecamente lo que todo es. Así es que cuando el testigo me informa de que en mi periplo vital he sido una forma de vida mucho más humilde que la mosca de la ventana, no me siento ultrajado en lo más mínimo. ¡Pues claro que sí! E incluso iría mucho más lejos que eso: no soy tan solo subhumano, subcelular y submolecular, sino sub-cualquier-cosa. Independientemente de con qué se me compare, yo no soy Nada, no soy Ninguna-cosa, y no es posible caer más bajo que eso, ¿no creen? Y, por el mismo motivo, también soy Todas-Las-Cosas, todo, sea lo que sea, y tampoco puedo alcanzar ningún nivel superior a este, ¿no es cierto? No estoy hablando de creer en esto, sino de verlo; tan solo tengo que mirar aquí, justo ahora, en este momento, para poder disfrutar del espectáculo que es esta No-cosa (que constituye la realidad interna de todas las cosas) estallando en su propio seno y dando lugar a la realidad externa de todas las cosas. Y lo digo lleno de asombro y admiración y con un profundo sentimiento de veneración y respeto. Como Dante nos señala en su exploración del *Inferno,* «describir el punto más bajo del universo ciertamente no es algo que se pueda tomar a la ligera».

En consonancia, yo le digo a toda criatura (no con ligereza sino con todo mi corazón): Aquí, en lo más profundo de mi ser, como Quien soy real y verdaderamente, soy el Uno que tú eres real y verdaderamente. Puede que pertenezcamos a regiones y a eras muy diferentes, que tengamos rostros totalmente distintos, que la forma en la que experimentamos la vida no se parezca en nada, pero todo esto no son más que aspectos periféricos, cuestiones meramente accidentales referentes al tiempo y al contenido; todo eso queda trascendido en este Contenedor intemporal, en esta Esencia única y central en la que soy consciente de mí mismo como tú, y como tú, y como tú, y así hasta el infinito. Las barreras han caído, nuestras heridas han sanado, y todos volvemos a sentirnos bien porque hemos vuelto a ser Uno.

FISCAL, echándose la peluca hacia atrás y secándose un sudor imaginario de la frente, vuelve a dirigirse al testigo: Ya ha escuchado usted la respuesta del testigo a su testimonio. ¿Qué opinión le merece todo este galimatías?

TESTIGO: Como algún insensible dijo refiriéndose a la obra de Shakespeare, «¡suena maravilloso, pero no significa nada!». No negaré que como poesía está bastante bien, es hermosa en algunas partes, ingeniosa, casi excelente. No lamento en absoluto que el señor Nokes considere que mi testimonio contribuye más a apoyarla que a minarla. Tan solo desearía poder entender por mí mismo lo que quiere decir. Da la casualidad de que soy un gran apasionado de la música clásica, y de Bach en particular, pero ese dato es absolutamente irrelevante en mi trabajo como biólogo. Pues bien, algo parecido ocurre con las ideas del acusado. No consigo vislumbrar qué relevancia pueden tener en mi exposición ante la corte de lo que son hechos biológicos objetivos y constatables (si bien es cierto que lo he hecho con un lenguaje que apuesto no me va a traer nada bueno a nivel profesional...). En todo caso, he de decir que ha habido momentos en los que su relato me ha estremecido...

YO: ¡Al diablo con los estremecimientos! Un solo grano de realidad vale más que una tonelada de ese tipo de cosas. Tengo dos o tres preguntas directas y exentas de todo adorno que me gustaría formularle. ¿Está usted de acuerdo en que lo que soy (cómo se me percibe) depende de la distancia a la que se encuentre el observador?

TESTIGO: Sí.

YO: Bien. Es algo que usted mismo ya mencionó al responder a las cuestiones del fiscal. ¿Estaría también de acuerdo en que el único observador que puede llegar hasta aquí, sin que medie ni un solo ángstrom de distancia, soy yo mismo?

TESTIGO: Bueno, sí,...

YO: ¿Y en que mi versión de lo que se muestra con total claridad aquí mismo (literalmente, Nada, Ninguna-cosa) complementa de un modo muy preciso y elegante el modelo científico que establece la progresiva pérdida de rasgos distintivos (células, moléculas, átomos, partículas...) cuando un observador externo se acerca aquí?

TESTIGO: Supongo que se podría decir así. Creo que, aunque sea de modo provisional, estoy de acuerdo con usted.

YO: Entonces, si hace el favor, escúcheme atentamente. Este engreído renacuajo que puede ver aquí, en el banquillo de los acusados, se apoya sobres sus recientemente adquiridas patas traseras y abre su boca para decirle que a una distancia de 0 ángstroms de sí mismo está más despierto de lo que es posible, es más ancho que el ancho mundo, más claro y transparente que un cielo despejado, y que, sin embargo, también está lleno hasta los topes con absolutamente todo el mobiliario que puede encontrarse entre el cielo y la tierra. Y que esta no es únicamente la realidad interna de un «renacuajo», o de un ser humano, sino que es siempre y consistentemente la misma para todos los órdenes de seres que entran en su campo de percepción. Y que, tanto si le gusta como si no, estos son hechos científicos, puramente objetivos y listos para ser verificados (los cuales, de ser negados, le convierten a uno en el más deplorable de los científicos).

TESTIGO: Bueno, me las apaño para ganarme la vida con mi trabajo, pero no estoy en absoluto seguro de lo que es ser científico o, para el caso, lo buen científico que yo pueda ser. Simplemente diré que cuanto más descubro, más me queda por descubrir. Cada pregunta contestada da lugar a otras dos. Tan solo he comenzado a rascar someramente la superficie de las cosas.

YO: Rásquelas con todas sus fuerzas, hasta que se haga sangre en los dedos, y ni así llegará nunca a descubrir su Secreto. Rasgue con suavidad su propia superficie y, al instante, no solo verá, sino que será su Secreto mismo. *Me da igual lo primitivo o lo avanzado que pueda ser el ejemplar que estudie; obsérvelo desde fuera y tendrá su apariencia; obsérvelo desde dentro y usted será su Realidad misma.*

Y ahora, para finalizar, me gustaría dejarles con seis prestigiosos testigos (o quizá debería decir más bien atestiguadores) de la defensa, quienes, entre todos, resumen de forma excelente todas las cuestiones que he estado tratando:

El hombre es como un espejismo en el desierto que el sediento toma por agua, hasta que llega hasta él y descubre que no es nada, y donde pensaba que estaba el hombre, encuentra únicamente a Dios.

El Corán

Cuando el Ser es visto, oído, pensado o conocido, todo es conocido.

Brihadaranyaka Upanishad

Si me conociera a mí mismo tan íntimamente como debería, tendría también un conocimiento perfecto de todas las criaturas.

Eckhart

Toda criatura es una apariencia de Dios.

Erigena

Aquel que reconoce por igual en todo cuanto ve al Señor Supremo, y comprende que Él jamás perece cuando las cosas que percibe lo hacen, conoce la verdad.

Bhagavad Gita

El hombre es aquel en quien todas las criaturas terminan y desembocan, en quien toda la miríada de cosas se han reducido a una en Cristo. Por consiguiente, el hombre es uno en Dios con la humanidad de Cristo, y así todas las criaturas son un solo hombre, y ese hombre es Dios en la Persona de Cristo.

Eckhart

Cuando hayas conseguido romper y destruir tu propia forma, habrás aprendido también a romper y destruir la forma de todo lo demás.

Rumi

Testigo n.º 23 de la acusación
EL MULÁ

FISCAL, al jurado: Nuestro próximo testigo es un distinguido miembro de la gran comunidad musulmana de este país. Como tal, su interés por la eficaz aplicación de la Ley Reguladora de la Blasfemia está tan vivo como pueda estarlo el de cualquier líder cristiano o judío. Quizá incluso más. No obstante, es posible que piensen que, dado que el acusado no es musulmán, su preocupación por este juicio en particular debería ser marginal, pero ese no es el caso. Está profundamente involucrado en el mismo. La fiscalía le ha llamado a testificar hoy (y él está deseoso de tener ocasión de hacerlo) por tres excelentes razones. La primera es advertir a los blasfemos musulmanes potenciales o en ciernes (y él me asegura que hay más de uno por aquí) de su locura criminal y de que su actitud puede llegar a hacer que su vida esté en peligro. La segunda es que el acusado trasgrede profundamente el terreno musulmán cuando invoca el apoyo (algo que hace con frecuencia) de místicos islámicos como Rumi o directamente del propio Corán, y, como es lógico, los trasgresores se exponen a ser acusados y perseguidos. La tercera razón de que el reverendo mulá esté hoy presente en el estrado de los testigos es que puede mostrarnos lo cerca que está la blasfemia cometida por John a-Nokes de otras paralelas cometidas por ciertos herejes musulmanes. De esta manera, al demostrar que su ofensa no solo es antijudaico-cristiana, sino antirreligiosa en el sentido general que en Occidente le atribuimos a dicho término, el caso que la Corona ha incoado contra él quedará fundamentado en una base mucho más sólida y amplia.

Creo que lo más adecuado sería que el testigo comience por hablarle al tribunal sobre algunos de los más notorios blasfemos que ha habido en la historia del islam.

TESTIGO: Mansur, también conocido como Al Hallaj, era un místico persa del tercer siglo de la era islámica que declaró pública y persistentemente: «Bajo mi túnica no hay nadie salvo Dios». Se hacía llamar a sí mismo Al Haq, que significa *la verdad que es Alá*, un nombre sagrado en sí mismo. En su momento, supuso un gran escándalo y generó mucho alboroto entre los fieles.

FISCAL: ¿Qué le ocurrió?

TESTIGO: Fue condenado y ejecutado.

FISCAL: ¿Cómo?

TESTIGO: Fue desollado y después crucificado.

FISCAL: Anteriormente en este juicio, el acusado ha citado un texto bastante famoso del Corán que viene a decir algo así como que Alá está más cerca de uno mismo que su propia vena yugular. ¿Mansur también se basaba en esta y en otras enseñanzas similares del Profeta? Y, en ese caso, explique por favor al jurado por qué sus contemporáneos se sintieron tan ultrajados y ofendidos como para tratarle del modo en que lo hicieron.

TESTIGO: La sustancia (el corazón y el alma) del islam es la trascendencia, la majestuosidad y el poder de Dios, Su absoluta singularidad y alteridad. Estos atributos exigen la total sumisión de los fieles. Una vez garantizada dicha sumisión, también es recomendable reconocer que Dios está presente en toda Su creación (y por igual en hombres y mujeres). De hecho, de Su grandeza se desprende que Él está presente en todas partes. El pecado de Mansur, y de todos los así llamados *místicos* de su misma calaña, fue que sacrificó la trascendencia de Dios y se quedó tan solo con su aspecto inmanente. Arrastró a Dios hasta ponerlo a su propio nivel, encogió al Todopoderoso para hacerlo coincidir con sus propias dimensiones; podríamos decir que tomó posesión de Él.

Como sabrán, hay tres clases de musulmanes: los que sitúan a Dios infinitamente *por encima* de ellos, que son la gran mayoría; un número mucho menor de almas más maduras a nivel espiritual que al tiempo que lo sitúan *por encima* son conscientes de que también se encuentra *en su propio interior;* y un número afortunadamente muy reducido de fieles que directamente colocan a Dios *dentro de sí mismos* y se olvidan o niegan Su inaccesible e inalcanzable divinidad. Quienes pertenecen a la primera clase siguen un camino firme y seguro, si bien ciertamente algo angosto y limitado; un camino que resulta maravillosamente propicio para llevar una vida verdaderamente musulmana. La segunda clase es la ideal y puede ser aún más efectiva que la primera, pero también es cierto que quienes pertenecen a ella corren un mayor riesgo de descarriarse y aventurarse por territorios peligrosos. La tercera va directamente en contra del islam y se caracteriza por dar lugar a conductas y comportamientos salvajes e inmorales. Para el individuo supone una auténtica ruina espiritual. Para la comunidad, es una terrible enfermedad que, puesto que puede propagarse con tanta rapidez y llegar tan lejos, exige la más drástica de las cirugías.

FISCAL: ¿Relaciona usted al acusado con esta pervertida tercera clase?

TESTIGO: Si no fuera por sus incursiones en el islam, tendría muchas dudas sobre la conveniencia de pronunciarme sobre alguien que no profesa la religión musulmana. Sin embargo, estas me dan derecho, me obligan incluso, a responder a su pregunta, y mi respuesta es sí. Hoy he estado examinando los escritos del señor Nokes como preparación para mi declaración, y los he encontrado totalmente blasfemos. Por lo que parece, los comentarios que acabo de hacer sobre Mansur también podrían aplicársele a él.

FISCAL: ¿Y qué hay de sus frecuentes invocaciones a Jelaluddin Rumi y otros maestros sufíes en búsqueda de apoyo a sus propias enseñanzas?

TESTIGO: Rumi fue un poeta musulmán eminente e inspirado, pero, como ocurre con la mayoría de los poetas, era muy dado a la fantasía y la exageración. Esto hace que no resulte complicado extraer de su muy dilatada obra gran cantidad de pasajes que parecen proclamar y exaltar la inmanencia de

Dios a expensas de Su trascendencia. Lo mismo sucede con otros sufíes famosos como Attar y Hafiz. También creo que ha habido algunos otros que han ido (y que también van hoy en día) demasiado lejos al recorrer el mismo camino que Mansur. El sufismo ya es de por sí una región peligrosa para los musulmanes nativos cuando se aventuran en ella, así que no digamos ya para un forastero.

Deploramos especialmente el mal nombre dado a la fe cuando ciertos aspectos de la misma se sacan de su contexto, son malinterpretados o mal aplicados para ponerlos al servicio de la blasfemia, según lo que entienden por dicho término quienes no son musulmanes.

FISCAL, dirigiéndose al jurado: ¿Es necesario que subraye la importancia que tiene este testimonio extramuros a la hora de confirmar la culpabilidad del acusado? Como digo, contribuye en gran medida a apuntalar el caso presentado por la Corona al aportarle una base mucho más amplia que la judeocristiana.

Defensa: **Lejos es alto**

YO, dirigiéndome al testigo: Mi primera pregunta puede parecer irrelevante, pero no lo es. Tiene que ver con las oraciones que todo verdadero musulmán realiza en determinados momentos del día (al amanecer, a mediodía, a media tarde, al anochecer y al acostarse), las cuales son tan físicas como mentales, pues en ellas tanto el cuerpo como la mente participan en la adoración. ¡En el islam no hay medias tintas en lo que respecta a la veneración a Alá! En un cierto momento, el adorador vuelve su mirada hacia el cielo y sostiene las manos en alto; en otro, su cuerpo está completamente inclinado y su frente toca el suelo. Entre ambas posiciones se realizan una serie de gestos en concordancia con las palabras que se están recitando. Corríjame si algo de lo dicho hasta este momento no es correcto, señor reverendo.

TESTIGO: No. Todo lo que ha dicho hasta ahora es bastante acertado.

YO: Lo que quiero resaltar es que estas oraciones verdaderamente intensas y enérgicas incluyen y desarrollan el ejercicio de reverencia y postración que, como bien recordarán ustedes, miembros del jurado, he estado intentando que llevasen a cabo. De hecho, no tengo reparos en ir tan lejos como para decir que esta postura de reverencia es la postura de mi defensa, mi defensa *en acción*. Mi intención es que, gracias a este descenso cósmico, mis palabras cobren vida (una Vida que es más grande que la vida misma).

Vuelvo a usted, señor reverendo. Entiendo que lo que hacen los musulmanes al inclinarse de este modo, al realizar la más profunda de las reverencias, es volver a despertar a la presencia de Dios en su mundo (el mundo de Dios), el cual es ciertamente vertical. Se trata de una experiencia elevada y profunda que, repetida con la frecuencia y la regularidad con la que ustedes lo hacen, constituye uno de los principales ingredientes del genio del islam. Tanto es así que es posible encontrar en estas oraciones y postraciones el secreto de su cohesión social y el espectacular éxito que ha tenido en la historia del mundo. ¿Está de acuerdo?

TESTIGO: Yo diría más bien que nuestras oraciones nos impiden olvidar a Dios Todopoderoso por más de unas pocas horas seguidas; si las descuidásemos degeneraríamos y nos convertiríamos virtualmente en ateos. Y, por supuesto, también tienen consecuencias sociales de gran alcance.

YO: En el cristianismo tradicional, tan distinto del actual, también se concibe a Dios y Su mundo de una forma muy similar; de nuevo, un mundo esencialmente vertical. Tomemos, por ejemplo, ese magnífico himno del Cardenal Newman:

> Alabemos al Más Sagrado en las alturas
> y también en las profundidades;
> en todas Sus maravillosas palabras,
> y en todos Sus caminos.

Lo encontramos también en el cántico de los ángeles de la navidad: «Gloria a Dios en las alturas, y en la tierra paz a los hombres de buena voluntad»; en el Padre Nuestro, de forma clara y notoria: «Padre nuestro que estás en los cielos, santificado sea tu nombre, hágase tu voluntad así en la tierra como en el cielo»; y en muchos salmos que mencionan que nuestra ayuda proviene «de arriba». Cuando era pequeño, cantaba lleno de entusiasmo y convicción: «Hay un hogar para los niños pequeños ahí arriba, en el cielo azul»[*]. En cierto modo, este compensaba algunos de los rasgos menos celestiales de mi hogar mundano. Claro que sí: el universo judeocristiano tradicional es tan vertical como el musulmán. Dios se encuentra en su mismísimo zénit, en el vértice más elevado, y por debajo de Él encontramos sucesivas capas descendentes, cada una menos divina, más oscura, pesada y terrenal que la anterior, con el ser humano ocupando un lugar bastante cercano a la base. Al mismo tiempo, Dios está presente en todas partes, de arriba a abajo y de abajo a arriba.

Así es como los cristianos *concebían y sentían* el mundo vertical de Dios. Pero en nuestro caso no hicimos demasiado por traducir estos pensamientos y sentimientos en acciones corporales. En nuestras oraciones nos limitábamos a ponernos de pie y sentarnos en un banco, y en algunos pequeños intervalos teníamos a bien ponernos de rodillas. Ocasionalmente asentíamos, pero preferíamos no inclinarnos demasiado. Teníamos la espalda rígida; una desventaja de la que, afortunadamente, el islam carece por completo. Desde su aparición y su explosiva expansión hace unos catorce siglos, ha hecho pleno uso del principio que afirma que en la medida en que se da una expresión corporal a los sentimientos y pensamientos, estos dejan de ser vagos, sentimentales, volubles o poco entusiastas.

---

[*] *There's a friend for little children,* himno cristiano compuesto por Albert Midlane en 1859. *(N. del T.)*

Señor reverendo, ¿qué tiene usted que decir sobre esto?

TESTIGO: Que es muy cierto. Lo que no tengo muy claro es la relevancia que puede tener en el crimen del que se le acusa.

FISCAL: Ni tampoco el jurado, estoy seguro. Si este es su contrainterrogatorio del testigo de la fiscalía, sin duda está adoptando una forma engorrosa e innecesariamente extensa, y el sentido que pueda tener todo esto sigue permaneciendo oculto.

YO: Por el momento, he terminado con el mulá, pero le ruego que no abandone la sala, pues es posible que más adelante tenga alguna otra pregunta más que hacerle. En lo que respecta a mi argumentación sobre la verticalidad —que equivale a divinidad— con la que suele representarse el mundo en las religiones occidentales, su importancia y su relevancia para la defensa quedarán aclaradas en un momento.

La imagen moderna, seudocientífica (y, sí, prácticamente ateísta) del mundo es aquella en la que este ha perdido por completo su dimensión vertical. El modelo anterior presentaba un mundo erguido, recto, derecho y en buena forma, mientras que el de ahora parece haber quedado plano al caerse de bruces sobre sí mismo. Si los miembros del jurado tienen a bien pasar al diagrama n.º 22, no tendrán problema a la hora de seguir mis explicaciones.

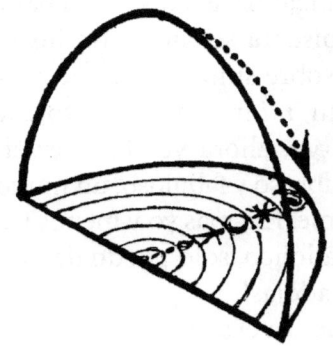

Diagrama n.º 22

Tomándome a mí mismo aquí (a mi Línea de Fondo) como bisagra o eje de giro, *todas esas elevadas alturas de mi niñez se han convertido en los lugares lejanos de mi vida adulta.* Sin que me diese cuenta, es como si a mi mundo le hubiesen suministrado algún tipo de droga inhabilitante que le ha dejado completamente plano y tendido. Inclinarse o hacer reverencias es algo que ahora ya no cabe ni plantear. No es posible mostrarle mis respetos ni inclinarme ante dioses que están en mi mismo nivel, ya no digamos ante el cosmos subhumano.

Y llegados a este punto, hay algo que debo confesarles. Me he pasado más de quince años esbozando, dibujando y elaborando (no tanto como ejercicio de meditación como para disponer de una ayuda visual que facilitase mi propio autodescubrimiento) un sinfín de patrones con forma de mandala, nidos compuestos de círculos y más círculos concéntricos en los que ubicar, región por región, todos los aspectos del universo de mi Primera Persona. Y durante todo este tiempo siempre concebí este patrón como algo horizontal. Las galaxias y las estrellas que contenían estaban *ahí fuera,* pero no *aquí arriba.* Es cierto que mi universo no tardó en abrir los ojos y despertar de su caída, pero seguía estando tumbado, apoyado, por así decirlo, sobre su espalda. Era un mundo aturdido y postrado, un mundo que únicamente se extendía a lo lejos.

Pero luego se puso en pie y lo *distante* se convirtió en lo *elevado.* Esto tuvo lugar hace tan solo un par de años. La puerta del mundo, cuya bisagra se encuentra justo aquí, se abrió de pronto y giró 90º sobre sí misma (es decir, sobre mí mismo). *Aquí* estaba, por fin, *mi* mundo en su totalidad. Había vuelto a mí. Y, sin embargo, ahora volvía a ser el mundo de Dios, infinitamente asombroso y fabuloso, un mundo bien alto ante el que poder inclinarme. Era más yo y menos yo al mismo tiempo. Y si eso suena paradójico, solo puedo decir ¡que Dios bendiga Sus fantásticas paradojas!

Por inmenso que sea el suelo o por muy suntuosa que sea la alfombra, no nos inclinamos ante estas cosas, pues son más bien para andar sobre ellas. Pero si colgamos la alfombra de la pared, de pronto se convierte en algo que contemplar, en el tapiz de Dios que nos muestra la magnífica jerarquía del cielo y la tierra, y todo ello apareciendo justo aquí. Ahora el mundo vuelve a tener altura y profundidad; Dios está en Su Cielo y yo vuelvo a ser Su hijo aquí en la Tierra. Una vez más el Cielo Divino está por encima del resplandeciente cielo azul, y el pequeño Jack de aquí abajo levanta la vista y lo contempla maravillado. El mundo real, el mundo tal y como se presenta, el mundo dado, es un mundo vertical, más cerca que cerca pero, no obstante, absolutamente fascinante, imponente y sobrecogedor.

FISCAL, poniéndose de pie con gran excitación, ya sea fingida o real: ¡Espere! ¡Un momento! Si he escuchado bien, lo que acaba de hacer (¡así, como si nada!) es abandonar el argumento básico de su defensa, que no es otro que el trono de Dios está colocado en su mismísimo Centro. Ahora mismo acaba de situarlo en su circunferencia, en su perímetro, en el mismísimo borde exterior de su mundo. ¡Imposible imaginar un cambio de opinión más drástico y total que este! En cuyo caso, siempre que acepte presentar las excusas que su señoría estipule convenientes a las distintas partes ofendidas, y que se disculpe también ante el tribunal por haberles hecho perder el tiempo de esta forma tan espantosa, la fiscalía no tiene ningún reparo en deponer el caso en su contra. Ningún caso, quiero decir, que no pueda pagarse con una multa o con un pequeño periodo de tiempo en prisión.

YO: Me temo que no estará tan dispuesto a dejarme marchar cuando ate los cabos sueltos y rellene los huecos que aún quedan en este relato que les he estado exponiendo sobre mí mismo, lo que haré con la ayuda del diagrama n.º 23, al que el jurado puede pasar ahora.

Permítanme exponer brevemente las tres partes de esta historia:

1 - Mundo vertical del niño

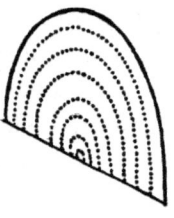

Alto es alto

2 - Mundo postrado del adulto

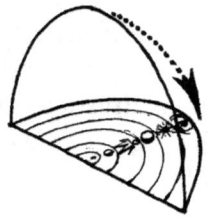

Alto es lejos

3 - Mundo vertical del veedor

Lejos es alto

Diagrama n.º 23

El *capítulo uno* es sobre mí mismo siendo niño. Aún no he aprendido a empujar el mundo lejos de mí, a distanciarlo de mí (o yo de él), ni espacial ni temporalmente. Es bidimensional; todo él se presenta aquí y ahora. Se trata de un mundo vertical, un mundo de «arriba y abajo», inmensamente alto, ancho y hermoso. Todo él mío. Todo él absolutamente vivo con mi propia vida.

El *capítulo dos* es sobre mí mismo como adulto; el hombre maduro cuyo mundo se ha encogido (o, mejor dicho, ha caído). Articulado sobre mí mismo *aquí* y *ahora*, se ha derrumbado y ha dado lugar a un *ahí* y un *entonces,* por lo que ha dejado de ser mío. De pronto, me he vuelto desesperadamente pobre (y, al mismo tiempo, desesperadamente orgulloso). Ahora me experimento a mí mismo como un forastero, superior pero asustado, un intruso en un mundo extraño y sin vida, como si yo mismo fuese un oasis minúsculo en ese inmenso Sáhara cósmico. Solo yo soy digno de ser venerado. Esta extensión postrada me invita y me anima a cometer el mismo crimen que Mansur. Lo único que queda aquí para venerar soy yo mismo.

En el *capítulo* tres recupero la razón. Animado por algún artista competente, miro para ver. Su pintura o su fotografía me ayudan a ser consciente del encanto que existe en el colapso de la distancia: me restriega en la nariz esa escena erguida y constato que ese mundo aplanado se despierta, se yergue, se pone en pie. Este gozne tan bien engrasado funciona todo el tiempo, tanto para las cosas grandes como para las pequeñas. El largo gradiente de la colina que se extiende ante mí se convierte en un recorrido de lo más corto y empinado; de hecho, deja de ser una pendiente en absoluto y pasa a ser un simple escalón, ¡y yo estoy a su misma altura! La montaña, ahora de dos dimensiones (triangular en lugar de piramidal) mantiene sus laderas a cada lado, pero por delante cae a pico. El cielo, aunque tan amplio como siempre, es inmensamente más alto. La resplandeciente tapa azul del universo se reduce a la mitad y se coloca en el borde. De arriba a abajo, el mundo entero está impregnado de la gloria de Dios y de Su grandeza. El encanto y el misterio de este mundo nuevo y valiente está en que se da por completo aquí y ahora, es mío en su totalidad y, al mismo tiempo, es indescriptiblemente digno de ser adorado y venerado. Siendo este Dios a la vez infinitamente humilde e infinitamente exaltado, lo último que me interesa es (como Mansur) tomar posesión de Él. Al igual que Job, exclamo: «¿No está Dios a la altura de los cielos? Y mira lo encumbradas que están las estrellas, ¡qué altas están!».

Esto es lo que veo, así es como me siento, y así es como quiero vivir.

Ahora me gustaría volver a llamar al testigo. [El mulá regresa al estrado y se sienta en el lugar designado para los testigos]. Bueno, señor reverendo, espero que este relato sobre el alzamiento del mundo de Dios haya conseguido dejar claro, a sus ojos, que yo no he caído en ese desenfrenado y desequilibrado «inmanentismo» que tanto le costó al pobre Mansur.

TESTIGO: Lo ha hecho, hasta cierto punto. Me agrada poder admitir que sus incursiones en la espiritualidad islámica parecen menos sesgadas y parciales (y por lo tanto menos heréticas) de lo que había supuesto en un principio, y que si se convirtiese usted al islam no le perseguiría por delitos de blasfemia. Siempre que, por supuesto, se ciñese a lo que nos acaba de decir.

FISCAL: ¡Esto es un escándalo! ¿Cómo puede ser, querido señor Nokes, que en ninguno de sus escritos (los cuales me he ocupado personalmente de examinar a fondo) aparezca la más mínima mención a este gozne, bisagra o articulación suya, ni a un universo puesto en vertical girando sobre el mismo? Me da la impresión (y espero que al jurado también) de que todo esto no es más que un esfuerzo de última hora para ganarse un veredicto favorable, y en modo alguno un sincero cambio de creencias. La Corona considerará deponer ahora mismo todos los cargos contra usted única y exclusivamente si retira usted ahora, explícitamente y sin ambages, todos esos pronunciamientos blasfemos que ha hecho antes de este juicio y durante la celebración del mismo, según los cuales usted es nada menos que el mismísimo Uno que tanto cristianos como judíos y musulmanes adoran como el Altísimo.

Y bien, ¿qué tiene que decir al respecto?

YO: Que no me retracto ni de una sola de las palabras que he pronunciado.

Miembros del jurado, para comprender por qué ni puedo ni tengo por qué ceder ni un milímetro, pasen por favor al diagrama n.º 24. Observen la diferencia que existe entre esa pequeña tercera persona, (de brazos diminutos, colocada al revés que yo mismo, fina como una hoja de papel, enmarcada y esmaltada, y que no tiene en su seno espacio alguno para albergar a Dios) y esta otra Primera Persona absolutamente inmensa que es su opuesto en todos estos aspectos, que está llena hasta los topes de Dios y cuyos brazos (levantados al modo de los rezos de los musulmanes) alcanzan más allá de las estrellas. *No es ese pequeño ser el que se inclina reverentemente ante este Gran Ser. Como dice Angelus Silesius: «Dios se dobla y se inclina solo ante sí mismo, y solo ante sí mismo ora».*

La verdad, tan simple y obvia, y al mismo tiempo tan asombrosa, es que el mundo postrado es el mundo del hombre y el mundo erguido es el mundo de Dios. ¿Por qué? Porque (como ya he demostrado en este tribunal) Dios es omnipresente, y tan solo para Él *lejos* es *cerca* y *alto*. Es Él, y no John a-Nokes, Quien dibuja la Línea de Fondo, quien engrasa y maneja la Bisagra sobre la que gira Su mundo hasta alcanzar la verticalidad y la total magnificencia.

Es tan solo como esta Primera Persona única que es Él mismo, que yo verdaderamente me postro ante él como lo más elevado. Ese mentecato de Jack es demasiado presumido, demasiado estúpido, como para intentar siquiera hacer tal cosa.

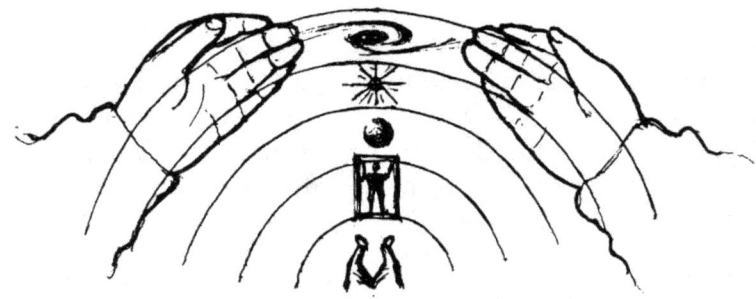

Diagrama No. 24

Solo *como* Él soy lo suficientemente humilde (y profundo) como para ser Él.

Llamo ahora para apoyar mis tesis a seis testigos más que notables que están ya listos para prestar testimonio:

> Quien conoce las profundidades conoce a Dios.
>
> Paul Tillich

> Y despertó Jacob de su sueño [en el que había soñado con una escalera que iba de la Tierra al Cielo], y dijo: «Ciertamente Jehová está en este lugar, y yo no lo sabía. [...] ¡No es sino la casa de Dios y la puerta del Cielo!».
>
> Génesis

> Un Dios y Padre de todos, que está sobre todos, por todos, y en todos nosotros. [...] Y eso de que ascendió, ¿qué puede significar sino que también descendió primero a las partes más bajas de la tierra? Aquel que descendió es el mismo

que también ascendió por encima de todos los cielos para llenarlo todo.

San Pablo

El mundo se destaca a ambos lados
y no es más ancho de lo que lo es el corazón [...]
El cielo se desplomará
sobre todo aquel cuya alma sea plana.

Edna san Vicente Millay

El hombre exterior es la puerta batiente, pero el Hombre Interior es el gozne inmóvil sobre el que gira. Cuando soy uno con Aquello en lo que todas las cosas están inmersas, con el pasado, el presente y todo lo que está por venir, y cuando todo está a la misma distancia de mí mismo [...] entonces todas ellas están en Dios y en mí.

Eckhart

Mi última testigo es Judy Taylor, autora del libro *As I See It* y que perdió la vista siendo niña. Cuando la recuperó cuarenta años más tarde, preguntó: «¿Qué es esa cosa blanquecina que se alza en el aire junto a la casa de enfrente?». Resultó que era la carretera. Con el tiempo consiguió hacer que «se tumbase».

Testigo n.º 24 de la acusación
EL REGISTRADOR

FISCAL: En sus escritos, el acusado suele afirmar, y también lo ha repetido en numerosas ocasiones en esta sala, que no ha nacido y, por lo tanto, tampoco morirá. Pues bien, nuestro siguiente testigo es el Registrador de Nacimientos, Matrimonios y Muertes del Distrito de Easterton. Ha estado rebuscando en sus archivos y nos ha traído la copia del registro de nacimiento de un cierto individuo, así que le pido que lea en alto a la corte su contenido.

TESTIGO: Conocía personalmente a los padres del acusado, así que me aseguré de ser yo mismo quien registrase el nacimiento de su hijo. Esto es lo que dice su certificado de nacimiento:

CERTIFICATE OF BIRTH
Pursuant to the Births and Deaths Registration Act 1953 et seq.
Birth in the Sub-district of Easterton in the County of Suffolk

When and where born	Name	S x	Name of father	Name of mother	Rank or profession of father	Signature and residence of informant	Physician's counter-signature
12 February 1959. 107 High Street, Easterton	John	Boy	Edgar Charles a-Nokes	Annie a-Nokes, formerly Garrard	Carpenter (mast.r)	E. C. a-Nokes, 107 High Street, Easterton	W. Hutchison, MD Easterton

When registered: 13 February 1959. *No. in Register:* 1959 453
Signature of Registrar: C. B. Allerton.

FISCAL: Entiendo que también guarda en su oficina registros del nacimiento y el fallecimiento de los padres del acusado, de los cuales también se ocupó usted personalmente.

TESTIGO: Sí, así es. Murieron en 1980, los dos a una edad

bastante temprana, con una diferencia de tan solo unas pocas semanas el uno del otro.

FISCAL: Por lo tanto, parece que el acusado nació sin ningún problema, y que además lo hizo en el seno de una familia sujeta como todas las demás a los azares de la existencia... Cuando nos ha dicho que sus padres murieron prematuramente, ¿qué es lo que tenía en mente?

TESTIGO: Fue poco después de que el acusado hubiese apostatado...

YO, montando en cólera: ¡Señoría! ¿Qué motivo puede tener el fiscal para sacar a colación a mis padres aparte del deseo de generar en el jurado prejuicios en mi contra haciendo especulaciones e insinuaciones sobre mis relaciones familiares? Estoy aquí para ser juzgado por una acusación específica, no para que el fiscal y su testigo me pinten innecesariamente como un asesino, ni mucho menos para sacrificar mis sentimientos por el capricho de la fiscalía.

JUEZ: ¿Está el fiscal completamente seguro de que el testimonio de este testigo tiene relación directa con el caso?

FISCAL: Lo estoy, señoría.

JUEZ: En ese caso, puede continuar, pero tenga cuidado de no volver a dar al acusado motivos para quejarse.

FISCAL: Gracias, señoría... Le ruego al testigo que continúe, si bien teniendo presente la advertencia hecha por el juez.

TESTIGO: Durante tres generaciones, todos los miembros de la familia Nokes han sido gente muy religiosa y devota que han pertenecido a una congregación particularmente estricta de los Metodistas Primitivos. En cierto modo, eran famosos a nivel local por sus intransigentes opiniones religiosas, pero al mismo tiempo también eran muy respetados por sus elevados valores humanos. Conocí bien al padre del acusado, pues durante muchos años estuvo realizando trabajos de mantenimiento para mí. Era un artesano de lo más hábil y trabajador, un hombre escrupulosamente honesto que siempre estaba alegre. Me dijo que el mayor error que había cometido en su vida fue dar su consentimiento para que su hijo mayor fuese a la universidad de Londres para estudiar Ingeniería Civil. Se culpaba a sí mismo por lo que, según él a consecuencia de ese traslado a un mundo tan sumamente distinto, le sucedió después a Jack.

Cuando tenía catorce años, para gran alegría de sus padres, pasó por todo el proceso habitual de conversión que tanto valoran los Metodistas Primitivos (las etapas de convicción de los pecados, arrepentimiento, justificación por la fe y atestiguamiento del Espíritu), con lo cual no tardó en convertirse en un miembro de pleno derecho en su congregación. Y continuó siéndolo, primero en Easterton y luego en Londres, hasta que alcanzó los veintiún años. Fue entonces cuando cayó sobre la familia un tremendo golpe sin la más mínima señal previa de advertencia.

Un golpe que tuvo repercusiones mucho más allá del propio ámbito familiar. Jack causó un gran alboroto, no solo entre los miembros de la secta de Londres y Suffolk, sino también en círculos más amplios, al desafiar públicamente sus creencias más preciadas y sagradas. Y, lo que es mucho peor, las creencias de todo cristiano. Además, lo hizo de una manera absolutamente provocadora. Podría haberse limitado a dejar de acudir a los servicios religiosos e ir rompiendo poco a poco las relaciones con sus amigos metodistas, amortiguando así el golpe que esto, inevitablemente, supondría en todo caso para sus padres. Pero no; en lugar de eso decidió hacer circular una tesis de diez páginas entre los miembros de su Iglesia en la que exponía a las claras sus puntos de vista. Esto les hizo indignarse y sentirse ultrajados en tal medida que empezó a circular el rumor de que se trataba del peor caso de apostasía que la secta había conocido en toda su historia. Yo mismo tuve en mis manos una copia de ese documento y no me sorprendió en absoluto el dolor y la conmoción que causó entre aquellos a quienes estaba dirigido. Me preguntaba a mí mismo qué siniestras razones podría tener para haber escrito eso. Era demasiado inteligente como para pensar que simplemente con sus opiniones iba a lograr convertir a alguna de esas personas. La explicación más benévola es que actuó por el deseo de pavonearse y de adoptar el rol de *enfant terrible,* sin importar lo devastados que sus padres fuesen a quedar gracias a su comportamiento.

FISCAL: ¿Aún conserva una copia de la tesis del acusado?

TESTIGO: La he buscado, pero no he podido encontrarla. Es muy posible que, en su momento, la hubiese tirado indignado a la basura.

No obstante, recuerdo parte de su contenido.

FISCAL: En pocas palabras, ¿cuáles eran las ideas principales del autor, en la medida en la que tengan alguna relación con el juicio por blasfemia al que ahora, unos veintitrés años más tarde, se le está sometiendo?

TESTIGO: Recuerdo claramente que decía que haber nacido con unos padres que tenían opiniones como las que ellos tenían no era más que un accidente, que no fue más que por puro azar que había llegado a la existencia en la Europa del siglo XX en lugar de, pongamos por caso, la India o la China de la antigüedad. Preguntaba cómo podía estar seguro de qué fe, si es que había alguna (cuál de entre todas las que han surgido a lo largo de la historia del mundo) era para él la fe verdadera, la auténtica y genuina revelación de Dios. ¿Cómo podía saber la respuesta hasta que no hubiese (utilizando sus propias palabras) «probado y comparado» un buen puñado de ellas para ver qué es lo que ofrecía cada una? Ya con veintiún años, después de unas pocas semanas de lectura, proclamó haber detectado un núcleo común o esencial en todas las grandes religiones... Y esto me lleva a otros aspectos de sus opiniones que me resultan tan repulsivos que no quisiera ensuciarme la boca pronunciándolos.

FISCAL: Según él, ¿cuál era este núcleo central común? ¿Qué es lo que esas religiones tenían que decir que tanto le atraía a él y tanto horrorizaba a su gente?

TESTIGO: Afirmaba que estas religiones confirmaban que él (¡sí, él personalmente!) nunca había nacido y, por lo tanto, nunca moriría. ¿Cómo podía estar seguro de esto? Pues porque para sí mismo él era nada menos que... ¿cómo puedo decirlo sin ponerme enfermo?... nada menos que el Eterno.

Bueno, ¡ya se pueden hacer una idea del efecto que esto causó en sus padres! Hasta ese momento, su familia siempre había sido tenida en gran estima entre los miembros de la secta, y no solamente a nivel local. Cuando su madre se enteró, reaccionó exclamando al cielo: «¡Oh, la desgracia! ¡La desgracia ha caído sobre nosotros!». Me temo que había estado excesivamente orgullosa de la temprana conversión y la excepcional piedad de su hijo mayor, y algunos de sus correligionarios no perdieron la oportunidad de recordarle su repentina caída a profundidades nunca antes vistas. Pero el efecto más penoso y lamentable fue el que tuvo sobre su padre. Recuerdo a aquel pobre hombre, a quien había cogido mucho cariño a lo largo de los años, llorando desconsoladamente mientras me entregaba una copia de ese documento blasfemo.

Poco después de aquello...

FISCAL, interrumpiendo al testigo: Recuerde la advertencia de su señoría. Evite generar en el acusado un dolor innecesario y no se desvíe por cuestiones meramente secundarias.

TESTIGO: Bueno, por supuesto que también pudo haber sido una coincidencia casual que los padres del acusado murieran, ambos, tan poco tiempo después de la apostasía de su hijo. Tal vez no murieron por tener el corazón destrozado, pero...

JUEZ, a voz en grito: No toleraré que este testigo siga declarando. Le pido al jurado que no tenga en cuenta la última parte de su declaración. Y a este respecto, aún sigo esperando que el fiscal nos aclare cuáles son las razones que tiene para considerar que la evidencia presentada hasta este momento por el testigo guarda relación alguna con el caso. Quizá esté pensando en la apología del acusado que, por lo que parece, tan solo circuló entre los miembros de la secta. ¿Fue publicada en algún momento posterior y puesta a disposición del público general? ¿Tenemos alguna copia disponible? Porque, de no ser así, ¿qué interés puede tener para este tribunal?

FISCAL: Por la información que yo tengo, señoría, nunca llegó a ser publicada... Permítame explicar, no obstante, cuál es el objetivo de la fiscalía al llamar a declarar a este testigo.

Para ser justo con el público, y por supuesto también con el propio acusado, mi propósito a lo largo de este juicio ha sido desde el principio presentar una imagen general de cómo es esta persona y de cuál es, tal como él la entiende, su vocación en la vida. Si resulta que la blasfemia es algo ocasional, accidental o atípico de él, eso contaría a su favor. En cambio, si resulta ser una actitud que ha mantenido persistentemente a lo largo de los años, algo consustancial a su persona y, desde luego, central en su vida, sería un factor que, como es obvio, jugaría en su contra. Pues bien, la evidencia que el tribunal acaba de escuchar confirma firmemente este último escenario.

JUEZ: Tal como yo la interpreto, la Ley Reguladora de la Blasfemia del 2002 no se puede aplicar de forma retroactiva. Ni en base a la ley, ni en base a la jurisprudencia ni en base al más simple sentido común se puede acusar a alguien de un delito cometido antes de que dicho delito existiese como tal.

FISCAL: Claro, por supuesto, con todo el respeto, estoy totalmente de acuerdo con usted, señoría. Sin embargo, la fiscalía quiere hacer notar que tras la aprobación de dicha Ley, el acusado no ha hecho nada para atenuar, suavizar o matizar (ya no digamos para retirar) sus enseñanzas o sus declaraciones. Muy al contrario; se ha esforzado por corroborar y ampliar públicamente sus ideas y opiniones originales tal como ya se esbozaban hace muchos años en el documento citado por el testigo. En resumen, ha sido él mismo quien, con su comportamiento, ha hecho que sus blasfemias anteriores a la aprobación de la Ley sean relevantes para sus blasfemias actuales, pues demuestran que siempre ha sido así. Y esa es la evidencia que la fiscalía, convenientemente, ha querido utilizar.

JUEZ: Si bien entiendo su razonamiento, ordeno al jurado que no preste atención a las opiniones del testigo sobre lo que el joven Nokes tuvo que hacer para liberarse de esa secta religiosa. Y, por supuesto, que no tengan en cuenta ni por asomo las referentes al efecto que esta ruptura pudo o no haber tenido sobre sus padres.

El testigo baja del estrado sacudiendo la cabeza en gesto de desaprobación. Se escuchan algunos aplausos y abucheos en la galería pública...

Defensa: **El tiempo está fuera**

YO: Antes que nada, permítanme dejar bien claro un par de cosas que se extraen del testimonio (si es que se le puede llamar así) del testigo.

Por desgracia, la exhortación del juez al jurado no puede hacer nada para borrar de sus mentes la idea de que soy responsable de que mis padres muriesen antes de tiempo. Lo que ya se ha dicho no puede ser desdicho.

Por lo tanto, no puedo pasar por alto esta insinuación sin hacer ningún comentario al respecto. Ciertamente, entra dentro de lo concebible que mi herejía acortase la vida de mi padre, pero no la de mi madre, pues en ese momento ella ya estaba muy enferma.

En cuanto a mi padre, es indudable que mis actos contribuyeron en gran medida a arruinar el resto de su vida. Me quería con todo su corazón y había puesto en mí todo su empeño porque siguiese sus pasos con su misma devoción y entrega. Además, mi herejía fue (a sus ojos) tan diabólica y me iba a enviar al infierno con tanta seguridad que no cabe duda de que el impacto que le causó la noticia muy bien pudo haberle hecho enfermar. Con el paso del tiempo, fui sintiendo una tristeza cada vez mayor por haberle hecho pasar por esto, pero jamás, ni por un solo instante, me sentí culpable. Él hubiese muerto por defender sus convicciones y su derecho a proclamarlas, y yo, su hijo, le respeto y estoy suficientemente a su altura como para estar preparado, si es necesario, a morir en defensa de las mías, por muy distintas a las suyas que estas puedan ser. Me gusta pensar que, sea cual sea el veredicto de esta corte y el de la posteridad, él está en algún lugar desde el que puede ser testigo de todo ello y que, desde ahí, llegará un momento en el que dejará de sentirse avergonzado de mí. Permítanme añadir que siempre le he amado y respetado más que a cualquier otro hombre que haya conocido nunca, y tengo plena confianza en que (como digo, desde algún otro plano o dimensión) él es plenamente consciente de ello. Tal vez este pequeño homenaje que quiero rendirle con mis palabras pueda contribuir en cierta medida a contrarrestar la atroz insinuación del testigo de que no solo soy un blasfemo empedernido, acérrimo, fanático y contumaz, sino además y para colmo uno horriblemente insensible.

El otro comentario que quiero hacer sobre su testimonio es aún más importante. Nunca, ni en aquel documento original escrito por mí en el que renuncié a formar parte de los Metodistas Primitivos, ni en ningún otro momento desde entonces, he tenido jamás la ridícula pretensión de que John a-Nokes no haya nacido y no vaya a morir. Y todavía menos le he identificado con el Eterno. De hecho, gran parte de mi misión en la vida es precisamente combatir todo intento (¡y hay que ver los muchos, variados, populares y persistentes que son!) de atribuir la inmortalidad a los hombres y las mujeres *como tales*. La carne, independientemente de la forma que adopte, es como la hierba. Los seres humanos aparecen y, tras un corto tiempo, desaparecen. Al igual que las mercancías de la tienda regentada por uno de los testigos anteriores, el tiempo que pasan en la estantería es muy limitado.

John a-Nokes como tal es biodegradable, y no pasará mucho tiempo antes de que quede excusado de ser él, de una vez y para siempre. Todo tiene un límite, y ya hemos tenido suficiente Jack por aquí; eso es lo que yo digo, y el universo está de acuerdo. *¡Ahí fuera,* en la periferia, llevo conmigo una criatura efímera! ¡Un ser que perecerá del todo!

Pero ¿por qué debería preocuparme? La vida *aquí* es muy distinta a la de ese personaje. Justo aquí, uno o dos metros más cerca de mí que ese otro ser casi desaparecido, resplandece el Uno Eterno. Aquí se encuentra Su hogar imperecedero.

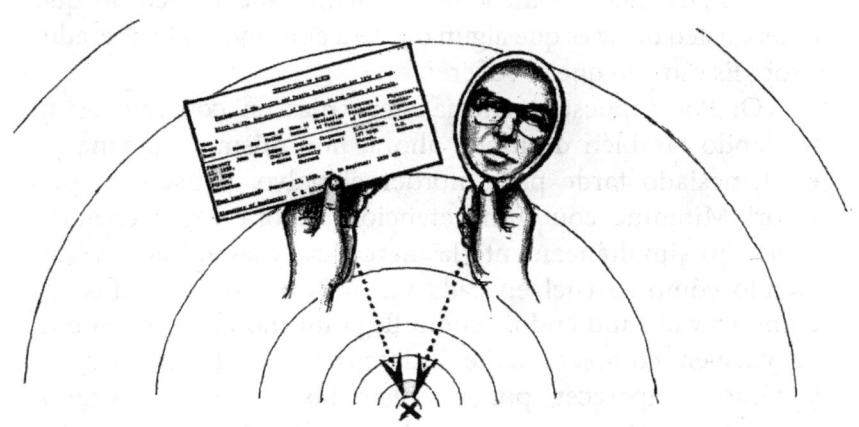

Diagrama n.º 25

Le ruego a su señoría y a los miembros del jurado que pasen al diagrama n.º 25 del cuadernillo, donde podrán encontrar otra variación más del esquema ampliamente presentado por la defensa. Observarlo les ayudará a entender lo que estoy a punto de explicarles.

En la mano derecha sostengo un espejo, y en la izquierda una copia de mi certificado de nacimiento. Para que yo pueda leerlo, el certificado ha de estar situado a unos treinta centímetros de distancia, y ahí es justamente donde veo también, mirando fijamente a través de su ventana oval, a la persona a la que se refiere dicho documento. Ahí están, el producto y su etiqueta correspondiente, en la región donde el Gran Almacén Universal muestra ese paquete perecedero que es Nokes (con su correspondiente etiquetado, el cual nos informa de su nombre distintivo y su número de serie y nos permite hacernos una idea bastante aproximada de cuál será su vida útil y su fecha de caducidad, momento en el cual será retirado de la sección en la que se muestran los productos humanos y eliminado).

JUEZ: Dicho con un lenguaje menos metafórico, lo que quiere usted decir es que algún día será enterrado o incinerado, ¿no? ¿Es eso a lo que se refiere?

YO: Por supuesto, señoría. Pero más en concreto estoy hablando también de morir ahora, hoy mismo. Mañana ya es demasiado tarde para morder el polvo. ¡Observen, por favor! Mírenme con suma atención. Ahora voy acercando a mi Ojo simultáneamente la mercancía y su etiqueta y voy viendo cómo se vuelven cada vez más borrosas y difusas... cómo se van fundiendo... cómo llega un momento en el que se vuelven completamente indescifrables e irreconocibles, y cómo desaparecen por completo justo antes de llegar a establecer contacto. Aquí, tanto el certificado como aquel a quien hace referencia dejan de existir, pero Yo permanezco. Lo que podemos aprender de esto es que el Uno que yo soy real y verdaderamente no se ve afectado en absoluto por la eliminación sumaria de ese paquete llamado John a-Nokes.

De hecho, no puedo encontrar ningún modo de agarrar dicho paquete y ponerlo aquí sin perderlo por el camino. No pertenece aquí. Este lugar simplemente no lo acepta. Aquí, no se admite nada perecedero, y hasta la muerte misma es contenida, mantenida a raya en el exterior. A las preguntas ciertamente retóricas de san Pablo: «Oh, muerte, ¿dónde está tu aguijón? O, tumba, ¿dónde tu victoria?», mi respuesta mundana sería: «No a muchos milímetros de distancia, querido Pablo, pero lo suficientemente lejos como para burlar su aguijón y convertir su victoria en completa derrota. Justo aquí, ese mortal, tal y como tú dices, se «calza» la inmortalidad. Aquí mismo, en mi Centro, estoy por siempre asentado y enraizado en la Intemporalidad.

FISCAL: ¿Se me permite inmiscuirme en su parlamento y hacerle una pregunta?

YO: Póngame a prueba.

FISCAL: ¿Cuánto tiempo lleva usted en esta sesión del tribunal, después del receso para el almuerzo?

YO: Alrededor de una hora.

FISCAL: Miembros del jurado, durante todo ese tiempo hemos estado observando pacientemente cómo el acusado se divierte con un pedazo de papel y un trozo de cristal y, por lo que parece, el propósito de todo este juego infantil es demostrarnos que está fuera del tiempo, que es un ser intemporal. Pues bien, no ha sido más que una absurda pérdida de tiempo, ¡pues él mismo (este ser que se califica a sí mismo como eterno) acaba de decirnos que ha estado en la corte durante aproximadamente una hora!

YO: Y eso es exactamente lo que he querido decir, porque como es natural y por cortesía, he respondido a su pregunta basándome en su forma de medir el tiempo (por así decirlo, en *el tiempo de Greenwich*), y no en la percepción que del mismo se da justo aquí (y que podríamos denominar *tiempo del Paraíso*). ¿Les resulta complicado entender mis palabras? Creo que una forma mucho mejor de explicárselo sería solicitar a su señoría y al jurado que se unan a mí en otro pequeño experimento (al fiscal no le digo nada porque lo más probable, por supuesto, es que considere que estas cosas están muy por debajo de la dignidad que se le presupone a un consejero del Rey). Se trata del experimento más sencillo e ínfimo de cuántos les he mostrado, pero que, si somos lo suficientemente humildes, puede llevarnos en volandas al mayor de los descubrimientos que hayamos realizado en el trascurso de este juicio.

Todos ustedes llevan un reloj en la muñeca. Pues bien, mírenlo y observen qué hora es en este momento según su reloj. Más o menos las cuatro de la tarde, si no me equivoco.

La hora varía según el lugar del planeta en el que estemos. Evidentemente, la hora en este momento aquí, en los bancos sobre los que se sienta el jurado, es alrededor de las cuatro de la tarde. También para mí, que me siento en el banquillo de los acusados, es la misma hora, pero con un par de simples llamadas telefónicas podríamos comprobar que ahora mismo son más o menos las once de la mañana en Nueva York y sobre las ocho en Los Ángeles. Lo mismo para cualquier otro lugar del mundo. Junto con el espacio, la hora (el tiempo) es una variable esencialmente *zonal*. Por eso cuando viajamos a un lugar diferente buscamos algún reloj al llegar para comprobar cuál es la hora local en esa zona. Estemos donde estemos, es importante estar «actualizados» y regirnos por la hora del lugar. Pero existe un solo lugar en el universo en el que decir la hora correcta (si es que hay alguna) es un asunto de vida o muerte, y ese lugar es *aquí mismo*, en *nuestro Centro*.

Así que la gran pregunta es: ¿Qué hora es ahí, justo donde están, en el mismísimo punto central de todas esas zonas horarias? Por desgracia, no es un lugar al que podamos llamar por teléfono, ni en el que tengan algún reloj por ahí en el que poder fijarnos, así que tendrán que amoldarse y, por así decirlo, llevar su propio reloj con ustedes mismos. Y, al mismo tiempo, habrán de mantener una mentalidad abierta y comprobar la hora por ustedes mismos, algo que pueden hacer en este mismo momento acercando muy lentamente su reloj de muñeca a su ojo, prestando mucha atención durante todo el recorrido a qué es lo que ven, a cómo son las cosas según la evidencia presente.

Háganlo ahora mismo. No sean tímidos, no se avergüencen, y no me miren a mí sino a su propio reloj, levantándolo y acercándolo progresivamente al lugar desde el que ven hasta que ya no puedan acercarlo más.

Muy bien... ¿Qué ha sucedido? ¿Acaso esas manecillas y esos números no se han desdibujado? ¿Acaso no se han ido desvaneciendo hasta finalmente desaparecer por completo? De hecho, ¿no se ha desvaneció también el reloj en sí mismo en este Lugar en el que no hay ningún reloj, ningún artilugio, ninguna pieza, ningún componente en absoluto?

Así es que el Lugar en el que se encuentran está fuera del tiempo, es intemporal, está siempre y en todo momento absolutamente libre del tiempo y de las cosas del tiempo. Aquí, en Casa, no es posible distinguir ni la más mínima sombra o huella del tiempo. Lo cierto es que jamás han estado en ningún otro lugar más que en la Eternidad, Ahí donde siempre son las cero en punto. Su reloj de pulsera ordinario, el cual les dice la hora que es ahí fuera (es decir, que les habla del tiempo que existe en el exterior), ha quedado transformado en este extraordinario reloj de pulsera de Dios que les dice por siempre jamás la no-hora (el no-tiempo) que es Aquí. El primero cuesta un buen dinero, nunca es muy preciso, se puede perder o nos lo pueden robar y requiere un mantenimiento periódico. En cambio, nada de eso ocurre con el segundo. El no-reloj de Dios es infinitamente superior al mejor de los mejores relojes suizos. ¡Alabado sea el Santísimo por su total victoria sobre el tiempo y la muerte, por la indudable e indescriptible seguridad de Su presencia, y por habérnosla revelado de este modo tan vívido y práctico! Amado Señor, ¡ayúdanos a tener tu mismo candor, tu sencillez y naturalidad! ¡Oh, *Sancta simplicitas!*

FISCAL: ¿En serio, señoría? ¡Por enésima vez, esto es un tribunal, no un jardín de infancia! ¿De verdad tiene que participar el jurado en este juego infantil?

JUEZ: Me temo que su pregunta ya no es demasiado procedente, pues los aplicados miembros del jurado ya han seguido concienzudamente las indicaciones del acusado. Y he de añadir que yo también. Lo que aún está por ver es con qué resultado.

YO: Le estoy muy agradecido, señoría. Una vez más, fue san Pablo quien dijo que la locura de Dios es más sabia que la de los hombres. Por su parte, algunos teólogos medievales llegaron a decir que tan solo Dios puede ser perfectamente conocido porque solo Él es perfectamente simple.

Ahora, como ayuda para darnos cuenta de que ya somos tan poco sofisticados como Dios mismo, pasemos al diagrama n.º 26. Creo que se explica por sí mismo y requiere poca explicación por mi parte, pero, por si acaso, mencionaré que muestra de un solo vistazo Cuándo y Dónde termina el tiempo.

Se mire por donde se mire, todos estos descubrimientos sobre la Primera Persona intemporal, tan extraños y extravagantes como pueden parecer superficialmente, en la práctica tienen todo el sentido del mundo. De este modo:

(1) Lo que encuentro aquí (y lo que también encuentran aquí los demás cuando se acercan para comprobar si estoy diciendo

la verdad) es nada en absoluto; y ahí donde no hay nada, no hay cambio; y ahí donde no hay cambio, no hay manera de registrar el tiempo; y donde no hay manera de registrar el tiempo, no hay ningún tiempo en absoluto que registrar, *quod erat demonstrandum*.

(2) Aquí no me *siento* ni un segundo mayor que cuando me trajeron desde mi celda en el sótano a esta sala, o que cuando comenzó este juicio, o, para el caso, que cuando de niño solía mirar al espejo y encontraba en él el rostro de un extraño. Todo mi mundo de ahí fuera, incluyendo a ese extraño, ha envejecido muchísimo, pero eso no es algo que le haya ocurrido a este Noextraño en el que ambos (el mundo y el extraño) aparecen. No. Ni por una sola fracción de segundo. De hecho, no puedo ni imaginarme lo que sería sentir la edad que tengo (como suele decirse), ni cualquier otra edad, justo aquí. Un Vacío mayor de edad, una Vacuidad decrépita, una No-cabeza canosa... ¿qué clase de monstruosidad sería algo así?

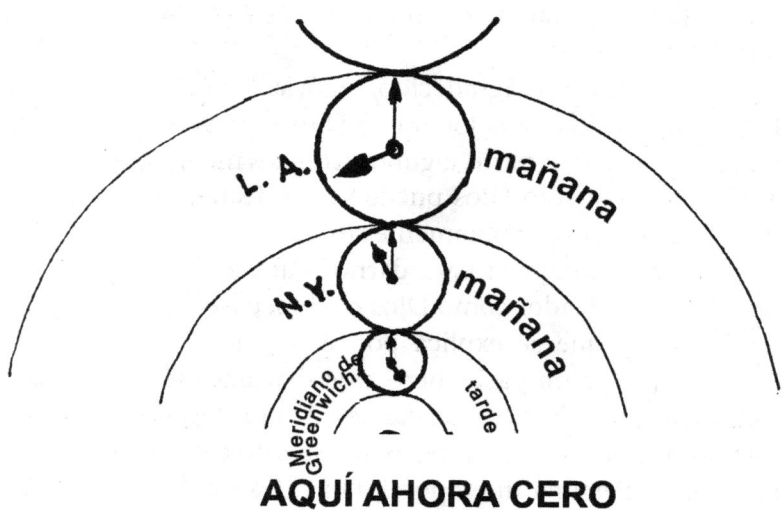

Diagrama n.º 26

(3) Esta Conciencia que soy aquí no tiene consciencia de ningún comienzo, de ningún inicio, ya sea, por ejemplo, cuando John a-Nokes se ha despertado hoy por la mañana, o cuando se recupera de una anestesia en el hospital, en su nacimiento, en su concepción, o en cualquier otro momento. La Conciencia no se caza nunca a sí misma surgiendo de la no-conciencia, sufriendo una interrupción o reapareciendo nuevamente después de una pausa. Dado que aquí es el único lugar en el que puede encontrarse, cualquier otro lugar se vuelve comparativamente muchos menos interesante; por así decirlo, no hay ningún tribunal superior al que poder llevarla. En consecuencia, se presenta a sí misma como una eternidad *a prueba de tiempo*, con todas las garantías de un silencio *a prueba de sonidos* y de una quietud *a prueba de golpes*.

(4) Aquí, como Primera Persona, compruebo que soy *en todos los aspectos* diametralmente opuesto a lo que parezco ser ahí, como tercera persona. Siempre se da una total asimetría, un total contraste: ninguna cara aquí frente a esa cara ahí, ningún color aquí frente a esos colores ahí, transparencia aquí frente a opacidad ahí, quietud aquí frente a movimiento ahí, simplicidad aquí frente a complejidad ahí (y, por el mismo motivo, eternidad aquí frente a tiempo ahí). Claro que sí.

(5) Cuando dejo de permitir que el lenguaje me engañe, todo queda claro. Hago el descubrimiento trascendental de que cambiar el sujeto de una oración de segunda o tercera persona a Primera Persona equivale a invertir el predicado. Así, cuando ella baila, es *ella quien baila*, mientras el mundo, como si de un mísero papel pintando de fondo se tratase, lo acomoda en absoluta quietud; mientras que cuando *yo bailo* es el mundo el que baila con total abandono mientras que yo me tomo un buen descanso. Cuando él come, es *él quien come*, y yo me limito a ver cómo ese pastel de manzana con nata entra fríamente y sin sabor alguno en esa ranura con dientes que esa persona tiene en la parte inferior de la cara; mientras que cuando yo como, en realidad *ayuno* y veo cómo ese pastel de manzana con nata se desvanece en el aire en su recorrido hacia este lugar en el que,

en vez de una ranura con dientes en una cara, lo que aparece es un gusto delicioso, el maravilloso sabor del pastel de manzana con nata. Cuando él nace, es *él quien nace*, mientras que cuando *yo nazco* no soy yo sino mi mundo el que nace. Cuando *él muere*, es *él quien muere*, mientras que cuando *yo muero* no soy yo sino mi mundo el que muere. Muere el tiempo. Sin flores, a petición del interesado.

(6) ¿Qué significa en la práctica vivir conscientemente en base a Aquello que no muere, vivir a partir del Momento Intemporal que late en el Centro del mundo del tiempo y, desde ahí, lanzarse a dicho mundo? Significa no tener nunca ni la más mínima duda sobre cómo pasar el tiempo, pues no hay tiempo alguno que pasar. Significa ver cómo nuestros miembros bailan en el tiempo al son de la música de Dios, en cuyo seno yacemos por siempre jamás. No es de extrañar que Pere de Caussade pueda prometernos con tanto aplomo y seguridad que, siempre y cuando vivamos donde en todo caso hemos de vivir (en el Ahora), podemos confiar en que este nos proveerá con todo lo que nuestros corazones puedan desear. No se trata de regresar una y otra vez a nuestra Fuente hasta que consigamos asentarnos en ella y recoger estos beneficios, sino de darnos cuenta de que, por mucho que lo intentemos, no podemos escapar de ella ni por un solo instante. La Conciencia Eterna, que es lo que somos, no está en ninguna otra parte ni en ningún otro momento.

Cuando estas seis evidencias de la Primera Persona (como Aquel que está por siempre libre del tiempo y de todo el polvo y los detritos que le acompañan) se toman seriamente y en conjunto, el resultado al que se llega es con toda seguridad más que suficiente como para convencer a cualquier miembro del jurado mínimamente razonable de que esta es la pura verdad. Y de que afirmar «Aquí yo soy este Ser Intemporal» no es más blasfemo que proclamar «Ahí, en el exterior, soy ese que se ve inmerso en el tiempo y que es acosado por él». De hecho, una lleva implícita a la otra. Solo lo Intemporal puede percibir el paso del tiempo.

FISCAL: Todo esto resulta más ingenioso que tranquilizador. No es más que un juego de palabras, un silbido en la fría noche para mantener el ánimo. Casi puedo escuchar lo que estarán pensando en este momento los sensatos miembros del jurado: «Hubo un tiempo en el que no había ni rastro de mí en el mundo, e igualmente llegará un momento en el que de nuevo no quede en él ni el menor rastro de mí. Y esto es algo que me asusta». También usted, señor Nokes, estaría asustado si no se limitase a consultar a su tortuoso intelecto y a estar tan impresionado con su propia retórica y, para variar, se fijase en lo que le dicen sus propios sentimientos. Su inteligencia no vendrá en su ayuda en su lecho de muerte (si es que se trata de un lecho). Creo que así lo haría si fuese un poco más honesto consigo mismo, y si no estuviese tan entusiasmado con la futura desaparición de John a-Nokes, ya sea por accidente, por enfermedad, por vejez, o a resultas de este proceso judicial. Y me refiero a su desaparición total y absoluta.

YO: Sí, la perspectiva ciertamente es bastante sombría. Es cierto que vivo con miedo a la muerte, pero solo en la medida en la que sigo permitiendo que esa «cabeza muerta» (y todas las cabezas son cabezas muertas) salga de su jaula de cristal de ahí fuera y me invada, me parasite a mí, aquí dentro; algo tan aterrador como ridículo, pues tan solo puede ocurrir en la imaginación. La cura para la muerte (la mayor enfermedad) consiste sencillamente en darse cuenta de que es algo externo.

¡Por el amor de Dios y por el bien de la justicia (y por puro interés propio), hagan el favor de escuchar a mis «testigos» y no dejen que ese intruso fantasmagórico se cuele en ustedes!

Dios nos ha dado la vida eterna, y esta vida está en su Hijo. El que tiene al Hijo, tiene la vida.

Primera epístola de san Juan

Jesús dijo: «Bendito sea aquel que ya era antes de nacer»

Evangelio de Tomás

La liberación es saber que no naciste.

Ramana Maharshi

El monje Yung-shih cometió uno de los crímenes más graves, pero cuando tuvo una visión iluminada sobre el No-nacimiento, alcanzó de forma instantánea la budeidad.

Yung-chia Hsuan-chueh

No puedes llegar a ese lugar en el que no hay nacimiento, ni envejecimiento, ni decadencia, ni desaparición, ni reaparición en otra parte con el renacimiento.

Buda

Cuando moras en el No-nacido, permaneces en la fuente de todos los budas, algo increíblemente valioso. Aquí no tiene sentido hablar de la muerte, de modo que cuando resides en el No-nacido resulta totalmente superfluo hablar sobre lo Imperecedero. Lo que no ha sido creado no puede ser destruido.

Bankei

Nadie muere más que en apariencia, del mismo modo que nadie nace más que en apariencia.

Apolonio de Tiana

Testigo n.º 25 de la acusación

EL HOMBRE DE NEGOCIOS

FISCAL, dirigiéndose al testigo: Por lo que sabemos de usted, entiendo que hubo una época en la que conocía al acusado bastante bien y, de hecho, llegó incluso a trabajar con él. Por favor, explíquele al tribunal cómo llegó a conocerle, qué fue lo que descubrió acerca de sus actividades (en la medida en que guarden relevancia con el crimen que aquí se le imputa) y por qué dejó de tratarle.
TESTIGO: Me topé por casualidad con algunos de sus libros y, en ese momento, me causaron bastante impresión, así que fui a conocerle al escondite que tiene en la campiña rural de Suffolk. En persona, como hombre, no me impresionó tanto como en sus escritos, pero su trabajo parecía tener un gran potencial, por lo que me ofrecí voluntario para colaborar con él. En aquel momento él necesitaba justo lo que yo tenía: mi larga y minuciosa experiencia a la hora de levantar empresas a partir de la nada y mis recursos financieros para lograrlo. Bueno, al menos, eso es lo que pensé por aquel entonces.
No era una persona fácil de conocer y, desde luego, tampoco alguien con quien resultase sencillo trabajar. En algunos aspectos su actitud me decepcionaba; en otros sencillamente me dejaba pasmado y con la boca abierta. Por una parte, este hombre me parecía un soñador que carecía de toda iniciativa, alguien que simplemente estaba contento con dejar que todo fluyese a su modo y que no tenía el menor interés en recurrir a mis conocimientos de *marketing*. En este sentido, carecía por completo de motivación, de garra, de impulso. Por otra parte (y esto es sin duda lo que interesará a la corte), a medida que fue pasando el tiempo sus actividades me fueron pareciendo progresivamente más y más siniestras, casi podría decir que diabólicas, secretamente malvadas y astutas bajo ese camuflaje que era su actitud indiferente y su falta de interés. Había

una serie de ideas que se diseminaban subrepticiamente y a escondidas y que eran más blasfemas que nada que yo hubiese oído antes. Oh, he de decir que era totalmente sincero, pero al mismo tiempo, era un completo fraude (digamos que era un fraude totalmente sincero... si es que puede existir algo así). Puedo asegurarles que es una mezcolanza extraordinaria, un enigma. Después de un mes dejé de asistir a sus encuentros. ¡Y debería haberlo hecho mucho antes! Para ser honesto, estaba bastante atemorizado por todo lo que allí vi.

FISCAL: Me veo en la obligación de pedirle que sea más específico respecto a qué fue lo que tanto le sorprendió y alarmó. Le ruego que nos dé algunos ejemplos concretos.

TESTIGO: Bueno, se jactaba de que, debido a Quien era, podía realizar todo tipo de milagros. Insistía mucho en que era capaz, según sus propias palabras, de poner el mundo del revés y de darle la vuelta como un calcetín. Hablaba de que tenía algo a lo que él denominaba *el Escudo y la Espada del Señor*. El Escudo le protegía de todo daño, mientras que la Espada le daba poder para infligir cualquier daño. En todo caso, decía que no había causado ningún daño a nadie, pero eso no es lo que yo vi. Para mí era como una especie de mago experto en magia negra que emitía como dos vibraciones secretas antagónicas: una defensiva y otra ofensiva. Muy ofensiva, he de decir.

FISCAL: ¿En su opinión, esa magia negra era real o se trataba de una mera farsa, de una puesta en escena?

TESTIGO: Bueno. Hasta cierto punto, funcionaba muy bien. Pero a la vista está que no logró protegerle de ser arrestado y juzgado. En todo caso, no se puede erradicar un movimiento tan insidioso como este acabando con su cabecilla. Aunque, ciertamente, ayuda. El jurado ha de emitir un veredicto de culpabilidad.

FISCAL: Estoy seguro de que antes de eso les gustaría que les presentasen uno o dos ejemplos de cómo funcionaba realmente la magia negra del acusado. Sobre quién, y de qué manera.

TESTIGO: Bueno, ya que insistes, le contaré el caso de un joven alemán muy simpático y agradable que tuvo el valor de cuestionar una de las proclamas de Nokes. Creo recordar que se trataba de la asunción de que era el Maestro del Mundo de esta Era. En cualquier caso, aquel joven se enfrentó al jefe y no tardó en volverse loco (es decir, en que le hicieran volverse loco, creo yo) y largarse de allí. El chico no tenía ningún antecedente de trastorno mental. Me he enterado que ahora, cuatro años después, sigue ingresado en un hospital psiquiátrico.

JUEZ, golpeando ruidosamente con su martillo: ¡Esto es inaceptable! Su petición al testigo ha acabado dando lugar a la presentación de un rumor infundado cuyo propósito no es otro que ensombrecer la personalidad del acusado a los ojos del jurado. Decreto que deben ignorar esta última parte de la declaración del testigo.

FISCAL: Con todo el respeto, señoría, como yo entiendo la Ley, la defensa no puede basarse en que el escándalo generado por el encausado se deba en parte a que la gente corrompa sus enseñanzas o abuse de las mismas. Creo poder sostener que aquí no estamos tratando tanto con hechos objetivos sólidamente comprobables como con opiniones o impresiones mentales de la gente, y eso incluye todos los rumores que se hayan podido escuchar, hacer propios y pasar a otras personas. Es evidente que el acusado causó una gran impresión en el testigo. Si fue o no fue por una buena razón, creo yo, no es lo importante. Su caso no es más que un ejemplo, una de las muchas personas que se han sentido ofendidas y agraviadas por el acusado, motivo por el cual concluiré preguntándole si, durante su relación con el acusado y sus colegas, fueron atacados, y si se produjo algún acto violento a cuenta de su enseñanza.

TESTIGO: Y tanto que sí. Casi todos los días llegaban cartas con amenazas, y se produjeron al menos tres redadas en sus dependencias. Yo diría que totalmente justificadas.

JUEZ: Ilustre letrado, no me queda más remedio que suponer que hoy, cuando llamó a declarar a este testigo, no estaba bien informado de cuál iba a ser su testimonio.

FISCAL: Una vez más con el mayor de los respetos, señoría, creo que mi deber como Fiscal de la Corona es poner en conocimiento del jurado el tipo de opiniones y sentimientos (es decir, de reacciones a las actividades del acusado) que hemos estado escuchando. Una vez hecho esto, son ellos quienes han de valorar lo que oigan.

JUEZ: Sí, y también han de sopesar muy cuidadosamente lo que yo mismo tengo que decir sobre la irrelevancia y la falta de base de gran parte de lo que están teniendo que escuchar en este juicio.

FISCAL: Como su señoría disponga.

Defensa: La Espada y el Escudo

YO, al testigo: ¿Puedo recordarle que existe un delito llamado *perjurio*?... ¿No es cierto que usted es el propietario de una serie de revistas bastante conocidas?

TESTIGO: Sí, soy el presidente de una compañía que posee algunas revistas.

YO: Cuando comenzó a colaborar conmigo, usted publicó un artículo lujosamente ilustrado elogiando mi trabajo (no es que yo aprobase la forma en la que estaba redactado).

TESTIGO: Todos cometemos errores.

YO: ¿Es cierto que tras la publicación de dicho artículo las ventas cayeron en picado?

TESTIGO: Sí, así fue.

YO: Entonces, prácticamente de la noche a la mañana, descubrió (sin decirnos ni una sola palabra ni a mí ni a mis amigos) lo terriblemente siniestros y malvados que éramos, las cosas horribles que estábamos haciendo, los buenos milagros que pretendíamos ser capaces de hacer pero que no hacíamos y los malos que decíamos no hacer pero que en cambio sí que llevábamos a cabo. Así es como empezó la etapa en la que estuvo entre nosotros de topo, y a la cual le siguió su repentina marcha y toda una serie de artículos en su revista, como usted mismo dijo, «exponiéndonos». ¿Estoy en lo cierto?

TESTIGO: Era nuestro deber público.

YO: Ya. Lo cierto es que las ventas de la publicación en cuestión se triplicaron y hasta se cuadruplicaron. Y siguieron aumentando a medida que publicaron más y más entrevistas con personas que no sabían nada de nuestro trabajo y a las que no conocíamos de nada pero que, no obstante, mostraban lo conmocionadas e irritadas que estaban ante su propia versión de lo que hacíamos y decíamos. Entre las que se incluía, por cierto, una realizada a Miss Reino Unido profusamente adornada con fotos de la misma luciendo el más mínimo de los biquinis.
TESTIGO: Eso no son preguntas; son un abuso.
YO: ¿Acaso niega que las ventas y la circulación de la revista se disparó drásticamente después de esto?
TESTIGO: ¿Y qué si así fue?
YO: ¿Y no hubo un artículo particularmente virulento, en el cual, como quien no quiere la cosa, se explicitaba mi dirección personal e incluso se incluía un pequeño mapa indicando cómo llegar hasta ahí, que condujo directamente a un bien organizado intento de incendiar mi casa?
TESTIGO: Eso lo niego rotundamente. No puede probar nada. Y, en cualquier caso, un blasfemo se merece todo lo que le ocurra.
YO: ¿Y no es igualmente cierto que otro de sus artículos, lejos de limitarse a simplemente sugerir, afirmaba que emitíamos una especie de radiación secreta que hacía que la gente se volviese loca y que comenzase a blasfemar contra el Todopoderoso; una radiación que, al mismo tiempo, nos protegía a nosotros, sus transmisores, e impedía que fuésemos detectados y destruidos?
TESTIGO: Le pido al juez que detenga este acoso.
JUEZ: Responda a la pregunta.
TESTIGO: Ese artículo se imprimió por razones de interés público. Todas esas amenazas ocultas tenían que salir a la luz.
YO: Especialmente cuando producen unos beneficios económicos tan excepcionales, y cuando quien las publica está seguro de que su víctima no le demandará por daños y perjuicios.
FISCAL: Me gustaría hacer un inciso para preguntarle al

acusado si su propia sinceridad se reduce a la mitad cuando se duplican las ventas de alguno de sus libros.

YO: Por supuesto que así sería si en la segunda edición me cuidase muy mucho de editar, corregir y eliminar todas las ideas impopulares que hubiesen aparecido en la primera y, por lo tanto, invirtiese la práctica totalidad del mensaje.

Pero todo esto no nos lleva a ninguna parte. Centrémonos en las alegaciones específicas del testigo.

En primer lugar, ese joven que se volvió loco. Lo cierto es que ya padecía un trastorno mental antes de acudir a mí. Para demostrarlo tengo aquí una carta sobre su caso remitida por su médico de Bremen. En todo caso, dudo mucho de que entendiese una sola palabra de lo que yo le decía. Y sí, no fui capaz de curarle. En eso estoy totalmente de acuerdo, pero nunca he dicho que yo tuviese un remedio universal que sirviese para todo y para todos. Si de algo estoy totalmente seguro es de que el paciente no puede tolerar esta medicina sin diluir que yo receto a menos que esté maduro y preparado para recibirla; cuando lo está, tan solo tiene que abrir la boca y la píldora le bajará con tanta suavidad como el mejor de los jarabes (y le resultará igualmente benigno).

En cuanto a la idea de que soy responsable de la violencia ejercida contra mí, y no así el caballero que está ahí sentado y cuya imprenta es la que aviva dicha violencia... Bueno, ¡me siguen fallando las palabras para expresar lo que pienso de esto! Cada vez tengo más dudas respecto a qué parte de la sala es el banquillo de los acusados y cuál el estrado para los testigos.

TESTIGO: Estoy empezando a preguntarme si esta corte ofrece a sus testigos alguna clase de protección contra los insultos de los prisioneros.

YO: No se preocupe, ya he terminado con usted. No tengo más preguntas. ¡Lárguese!

Ahora me gustaría abordar la cuestión principal, la acusación de que emito una especie de siniestra vibración, como si mi propia persona fuese una especie de insidiosa Chernobyl de largo alcance. Crear esta clase de paranoia masiva obra maravillas tanto en los gráficos de ventas del testigo como a la hora de corroborar el caso de la fiscalía en mi contra (si es que *caso* es la palabra que quiero emplear), pero ciertamente le plantea un gran problema a la defensa: ¿Cómo contrarrestar estas mentiras tan atroces, vergonzosas y escandalosas que, no obstante, contienen una pequeña parte de verdad? No me queda más alternativa que poner a prueba la paciencia del tribunal explicándoles con suficiente detalle los hechos que, de forma tan abyecta, han sido manipulados y pervertidos. No veo otro remedio posible más que esclarecer qué parte de lo que digo es lo que constituye la base de esa historia de miedo elaborada por el testigo, y eso es lo que trataré de hacer lo mejor que pueda ayudándome de los diagramas n.º 27 y n.º 28.

Comenzaremos con el 27. Pongamos por caso que alguno de ustedes (A) me ataca a mí (B) arrojándome una lanza, disparándome una flecha, etc., y que yo resulto herido. Así es como el mundo (los espectadores, la policía, los tribunales) ven dicho evento desde ahí fuera, en mi región humana (h). Lo que observan es una transacción entre un par de terceras personas, en una disposición esencialmente simétrica, un ejemplo de lo que yo denomino *causalidad circunferencial* (les pido disculpas por tener que recurrir a un lenguaje tan torpe, pero espero que los diagramas aclaren su significado). Lo que es importante recalcar aquí es que, según esta forma de leer los acontecimientos, yo (B) no tengo ninguna protección o escudo contra usted, mi asaltante (A). Análogamente, usted tampoco tiene ningún escudo o protección contra mí en caso de que, a pesar de estar herido, fuese capaz de dispararle. Somos mutuamente vulnerables. Y esta es la clase de simetría que se da en las relaciones y que por lo general tomamos como cierta, como verdadera, como la verdad y nada más que la verdad. Punto final. ¿Acaso puede sorprendernos que, a consecuencia de esta forma de ver las cosas, vayamos por la vida temerosos los unos de los otros, que nos percibamos mutuamente como amenazas?

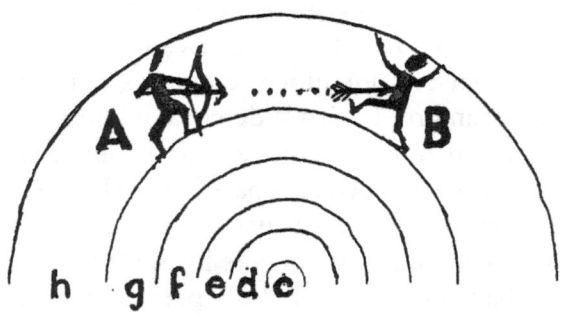

Diagrama n.º 27

Diagrama n.º 28

Pero, de hecho, tal y como se muestra en el diagrama n.º 28, el mismo evento puede leerse de una manera muy diferente. Podemos denominar *causalidad radial* a esta segunda forma de ver las cosas en la que se produce una transacción humano-divina entre usted (A´) como esa segunda/tercera persona regional y yo (c) como esta Primera Persona central; se trata de una relación tan sumamente asimétrica que, estrictamente hablando, no es una relación en absoluto. En esta ocasión, en lugar de imaginarme que estoy en (B´) —tal y como aparezco desde su punto de vista, como ese desprotegido blanco humano—, me veo como lo que realmente soy en (c) desde mi propio punto de vista, como este blanco totalmente protegido. O, mejor dicho, como este no-blanco, tan protegido por todas esas capas de armadura y blindaje —(g), (f), (e) y (d)— que sus proyectiles nunca llegan a mí en absoluto, donde me encuentro completamente a salvo de cualquier ataque. Esto es así porque en su camino hacia el verdadero Yo en el centro (c), cualquier agresor ha de superar todos los desafíos que presentan mis regiones celular, molecular, atómica y subatómica, y en las cuales irá siendo progresivamente desprovisto de cualidades como su humanidad, su vida, su color, su opacidad y su sustancialidad, hasta que, a su llegada, no quede ni el más mínimo rastro ni de él ni de sus armas. Aquí disfruto de la absolutamente única y particular seguridad que supone ser la Primera Persona. Por así decirlo, llego al mundo bajo protección divina. Me refugio en Aquel que está más cerca que cerca, que es más seguro que la propia seguridad y que es más Yo que yo mismo. Y lo que digo no es más blasfemo, más absurdo o resultado de un exceso de confianza que lo siguiente:

> Aquel que habite al abrigo del Altísimo, morará bajo la sombra del Omnipotente. Yo le diré al Señor, mi refugio y mi fortaleza: «Dios mío, en ti confío». [...] Con sus plumas te cubrirá y con sus alas te dará refugio. Sus fieles promesas son tu armadura y tu protección. No temerás el terror de la noche, ni la flecha que vuela de día. [...] Podrán caer mil a tu izquierda y diez mil a tu derecha, pero a ti no te afectará.

FISCAL: Le aseguro que el salmista al que invoca con tanta seguridad se estaba refiriendo a una seguridad más espiritual que este otro tipo puramente físico del que usted parece estar hablando. Y, de hecho, su propio diagrama muestra como la flecha lanzada por (A´) al final acaba llegando a usted en (B´), hiriéndole y matándole en su región humana (h). Dígame de qué le sirve ser Guillermo el Conquistador en el centro de todas las cosas si al mismo es también Haroldo II de Inglaterra (el conquistado) y tiene una flecha apuntando hacia usted justo delante de los ojos. No veo dónde está la ventaja.

YO: De forma temporal y secundaria, aceptaré que sí, que es muy cierto que en (B′) soy el conquistado, el que ha sido herido y está moribundo. Sin embargo, de forma permanente y principal, en (c) sigo siendo el Conquistador que jamás está herido ni muere. La muerte es una flecha que pierde su punta antes de llegar a esta Primera Persona, pero que la recupera para esa otra tercera persona para quitar la vida al pobre John a-Nokes de ahí fuera. Pero, ¿en última instancia, quién se lo cepilla? Ese enemigo humano (A′) es impotente para hacer tal cosa, pues no existe ningún misil lo suficientemente efectivo como para ser capaz de cruzar la brecha que separa a (A′) de (B′), la Gran División. Ahí, todos los golpes son atraídos, todo es como intentar derribar a un enemigo imaginario. Soy Yo, el Único, el YO SOY de aquí, quien está al mando y quien proclama a voz en grito: «¡Ya he tenido suficiente de Nokes!», y deja que esa flecha mortal vuele desde (c) hasta (B′). Y sí, en este sentido, soy mi propio verdugo. Quien soy real y verdaderamente es el Tirador que finalmente derriba a ese otro yo que pretendo ser y que, de todas formas, despacha todo lo que perece. Quien soy real y verdaderamente es este único Poder real, este único Hacedor de todo lo que se hace; y lo que Él haga es lo que yo hago y lo que, en última instancia, apruebo sin reservas. Y eso incluye cualquier sentencia de muerte que esta corte pueda aprobar para John a-Nokes. Ustedes no pueden hacer absolutamente nada para oponerse a mi voluntad suprema, que no es otra que la voluntad del Uno que aquí mora y del que todo lo demás depende. Las verdaderas decisiones provienen siempre de este otro Tribunal Supremo.

Aquí les dejo algunos de los pronunciamientos más conocidos realizados por dicho Tribunal:

Dios (Aquel que está más cerca de mí que mi vena yugular) es quien da la vida y dispone la muerte.

El Corán

No existe ningún otro poder más que el de Dios.

San Pablo

Tuyo es el reino, el poder y la gloria.

Evangelio de san Mateo

Respondió Jesús [a Pilato]: «Ninguna potestad tendrías contra mí, si no te hubiese sido concedida desde arriba».

Evangelio de san Juan

Incluso aunque me mate seguiría confiando en Él.

Job

La santa voluntad de Dios es el Centro desde el que debe irradiar todo cuanto hagamos; el resto no es más que mera fatiga y desasosiego.

Jean-Pierre Camus

Por lo tanto, la base real de ese cuento para no dormir sobre la radiación (que tan provechoso demostró ser para la revista del testigo) viene a ser algo aproximado a esto:

Tan solo existe un único Centro, a partir del cual irradia, como las olas concéntricas que se forman al arrojar una piedra en un lago, todo este universo formado por múltiples anillos. A este Centro se le conoce por muchos nombres, como Conciencia, Esencia, Realidad, Ser, Espíritu, Atman-Brahman, el Poder Único, la Primera Persona del Singular que YO SOY, etc. Ser consciente es ser Esto, pues no puede existir ninguna consciencia independiente o externa a Esto. Y ser Esto es ser la Fuente de la «radiación» gracias a la cual queda blindada ante cualquier poder y mediante la cual ella misma ejerce todo el poder. En virtud de lo primero, cualquier proceso, cuestión o problema entrante queda reducido a Nada, mientras que en virtud de lo segundo todos los procesos y respuestas salientes se producen a partir de esta Nada. Y esta radiación de doble propósito es sin lugar a dudas mi escudo y mi espada, pues se asegura al mismo tiempo de que a Mí no me ocurra Nada y de que sea Yo quien lo hace todo. «¿Podemos hacer que todas las relaciones que tenemos con los demás pasen *a través de Él*?», se pregunta el cuáquero Thomas R. Kelly. A lo que yo respondo que hasta la fantasía blasfema que nos hace creer que en algún momento hemos podido sortearle pasa también por Él.

Damas y caballeros del jurado, si observan el diagrama n.º 29, no solo verán la imagen que muestra, sino que también podrán constatar que ustedes son aquello que la imagen representa.

La representación *circunferencial* del universo, en la que se incluye mi vida y la de ustedes, no solo es una mera apariencia, sino que además niega a Dios. La verdadera forma en la que opera es *radial* (siempre hacia y desde Dios), y aquí es donde Él blande su escudo y su espada tan maravillosos; *aquí* (c) es donde los empuña y los maneja, el Lugar en el que, en palabras de Ananda Mayi Ma, «se encuentra la solución universal a todos los problemas».

FISCAL: Toda esta cháchara sobre armas sobrenaturales y brujería resultaría mucho más creíble si estuviese respaldada por algún acto milagroso.

YO, al fiscal: ¡Exactamente! ¡Y aquí lo tiene! Haga el favor de agitar sus notas frente a mí (por centésima vez).

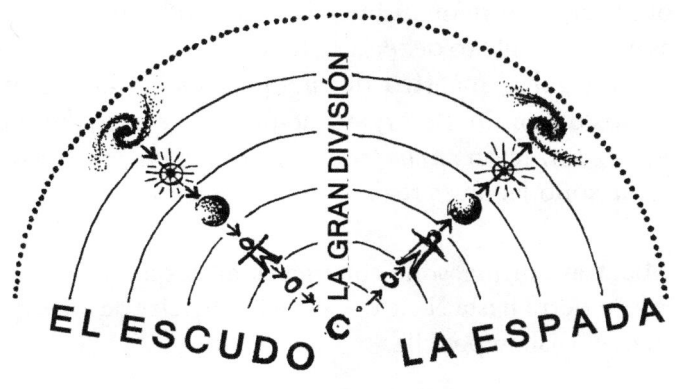

Diagrama n.º 29

FISCAL, quejándose enérgicamente: ¿Qué hay de milagroso en ello?

YO: Diga mejor qué no hay de milagroso. El Mago-Rey que usted realmente es en el Centro (c) está al mando de innumerables legiones de familiares, de ángeles servidores (si bien hoy en día les llamamos *partículas, átomos, moléculas y células),* a los cuales ordena que cooperen para poder realizar ese movimiento de brazo en su región humana. Magia jerárquica, una hazaña llevada a cabo por una organización de inimaginable complejidad que opera en multitud de niveles y regiones diferentes pero que, no obstante, se lleva a efecto instantáneamente. Si hubiese tardado varios siglos en levantar el brazo, o si hubiese sido monitoreado entre bastidores por todos los expertos del mundo, seguiría constituyendo un milagro impresionante.

Usted no tiene ni la más remota idea de cómo lo ha hecho, pero de lo que no puede tener la menor duda es de *Quién lo ha hecho.*

No me diga que tiene las agallas de atribuir a *sir* Gerald Wilberforce, Fiscal de la Corona, el asombroso milagro que usted (¡sí, Usted!) acaba de realizar para complacerme. ¡Eso, *sir* Gerald, sí que sería una blasfemia!

Como digo, no tiene ni idea de cómo lo ha hecho, pero al menos es consciente (o debería serlo) de que el milagro operado ha sido un golpe maestro de *organización radial* (también podríamos denominarla organización *en el eje arriba-abajo*), y no de organización *circunferencial (o en el mismo nivel)*.

Lo que soñó Jacob es real:

> Mientras dormía, soñó con una escalera que se extendía desde la tierra hasta el cielo, y vio a los ángeles de Dios que subían y bajaban por ella.

Ninguno de ellos era tan torpe como para intentar recorrerla lateralmente.

Testigo n.º 26 de la acusación

LA ASESORA

FISCAL: Por favor, dígale a la corte a qué se dedica.

TESTIGO: Llevo unos treinta años ejerciendo como asesora y consejera, primero como parte integrante de la plantilla de una gran compañía del sector, y más adelante por mi cuenta. La gente acude a mí con todo tipo de problemas: miedos, fobias, frustraciones, ansiedades, dudas y dificultades de toda índole. Vienen a mi consulta porque saben que yo voy a escucharles con atención y que el mero hecho de hablar conmigo puede contribuir en gran medida a que encuentren por sí mismos una solución a su problema. Sospecho que, en este caso, que sea mujer juega más a mi favor que en mi contra.

FISCAL: ¿Qué relación tiene con el acusado?

TESTIGO: Una relación indirecta. Dos de mis clientes fueron seguidores suyos. Como tantos de nosotros, estaban teniendo dificultades porque se negaban a aceptar abiertamente su lado más oscuro; hacían todo lo posible por convencerse a sí mismos de que no existía. Por ejemplo, restaban importancia a sus propios sentimientos de ira. Los efectos psicosomáticos que les causó toda esta represión fueron bastante graves. En el caso de estos dos clientes en particular, su problema se había visto agravado por la insistencia del acusado en que ya eran totalmente perfectos. Una perfección divina, según ellos. Por lo tanto, como es obvio, sentirse enojados, asustados o infelices eran cosas que sencillamente no podían permitirse. Y cuanto más se negaban a expresar estos sentimientos negativos, más urgente y necesario resultaba que lo hiciesen. Para estos clientes supuso un enorme alivio cuando finalmente se dieron permiso para abandonar esa imagen imposible que tenían de sí mismos, para olvidarse de cualquier tipo de perfección (no digamos ya la divina) y aceptar sus limitaciones como seres humanos.

FISCAL: Dejando a un lado los trastornos psicológicos a los que hace alusión, ¿qué puede decirnos sobre el aspecto religioso de estas pretensiones, sobre la idea misma de la deificación?

TESTIGO: Bueno, no soy teóloga, y lo cierto es que estos términos no significan nada para mí. Lo único de lo que estoy segura es de que la idea de la deificación no funcionó en absoluto, al menos no en los casos de los que yo he tenido conocimiento. Incluso diría que, según mi experiencia, de todas las ilusiones que la gente puede albergar sobre sí misma, la de la perfección alcanzable y obligatoria (la de la divinidad, si lo prefieren) es con mucho la más perjudicial.

FISCAL, al jurado: John a-Nokes (por lo que la acusación ha conseguido entender) apoya su caso en la afirmación de que él realmente es la Divinidad que dice ser. Y además añade que esta Divinidad es el Gran Sanador. ¡Sanador, quiero recalcar! Pues bien, creo que convendrán conmigo en que el testimonio de la testigo echa por tierra tales pretensiones de grandeza, ya que ha descrito al acusado como un ser total y absolutamente humano, que, al menos en algunos casos, hace enfermar a otros seres de su misma especie, y en ningún caso como un Ser Divino que les vuelva plenos, totales o realizados.

Tal vez este no sea el aspecto de su comportamiento responsable de producir fracturas en la paz social, pero lo cierto es que contribuye bastante a disculparlas. O, mejor dicho, a explicar los instintos que en ellas se expresan.

Defensa: **La inversión de los valores**

YO, interrogando a la testigo: Profundicemos un poco más en este asunto de la autoestima. Pongamos por caso que en una fiesta se acerca a usted un desconocido borracho y le dice al oído, confidencialmente, que su rostro le recuerda a su querida perrita pekinesa. Supongamos también que usted es la actual reina de la belleza del mundo occidental. En ese caso, sería sumamente improbable que quedase devastada por las palabras del desconocido. Lo más probable es que su reacción fuese estallar en carcajadas. O supongamos que le susurra: «Siento tener que decirlo, pero creo que te expresas muy mal», y resulta que es usted la Poeta Laureada del Rey; no permitiría que ese pensamiento le rondase la cabeza durante mucho tiempo, o directamente lo borraría de su memoria. Casi recibiría de buen gusto unas cuantas anécdotas como estas para poder contarlas a sus amistades en la cena. ¿Estoy en lo cierto?

TESTIGO: Sí, claro.

YO: Bien. Por lo tanto, parece que por regla general la gente se muestra alegremente relajada en lo que respecta a sus defectos periféricos, ya sean pretendidos o reales, cuando confían en su total integridad y corrección central. Seguros como están de su propia autoestima, no tienen necesidad de negar o de pretender nada. Pueden permitirse ser honestos. ¿Está de acuerdo conmigo?

TESTIGO: Bueno, sí. Pero la cuestión es quién tiene ese grado de confianza interior. O quizá debería decir de autosatisfacción.

YO: Sí, eso es. ¿Quién lo tiene? Eso es lo que vamos a comprobar. Todos perseguimos la perfección. La gran pregunta es ¿de *dónde* emana?, ¿*dónde* se encuentra? Casi todos la buscamos en el lugar equivocado (en la región periférica de nuestra humanidad) en vez de en el lugar correcto (es decir, en la región central de nuestra divinidad). La perfección emana de nuestro interior, se encuentra en el mismísimo núcleo central de todas las cosas. De hecho, podríamos decir que es el corazón del corazón de todos los seres, sin importar lo deficiente o humilde que sea su manifestación física. En el caso de los humanos, el contraste que se da entre su perfección central y su imperfección periférica es muy notorio, drástico y multifacético. Y, por supuesto, reconocer dicho contraste es de suma importancia.

La *utopía* (término griego que significa *lugar que no existe*) nunca es realizable en ninguno de esos lugares exteriores, pero es por siempre realizable en este No-lugar que está justo aquí. Le ruego a los miembros del jurado que pasen ahora al diagrama n.º 30. Me permito recordarles una vez más (nunca son demasiadas) que este diagrama, el cual constituye por sí mismo el plan maestro de toda mi defensa, pone claramente de manifiesto las diferencias fundamentales que existen entre ustedes como segunda/tercera persona (tal y como son captados ahí fuera por los demás, por las cámaras y los espejos) y ustedes como Primera Persona (tal y como cada uno de ustedes se capta o se percibe a sí mismo directamente en el Centro); pone de relieve el contraste existente entre ese cuerpo humano de los demás (con cabeza, al derecho, con un par de ojos y de brazos cortitos) y este otro cuerpo divino que cada uno de ustedes tiene para sí mismo (decapitado, del revés, con un solo «ojo» y con unos brazos extraordinariamente anchos y abarcantes). ¿No creen que es información más que suficiente para un simple diagrama (un boceto rápido, más bien)? Pues aún hay más. Mucho más. Y encima se trata de cuestiones vitales.

En ángulo recto con esta revolución vertical, hay también una revolución horizontal. La mano derecha de ese pequeño ser del espejo se corresponde con la mano izquierda de este Gran Ser (es decir, con su propia mano izquierda, la de cada uno de ustedes). Del mismo modo, la mano izquierda del pequeño ser se corresponde con su mano derecha. Ahora bien, si, tomando el ejemplo de la tradición y del lenguaje mismo, consideramos que la mano izquierda o siniestra alberga o representa valores igualmente siniestros o negativos y que, por su parte, la mano derecha o diestra es la sede de lo correcto o lo positivo, entonces podrán darse cuenta de un simple vistazo de que ese cambio de identidad de la segunda/tercera persona a esta Primera Persona implica también un cambio de valores igualmente drástico. De hecho, no se trata tanto de un cambio como de un vuelco total, de un giro de 180º. Sus valores como Primera Persona se invierten como segunda/tercera persona. Y el sello distintivo de la Primera Persona es una perfección que la segunda/tercera está infinitamente lejos de alcanzar.

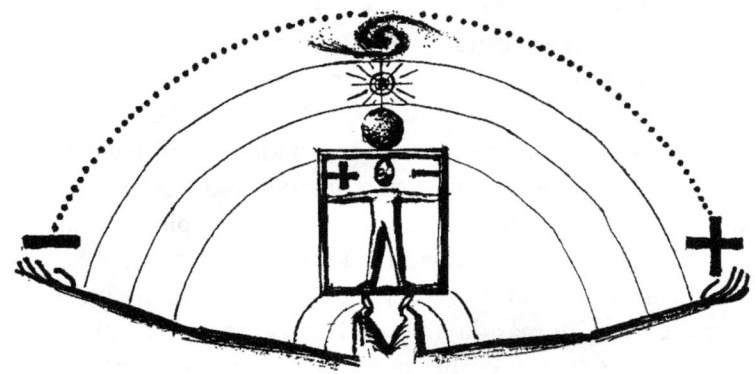

Diagrama n.º 30

Es casi como si el negativo fotográfico del mundo de la tercera persona fuese el positivado del mundo de la Primera Persona; el blanco y el negro invierten sus posiciones. Y como si estuviésemos viendo esa imagen (la del mundo de la tercera persona) vuelta del revés y de atrás hacia delante. Todo lo cual, podría decirse, hace que la vida sea interesante, pero, al mismo tiempo, complicada.

FISCAL: Todos estos pronunciamientos *ex cathedra* carentes de base resultan de poco interés para el tribunal y, en cualquier caso, la conexión que puedan tener con el testimonio de la testigo sobre sus dos desafortunados discípulos dista mucho de estar clara... ¿Puede abandonar el estrado o quiere usted formularle alguna otra pregunta?

YO: Tan solo una más. ¿Le dio la impresión de que esos dos clientes suyos habían profundizado realmente en mis enseñanzas? ¿Las habían entendido con claridad o simplemente tenían alguna idea vaga y confusa al respecto?

TESTIGO: Estoy bastante segura de que no eran conscientes de los contrastes de los que ha estado hablando ahora, de estos cambios radicales.

YO: Lo que significa que no entendieron mi mensaje en absoluto. (bueno, es lo que suele ocurrir). De donde se deduce que sus trastornos psicológicos no pueden atribuirse a mi enseñanza y, por consiguiente, que son irrelevantes para este juicio. No tengo más preguntas. Gracias. Puede retirarse.

En cuanto a mis pronunciamientos *ex cathedra* sobre la reversión o la transmutación de los valores, aquí les presento las bases y los fundamentos que ha solicitado el fiscal. Tiene más patas sobre las que sostenerse que un ciempiés, así que nos fijaremos tan solo en una pequeña muestra de ellas:

(1) El amor, para empezar. El amor de ese pequeño individuo es condicional, demanda algo de la otra persona, quiere algo a cambio, busca una compensación y, al menos en parte, es un negocio, un intercambio en el que se busca un beneficio. Además, es selectivo, exigente y quisquilloso. Simplemente nunca se conforma con lo que hay. Podemos esperar todo tipo de problemas y conflictos si prende simultáneamente hacia dos o tres personas con la misma intensidad. Y, en todo caso, se caracteriza por una gran variabilidad. El amor humano nunca ha discurrido por un cauce tranquilo, ni nunca lo hará. Nunca jamás... Por el contrario, el amor divino de este Gran Ser es incondicional. No pide nada, no establece demandas, no busca nada a cambio y se ofrece por igual a todos, no cambia ni varía en lo más mínimo y siempre discurre suavemente. ¿Por qué? Porque este Gran Ser es la Base, el Fundamento y la Fuente de todo, y estar aquí es amar a todos los seres como a Uno Mismo, sin importar lo mucho o lo poco atractivos o dignos de ser amados que nos puedan parecer.

(2) Ese pequeño individuo, al buscar constantemente tener poder sobre los demás, acaba resultando por completo impotente... En cambio, este Gran Ser, al no interferir en absoluto, resulta ser el Único Poder, un poder que no opera *sobre* las criaturas desde su exterior, sino desde su propio interior, como ellas mismas.

(3) Ese pequeño individuo, pobre diablo, ha de vivir con el conocimiento de dos aspectos conflictivos y contradictorios: la profunda convicción de que en realidad todo el mundo le pertenece, y la certeza superficial de que en la práctica lo que

es suyo es una parte absolutamente ínfima de él. Resultado: la codicia. Se ve impulsado a acumular a su alrededor todo tipo de posesiones (símbolos de su riqueza infinita), da igual lo triviales, superfluas o insignificantes que sean. (Por ejemplo —y no me lo estoy inventando—, una máquina para cortar la parte superior de un huevo cocido; ¡qué duda cabe de que ninguna mesa de desayuno está completa sin el nuevo modelo eléctrico!, ¡como tampoco puede haber una mesa de cocina que no luzca un precioso batidor de huevos con cinco velocidades!); da igual que estas posesiones, en conjunto, le exijan tanto a su propietario que, en realidad, son ellas las que acaban poseyéndole a él; da igual que tan solo el momento de conseguirlas le produzca algún placer, que antes no sienta más que la angustia de no tenerlo y después la angustia de tenerlo... En cambio, el Gran Ser está libre por completo de ambos tipos de angustia. Es tan inmenso que no hay nada más que conseguir, nada más que tener. No es dueño de nada. Cualquier cosa en la que podamos pensar, lo es. Como Nada (como Ninguna-cosa) es capacidad para todas las cosas y, como tal, está satisfecho. De hecho, poseer algo, por pequeño e insignificante que sea, es herir al mundo hasta la médula, pues supone escindirlo en una parte que posee y otra que es poseída. Por el contrario, no poseer absolutamente Nada equivale a ser el Médico Maestro capaz de curar por completo dicha herida.

(4) El conocimiento del pequeño individuo es el final del asombro y la maravilla, mientras que el del Gran Ser es su comienzo. El primero usa mucho la cabeza, es astuto, racional, sesudo. Siempre está dispuesto a adquirir conocimientos a expensas de perder el misterio, lo que tarde o temprano acaba convirtiéndose en un fracturante dolor de cabeza. En cambio, el Gran Ser prefiere hundirse en el misterio a expensas del conocimiento, y así lo hace hasta que todo lo que hay es el Misterio mismo, la Fuente perfectamente-conocida-como-incognoscible que es la cura de todos los dolores de cabeza.

(5) El pequeño individuo valora su propio éxito por encima de (y a costa de) el de los demás y, al adoptar esta actitud,

fracasa. El Gran Ser no actúa así y, de ese modo, gana. La suya es la historia del éxito de todos los tiempos, la historia de Aquel que tiene el increíble talento y la pasmosa habilidad de Ser, de darse origen a Sí Mismo, de Autocrearse sin ninguna ayuda y sin tener la menor idea sobre de dónde le viene tal capacidad.

(6) Para el pequeño individuo, la humillación es el infierno. La vida no hace más que despreciarle y tratar de doblegarle, y él devuelve los golpes una y otra vez por todos los medios posibles, hasta que el irreversible e inevitable desaire de la Muerte pone fin al juego. En cambio, para el Gran Ser, la «humillación» (la absoluta humildad) es la llave que abre las puertas del Cielo, la llave que abre la trampilla por la que penetrar a la Autoestima sólida y estable de lo Inmortal.

(7) Para el pequeño ser, el nacimiento es un acontecimiento feliz y la muerte uno trágico, mientras que para el Grande es justo al revés: «Así como la naturaleza de las chispas es volar hacia arriba, así la naturaleza del hombre es el dolor y la aflicción», y «Bienaventurados los que mueren en el Señor». Mi nacimiento es el olvido de Mí mismo. En cambio, mi muerte (ahora, en este momento, más que en el futuro) es el recuerdo de Mí mismo.

(8) En cuanto al odio, la ira, el miedo y el deseo desmedido en sus infinitas variedades, ¡cuánto sentido parecen tener ahí fuera, en el pequeño individuo, y que gran sinsentido son realmente aquí, en este Gran Ser! La Primera Persona percibe abiertamente (aunque también con cierta ternura y regocijo) a la tercera persona como una *aberración,* un ser *deformado* y *demencial* cuyos valores son *malintencionados y retorcidos.* No es de extrañar que tradicionalmente lo satánico sea lo inverso de lo divino; por ejemplo, recitar el padrenuestro al revés, de atrás hacia delante. Ni que cuando nuestra anterior testigo, la hermana Marie-Louise, se mira en su espejo, lo que vea sea algo parecido al diagrama n.º 31 de su cuadernillo. Esta locura debería ser (pero, desgraciadamente, no lo es) una advertencia para dar un paso adelante y confiar en lo que hay en su lado del espejo, en el Gran Ser, el Gran Enderezador.

(9) Como nos recuerda este mapa de la defensa, el pequeño individuo es el archiescapista que, no contento con enmarcar y esmaltar su aspecto frontal y plasmarlo contra un mundo intrusivo que hace las veces de fondo, además, le da la espalda. Su lema «Estoy bien, Jack» es lo único que hace falta para estar seguros de que todo va mal. Su ambición es perpetuarse, durar, preservarse, pero lo cierto es que el mundo se encargará de que, más pronto que tarde, desaparezca. Mientras tanto, tiene la apariencia vidriosa del que decide no participar, de alguien que está en las últimas, un moribundo. ¡Qué distinto del Gran Ser que, tierno y desnudo ante el mundo que tiene *delante* (al que no da la espalda), abrazándolo, abarcándolo, tomándolo en su seno y asumiéndolo en su totalidad, está totalmente involucrado en él y se muestra completamente vulnerable! Siendo el que da lugar y espacio a todo, es tal y como era en el principio, como es ahora y como siempre será. Él es el mundo sin fin, amén.

FISCAL, con un profundo suspiro: Y no hace falta añadir que *usted* es este premio gordo supremo! ¡Amén!

Diagrama n.º 31

YO: ¡Por supuesto que sí! Y usted también. Y todo el mundo, pues así es como todos somos en nuestro Centro. Cuando san Juan de la Cruz dice: «El centro del alma es Dios», no establece ninguna clase de excepción. Y a todos y cada uno de nosotros se nos suministra también, fuera del Centro, un pequeño individuo total y absolutamente humano. Este Gran Ser y este pequeño individuo, siempre distintos y contrarios en todos los aspectos, constituyen, por así decirlo, dos mitades desiguales de un todo, la hoja afilada y la burda piedra de afilar, tan distinguibles e inseparables como lo son el arriba del abajo o la izquierda de la derecha. Juntos crean la dinámica, la polaridad, la incesante interacción entre la Divinidad y la humanidad que crean y conforman nuestra vida. Afirmo sin fisuras que la blasfemia es pretender ser uno y no el otro, ya sea alegando ser tan solo un humano que se las puede arreglar perfectamente bien sin Dios («gracias de todos modos»), o bien afirmando ser ese Dios que no necesita en absoluto al ser humano («¡lárguese con viento fresco!»). En ambos casos, la cura para la blasfemia consiste en abrazar y abarcar conscientemente a los dos (eso sí, a cada uno en su debido lugar) y en el incesante intercambio bidireccional que se establece entre ambos.

FISCAL: Sin algún ejemplo concreto (y ya no digamos sin alguna evidencia concreta), todo esto no son más que meros juegos de palabras, pero no constituyen en absoluto una defensa.

YO: Aún a riesgo de sentirme algo azorado, déjeme que les dé un ejemplo de mi propia vida personal. Seguramente el fiscal querrá insinuar a la corte que es algo que me he inventado especialmente para la ocasión, así que, a modo de confirmación, después de exponerla les dejaré también un par de observaciones de algunos hombres ampliamente reconocidos como sabios, como individuos que lograron alcanzar el perfecto equilibrio entre su humanidad (su cualidad humana) y su Divinidad (su cualidad divina).

Estoy profundamente comprometido con una mujer y serenamente enamorado de ella y solo de ella. Ocasionalmente me he sentido atraído por alguna otra, pero nunca ha sido tan profundo ni la atracción me ha durado mucho tiempo. Nos peleamos y nos hacemos daño el uno al otro con bastante regularidad. Uno de los motivos puede ser que yo estoy demasiado ocupado y absorbido en mis propios planes e ideas, los cuales trato de imponer sin descanso sobre la dama en cuestión. Es indudable que hay gran parte de esto, aunque sospecho que la causa más profunda es menos específica, y más como una necesidad por parte de ambos de echar por tierra la creciente complacencia del otro y de introducir un cierto componente dramático en nuestras vidas, una vigorosa llamada de alerta: ¡Din-don! En cualquier caso, todo esto no es más que especulación y asuntos del pequeño individuo... Debajo de esta superficie a veces agitada, el amor del Gran Ser permanece siempre y en todo momento como el océano profundo subyacente, estable e inmutable. Como este Gran Ser, amo a esta mujer sin fisuras, por completo, porque ella es el Yo presente en yo mismo. Dejemos que todos esos vendavales enfurecidos y esas olas de ira vengan y vayan como plazcan, pues no son más que los vendavales y las tormentas de Dios. Su meteorología, por así decirlo, en el nivel en el que Él la guarda.

Unos tres siglos antes de la aparición de Jesucristo, el taoísta chino Chuang-tzu escribió: «No es que el sabio no tenga malos sentimientos, sino que no los deja ahí dentro, donde podrían hacerle daño». El sabio no se lava las manos ni se desentiende de todas esas susceptibilidades tan puramente humanas; lo que hace es gestionarlas hábilmente. Al hacerse plenamente responsable de ellas, tiene cuidado de colocarlas allí donde realmente pertenecen. Ramana Maharshi, sabio indio del siglo XX, dijo: «El ego del sabio surge una y otra vez, pero lo reconoce por lo que es y, de este modo, deja de ser peligroso». Al estar completamente seguro de su propia perfección central como Ser-Consciencia-Felicidad, puede permitirse aceptar sin temor la inagotable variedad de problemas, trastornos, desórdenes e imperfecciones que Él mismo crea.

Volviendo a mi propio caso, yo no reniego ni deploro mi faceta humana. Al contrario, la reivindico e insisto en que está ahí fuera, con la misma vehemencia con la que reivindico e insisto igualmente en mi propia Divinidad justo aquí. Ciertamente, mi reconocimiento de (mejor dicho, mi énfasis en) esta bipolaridad esencial debería librarme del crimen que se me ha atribuido.

FISCAL, rápido como un tiro: ¡Nada de eso! O cree que es el Todopoderoso o no lo cree. ¿Sí o no? Que además posea un aspecto o un *alter ego* que sea mucho menos ambicioso no es en modo alguno una excusa. ¿Y qué si lo tiene? Si pretendiese ser el heredero legítimo del trono de Gran Bretaña, y le pillasen urdiendo una trama para usurpar dicho trono, el hecho de que fuese aprendiz de basurero no le excusaría en lo más mínimo de tener que ser juzgado por alta traición. Más bien al contrario.

YO: Pero lo que sí podría contribuir en gran medida a mi defensa sería que yo dijese sinceramente que todos los aprendices y los maestros basureros del mundo también son, al igual que yo, herederos legítimos al trono.

FISCAL: Sería una maravillosa demostración de su incapacidad para defenderse, pues pondría de manifiesto su deficiencia o su trastorno mental. ¿De verdad esta es su...

JUEZ, con mucha firmeza: Toda esta cháchara ya ha ido demasiado lejos.

YO: Estaba a punto de concluir con una nota más seria y práctica, señoría. Y ciertamente también más positiva y dichosa. En la medida en la que permanezca centrado en la perfección de este Nuevo Ser Humano, en mi Verdadera Naturaleza como Primera Persona del Singular, las múltiples imperfecciones de ese otro «viejo ser humano» quedaran en gran parte mitigadas. En la medida en la que viva en base a los valores de este Nuevo Ser Humano (el amor incondicional, el no tener ni ejercer ningún poder sobre los demás, el hecho de no darles la espalda, la aceptación de la humildad, etc.), los valores opuestos de ese otro viejo ser humano se irán volviendo cada vez más y más livianos, manejables y saludables, así como menos problemáticos. En una palabra, más naturales. A decir verdad, lo mejor que puedo hacer por Jack es salirme de él y ser Yo mismo. Así es como deja de ser falso y de jugar a todos esos juegos. El estímulo y el alivio definitivos están en el hecho de que Jack (el viejo) no tiene demasiada realidad, no es YO, sino una imagen, igual que si estuviese apareciendo en la pantalla de videoconferencias de la sala. Él y su mala conducta están considerablemente fuera del centro (a una distancia medible). No es normal, no es él mismo hasta que se rinde, hasta que renuncia a ser él mismo y toma refugio en Dios. Los humanos no somos tales hasta que somos Dios.

¡Qué pena que esos dos clientes de la testigo no tuviesen tiempo para aplicarse a sí mismos este juego de turnos divino y que, por lo tanto, se quedasen tan solo a medio camino (lo cual es peor que no haber recorrido ni un solo paso del mismo)!

¡Y qué maravilloso resulta que, de entre aquellos que consiguen recorrer el camino en su totalidad, haya algunos que se dejen la piel (del modo más hermoso) por animar a los demás a hacer lo mismo!:

> Las Escrituras dicen que en nosotros hay un hombre exterior y un hombre interior aquí. [...] Ahí fuera está el hombre viejo, el hombre terrenal, la persona externa, el enemigo, el sirviente. Dentro de todos nosotros habita esta otra persona, el hombre interno, a quien las Escrituras se refieren como el hombre nuevo, el hombre celestial, el joven, el amigo, el aristócrata.
>
> Eckhart

> La vida separada del ser humano, al contrario de la vida en unión con Dios, es una vida de diversos apetitos, deseos y hambres, y es imposible que sea nada más que eso. [...] Esto es lo más elevado a lo que puede aspirar esta criatura humana y natural; no puede ser más que una capacidad

desnuda para la bondad, y en modo alguno puede ser una vida buena y feliz si no es mediante la vida de Dios, quien habita en él y en comunión con él. Y esta es la doble vida que, forzosamente, ha de ser unificada en toda criatura que quiera ser buena, feliz y perfecta.

William Law

Aquel que es capaz de comprender en un instante la verdad de la No-existencia (pero sin apartarse del deseo, el odio y la ignorancia) puede apropiarse de las armas del Rey Demonio y usarlas en su contra. Entonces, puede convertir a estos malvados compañeros en ángeles que protegen el Dharma. [...] ¡Esta es la naturaleza misma del Dharma!

Maestro zen Tsung-kao

[Al discípulo,] una vez que ha abandonado el mundo de las formas externas [...], puede parecerle lo contrario de lo que era antes, por el simple motivo de que ahora la Luz de su ojo interno se ha despertado.

Shaikh Al-Buzidi

A menos que hagáis las cosas de la mano derecha como las de la izquierda, y las de la izquierda como las de la derecha, y las que están arriba como las de abajo, y las que están detrás como las que están delante, no tendréis sabiduría del Reino.

El Martirio de san Pedro

Testigo n.º 27 de la acusación

LA CRISTIANA DE LA IGLESIA ANGLICANA EVANGÉLICA

FISCAL, dirigiéndose al jurado: Llamo ahora a declarar a mi última testigo, una mujer que recientemente ha sido ordenada sacerdote de la Iglesia Anglicana. Les ruego que presten una especial atención a su testimonio y que tomen por lo que son los intentos que sin duda hará el acusado por esquivarlo o distorsionarlo. [Dirigiéndose a la testigo] ¿Qué es lo que sabe de las enseñanzas del acusado?

TESTIGO: Bueno, no puede decirse que las esconda debajo de la alfombra, ¿verdad? Las conozco muy bien. Lo suficientemente bien como para entender lo peligrosas que son.

FISCAL: Por favor, explique a la corte a qué se refiere, las conclusiones a las que ha llegado y por qué.

TESTIGO: Se las arregla para dar la impresión de que es una persona profundamente religiosa, alguien preocupado principalmente por Dios y por todo lo espiritual. Ahora cada vez usa más un lenguaje cristiano, pero ignora por completo a Jesucristo como el único mediador entre Dios y los hombres. De hecho, no tiene reparos en meter sus narices en el auténtico Cristo de las Escrituras y de la historia. Según él, también él mismo viene directamente de Dios (así, sin más, según sus propios términos y su propio plan, por su propio impulso). O, más bien, lo que predica últimamente es que ya ha llegado a nosotros. No simplemente como John a-Nokes (lo cual ya sería suficiente blasfemia), sino como John a-Nokes convertido en un nuevo Cristo (lo cual ya es blasfemia elevada a la enésima potencia). Nosotros, pecadores, nos salvamos por la Crucifixión y por la sangre derramada por nuestro amado Señor. En cambio, el señor Nokes rechaza esta oferta gratuita de Dios de perdón y salvación a través del sacrificio de Su *Único* Hijo. Repito, de su ¡Único Hijo! ¿Acaso sus pecados son tan veniales que no necesitan ser perdonados? ¿Es que todo está bien en él, así, tal cual es ahora? ¿No hay peligro alguno del que haya de ser salvado? Yo les pregunto, ¿qué insulto más terrible se puede hacer al Todopoderoso que reducir a estiércol su oferta de salvación? Eso equivale a decirle al Señor que no tendría por qué haberse molestado, y que el Calvario no fue más que una farsa superflua y horriblemente cruel. Lo cierto es que el señor Nokes tiene tan poco tiempo para Dios el Padre como para Dios el Hijo. «Aquel que niega al Hijo, lo mismo hace con el Padre», dice san Juan; «Quien niegue al Padre y al Hijo es el anticristo». De una manera o de otra, el señor Nokes echa por la borda a las dos primeras Personas de la Santísima Trinidad. Se podría decir que es ateo al menos en dos tercios.

FISCAL: ¿Por qué cree usted que ha adoptado esa postura? ¿Qué es lo que puede haber detrás de ella?

TESTIGO: Es extremadamente ambicioso, lo que significa que también ha de ser muy inteligente. Cuando uno hace una oferta de compra a una gran compañía (la mayor Compañía que puede haber, en este caso), se asegura primero de haber amañado su devaluación. Si es posible, hasta llegar a un tercio o incluso menos del valor que tenía anteriormente. Del mismo modo, creo que el señor Nokes tiene una especie de instinto que le dice que ha de devaluar a Dios el Padre Trascendente, y a Dios el Hijo Encarnado, que nació en Belén y murió en el Calvario (ni tan siquiera él se atrevería a afirmar que es estas dos Personas), dejando de este modo intacto a Dios el Espíritu, con quien procede a identificarse con suma facilidad. Se imagina que puede manejar cómodamente a un Dios sobre el que se envuelve como una boa constrictor y que se zampa para desayunar; un Dios que pasa a ser algo pequeño y contenido, algo así como un mero producto del hogar para hacernos la vida más sencilla. Sin duda eso sí que es hacerse con Dios en plan barato (o al menos eso es lo que él se imagina). Lo cierto es que, indudablemente, lo único de lo que consigue adueñarse de este modo es del Diablo, y el precio que ha de pagar es la perdición eterna.

Aunque esto ya es de por sí una blasfemia de la peor clase, no resultaría tan horrible si se lo callara, si mantuviese sus ideas en cuarentena. Lo que le ha llevado a estar hoy ante este tribunal es su terca obstinación por propagar este virus por todos los medios a su alcance. Yo digo que, del mismo modo, hay que detenerlo empleando para ello, si es necesario, todos los medios que la justicia tiene a su disposición. Y conste que no lo digo por odio, sino por amor. Rezo por John a-Nokes todos los días para que al fin pueda entregarse al amor del único Salvador verdadero, nuestro Señor Jesús, quien dio su vida por él y por todos nosotros. Entonces, amigos míos, yo sería la primera en acoger con todo mi corazón al acusado.

Defensa: **Yo soy lo que Cristo es**

YO: Gran parte de su testimonio ha versado sobre la Segunda Persona de la Trinidad. Para que la corte lo tenga claro, ¿le importaría describir brevemente cuál es Su naturaleza, tal como usted la entiende?

TESTIGO: Creo que el Hijo es tanto el Dios perfecto como el hombre perfecto, y en él estas dos personas no son dos sino una. Y no porque Dios se haya hecho carne, sino por el proceso contrario. Dios, en la Persona de Su Hijo, fue crucificado para nuestra salvación, descendió al Infierno y al tercer día resucitó de entre los muertos.

YO: Si no me equivoco, está parafraseando usted el así llamado Credo de Atanasio, el cual, si me permite recordárselo, también describe al Hijo como eterno, no creado, no comprensible por la razón, igual al Padre y al Espíritu Santo, engendrado antes del mundo.

TESTIGO: Sí. Así es. Eso es lo que resume mi fe.

YO: ¿Sabía usted que san Atanasio también dijo: «Dios se hizo hombre para que el hombre pudiera hacerse Dios»? ¿Y que durante siglos los cristianos le han considerado como la máxima autoridad en lo que concierne a este asunto de la deificación (un término que los Padres de la Iglesia usaron libremente)?

TESTIGO: No, no lo sabía.

YO: Gracias. Por mi parte no hay más preguntas.

FISCAL: Por favor, permanezca en la sala por si fuese necesario volver a interrogarla.

YO: Miembros del jurado, creo entender por qué la testigo se imagina que no tengo tiempo para el Dios encarnado en el Jesucristo histórico, para el Dios Hijo que descendió al mundo hace unos dos mil años. Si ha habido un error, en gran medida se me puede atribuir a mí. Antes de este juicio me he referido a él en algunas ocasiones. Sin embargo, no lo he hecho porque me dejase frío, sino todo lo contrario. ¿Cómo podría olvidar a aquel jovenzuelo (yo mismo) que lloraba en el jardín? Desde mi infancia, nada ha estado más cerca de mi corazón que la verdadera historia del Altísimo que descendió por amor y por piedad, que nació en aquel lugar tan particular, que vivió una vida tan especial y que igualmente tuvo una muerte tan singular. Lejos de despreciarle, tal y como afirma la testigo, para mí es una figura absolutamente adorable. No tenía la intención de exponer ante la corte mis pensamientos y sentimientos más hondos y profundos (también mis lágrimas, me temo) en lo tocante a esta cuestión, pero la testigo no me deja otra alternativa. De ustedes depende dilucidar si son blasfemas en algún sentido o si, como yo creo, son justo lo contrario.

Afortunadamente, cuento con la inusual ventaja de disponer de tres medios (uno verbal y dos no verbales) a la hora de intentar transmitirles cuál es mi verdadera experiencia de Cristo. Además de estas palabras, por una parte tenemos el pequeño pero crucial experimento que en breve les pediré que realicen y, por otra, el diagrama n.º 32. Por favor, diríjanse ahora a la página del cuadernillo en la que figura y ténganlo presente y a la vista hasta que haya terminado de responder a la testigo.

Diagrama n.º 32

Lo que tenemos aquí es una representación de cómo se veía Jesús *a sí mismo* desde la Cruz, al revés y girado para estar frente a frente con la creación. Es un simple esbozo de lo que era como Primera Persona el día en el que, en todos los sentidos, había llegado al Fin del Mundo y a la Línea de Fondo del Infierno, el día en el que recorrió todo el camino de descenso hasta el sótano, hasta el fondo del foso del elevado y sublime universo de su Padre. Ahí estaban María, su madre, y aquellos soldados, todos ellos no alzando la vista hacia él, sino bajándola para verle. Observen el dibujo con atención y comprenderán por qué digo que bajaban la vista hacia él. Y ahí estaba él, no *bajando* la vista, sino alzándola, para verles a ellos, y también para ver esas piernas escorzadas, reducidas en perspectiva y aquellos diminutos pies clavados. Y mirando hacia fuera para contemplar esos brazos inmensamente anchos que abrazaban por completo el mundo mismo por el que estaba muriendo, y aquellas pequeñas manos clavadas, unas manos que se extendían a cada lado más allá del horizonte.

No les hablaré del dolor, sino de ese ejemplo supremo de la inversión de valores que estuvimos examinando anteriormente. Miembros del jurado, tan solo miren esto. Dense cuenta de lo que el hombre le hizo a Dios por odio, y lo que Dios hizo por el hombre por amor. Comprendan que el Poder y la Gloria que sustenta el universo debería ser *esta* clase de Poder y *esta* clase de Gloria que transmuta lo peor y lo convierte en lo mejor; tan bueno y tan hermoso que puede que se sientan tentados a decir que necesariamente ha de ser cierto. Mejor harían en proclamar, junto conmigo, que un universo que presenta un diseño así para la Deidad (un diseño que ha dado forma a dos mil años de historia humana) es, precisamente, esa clase de universo. La clase que acabará produciendo, en la plenitud de los tiempos, lo que siempre ha estado guardándose bajo la manga. Yo voy incluso mucho más lejos que eso y afirmo que tanto nuestra propia vida como la vida en su totalidad han sido modeladas en el Gólgota. La crucifixión de la Primera Persona es algo que llevamos dentro, algo que traemos de serie. Es el precio que hay que pagar por el mundo, pues algo así no se puede conseguir por menos. Oh, sí, la agonía y la amarga humillación estarán ahí por siempre (son cosas que no se nos permite olvidar por mucho tiempo), pero lo mismo ocurrirá con el amor alquímico del Dios que transmuta ese plomo nocivo y venenoso y lo convierte en puro oro de veintidós quilates. ¡Así de completa es Su inversión de valores, y así de cara!

FISCAL: Confío en que ustedes, miembros del jurado, no se dejarán conmover por estas lágrimas de cocodrilo, por esta conversión de última hora (por no decir esta confesión de último minuto en el cadalso), ni por esta especie de consagración temporal del banquillo de los acusados como púlpito para predicar. Y si efectivamente se trata de un púlpito, desde luego es uno desde el que la blasfemia sigue fluyendo libremente. Quiero que se fijen muy especialmente en que el acusado se atreve a usar virtualmente el mismo diagrama para Jesucristo en la Cruz que el que ha estado usando para él mismo durante todo este juicio. De este modo, sin necesidad de expresar su terrible mensaje con tantas palabras, lo que está haciendo es concederse subrepticiamente su mismo estatus divino, lo cual solo demuestra cuán justificadas son la angustia y la ira que está causando entre los fervientes cristianos como la testigo.

YO: ¿Subrepticiamente? ¡Tonterías! ¿Pero es que nunca escucha lo que digo? Todo este tiempo no solo he proclamado, sino que he estado *insistiendo,* en que prácticamente la misma imagen sirve tanto para Jesucristo como Primera Persona en la Cruz como para mí como Primera Persona aquí mismo y (me apresuro a añadir) para todos los seres humanos. Absolutamente nadie, ni el más malvado ni el más estúpido ni el más anticristiano, es diferente en absoluto en lo que respecta a su propia experiencia de sí mismo. ¡Por supuesto que no! ¿De qué otro modo podría ser? Todo el mundo sin excepción está preso a nivel físico (repito, a nivel *físico)* en el drama del Calvario. Únicamente con todos y como todos podría Jesucristo sufrir y morir por todos. No se trataba de sufrir y morir por alguna especie de seres extraterrestres. San Pablo tiene toda la razón del mundo al afirmar que todos llevamos en nuestro propio *cuerpo* la vida y la muerte de nuestro Señor Jesús.

FISCAL: Esparcir su blasfemia por todas partes (en su mayor parte, en lugares y personas que, en todo caso, no la aceptarían), no le va a ayudar a diluirla ni a excusarle de ella. Según lo entiendo, la fe cristiana se basa en la singularidad absoluta del Hijo de Dios encarnado como Jesucristo, una singularidad que usted niega y que san Pablo (excepto cuando se le cita fuera de contexto) nunca puso en cuestión.

YO: Una vez más, lo crean o no, insisto exactamente en lo mismo que usted dice que niego. En el sentido más profundo, por supuesto que tan solo hay una Primera Persona: la Primera Persona del Singular; tan solo un único Hijo de Dios, Su *Único* Hijo (eterno, no creado, incomprensible, engendrado antes que el mundo). «Toda la humanidad es una sola persona en Cristo», dice san Agustín. Pero esto no supone negar que, en otro nivel y en otro sentido, hay tantas Primeras Personas como terceras personas (cada tercera persona viene equipada con su aspecto de Primera Persona, y viceversa), de modo que Dios tiene innumerables Hijos e Hijas. Tomemos por ejemplo este pasaje inigualable del Cuarto Evangelio:

Esa era la Luz verdadera, la que alumbraba a todo ser humano que venía a este mundo. En el mundo estaba, y el mundo fue hecho por medio de Él, y el mundo no le conoció. [...] Pero a todos los que le recibieron, les dio la potestad de llegar a ser hijos de Dios; todos aquellos que no nacieron de sangre, ni de la voluntad de la carne, ni de la voluntad del hombre, sino de Dios.

Por favor, vuelvan a considerar el último diagrama. Todas esas pequeñas personas, del derecho, con cabeza, de hombros estrechos y brazos cortos, han nacido y morirán. En cambio, esta Primera Persona colocada al revés, sin cabeza, de hombros anchos y de brazos amplísimos, nunca ha nacido y nunca morirá. No pertenece en absoluto a la primera clase. Por decirlo crudamente, no tiene ni la forma ni el tamaño adecuados para que una matrona pueda agarrarle (y, además, «viene de nalgas») ni para que un sepulturero pueda enterrarle. Es el Cristo Eterno, «engendrado del Padre antes que el mundo, Dios de lo Divino, Luz de la Luz, el Mismísimo Dios de la Divinidad» y, sin embargo, al mismo tiempo renace por siempre en todas las criaturas como el Cristo crucificado.

FISCAL: ¿Acaso se ha vuelto usted rematadamente loco? ¿En serio está diciendo que esas tristes manos que se agarran a la barandilla del estrado son las del Todopoderoso, o que esas extremidades debiluchas son los imperecederos brazos del Eterno? ¿Puedo recordarle que este tribunal tiene el poder de convertirlos en *disjecta membra* y dejarlos inmóviles de una vez y para siempre?

YO: Por supuesto que le pertenecen al Dios encarnado, pero, como usted bien dice, distan mucho de ser eternos. Yo me imagino a Cristo mi Señor como el Árbol de la Vida. Su follaje y su ramaje están expuestos a las fuertes heladas del tiempo, por lo que son caducos. Mueren de forma regular en el invierno del Calvario y son renovados en la primavera de Belén, pero el Tallo y la Raíz son perennes, «el mismo ayer, hoy y siempre». Sin la menor duda estos brazos que ahora extiendo hacia ustedes son (por el momento) los suyos. ¿Que cómo puedo estar tan seguro? Pues porque veo claramente de dónde brotan y lo que hacen; brotan de la Nada y, al estar sueltos, son capaces de hacer cosas increíbles, como conducir el mundo. Es esta inmensa Oquedad libre de cabeza de aquí mismo la que los pone por delante; mi verdadero Ser en Quien y como Quien estoy a salvo de todas sus amenazas.

> Seguro aunque toda seguridad se haya perdido,
> cuando caen los hombres,
> y si estos pobres miembros mueren,
> más seguros aún.

Los versos de guerra de Rupert Brooke tienen todo el sentido del mundo. También las líneas de san Pablo:

> Ahora igual que siempre, con total franqueza, Cristo será magnificado en mi cuerpo, ya sea por la vida o por la muerte. Pues para mí vivir es ser Cristo, y morir es ganar. Yo estoy crucificado con Cristo, y sin embargo vivo. Mas no soy yo el que vive, sino Cristo quien vive en mí.

FISCAL: Le repito una vez más que san Pablo era un caso muy especial. Hoy en día ningún cristiano va por ahí hablando de ese modo. Para ellos Jesucristo es simplemente el Jesucristo de los Evangelios Sinópticos, y no existe ni la más mínima posibilidad de confundirle ni tan siquiera con el más santo de sus seguidores.

YO: Mi querido letrado de la Corona, realmente no debería usted aventurarse sin preparación en el escabroso terreno de la cristología. Para confundirle, aquí tenemos (entre muchos otros) a la Madre Teresa de Calcuta. Su oración diaria comienza así:

Mi amado Señor, que te descubra hoy y todos los días en la persona enferma, y que al atenderla te esté atendiendo a ti también. Que te reconozca también cuando te escondas bajo el poco atractivo disfraz de quienes son fácilmente irritables, exigentes e irrazonables, y que diga: «Jesús, mi paciente, qué dulce es servirte».

Como es obvio, sus palabras están basadas en las de su Señor, que dijo: «En verdad os digo que cuanto hicieseis [dar de comer al hambriento, vestir al desnudo, visitar a los enfermos] a uno de mis hermanos, aun al más pequeño de ellos, me lo haréis a mí».

FISCAL: Por lo tanto, ahora se está retractando de la opinión (expresada con vehemencia en muchos de sus escritos) de que otras grandes religiones, si bien no saben nada (ni falta que les hace) sobre Jesucristo, siguen siendo en todo caso revelaciones de Dios y tienen sus propios y genuinos avatares o encarnaciones especiales del mismo. Uno nunca sabe a qué atenerse con John a-Nokes. No solo es tan impactante o «electrocutante» como una anguila, sino que además es doblemente escurridizo.

YO: La mayoría de los pacientes que Teresa, por la gracia de Dios, veía como Jesús, eran hindúes o musulmanes por religión. Ese hecho no supuso ni la más mínima diferencia en el servicio que les prestó. Por lo que parece, jamás se le pasó por la cabeza tener que convertirlos al cristianismo como requisito previo antes de cuidarles. Ni tampoco se trataba de que viese un fragmento o una imagen parcial del Jesús viviente que encontraba en cada uno de ellos; lo que veía era a su Señor, que es indivisible y la totalidad misma. Por supuesto, estaba en lo cierto. El Cristo Eterno es la Luz que nos ilumina a todos, que es crucificado y resucita en todos nosotros; nos confiere su Única Luz sea cual sea el color de nuestra piel, la época en la que hayamos nacido, la religión que profesemos, el idioma que hablemos, o el nombre que tengamos. Y, por supuesto, la experiencia de transformación corporal que yo llamo *cristianización* no se limita en modo alguno al cristianismo.

Otras religiones tienen sus propias versiones de Deidad encarnada con la cual uno puede identificarse. En el judaísmo puede tomar la forma de Adán, el hombre primigenio; en el islam, la forma del Profeta como el Logos; en el hinduismo la de Krishna; en el budismo la de Buda.

FISCAL, levantando los brazos como clamando al cielo: Ya que está, ¿por qué no se lía la manta a la cabeza y declara que también los animales (incluyendo las tenias y las moscas tsétsé) son Cristo viajando de incógnito?

YO: Lo hago, sin reservas. Y muy especialmente, pues a diferencia de la humanidad caída y blasfema, ellas viven sin cuestionárselo desde esa Luz Una de la Conciencia, desde su Primera Persona, y nunca jamás, ni por un solo instante, intentan suplantarla con su tercera persona. No elaboran ninguna imagen de sí mismas con la que obstruir su Espacio, no fabrican mentalmente ninguna cara con la que enmascarar su Rostro original. Solo los seres humanos son tan tarugos como para ponerse en medio y bloquear su propia Luz. Dios en Cristo resplandece en el Centro del mundo de cada animal, donde Su trono no es usurpado. T. E. Brown, después de matar a un sapo, confesó:

> Le golpeé cruelmente,
> y entonces todo el lugar comenzó a brillar
> con un sutil resplandor.
> ¡Miré, y era Él!

En efecto, los seres humanos deberíamos honrar y reverenciar a estos miembros más pequeños de la familia, pues todos ellos viven sin esfuerzo ni engaño desde la misma Claridad desde la que viven conscientemente los sabios y los veedores (tras muchísimo esfuerzo y muchas idas y venidas).

Y, a fin de cuentas, lo que estoy diciendo está implícito en los propios relatos del cristianismo, comenzando con la Anunciación, nueve meses antes del nacimiento de Jesús en Belén. Para adoptar forma humana, en el vientre de María, Dios

Hijo tuvo que pasar primeramente por toda la gama de formas animales, empezando por un ser unicelular y, de ahí, hacia arriba en la escala evolutiva. ¡Qué testimonio tan sumamente revelador de la «cristianidad» esencial de la naturaleza! La versión alternativa a este acontecimiento sería pensar que el embarazo de María fue ilusorio, espectral, imaginario, y que justo después, como por arte de magia —¡Abracadabra!—, apareció un niño hecho y derecho. Una historia poco probable y nada atrayente. Por el contrario, ¡cuán convincente y conmovedora resulta la Encarnación que, al darse en un nivel, se da en todos los niveles, de modo que en la práctica la totalidad de la Creación (como Pablo la describía) es adoptada y redimida! Sí, *sir* Gerald, ¡también su mosca tsé-tsé, sus tenias, y todo lo demás!

El fiscal, apretándose la peluca en un gesto de desesperación, solicita que la testigo vuelva al estrado. Le pregunta si ha escuchado todo lo que se ha dicho desde que lo abandonó y qué piensa al respecto.

TESTIGO: Sí, he escuchado atentamente todo lo que se ha dicho, y me siento profundamente apesadumbrada. Fue el mismo Señor Jesucristo quien dijo: «Nadie llega al Padre sino a través de mí». Y también: «Yo soy el camino, la verdad y la vida». No existe más que un Jesucristo, y únicamente él es nuestro Salvador.

YO: Lo crea o no, una vez más estoy totalmente de acuerdo. La simple realidad es que la Primera Persona nunca es plural. Nunca, nunca jamás, podremos encontrar un par de Primeras Personas (ya no digamos un manojo de ellas). Una habitación llena de cuerpos invertidos sin cabeza no sería más que el equivalente a la cámara frigorífica de Barba Azul. El «yo» y el «mí» que Jesús emplea en esas dos grandes frases son el propio «yo» y «mí» de Dios, y no los de ningún ser humano. (Como Eckhart nos recuerda, tan solo Dios puede decir verdaderamente «yo»). Es como la única y eterna Primera

Persona que no es otra que Dios mismo que Jesús realmente dice ser el Camino, la Verdad y la Vida, y no como la tercera persona que aparecía en su espejo (el ser humano que no era más que uno entre los muchos niños de Nazaret y uno de los muchos carpinteros de Palestina). Lo más misterioso y maravilloso (lo que nos salva) del Cristo que vive en usted, mi hermana, y en mí, y en todos los presentes en la sala, es que en cada uno de nosotros es único, total, indiviso, uno y el mismo por los siglos de los siglos. Según el bienamado padre jesuita, Gerard W. Hughes: «Cristo es lo que estamos llamados a ser». Cristo, en singular; no hay *Cristos*.

TESTIGO: Tan solo él sufrió la crucifixión por los pecados del mundo.

YO: Ciertamente. Y todos estamos atrapados en ese mismo sufrimiento, en esa misma crucifixión y en esa misma cura para el pecado. Es el diseño cósmico de las cosas, el mismísimo patrón y el modelo arquitectónico de la Creación. Simplemente no puedo limitarme a reducir a Cristo del modo en que lo hacen tantos y tantos que se hacen llamar cristianos. No creo que los estigmas de san Francisco y de san Pío fueran meros síntomas de histeria o paranoia, que no fuesen claras evidencias de su verdadera «cristianización»; ni que la transubstanciación del pan y el vino en la carne y la sangre de Cristo antes de ser incorporados al cuerpo del comulgante sea tan solo una mera sandez propia de píos y beatos; ni que el día de la Crucifixión debiera ser llamado el Viernes Fatídico, el Día de la Derrota; ni que san Pablo mintiese cuando hablaba de ser crucificado junto con Cristo; ni que la imagen de Cristo que tiene ante usted en ese cuadernillo sea una especie de accidente o de truco por mi parte, un trampantojo; ni que los primeros Padres de la Iglesia estuviesen errados al ver a Cristo como el Hombre Arquetípico, el hombre como es en su mismísima esencia. San Cirilo de Alejandría escribió: «La Palabra, al vivir en uno, vive en todos, de modo que al constituirse como el Hijo de Dios en toda su gloria, la misma dignidad pueda transferirse también a la totalidad del género humano».

Y permítanme añadir lo siguiente: si ser cristiano es ver a Cristo en todas partes, sentir su presencia en toda criatura y ser arrebatado por la alegría y la belleza de todas las cosas, entonces soy un perfecto cristiano.

Créanme si les digo que la verdad es así de simple, así de gloriosamente autoevidente, con tan solo dejar de luchar contra ella. Toda criatura adopta dos formas, tiene dos aspectos: lo que es para los demás y lo que es para sí misma, y ambas son diametralmente opuestas en todos los sentidos. La segunda (llámenla como más les guste) es cruciforme. La propia naturaleza de la Primera Persona es desvanecerse en favor de las terceras personas, dar su vida por el mundo entero, desde las partículas más minúsculas hasta los universos insulares. Para guiar a los demás ha de darles la espalda, pero para salvarles tiene que estar frente a ellos, darles la «cara», en la cruz. No, está claro que no es una disposición muy placentera. Más bien es un mundo terrible. Pero demos gracias a Dios porque sea Su mundo, y el secreto que esconde en su interior es Su propia Crucifixión, el Calvario que ha de ser por siempre representado en y por cada uno de nosotros. Y el secreto que subyace tras el Calvario es el amor más increíble. Un amor eterno que es el Cielo mismo.

FISCAL: ¿Está usted *seguro* de que es ahí a donde irá? La testigo tiene serias dudas al respecto.

YO: ¿Que si iré al Cielo cuando muera? Para dilucidar esta cuestión, les ruego que pasen al diagrama n.º 33.

¿Que si iré a un cielo real, luminoso, resplandeciente y estrellado y no a un mundo de ensueño y fantasía? ¡Claro que sí! Siempre que muera ahora, en la cruz invertida de san Antonio (a-b-c-dd). No puedo ascender (a) a las alturas *(per ardua ad astra* simplemente no es una opción), pero lo que sí puedo y debo hacer es descender (b) a las profundidades, a la línea base que en realidad nunca jamás abandono, hasta la encrucijada (c) de mi Nada, mi No-cosa y mi muerte como ser separado. Desde aquí, tomando ambas direcciones a la vez (d-d), llego a un cielo que, lejos de ser un lugar fantasioso lleno de nubes algodonosas, es tan concreto y tan físico como espiritual. Llego a él por el camino más bajo, por la vía del autoabandono (lo sentimos, pero la gran autopista del autodesarrollo está cerrada al tráfico; en realidad nunca fue una vía transitable, salvo en los mapas). Los brazos omniabarcantes del amor llegan a la cumbre que los pies no han podido alcanzar escalando. En (d-d), en el cielo donde lo más lejano es también lo más ancho, llego al «amor que mueve el Sol y el resto de los astros». No me crean: extiendan sus brazos y compruébenlo por ustedes mismos. Del mismo modo que una madre ama a su hijo porque lo tiene en su regazo, ustedes pueden llegar a amar su mundo porque lo acogen en sus brazos, pues, como Primera Persona Singular, ustedes son cruciformes, están diseñados para una clase de amor que no es sino el amor de Dios; la clase de amor que es la muerte y la resurrección: morir al mundo y resucitar como el mundo.

Como dijo Madame Guyon: «Dios nos da la cruz, y la cruz nos da a Dios». Y en palabras de Thomas à Kempis:

> Así que la cruz siempre está aparejada y te espera en cualquier lugar. Vayas donde vayas, no puedes escapar de ella, porque por más que huyas, siempre te llevas a ti mismo contigo y siempre te encontrarás a ti mismo. Vuélvete hacia arriba o hacia abajo, hacia dentro o hacia fuera, y en todas partes hallarás la cruz. Y es necesario que en todo lugar tengas paciencia, si es que quieres alcanzar la paz interior y merecer la corona perpetua.

Esto es algo que no entiendo. Está más allá de toda comprensión. Pero veo con una claridad insuperable que es así; tanto mi dolor como su alivio lo confirman, y mi corazón es por siempre consciente de ello.

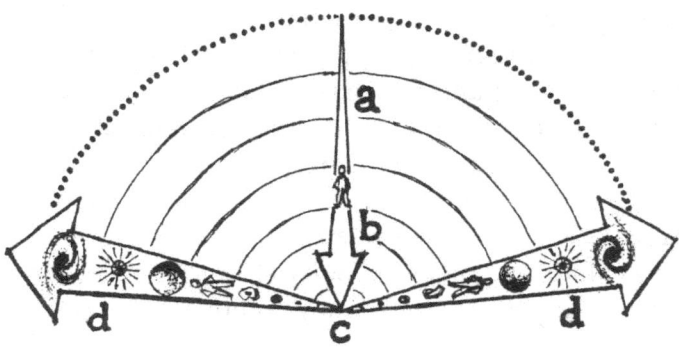

Diagrama n.º 33

TESTIGO: Bueno, es Dios quien habrá de juzgarle, no yo. Parte de lo que dice hace que tenga esperanzas de que el amor salvador de nuestro Señor consiga penetrar en su corazón. En cambio, hay otras que parecen sugerir que es a usted mismo y no a Él a quien acude en busca de salvación, lo que me hace temer por su alma. Muchas de sus ideas no soy capaz de comprenderlas en absoluto, pues no se corresponden con las escrituras que conozco, ni con la fe cristiana tal y como me la han enseñado. En todo caso, en la casa del Padre hay muchas estancias. Ruego fervientemente por que usted se encuentre en una de ellas, y no en las tinieblas del exterior.

YO: Bien, dejémoslo ahí. La idea que me gustaría transmitirles es que la verdadera vida espiritual está llena de paradojas, y que cuanto más es Cristo en ustedes y en mí, más totalmente adorable es como otro distinto a ustedes y a mí.

Es al jurado y su señoría a quienes apelo ahora, con la ferviente petición de que cada uno de ustedes deje a un lado todo prejuicio y lleve a cabo una investigación muy sencilla pero de crucial importancia; una que resumirá en segundos y les dejará completamente claro, sin necesidad de recurrir a complicaciones verbales, todo lo que tan extensamente he estado argumentando en respuesta al fiscal y a su testigo.

Antes que nada, vuelvan por favor al diagrama n.º 15* y observen una vez más el espectacular contraste existente entre ustedes como segunda/tercera persona y ustedes como Primera Persona.

A continuación, hagan el favor de echar un vistazo por la corte y comprueben que, *según la evidencia presente*, todos los demás están hechos, diseñados o construidos conforme a ese patrón de segunda/tercera persona. Todos ellos, sin excepción, adoptan la condición normal humana. Por así decirlo, el New Bailey dista mucho de ser la cámara de Barba Azul.

Ahora, por favor (y les prometo que será la última vez que se lo pida en este juicio), extiendan los brazos hacia los lados a la altura de los hombros y, simultáneamente, dirijan su mirada *hacia abajo* para observarse a sí mismos. Lo que ustedes están viendo ahí es la visión más tremenda, relevante y significativa de cuantas hayan tenido nunca, de todo lo que hayan visto o verán jamás. Y también la que más se pasa por alto, pues también es la más temida, y no sin razón...

Le estoy muy agradecido a su señoría, y a los dos (¿o han sido tres?) miembros del jurado que han accedido a cumplir mi petición. A los nueve o diez restantes, permítanme decirles que comprendo muy bien su terror. Digamos que la crucifixión no es un asunto muy agradable. Sin embargo, resulta que también es universal e ineludible, y cuando es vista y aceptada por lo que es, se revela ahora y siempre como nuestra entrada en el Cielo del amor y la paz de Dios.

Así es que a ustedes diez se lo pediré una vez más. En última instancia, mi defensa se basa en ver esto por uno mismo, no en entenderlo...

JUEZ: Lo que el acusado se está jugando en este juicio es su propia vida. Me veo en la obligación de pedirles que accedan a realizar este pequeño experimento por él, sinceramente y con toda su atención. De lo contrario, corren el peligro de salir de

---

* Véase el capítulo correspondiente al testigo n.º 15, el nuevo apocalipticista.

aquí con las manos manchadas con la sangre de un inocente. [Se apresuran a cumplir por lo ordenado por el juez, pero con la vista clavada en este en lugar de en ellos mismos...].

YO: Entre todos mis queridos amigos que, al encarar y acoger entre sus brazos el ancho mundo, han despertado a Aquello que late en su Centro, recuerdo muy especialmente a Anne. Resultó que cuando vio lo que realmente era estaba tendiendo la colada. Así que ahora le digo al jurado que nunca es demasiado tarde para, al igual que ella, «tender la colada»; nunca es demasiado tarde para darnos cuenta de que, al igual que Dios, estamos diseñados para amar; nunca es demasiado tarde para, al igual que Cristo, experimentar la muerte y la resurrección.

En cuanto a mí, qué lento he sido a la hora de sondear la hondura, el poder y la capacidad de persuasión de este simple gesto, de este acto que consiste en envolver el mundo de Cristo con sus propios brazos (unos brazos que no emanan de los deslustrados hombros de Jack, ¡sino de la luminosidad inmortal que late aquí mismo, justo aquí!). En todo caso, al fin me veo a mí mismo diciendo, junto con Gerard Manley Hopkins:

> Soy de súbito lo que Cristo es,
> pues él fue lo que soy,
> y este botarate, chiste, trozo de teja,
> remiendo, cerillo quemado y diamante inmortal,
> es realmente diamante inmortal.

O, junto con Ruysbroeck, de un modo menos preciosista pero igualmente apasionado:

> La Sagrada Escritura nos enseña que Dios, el Padre celestial, creó a todos los hombres a Su imagen y semejanza. Su imagen es Su Hijo, Su propia Sabiduría eterna, y san Juan dice que en esto todas las cosas tienen vida. Y la vida no es otra cosa sino la imagen de Dios, en la cual este, que es

la causa de todas las criaturas, ha engendrado y engendra eternamente todas las cosas. Y así esta imagen, que es el Hijo de Dios, es eterna, anterior a toda creación. Y todos estamos hechos a semejanza de dicha imagen eterna, pues en lo más noble de nuestra alma (es decir, en las propiedades de nuestro más elevado potencial), estamos hechos como un espejo vivo y eterno de Dios, en el que este ha encerrado su imagen eterna, y en el que ninguna otra imagen puede entrar.

O, con el incomparable estilo de san Pablo:

Os habéis despojado del viejo hombre y sus hechos y os habéis vestido con el nuevo hombre, el cual se renueva en su conocimiento en virtud de la imagen de aquel que le creó; una renovación en la que no hay distinción entre griego o judío, circunciso o incirculciso, bárbaro, escita, esclavo o libre, sino que Cristo es todo y en todos.

Así es que puedo cantar y gritar con George Herbert:

Cristo es mi sola cabeza,
mi corazón y mi pecho únicos,
mi única música.

Conclusiones finales de la acusación

Damas y caballeros del jurado, la blasfemia es única en su especie. Al igual que otros crímenes igualmente graves, como el asesinato, el robo con violencia o la violación, la blasfemia es también un atentado contra nuestra especie, pero a diferencia de aquellos, constituye además un crimen contra nuestro Creador, y por lo tanto, resulta inconmensurablemente más terrible que cualquier otro. Esta, la más atroz de las ofensas, es la acusación que pesa sobre John a-Nokes, y de la cual, según sostiene la Corona, ha sido probado culpable una y otra vez en su presencia.

No obstante, no me sorprendería que tuviesen ustedes la sensación de que en ocasiones la defensa ha llevado la delantera en el transcurso de este juicio; que en ocasiones ha tenido al Ministerio Fiscal contra las cuerdas. Pues bien, en cualquier caso, la acusación desea (y muy bien se puede permitir) rendir homenaje a la ingenuidad con que el señor John a-Nokes ha convertido aparentemente a algunos de sus veintisiete testigos en testigos de la defensa, y a como, también de forma aparente, ha neutralizado a otros. Repito una vez más, *aparentemente*, pues en realidad no ha hecho absolutamente nada de eso. Ninguno de ellos ha aportado un testimonio fidedigno que deje a las claras su inocencia del cargo que se le imputa en base a la Ley Reguladora de la Blasfemia. Ni uno solo.

La defensa ha disparado todos sus cartuchos (si bien, en virtud de sus destellos y explosiones, más bien se diría que han sido fuegos de artificio) y nos ha ofrecido todo un despliegue de espectaculares escaramuzas. El único inconveniente es que sus misiles han agotado su combustible a mitad de trayecto y han caído muy lejos de su objetivo. En todo caso, ahora es el turno de la fiscalía. Finalmente, ha llegado el momento de exponer la debilidad estructural de los argumentos esgrimidos por la defensa, y para hacerlo no necesitaremos ninguna artillería, ni tan siquiera una pistola de aire comprimido, pues un simple toque será más que suficiente para hacer caer todo ese altivo castillo de naipes. Da igual que fuera de este tribunal haya conseguido mantenerse en pie por un tiempo; aquí no será tomado en serio ni por un instante. Lo suyo no es más que un juego. O, para ser más precisos, una *diversión* bastante elaborada. El acusado ha hecho buen uso de esa estratagema mediante la cual, cuando no tenemos argumentos válidos como respuesta a la acusación presentada en nuestra contra, lo que hacemos es sustituirla discretamente por otra a la que sí podamos responder y, una vez hecho esto, nos lanzamos de pleno a demostrar la propia inocencia. Es como si la Sota de corazones, al ser acusada de robar tartas, mantuviese la fútil esperanza de que la Reina se hubiese olvidado de que eran tartas de melaza y, en base a ello, jurase por lo más sagrado que por supuesto que ella jamás en la vida ha robado ninguna tarta de mermelada, y luego comenzase una larga perorata sobre lo mucho que odia las tartas de mermelada, lo mal que le sientan, etc. Puede que en ese tribunal de naipes Jack tuviese alguna posibilidad de salirse con la suya, pero en este tribunal de justicia no tiene absolutamente ninguna. ¡El juego ha terminado, Jack! Sus diversiones ya no logran desviar el curso de la justicia.

Permítanme recordarle a él y a ustedes, miembros del jurado, la esencia de la Ley Reguladora de la Blasfemia. La fiscalía tiene la obligación de demostrar que el acusado ha ultrajado hasta tal punto la susceptibilidad religiosa del pueblo, que este se ha visto obligado a tomarse la ley por sus propias manos. Basta con señalar que el acusado se desvive por escandalizar a esas gentes vertiendo sin miramientos todo su desprecio y su burla sobre un Objeto, Persona o Ser, que ellos veneran por encima de todo; digamos, por poner un ejemplo extremo, afirmando falsamente ser ese mismo Objeto, Persona o Ser. ¿Acaso no ha estado haciendo precisamente eso, y de forma persistente? Esa es la cuestión que ustedes, el jurado, debe valorar. Pero ¿acaso es posible que exista la más mínima sombra de duda sobre cuál es la respuesta?

Estoy seguro de que en sus conclusiones finales el acusado hará todo lo posible por desmentir ese pequeño adverbio que acabo de pronunciar: *falsamente*. Nos dirá que ha demostrado con creces que él *realmente* es el Ser Supremo. Bueno, la práctica totalidad de los testigos han declarado lo contrario. Si aún queda algún resquicio de duda en su mente sobre cuál ha de ser el veredicto, veamos si él puede ofrecernos una demostración de último minuto de su supremacía realizando vaya usted a saber qué clase de prodigio. Tal vez haciendo que caiga un rayo sobre el New Bailey.

No ha de sorprendernos que el acusado se haya ceñido a la regla que dice que la mejor defensa es el ataque (especialmente cuando sus propias fortificaciones están desmoronándose o, directamente, son inexistentes). Acusado como está de blasfemia, insiste una y otra vez en demostrarnos, para su total satisfacción, ¡que es prácticamente la única persona de la corte (si no del mundo entero) que no es culpable de blasfemia! Quizá esta osada estratagema surja efecto en algunos círculos reducidos fuera de este tribunal, pero no dentro de él. Aquí nos negamos a aceptar ni por un solo instante la definición que el acusado hace de la blasfemia (y con la que pretende reemplazar a la de la Corona), pues, en cualquier caso (y dejando la Ley a un lado por el momento), se trata de una mala definición, pues ni define ni establece límite alguno, por lo que en realidad no es digna de tal nombre. Acusar *a todo el mundo* de blasfemia, o de cualquier otro delito, es lo mismo que no acusar a nadie. Lo único que pone de manifiesto es lo antisocial y lo misántropo que es quien promulga tal recriminación.

Forma parte de la naturaleza y del modo de funcionar de cada individuo estar centrado en sí mismo, proclamar que es distinto a los demás, levantarse de sus profundidades y ser y hacer lo que le corresponda; de lo contrario el mundo quedaría reducido a una especie de sopa insípida pasada por la licuadora y, por descontado, sin nadie ahí que pudiese saborearla. Una persona es y representa a esa persona, a ella misma y a ninguna otra. Nos guste o no, tal es la condición humana por toda la faz de la tierra, en toda época y lugar. Si eso es blasfemia, me gusta. A todo el mundo le gusta. Y todo parece indicar que a Dios también. Por lo tanto, le digo al señor Nokes: ¡Venga ya! ¿Una *especie* blasfema? ¿Qué diablos significa eso? El problema de su defensa es que es demasiado ingeniosa, excesiva, descomedida y, al menos en parte, condenadamente radical. Y eso es también lo que hace que contribuya a su propia derrota, pues lleva sus argumentos tan lejos y los hace batir con tal tenacidad contra el grueso muro de ladrillos del sentido común que rebotan y acaban por noquear al defensor.

Interpelo ahora al jurado. Su cometido, independientemente de lo que piensen sobre las dos definiciones radicalmente distintas de blasfemia que les han sido presentadas (la versión del Sr. Nokes y la de la Corona), es basarse única y exclusivamente en esta última. Si son sensatos, es la que aprobarán, pero si la aprueban o no es irrelevante; es la ley, y se encuentran ustedes en un tribunal de justicia. En él, el jurado presta sus servicios bajo el solemne juramento de defender la ley independientemente de cuáles sean sus opiniones privadas.

El acusado sostiene que está por encima de la ley, pero yo estoy convencido de que al menos una parte de él no lo está, y esa es la parte que la ley puede cercenar. Parece entender que tiene el derecho natural e inalienable de anunciar a un mundo incrédulo su identidad verdadera y sobrehumana, la cual, convenientemente, tan solo él está en posición de comprobar, de inspeccionar. Pues bien, por mi parte afirmo que nosotros, sus semejantes, tenemos el derecho natural e inalienable de anunciar lo que *nosotros* pensamos de él, y de someter su más que ostensible identidad humana a las leyes de los hombres (hasta el punto, si fuese necesario, de poner fin a su igualmente ostensible y humana vida). Si, tal y como sostiene, no es lo que parece ser (si en realidad y como Primera Persona no es un producto sino el Productor del universo), entonces debería ser capaz de hacer frente al ligero contratiempo de la ejecución (derivada de la estricta aplicación de la legalidad) de esa pequeña e insignificante tercera persona llamada John a-Nokes... si es que de hecho es un contratiempo y no una risa ahogada proveniente del Productor real (del verdadero Dios) al darle al señor Nokes su merecido castigo.

El acusado no hace más que insistir e insistir en lo práctica y de sentido común que es su filosofía. En efecto; según él, tan solo es necesario que miremos embobados y con la suficiente intensidad a nuestro Incomparable Vacío Interior (por usar su terminología) y, como por arte de magia, todo estará claro y en orden. Vaya, ¿en serio? No hay más que ver la coyuntura en la que le ha colocado esta «joya» de valor tan incalculable, por no hablar de a dónde irá casi con toda probabilidad después de aquí. Ténganlo en cuenta, miembros del jurado, y estén advertidos.

Puede que el credo del acusado les haya parecido lo que a la mayoría de la gente: un puro sinsentido. Durante siglos los filósofos han tenido un término específico para ello: *solipsismo*, con el que se referían a ese subjetivismo extremo, esa mezcla de ingenuidad y presunción, que grita a los cuatro vientos: «¡Eh!, ¿sabes qué? ¡Jamás he conocido a alguien como yo! Todos los demás no son más que «ellos y ellas», cabezas parlantes, meros autómatas del primero al último de ellos, hombres, mujeres y niños. ¡Tan solo yo soy la Conciencia Indivisible, el Inigualable, el Ser Único! ¡Qué maravilla!». Créanme si les digo que ningún filósofo digno de tal nombre perdería su tiempo en esta fantasía, en este puro ensimismamiento. No es que lo desmintiesen, ni que lo refutasen categóricamente, sino que, sencillamente, ni tan siquiera tendrían necesidad alguna de hacerlo, pues no tiene el más mínimo sentido, no va a ninguna parte, es un callejón sin salida. El solipsismo no es más que un pasatiempo ocasional, un solitario juego de naipes de lo más aburrido que ni tan siquiera el jugador (si es que aún le quedan cartas) se toma en serio ni por un instante, no digamos ya los que no lo practican.

Los psicólogos tienen una palabra menos halagüeña para referirse a esto, y directamente lo califican como *regresión,* es decir, una vuelta atrás o una caída en el egoísmo infantil que se manifiesta como ilusiones de omnipotencia, un retroceder o retirarse de las duras y sombrías realidades de la vida adulta para retornar al tiempo en el que las cosas y las demás personas no eran *otros,* no estaban separados de nosotros mismos, y todo cuanto existía estaba ahí puesto para nosotros, a nuestro servicio. E incluso más atrás en el tiempo, hasta la cálida y segura placidez solitaria del útero materno. Se trata de un trastorno producido por el miedo al mundo real y una clara falta de voluntad a la hora de afrontar sus desafíos. En otras palabras, es un rechazo a crecer, una evasión a gran escala, algo así como los sueños de realeza y de dominación mundial de un fracasado o la fantasía ilusoria de un adicto.

¡Sí, es muy fácil dejarse atrapar por los alucinógenos que con tanta vehemencia pone a nuestra disposición el señor Nokes!

En esta sala de audiencias, durante casi cuatro semanas, hemos tenido ocasión de presenciar, cual si de un panel de médicos, psicólogos y trabajadores sociales se tratase, un caso excepcionalmente grave y crónico de regresión solipsista. Algunos dirán que fascinante e ingenioso. Otros que patéticamente simplista e ingenuo. Una locura absoluta, pura demencia, según algunos otros. Más amenazante que el *crack* o la heroína, dirá el resto. Pero el sentimiento general es que las pretensiones del acusado son una total perversión, profundamente inmorales. De alguna manera indefinible son profundamente *bochornosas.*

Señoras y señores del jurado, al igual que la mayoría de nuestros testigos, al igual que cualquier ser humano cuerdo y con dos dedos de frente, apuesto a que también a ustedes les provoca un sentimiento visceral escuchar a alguien decir «¡Yo soy Dios!». Seguro que les hace temblar, les horroriza, les produce náuseas. Es un instinto en el que hemos de confiar, y ni todos los sofismas de todos los John a-Nokes del mundo podrán imponerse a él. Por supuesto, ahora el acusado tendrá una última ocasión de confundirles con paradojas y de explicarles cómo ha de ser absolutamente rebajado (absolutamente humilde) para ser infinitamente grande. Pues bien, una corte de justicia ni es el lugar adecuado para esta clase de ambigüedades ni sus miembros disponen del tiempo necesario para ocuparse de tales dobles sentidos, así es que no tienen ustedes obligación alguna de devanarse los sesos con estas cosas. En cualquier caso, lejos de apoyar a la defensa, la socavan. No contento con ser Dios en las alturas, el acusado pretende ser también Dios en las profundidades, en las cloacas y, de este modo, poseerle por completo. Lejos de librarse de la blasfemia, lo que hace es agravar el delito al autocondenarse por esta doble blasfemia, si es que existe tal atrocidad. Solo consigue que lo que con buen juicio proclamó Martin Buber tenga plena aplicación en su caso: «¡Pobre de aquel que esté tan poseído que piense que posee a Dios!».

Pero lo cierto, miembros del jurado, es que no importa lo que piensen de las contorsiones teológicas con las que el acusado nos ha obsequiado en toda su variedad. La cuestión fundamental es que ha cometido, deliberada y constantemente a lo largo de muchos años, el terrible delito que se le imputa, por lo que habrá de pagar la pena correspondiente.

Quizá se pregunten por qué la fiscalía se ha molestado en pormenorizar tan cuidadosa y detalladamente (y en refutar de un modo tan eficiente) las pretensiones de exclusividad y divinidad del acusado. Pues les diré por qué. Por muy vergonzosas que sean sus pretensiones y por muy falaces que sean sus argumentos, era importante que gozase de total libertad para airearlos, pues así la fiscalía se vería obligada, como así ha sido, a tomarlos mucho más en serio de lo que en realidad merecían ser tomados. Es importante que este juicio sea considerado como un juicio justo en el que el acusado no ha sido coartado o intimidado en modo alguno, en el que no solo se le ha permitido sino que hasta se le ha alentado a explicar su caso en profundidad. Además, de poco habría servido asumir de antemano que en la Ley Reguladora de la Blasfemia no queda absolutamente ningún vacío legal, ningún resquicio por el que el acusado pudiese encontrar algún tipo de escapatoria. Supongo que sería posible que el solipsismo, la regresión infantil y el orgullo satánico, bien racionalizados y envueltos en las sagradas vestiduras de algún tipo de espiritualidad, podrían proporcionar algunos argumentos o pruebas que ayudasen a su defensa. Muy improbable, pero concebible. No obstante, como hemos podido comprobar, no ha sido este el caso. Sin embargo, nadie podrá decir que no ha tenido oportunidad.

Así pues, damas y caballeros del jurado, vuelvo al fondo de la cuestión. Es muy sencillo. Olvídense de las circunstancias particulares de este caso, de sus detalles y pormenores, de las emociones que estos hayan podido despertar en ustedes y de las innumerables cuestiones secundarias que haya podido suscitar. Si alguien en el mundo ha sido alguna vez probado culpable de blasfemia (de este crimen supremo contra el ser humano y su Creador), sin duda es la criatura que hoy se sienta en el banquillo.

No tienen ustedes ninguna alternativa razonable que no sea considerarle culpable de los cargos que se le imputan.

Señoría, con esto concluyen los argumentos de la Corona en la causa del Estado contra John a-Nokes. No tengo más que decir.

Conclusiones finales de la defensa

Como de costumbre, el Fiscal de la Corona está, como resulta obvio y notorio, totalmente equivocado. Es sencillamente falso que el grueso de mi defensa sea irrelevante para el cargo que se me imputa, algo así como una mera cortina de humo. O que mis tácticas hayan tenido como objetivo la distracción y que haya malgastado de forma deliberada gran parte del tiempo del tribunal en contestar a cuestiones que no se hayan planteado aquí.

En ningún momento me he salido del asunto principal, que es que yo soy Quien digo ser. Y, de hecho, me siento agradecido por haber tenido la oportunidad de exponer dicha cuestión de tantas formas diferentes. Sobre todo le doy las gracias al *establishment* por haber puesto a mi disposición un escaparate tan enorme y tan bien iluminado en el que poder mostrar mis mercancías por tan largo tiempo. Y estoy especialmente en deuda con las autoridades y quienes detentan el poder, porque lo importante no es tanto lo que ocurra en esta sala, ni tan siquiera si de aquí seré llevado o no al lugar de mi ejecución y a mi reposo eterno; lo que realmente importa es lo que está sucediendo en el mundo más allá de los límites de esta corte, el mundo que, gracias a las telecomunicaciones del siglo XXI, nos ve y nos escucha ávidamente. Lo que más me preocupa son los millones y millones de personas que, aunque invisibles e inaudibles, están tan presentes aquí en este momento como el juez y el jurado o como yo mismo.

Vivimos en un mundo profundamente enfermo, un mundo que sufre de las afecciones degenerativas y deshumanizantes de la intransigencia, el fanatismo y la más cruel y amarga intolerancia. Sus órganos vitales se oponen los unos a los otros tan febrilmente que amenazan con destruirse mutuamente. Para mí esta Ley Reguladora de la Blasfemia bajo la cual se me está juzgando no es más que el primer y precipitado intento por aplicar alguna clase de remedio, algún fármaco antipirético; un medicamento que, al menos, consiga reducir en algunas décimas la temperatura del paciente. Lo que, por el momento, ha conseguido, aunque a un coste completamente inaceptable, ya que este preparado es tan venenoso y nocivo como la enfermedad misma que pretende tratar. De hecho, es producto y parte de la enfermedad en sí, del mismo brebaje ponzoñoso del fanatismo y la amarga intolerancia que llaman *fundamentalismo*. ¡Fundamentalismo, y un carajo! Su superficialidad causa estragos.

En los casos más persistentes atraganta y estrangula al paciente. Tan solo puede producir seres serviles, sumisos y apocados, ciegos miembros de partido a los que les han lavado el cerebro y, con el tiempo, auténticos zombis. Hace que pierda todo su valor el martirio que sufrieron innumerables almas valientes que sudaron la gota gorda y se dejaron la piel (en algunos casos, literalmente), que a pesar de tener todo en su contra lucharon y murieron para que nosotros pudiésemos tener libertad de expresión y de palabra, tanto oral como escrita. Casualmente, también tira por la borda la libertad del ser humano (tan duramente ganada y que tanto ha costado conseguir) para cuestionar toda creencia y toda práctica sin importar lo muy implantada o lo muy reverenciada que esta sea, y sin la cual queda reducido a poco más que un mono furioso que se dedica a engañar mediante trucos sucios a otros monos igualmente furiosos. Una criatura tan ciega, tan rígida, tan solemne, tan antojadiza y tan cruel, que no solo está deshumanizada, sino también desanimalizada; la monstruosidad más impactante de una Naturaleza conmocionada ante su propia creación.

Ahora bien, ¿cuál es la cura para esta enfermedad degenerativa? ¿Una avalancha de leyes nuevas y más justas, una legislación innovadora, concienzuda y bien estructurada con la que imponer la tolerancia a la fuerza? ¿Una normativa parlamentaria basada en el «vive y deja vivir»? Si algo así fuese alcanzable (lo cual dudo mucho, teniendo en cuenta que la tolerancia forzada es una contradicción de términos), sería de poca o ninguna utilidad, en el sentido de que se centraría en paliar los síntomas sin diagnosticar la enfermedad, ni mucho menos, tratarla. No, tan solo existe una cura, y es la que he estado describiendo y prescribiendo todo el tiempo en esta sala.

Este remedio soberano es verdaderamente simple (la sencillez misma, natural, común, obvio, ineludible) una vez que caemos en él. *La única manera de llegar a un acuerdo con nuestro oponente es encontrar un Terreno Común con él, la Línea de Fondo que ambos compartimos.*

¿Que se trata de un cliché? Bueno, me temo que eso no puedo evitarlo. Por trillado o atrevido que parezca, el Señor sabe que es el único modo de alcanzar la paz en nuestro tiempo. Lamentablemente, también es una senda que muy pocos recorren.

¿Qué es y dónde está exactamente este maravilloso (pero por desgracia pasado por alto) Terreno Común, este Fin del Mundo, esta Línea de Fondo que constituye nuestra única posibilidad de reconciliación y de paz? ¿Necesito recordarles que no se trata de una mera abstracción, que no es una metáfora, que no hay absolutamente nada de vago en ella? No es como el ecuador, una línea imaginaria que, aunque localizada con precisión, ni se ve ni está dibujada en ningún lugar real. No; esta Línea es absolutamente real, es lo más seguro de entre todas las cosas seguras, más familiar y terrenal que la tierra misma, es la Base que nos abastece y que satisface todas nuestras necesidades; es un verdadero Hogar al que regresar constantemente, en el que poner los pies (esos pies que están hacia arriba), y no una especie de hogar idealizado que no llegaremos a pisar nunca jamás. Con todo mi amor, les invito a unirse a mí aquí de inmediato. Y dado que no se trata de una de esas invitaciones fingidas («Oh, sí, claro, venid a visitarme algún día»), les estoy entregando el croquis de un mapa que les muestra el camino.

Sí, otra ilustración más, esta vez el diagrama n.º 34 y último del cuadernillo.

Me encontrarán ahí, en el mismísimo Centro en el que serán yo mismo. De hecho, ustedes y yo ya somos Uno aquí, el Uno que todos somos real y verdaderamente, el SER cuyo primer nombre es YO SOY: YO SOY John a-Nokes, YO SOY Gerald Wilberforce (consejero del Rey), YO SOY todos y cada uno de los nombres que figuran en el listín telefónico, y así hasta el infinito. Aquí se encuentra nuestra sanación, nuestro regreso a la totalidad, a la completitud, a este Centro que se expande instantáneamente en todo nuestro Diámetro y Circunferencia; aquí, en nuestra completitud de 360°, la cual, si bien parece estar formada por 160° de guerra y 200° de armisticio, en realidad resulta ser la Paz omnienvolvente que sobrepasa toda comprensión.

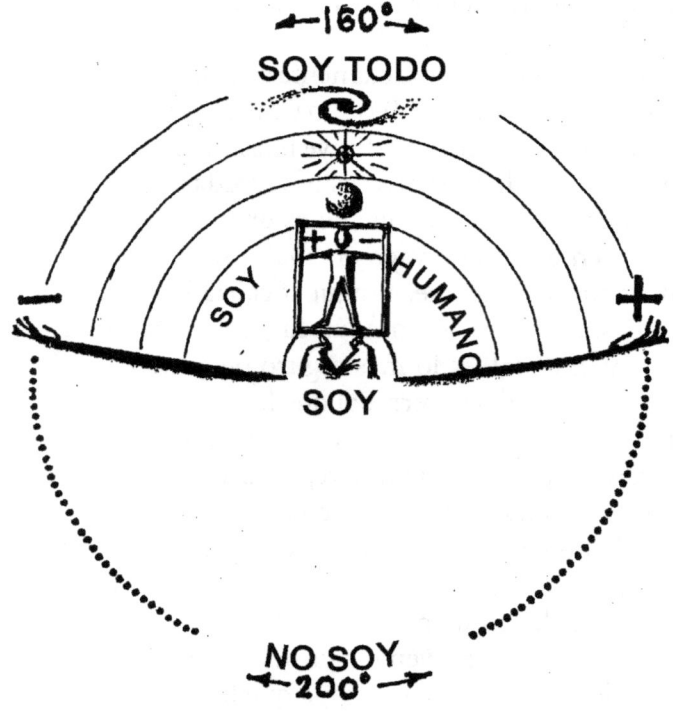

Diagrama n.º 34

Es a su señoría y a cada dama y caballero del jurado que les hago llegar ahora personalmente esta invitación a unirse a mí aquí, en nuestro Hogar. Y no se preocupen, pues se trata de un descenso, de un colapso que no podría resultar más adecuado. Sé cuál es mi lugar. Ningún lugar en el mapa es más bajo, más humilde, menos elegante, que este espacio mío. En todo caso, les aseguro que no se arrepentirán de otorgarme su graciosa condescendencia, pues en realidad se trata ni más ni menos de que acepten la verdad, que se entreguen a ella, que se inclinen con una profunda reverencia ante la evidencia de cómo son las cosas verdaderamente tanto en ustedes mismos como en mí. *Inclinándose,* lo digo una vez más, ante lo dado, ante la realidad tal y como se presenta, dejando de resistirse a lo obvio. No, no se me olvida que en el transcurso de este juicio ya hemos pasado una y otra vez por esta rutina de inclinarnos en reverencia, pero les aseguro que no es posible repetirla en exceso si de verdad queremos sanar la dolencia que padecemos; un trastorno y una enfermedad de la cual este juicio no es más que un síntoma. Así es que les suplico que se unan a mí una vez más en este descenso hasta el nadir de todas las cosas.

Dirijan su mirada *hacia arriba,* hacia el techo, hacia esos adornos de escayola y esas lámparas fluorescentes. Objetos todos ellos de escaso interés para ustedes, supongo, a menos que sean escayolistas o electricistas.

Ahora, bajando un poco la mirada, observen la sala del tribunal. Miren a su señoría, con su espléndida túnica y su peluca, presidiendo la corte; al docto fiscal, algo flojo y arrugado después de haber presentado el caso tal y como lo interpreta la Corona; a John a-Nokes (también bastante estropeado) aquí en el banquillo, el tipo cuya vida está en tus manos. Muy bien, hasta ahora (hasta este nivel, por así decirlo), hemos estado prestando atención a las cosas y a los demás, ¿verdad?

Si siguen postrándose ante la evidencia y bajan la mirada aún más (es decir, si miran *hacia abajo),* llegarán a sus propios pies; esos pies que, desde su Hogar, ven que están ahí arriba (tal y como muestra el diagrama). Sí, ahora la cosa empieza a ponerse interesante. Esto ya comienza a afectarles profundamente, pues ahora se trata de ustedes mismos.

Finalmente (mirando tan hacia abajo que ya miramos *hacia dentro*), han llegado al Campamento Base, al Fin del Mundo, a la Línea de Fondo, y aquí su implicación ya es total y absoluta. Han llegado a la Frontera, que no es otra cosa que esa Línea que pueden dibujar ahora mismo con el dedo a lo largo de su blusa, camisa o camiseta; la línea en la que esa prenda de vestir da paso a la *ausencia* de toda prenda, de hombros y de cuello: la Ausencia de Todo. Es en esta Ausencia Consciente donde me pongo la camiseta, de donde emerge y de donde cuelga.

Hablen tan irrespetuosamente como les plazca sobre el ecuador, esa línea invisible donde no ocurre nada, pero no sobre esta Línea visible en la que todo sucede, en la que el No-ser se convierte en Ser. Es Aquí donde se produce esa increíble transformación de la Nada (Ninguna-cosa) al Algo (Alguna-cosa) y, de ahí, al Todo (Todas-las-cosas), sin tregua, sin pausa, sin causa; el lugar en el que el Sumidero del Universo da lugar al Manantial y la Fuente del Universo; donde el Gran Inconsciente da paso a lo Consciente; donde el Abismo Insondable de Dios y Su mundo, el YO NO SOY se convierte como por arte de magia en YO SOY, y desde ahí, en YO SOY TODO. Aquí, en este Campamento Base en el que ustedes y yo nos encontramos ya y siempre, estamos totalmente inundados por esta maravilla de maravillas. Aquí, donde tenemos conocimiento del Logro Increíble, ¡donde somos el Logro Increíble!, ¡el Logro del Gran Hacedor, el Origen de la Autoriginación!

Aquí, donde tanto ustedes como yo dibujamos esta Línea, es donde nos Alineamos, donde por fin nos conciliamos y unificamos. Sanar es permanecer aquí conscientemente, disfrutar de los infinitos recursos que nos ofrece (y, sin embargo, también es brotar sin fin llenos de júbilo del más oscuro Abismo Misterioso que yace por debajo de esta Línea, emergiendo así al resplandeciente mundo que hay sobre ella, y así continuamente y sin fin).

Aquí recupero la salud y la cordura con y como ustedes. Aquí tomo junto con ustedes el único remedio sensato y razonable para la de otro modo incurable enfermedad que esta corte y la Ley Reguladora de la Blasfemia procuran tratar. Aquí, ser ustedes en la misma medida en la que soy yo mismo es dejar de blasfemar. Aquí, coincidiendo con esta Línea, yo soy ustedes y ustedes son yo, Un Solo Ser por siempre jamás en el Cristo Eterno, sin importar lo mucho que difieran las circunstancias, temperamentos, creencias y prácticas que podamos tener por encima de la Línea. Aquí estoy junto al resto de la humanidad en la Planta Baja de este Grandioso Edificio (el más grandioso que pueda existir). Aquí, repito, solo Aquí, nos hundimos en la absoluta Igualdad y dejamos que nuestras diferencias queden flotando en el exterior.

Y, por supuesto, ahí arriba es donde permanecen siempre. Y donde proliferan de un modo fantástico. No hay posibilidad alguna de hundirlas también, de arrastrarlas aquí, pero todo está bien ahora que podemos inspeccionarlas juntos desde la infinita tolerancia de nuestro Territorio Común. Ahora nuestras opiniones dejan de opinarnos, nuestros aparatos de locomoción dejan de movernos, nuestras prendas de vestir dejan de vestirnos. Son cosas que *tenemos,* cosas de las que disponemos y que intercambiamos entre nosotros de vez en cuando para hacernos con algún modelo mejor, pero ahora, seguro como estoy en la visión silenciosa que me hace constatar que yo soy tú en esta Línea, puedo permitirme e incluso acoger de buen grado el delicioso estrépito, el barullo y el bullicio de todas estas cosas que se encuentran por encima de la Línea. *Vive les différences!**

No es de extrañar, señoras y señores, que este mapa hemisférico que representa mi constitución haya aparecido una y otra vez durante el juicio, pues nos muestra claramente tanto la naturaleza como la cura de la horrible enfermedad de

---

* En francés en el original. *(N. del T.)*

la que todos estamos aquejados: la enfermedad endémica de la blasfemia, la alta traición del humano intruso que abandona la región que le corresponde ahí fuera y se encamina hacia el Centro, donde trata de destronar a su Rey y Creador.

El fiscal afirma que una enfermedad que todo el mundo padece es una enfermedad que nadie padece, pero no es así. La historia del mundo está llena de ejemplos de criaturas enfermas que acabaron desapareciendo no como individuos, sino en masa. El caso más citado es el de los dinosaurios, cuyo gigantesco tamaño y prodigiosa armadura debían supuestamente haberles protegido de su infausto destino. Sin duda esas cualidades (su tamaño y su armamento) supusieron una ventaja, moderadamente y hasta cierto punto, más allá del cual se convirtieron más bien en desventajas que contribuyeron (si no causaron) la extinción de estos reptiles del Terciario. No muy distinto es el caso del *Homo sapiens,* esa criatura que ha desarrollado otra clase de armadura incapacitante: la ilusión de que lo que es para sí mismo en el Centro es lo mismo que lo que parece ser para los demás, para quienes le ven desde fuera; la ficción letal de la simetría y la confrontación de la Primera Persona con/contra la segunda y/o la tercera. Esta ficción, este mito, es precisamente lo que le convirtió en humano, y durante siglos y siglos ha sido un mito bastante beneficioso, un mito que produjo casi todo lo que para él tiene algún valor, pero ahora, cada vez más, está demostrando ser contraproducente, un mito nocivo y absolutamente destructivo que está acabando con todo lo que valora, ¡incluyendo la humanidad misma!, ¡incluyéndose a sí mismo! Así es que muy bien podríamos ser los siguientes en ocupar, junto con los dinosaurios, un lugar destacado en esa ya atestada morgue de la Vida.

No sé qué es lo que nos deparará el futuro, pero mantengo una cautelosa esperanza a la vista de que lo que ha de hacer el *Homo sapiens* (si es que ha de llegar a merecer tal calificativo) no es demasiado complicado. De hecho, no tiene que *hacer* nada difícil o complejo, sino *dejar de hacer* algo difícil y complejo. Es decir, dejar de confundir las cosas, permitir que las cosas sean como son y que cada una ocupe el lugar que le pertenece, dejar que Dios sea Dios en el Centro de las cosas, y que el humano sea humano en el extrarradio (más o menos a un metro), manteniendo así una respetuosa distancia de esa Presencia. Tanto la llegada como la supervivencia del *Homo* (verdaderamente) *sapiens* dependen de que sea capaz de percibirse a sí mismo como una especie blasfema, y que a continuación deje de blasfemar para convertirse en una especie respetuosa, una que sustituya el actual y desastroso «yo estoy dentro, Dios está fuera» por el lógico, natural y sensato «Dios está dentro, yo estoy fuera».

Dios, el Único, el Solitario, está aquí dentro. El ser humano, hombre o mujer, uno de tantos, está ahí fuera. Lo que me lleva al desdeñoso y altanero desprecio con el que el fiscal ha despachado a John a-Nokes como un caso de subjetivismo ingenuo. ¡Un ataque severo de solipsismo (un término con un inconfundible aroma a manicomio) es precisamente lo que sufre esta pobre criatura! Yo digo que no es Nokes sino el fiscal quien aquí está siendo patéticamente ingenuo y, en cierta medida, simplista.

He de darle la noticia de que no existe solo un tipo de solipsismo, sino dos: el de los humanos y el de Dios, y son absolutamente distintos; polos opuestos, en realidad. El primero (en la medida en que es posible) es una locura: «Yo, Jack, únicamente tengo acceso a mi propia consciencia. La de los demás es dudosa, pura especulación, y seguramente inexistente». Esto es solipsismo por exclusión, la negación del amor, la soledad en su máxima expresión. Y es una absoluta estupidez porque, a decir verdad, Jack como tal, en sí mismo, como esa tercera persona periférica, no es consciente en absoluto: es un cuadro, una imagen plana, una fachada colorida y fina como el papel, todo objeto sin sujeto alguno. Tan solo la Primera Persona es consciente, es la Consciencia misma; la Consciencia de todos los seres, toda ella contenida por completo en su Centro. Solo ella es consciente como el Uno infinitamente profundo y sustancial que con una sonrisa cautivadora nos dice: «¡Aquí ESTOY! ¡Soy YO, *y no una imagen!*». Solo ella es consciente como el Uno cuya Soledad es absolutamente real, dichosa, amorosa, y esto es así porque su solipsismo lo es por *inclusión*. Solo ella es consciente como el Sujeto Universal que es el único Sanador de mi soledad y de toda soledad.

En resumen, el único tipo de solipsismo del que el fiscal puede acusarme con algún fundamento es el de Dios, lo que significa que me está acusando de ser Quien digo que soy real y verdaderamente, esta Primera Persona en verdad Singular. Y, para ser sincero, me parece algo bastante cómico.

Permítanme traducir todo esto al lenguaje del aquí y ahora. Si miro ahora mismo *hacia dentro*, hacia aquello desde lo que miro, a la Capacidad Consciente o Consciencia Solitaria que encuentro aquí, me doy cuenta de que esto es lo que me une con la Consciencia de ustedes y con la de todos los demás. No tiene ninguna característica con la que poder diferenciarla como propiedad de John a-Nokes, y sí todas las que indican que es de propiedad común. Propiedad, por ejemplo, del ujier de la corte que está ahí al lado de la puerta, y de todo el resto de los presentes. Esta Unicidad, es el remedio (el único remedio verdadero) para la soledad. Aquí, yo soy tú, quienquiera que seas. Si este es ese solipsismo tan temido, constituye también el antídoto perfecto para dicho solipsismo. ¡Bien por la Unicidad que por fin ha logrado vencer a la soledad!

O también podríamos decirlo así: al igual que la palabra yo tiene dos sentidos contrarios, lo mismo ocurre con el término *solipsismo* cuando afirma que tan solo yo existo. Por un lado, está el solipsismo del engaño que proclama amargamente: «¡Yo, Jack, soy lo único que existe!»; mientras que, por otro, el solipsismo de la iluminación y el amor afirma: «Yo, la Consciencia Una o Primera Persona de todos los seres, soy lo único que existe». Creo poder afirmar que el fiscal me está acusando del primer tipo de solipsismo porque jamás ha oído hablar del segundo, ni mucho menos ha disfrutado de él.

Y ahora pasemos al tema de la regresión (un término ciertamente poco atractivo, más aún si viene acompañado del calificativo *infantil*), que es otra aberración de la que se me acusa. (¡Resulta increíble lo valiosos que pueden resultar estos términos peyorativos como sustitutos del pensamiento y la observación honestos!). Si en lugar de hablar de *regresión* sustituyo dicho término por *regreso a mis raíces*, y si en lugar de emplear *infantil* utilizo *como un niño pequeño* (y si, además, consulto una vez más nuestro diagrama), la imagen que evoco entonces es muy distinta. «En verdad os digo que si no os convertís y os hacéis como niños, no entraréis en el reino de los cielos». Seguiremos estando profundamente enfermos hasta que regresemos a ese tiempo en el que no alucinábamos tener un montón de cosas aquí acumuladas, en el mismísimo punto medio de nuestro universo; hasta que regresemos al tiempo en el que no sobreponíamos en nuestro Rostro Original sin rasgos aquella otra cara adquirida del espejo; hasta que regresemos al tiempo en el que no éramos excéntricos ni un solo ángstrom con respecto a nosotros mismos (ya no digamos uno o dos metros) ni estábamos permanentemente «por ahí fuera». Ciertamente no es un caso de regresión infantil, sino de esa enfermedad tan deshumanizante y degenerativa que podríamos denominar *fobia a la regresión infantil*: un caso en el que el adulto corta todo vínculo y se separa por completo no solo de su infancia, sino de su Único Proveedor, de su Único Recurso.

En los últimos quince años he estado reflexionando sobre todas estas cuestiones y comunicándolas públicamente, y sí, he ofendido a algunas personas beatas y ultrajado a algunos fanáticos. Sobre esta cuestión tengo un par de cosas que decir:

La primera es que nunca quise ofender a nadie. Ninguno de mis trabajos ha pretendido ser beligerante de forma deliberada, sino más bien al contrario. De hecho, todos ellos se ajustan al patrón de las cosas tal y como yo las veo, al hecho de que todos los credos, doctrinas, prácticas y sistemas religiosos proceden de un mismo Centro que es la verdadera Primera Persona que

YO SOY. Por lo tanto, en última instancia, soy responsable de todo lo que los mismos han provocado, sin excluir la violencia y las injusticias más estrafalarias, intolerantes, agresivas y crueles, o la conmoción civil que estas provocan. En este sentido, me declaro culpable de mucho más de lo que se me acusa. Por otra parte, sigue siendo cierto que expresar algo importante en el terreno de la religión siempre supone enfurecer a alguien. Si se trata de algo que merece la pena ser dicho y no de mera palabrería beata (la cual, por supuesto, abunda), siempre estará condenado a desencadenar acusaciones de herejía, cuando no de blasfemia. Por este motivo he de entender que la Ley Reguladora de la Blasfemia no pretende silenciar por completo todo lo que pueda interpretarse como «palabra de Dios».

Lo segundo que tengo que decir al respecto es mucho más importante. Es posible que ustedes también crean, como yo lo hago, que esta ley a la larga es potencialmente mucho más dañina que el daño que pretende combatir. En lugar de asegurar que los distintos individuos y cuerpos religiosos sean libres de enseñar y de predicar según su propia comprensión, sin interferencias por parte de quienes sostengan ideas contrarias, lo que hace es asegurar que los sectarios más vociferantes, intolerantes y faltos de escrúpulos sean quienes dicten y establezcan hasta dónde pueden llegar las enseñanzas y predicaciones de los demás (si es que se les permite promulgarlas en absoluto). Esta ley utiliza la propia ley para situar a estos fanáticos por encima de ella misma, lo que resulta peor que aceptar que es adecuado que impere la ley del más fuerte, pues equivale a declarar que el poder más insidioso y despreciable (el poder de los estados que promueven masacres, de los miembros del Klan o de los terroristas que cargan con bombas en sus mochilas) es el que ostenta la razón. La ley que defiende es la ley de la espada, la aplicación explícitamente brutal y sangrienta de las normas. Si permitimos que esta ley injusta e inmoral pase de largo sin ser revocada, esta será ciertamente una mala época para vivir perteneciendo a nuestra especie. Las luces de alarma se están encendiendo por todo el planeta. La civilización ya se ha adentrado en gran medida en el camino del salvajismo tecnológico. Ese *Homo* que podría haberse convertido en *sapiens* se ha convertido más bien, ya no tanto en *Homo stultus* como en *Homo diabolus*.

No me digan que no hay alternativa a esta ley bárbara u otras semejantes, no me digan que si la gente no puede proponer formas viables de liberalizarla, es mejor que mantengan sus grandes bocas cerradas. Yo digo alto y claro que la única alternativa real a esta así llamada *Ley Antiblasfemia* (que, a la vista de que sitúa a la persona en el Centro mismo del ser humano, es en realidad problasfemia) es la visión que hace que la persona haga las maletas y vuelva al lugar que le pertenece. Y no me digan que se trata de una alternativa impracticable, una visión oculta para todos salvo para un puñado de videntes dotados. No, la escena más vívidamente iluminada que existe en el mundo entero (una vez que nos tomamos la molestia de mirar para comprobarlo) es que esa tercera persona con cabeza está detrás del espejo, mientras que esta Primera Persona sin cabeza de aquí está frente a ella, y el contraste entre ambas es total y absoluto. «Dios está dentro, Jack está fuera» es algo que puedo ver con la misma claridad con la que veo la luz del día una vez que despierto de mi largo sueño y me digno a abrir los párpados.

No contentos con seguir hablando y hablando sobre la absoluta obviedad de esta visión despierta, mis amigos y yo hemos ido ideando a lo largo de los años toda una serie de «despertadores», de pequeños dispositivos o artilugios cuya misión es llevar nuestra atención a la visión de esta escena y mantenernos alerta y conscientes de ella; artilugios, he de admitirlo, que son incomparablemente más inmediatos, certeros e infalibles que cualquier otra cosa que haya probado antes. Algunos de ustedes (quienes, al igual que su señoría, hayan realizado conmigo estos pequeños experimentos que les he suplicado que llevasen a cabo) podrán juzgar a partir de esa pequeña muestra lo sumamente funcionales que resultan para despertar a nuestra auténtica Naturaleza Divina. La llegada de estos experimentos, sumada a la necesidad cada vez más acuciante y desesperada que la humanidad tiene de descubrir su auténtica Naturaleza y así evitar el genocidio, a los medios de comunicación cada vez más eficientes de los que dispone la humanidad, y a una generosa ración de lo que otros podrían llamar suerte y yo llamo gracia, arrojan un total bastante alentador. ¿Quién puede asegurar que el *Homo* no tiene una oportunidad de esforzarse y luchar por llegar a ser *sapiens*? Me conforta pensar que esta especie nuestra ciertamente descarriada se las ha apañado para, contra todo pronóstico, sobrevivir a las Edades de Hielo, a las épocas de hambruna, de declive y oscurantismo, y aun así, seguir medrando y creciendo con ímpetu y vigor. Un ímpetu que, por lo que parece, le está llevando de cabeza al infierno. Pero no tiene por qué ser así. Yo soy depositario de una visión que puede salvar a mi gente; la visión que he compartido aquí con todos ustedes. Es, ni más ni menos que la «cristianización» de la humanidad. Allí donde no está presente esta visión, la gente muere.

Hace unos pocos millones de años, el protohumano dio el salto «imposible» del animal inconsciente de sí mismo al humano autoconsciente. ¿Fue este su último y único salto? La ficción (la pretensión de que uno es lo que parece) ha convertido a los animales en humanos; ahora los hechos objetivos pueden convertir a los humanos en Dios, digamos que a través del distinguido grupo de veedores que han ido apareciendo en el mundo de forma escasa y dispersa durante los últimos tres milenios. Algunos de ellos afirman que este segundo salto (de la autoconsciencia humana a la Autoconsciencia divina) es difícil de llevar a cabo, mientras que otros aseguran que es sencillo. Por mi parte, sostengo que es más sencillo que parpadear. Eckhart nos exhorta de este modo: «¡Cálzate las zapatillas de saltar y alcanza a Dios de un brinco!». Yo, elaborando un poco más su propuesta, les animo a que se den cuenta de que el salto que hay que dar para calzarse las Adidas de Dios a este lado del espejo, en lugar de las Adidas del hombre o la mujer que aparece al otro lado de ese cristal, es un salto nimio, casi inapreciable y que no requiere ni el más mínimo esfuerzo. Este evento verdaderamente olímpico no tiene nada que ver con un salto de altura o de longitud; es más bien un salto de muy corta altura y distancia, un salto que se da sin moverse del sitio e instantáneamente al girar la atención 180º. Así es que... ¡Asegúrense de que en esta prueba se llevan la medalla de oro!

Por supuesto, me apresuro a añadir que, una vez que hemos dado este «salto», no es en absoluto sencillo permanecer ahí, mantenerse y afirmarse en este campo que es nuestro verdadero Hogar. Resulta inevitable revertir al estado anterior, pero al menos ahora somos conscientes de que podemos dar ese salto, sabemos exactamente cómo hacerlo y que cada nuevo salto será más sencillo y natural que el anterior. De este modo, tarde o temprano acabaremos entendiendo por experiencia propia que, por muy exigente y a menudo difícil que pueda ser (y ciertamente lo es) esta nueva vida como Primera Persona, resulta muchísimo menos estricta y severa que la de la tercera. *Dios está dentro, Jack está fuera* no es tan solo tan claro y evidente como la luz del día, sino que también está tan bien dispuesto y es tan adecuado para operar y funcionar en el mundo como aquella. Es cuando Jack derrota a Dios que la espesa oscuridad desciende y le convierte en un estúpido ignorante (algo ciertamente muy poco práctico para él).

Y de este modo, como muy bien predijo el fiscal, llego a ese término de crucial importancia, tanto en la Ley Reguladora de la Blasfemia como en el breve resumen que este nos ha ofrecido de la misma; a esa palabra que confiere a esta miserable legislación la gracia salvadora de la que pretende disfrutar. Y esa palabra es *falsamente.*

Por supuesto que sería culpable de blasfemia si afirmase falsamente ser Aquel a quien otros veneran como el Altísimo.

Bien, señoras y señores del jurado, ya les he probado muchísimas veces que mis pretensiones son *verdaderas*. Aquellos entre ustedes que hayan descubierto en el transcurso de este juicio que es igualmente cierto para ustedes tienen en su mano, emitiendo un veredicto de inocencia, decirle al fiscal dónde puede meterse todas esas burlas y sarcasmos con los que pretende convencernos de que lo que afirmo es una perversión, algo inmoral y de lo que avergonzarse.

Lo que me da pie para entrar de lleno en aquello que más importante me parece y que, por lo tanto, he dejado para el final, y que no es otra cosa que la inmensa diferencia (aunque en apariencia mínima y retórica) que existe entre el «mi Yo es Dios» de Santa Catalina y el «Yo soy Dios» de algunos de sus coetáneos (quienes ciertamente estaban a años luz de ser santos). La primera expresión nos infunde la sensación de que es acertada, verdadera, correcta, mientras que respecto de la segunda sentimos que está totalmente equivocada. De hecho, es *repugnante*. Hasta aquí estoy plenamente de acuerdo con lo expuesto por el fiscal. No en vano tanto cristianos como no cristianos se sienten azorados, cuando no profundamente asqueados, por exabruptos como el «¡Qué maravilloso soy! ¡Adoradme!» que podemos encontrar en el Ashtavakra Samhita. Casi todos los vedantines sustituyen el «Esto soy yo» por el «Eso eres tú». Es decir, reclaman la divinidad para los demás; y para sí mismos también, pero tan solo de forma indirecta a través de ellos. Y lo hacen así por un buen motivo: el orgullo y la autocomplacencia serían tan inexcusables en el Creador como inevitables resultan en sus criaturas. No se trata de emular a Muhammad Ali y golpearnos el pecho al grito de: «¡Soy el más grande!». En lugar de jactarse e hincharse de pura soberbia y arrogancia, Dios se postra y se inclina ante Sí Mismo y, al hacerlo, se postra y se inclina también ante todos y ante todo. Él sucumbe, sustenta y apuntala lo más bajo. Es un No-Dios; no es Él mismo hasta que se convierte en un total desconocido para Sí Mismo.

Y permítanme añadir aquí una nota muy personal. El consuelo secreto y el cinturón de seguridad de toda mi vida adulta no ha sido el egocéntrico «yo soy Dios», ni tan siquiera el «yo soy Él», sino el «ser salvado es ser Él», que sitúa el centro de gravedad fuera de la propia persona. Oh, sí, ahí es donde está la gloria. La fría y blanca luz del Sujeto es real, y rendirse y amar al Objeto Adorable hace que dicha luz se vuelva más cálida, que su resplandor se mitigue y dulcifique. Aquel que es la Luz en lo más alto es también el Amor en las profundidades.

O, por decirlo de otro modo, YO SOY, a diferencia de ÉL ES, está desprovisto de todo sentido de asombro, maravilla y adoración (los cuáles abundan en Dios). Su deleite más penetrante es el supermilagro de Su propia Autoriginación, Su «imposible» generación espontánea a partir de la más vacua Inanidad, a pesar de que por derecho propio no debería haber nada. Como lo expresa Plotino: «Él se ha dado existencia a Sí Mismo» (¡eso sí es un don!); «Mediante su actuación, se ha traído a Sí Mismo a la existencia» (¡eso sí es habilidad!). Y ser Su propia Mamá y su propio Papá le parece de lo más divertido y peculiar. A donde voy es que esta sorpresa y admiración surgen de Su disfrute de Sí Mismo como Objeto y no como Sujeto. Y cuando yo mismo comparto este asombro divino (¡y por Dios que lo hago!), he de ser partícipe igualmente de la humildad y la objetividad divinas que son las únicas capaces de hacerlo posible. Las criaturas prosperan gracias a sus pretensiones divinas, al impulso natural que sienten hacia la Divinidad. Solo Dios no siente impulso alguno de alcanzar algo. La única manera de disfrutar de Él (de disfrutar de ser Él) ¡consiste en no ser Él de ninguna de las maneras! ¿Escucha usted lo que digo, *sir* Gerald?

Todas estas sutilezas y contradicciones intrínsecas se pierden antes de llegar a la mente del fiscal, quien, como de costumbre, se limita a considerarlo todo de manera simplista, bobalicona, a medio cocinar... como si todo fuese cuestión de blanco o negro, de sí *o* no. La defensa, en cambio, se ve obligada por los hechos a seguir manteniendo al mismo tiempo que sí y no. Por consiguiente, por un lado le confieso al jurado que como Jack yo también estoy demasiado atado, demasiado atrapado en Jack, demasiado decidido a conseguir el premio gordo, demasiado interesado en convertir a ese mequetrefe en alguna clase de divinidad, demasiado poseído como para ser algo distinto a este botarate ateo; y, por el otro, les estoy diciendo que solo como

Dios que es no-Dios llego a estar lo suficientemente bajo y vacío y a ser lo suficientemente dueño de mí mismo como para poder asumir el esplendor y el asombro que es Dios mismo.

«Mi Yo es Dios» es el bautizo (la «cristianización») de esta Primera Persona que mira hacia fuera. «Mi Dios es Yo» es convertir en el mismísimo anticristo a esa tercera persona que mira hacia dentro llamada Jack. No hay punto medio; tengo que decidirme por uno o por el otro.

Y yo apuesto por el primero. Mi Yo es Dios, pero mi Dios no es Yo. Es así de sutil, así de rotunda y contundente y, en la práctica, así de simple.

Y de este modo, miembros del jurado, llegamos al acto final de este drama del que todos formamos parte, esta actuación en la que, no se confundan, ustedes son los protagonistas. Es a ustedes a quienes se les ha dado el poder, por una vez en su vida, de matar o dejar con vida a uno de sus semejantes. Si, en el ejercicio de esa potestad, me envían al patíbulo por considerarme culpable de blasfemia, serán ustedes culpables de asesinato. ¿Por qué? Pues porque he dedicado mi vida entera a denunciar y frustrar las pretensiones de Jack a cualquier tipo de divinidad, a ponerle y mantenerle ahí fuera, en el lugar que le corresponde, y dejar a su Rey aquí, sentado en su trono, en el Centro mismo de todas las cosas.

Si, por el contrario, emiten un veredicto de inocente, no solo me estarán haciendo justicia a mí, sino también a ustedes mismos. Podrán salir de esta sala sin tener las manos manchadas de sangre, y como mínimo habrán comenzado a encarar realmente el gran problema de la blasfemia, de su propia blasfemia.

Por supuesto que en ustedes hay justicia, buen criterio y sentido común, ¡así es que déjenlo salir!, ¡dejen que se exprese! Dejándome, de paso, libre a mí también. ¡No me importaría respirar un poco de aire fresco!

Con esto concluye mi defensa, señoría.

Instrucciones del juez al jurado

Miembros del jurado, antes de asesorarles sobre sus funciones, permítanme comenzar explicándoles cuáles son mis deberes como juez en esta etapa del juicio. En términos generales, son dos. El primero es asegurarme de que son ustedes conscientes de lo que dice la ley. Al menos lo suficiente como para poder determinar si ha sido o no infringida. El segundo consiste en distinguir, de entre todas las cuestiones y los factores que determinarán su decisión, aquellos sobre los cuales no cabe ninguna duda razonable de aquellos otros que, por el contrario, están abiertos a debate e interpretación. Por supuesto, lo que se les pide es que deliberen y se pronuncien sobre estos últimos.

Pasemos entonces a examinar las disposiciones de esta Ley Reguladora de la Blasfemia. A este respecto, mi tarea es bastante sencilla. De todo lo aquí expuesto se desprende que tanto el Fiscal de la Corona como yo mismo y, por supuesto, el acusado, estamos bastante de acuerdo en lo concerniente a su interpretación y su contenido, el cual, recapitulando brevemente, es el siguiente:

Para ser culpable de blasfemia en el sentido que la Ley le da a este delito, el acusado tiene que haber incurrido en tres acciones. (1) Tiene que haber ultrajado en tal grado los sentimientos de las personas religiosas que estas se hayan visto obligadas a cometer graves violaciones de la paz y la armonía social. (2) Tiene que haberlo hecho de forma deliberada, de un modo que podía haber sido evitado, no accidental o incidentalmente. (3) Tiene que haber faltado al respeto a alguna entidad que sea considerada sagrada; bien sea mediante insultos groseros o pretendiendo falsamente ser dicha entidad.

Veamos con un poco más de detalle estos tres criterios en función de los cuáles han de determinar la culpabilidad o inocencia del acusado.

(1) *Causar agravio*. El acusado no cuestiona la afirmación de la fiscalía de que ha ofendido la susceptibilidad de la gente

durante un largo periodo de tiempo y hasta tal punto que con frecuencia estos han acabado tomándose la ley por su mano. Admite haber sido la causa de un profundo malestar y descontento social. Si les quedase alguna duda sobre esto, recuerden que el testimonio de gran parte de los testigos así lo corrobora. En resumidas cuentas, no hay nada que ustedes tengan que considerar sobre este punto.

(2) *Causar agravio deliberadamente.* Cuando la presunta ofensa no está dirigida a sus oponentes religiosos, sino que es una consecuencia que surge accidental o incidentalmente de las propias convicciones del acusado, no equivale a blasfemia tal y como este delito está definido en la Ley. Por lo tanto, aquí sí que hay una cuestión que ustedes deben considerar: ¿Ha defendido el señor John a-Nokes sus propias posiciones religiosas con un vigor y una persistencia innecesarios? Para dar respuesta a este interrogante, han sido ustedes testigo durante más de un mes de su comportamiento en todo tipo de encuentros con diversas personas, y cuentan además con los testimonios que dichos individuos les han proporcionado sobre él. ¿Les da la impresión de que es un propagandista irracional y dogmático, alguien que se siente feliz de ser el portador de una visión que a unos enfurece, a otros aterroriza, y a un tercer grupo, ambas cosas? ¿Carece por completo de compasión y de preocupación social? ¿Le interesa únicamente su propio engrandecimiento? Estas son las cuestiones que han de elucidar basándose en las evidencias presentadas. Si tuviesen la más mínima duda al respecto, han de exculparle de este cargo.

(3) *Despreciar o faltar al respeto a alguna entidad específica.* Para ser culpable de blasfemia tal y como está definida en la Ley, el acusado tiene que ridiculizar, calumniar, menospreciar o faltar al respecto de algún modo a un ser, persona u objeto que sea considerado sagrado por una parte considerable de la comunidad. Una manera de hacer esto (y podríamos decir que es la especialidad del Sr. Nokes) es afirmar que uno mismo es tal entidad. Como es comprensible, es precisamente esto, el hecho de que se haya proclamado a sí mismo *como* Aquel a quien

otros adoran y veneran con temor y de lejos, lo que, según el criterio de los testigos que hemos escuchado, ha demostrado ser incomparablemente más ofensivo y ultrajante que cualquier desprecio o menoscabo que pudiera haber mostrado hacia sus profetas, santos, libros sagrados, símbolos o prácticas. Está fuera de toda duda razonable que su autodeificación, su *humanodeificación* (no soy capaz de encontrar ni de acuñar un término que sea neutral y no distorsione o malinterprete su postura) ha sido el detonante de prácticamente toda la violencia que se ha ejercido contra él y sus amigos, y también del clamor popular que exige su ejecución. Algo que, por otra parte, no debería sorprendernos: supongo que no necesito recordarles los precedentes históricos que existen al respecto.

Y así llegamos a la gran cuestión que ustedes han de tomar en consideración y sobre la que han de pronunciarse. ¿Es verdadera o falsa la aseveración del acusado (su reiterada afirmación de que él es realmente Aquel que dice ser)? Según él, su respuesta depende de si han llevado a cabo conscientemente los experimentos que una y otra vez les ha pedido que hiciesen.

Yo mismo he observado que la mayoría de ustedes no los han realizado. Incluso ahora no es demasiado tarde para corregir esta gravísima omisión. Tan solo tienen que (cito al Sr. Nokes) girar su atención y dirigirla hacia aquello desde lo que están viendo. Según él, con tan solo hacer eso verán Quién son, y también Quién es él.

Como digo, la cuestión principal es si el acusado es Quien dice ser.

Si lo es, entonces cualquier ofensa a la que su demanda pudiese dar lugar es absolutamente irrelevante, pues tendría todo el derecho del mundo de agraviar a la gente, y en ese caso deben de emitir un veredicto de inocencia.

Por el contrario, si consideran que lo que proclama *no es cierto,* si deciden que no es Quien dice ser, entonces su ofensa a los demás pasaría a ser un asunto de crucial importancia. Si bien su delito (el grado en que ha ofendido y ultrajado las susceptibilidades de las personas religiosas) es muy grave, lo que han de plantearse es si es intencional. ¿Provoca el acusado de forma deliberada? En caso de que así sea, su veredicto ha de ser de culpabilidad. Ahora bien, una vez más, si no están seguros sobre esta cuestión, han de ceñirse al veredicto de inocencia.

Ahora retírense a deliberar, elijan a su portavoz y decidan cuál va a ser su veredicto.

La corte se pone en pie. Me llevan de vuelta a mi celda.

Me quedo ahí sentado, en la semipenumbra. No estoy ni preocupado ni esperanzado. Simplemente me quedo ahí como entumecido, aletargado, inerte, como si alguna bebida alcohólica me hubiese dejado paralizado (un vino de rara cosecha...).

Me despierto sobresaltado y sin tener claro cuánto tiempo he estado durmiendo. Me llevan de nuevo al tribunal, que ha vuelto a congregarse. En la sala reina un silencio sepulcral...

El veredicto

El reloj de la pared me informa de que el jurado ha estado tres horas deliberando...

La portavoz reaparece en la sala para informar al juez de que no son capaces de alcanzar un acuerdo. Por su parte, este le pregunta si hay alguna dificultad en particular que él pudiese aclarar.

—Sí, sí que la hay —le hace saber ella—. No alcanzamos a entender la conexión que existe entre lo que el acusado ha tratado de demostrar por medio de esos experimentos (¿era el espacio vacío?) y la Divinidad que afirma ser. Algunos pensamos que si supiéramos la respuesta nos resultaría más sencillo ponernos de acuerdo en el veredicto.

—En ese caso déjeme ver qué puedo hacer para ayudarles —responde el juez. Pasa un par de minutos rebuscando entre sus papeles—. Ah, sí, aquí está. Este pasaje extraído de uno de los libros del acusado parece ser relevante... En él dice: «¿Qué es este tristemente olvidado "espacio vacío" que no encuentro en ninguna parte sino aquí, en el Centro de mi universo? Es la Conciencia, inmediata, simple, infinita, incondicionada, completamente misteriosa pero más obvia que cualquier otra cosa, y adorablemente *libre de todo Sr. Nokes*. Es mi esencia, mi sustancia, y estoy seguro de que también es la tuya. Además, al igual que Juliana de Norwich, *no veo ninguna diferencia entre Dios y nuestra sustancia*».

Tras anotar el pasaje y darle las gracias al juez, la portavoz regresa a la sala aledaña en la que espera el resto del jurado.

Y yo, a mi celda. Después, una noche entre dormido y despierto, una noche de letargo entumecido. Es como si no pudiese pensar ni mover un solo miembro aunque lo intentase; una extraña Paz se ha apoderado de mí, una relajación profunda que raras veces he conocido...

Bien entrada la mañana del día siguiente, me llevan de nuevo al tribunal. El jurado está ahí sentado, en su banquillo, todos sus miembros muy quietos y estirados. Una de ellos, una mujer de mediana edad, sostiene un pañuelo pegado a los ojos. Creo que es una de las que hizo los experimentos de verdad. El silencio de la sala es sólido, plomizo, como si todo el aire se hubiese congelado.

La portavoz se pone en pie. Sí, parece que por fin han llegado a un acuerdo.

El juez le pregunta: «¿Consideran ustedes al acusado culpable o inocente?».

La portavoz, tras de una larga pausa y con un hilo de voz apenas audible, responde: «Culpable, señoría... pero la mayoría de nosotros recomendamos contundentemente una sentencia mínima y compasiva».

Se desata una tormenta en la galería... Su señoría ordena que la desalojen.

Al poco, se restablece la calma.

El juez se dirige a mí: «John a-Nokes, ha sido usted juzgado y declarado culpable del delito capital de blasfemia bajo la Ley Reguladora de la Blasfemia del 2002. No obstante, en dicha ley hay una disposición que establece que, habiendo sido declarado culpable de este crimen, uno puede ser expurgado del mismo si se retracta públicamente o matiza los pronunciamientos que han dado origen a tan grave ofensa. Hasta qué punto o de qué manera tales retracciones o matizaciones pueden moderar su condena queda por completo a mi discreción. En consecuencia, retrasaré la determinación de la pena mientras usted considera esta posibilidad, si bien espero recibir para su examen un borrador con sus propuestas dentro de un tiempo razonable.

Entretanto, declaro concluido el juicio de John a-Nokes».

Todos se ponen en pie mientras el juez, con gran parsimonia, abandona la sala.

Un rayo de sol incendia por un instante una parte de su túnica, hasta alcanzar un tono escarlata fuego nunca visto por ningún mortal. El zumbido y el golpeteo de la mosca que choca contra la ventana resultan absolutamente ensordecedores...

CULPABLE, culpable, culpable, culpable... Ese extraño sonido reverbera en la corte como un estruendo de tambor que seguirá resonando hasta el día del juicio final...

Si en algún momento ha habido una palabra que, aunque debiera ser familiar, no ha tenido sentido alguno para alguien, este es el momento, esta es la palabra, y este es —yo soy— ese alguien.

Epílogo

El amor es así:
Si te cortases la cabeza,
y se la entregases a alguna otra persona,
¿supondría esto alguna diferencia?

Kabir

Ya han pasado tres meses desde el final del juicio y el veredicto de culpabilidad del jurado. Aparte de las sesiones ocasionales con Christopher, quien, además de un buen amigo, es mi abogado procurador, y el paseo diario alrededor del patio de esta prisión preventiva, lo único que he hecho ha sido estar aquí solo, sentado en esta celda aguardando la sentencia definitiva. Es una celda gris que exuda ese típico olor de las instituciones penitenciarias, una mezcla de sopa de repollo, desinfectante y un toque sutil de aguas residuales cercanas. Pero por supuesto que no me han faltado cosas con las que distraer la mente de estas condiciones y que, de hecho, me han mantenido de lo más ocupado.

He dedicado casi todo mi tiempo a redactar todo el proceso seguido durante el juicio, para lo cual me he basado tanto en las notas (bastante completas y detalladas) que he ido tomando en mi diario, como en mi propia memoria (no tan buena, pero en la que conservo con total nitidez algunos episodios).

Muy bien podrías preguntarte por qué me molesto en hacer esto, cuando la transcripción oficial literal de los procedimientos hubiese estado disponible directamente con tan solo pedirla.

Pues la verdad es que no me di cuenta de esta posibilidad, y para cuando Chistopher me la dio a conocer ya estaba tan enfrascado en mi propia reconstrucción de los hechos (y el reto de escribirla me estaba pareciendo tan valioso y necesario) que decidí seguir adelante y terminarla.

Hojeando las páginas de este manuscrito, hay un par de cosas que me llaman bastante la atención: la primera tiene que ver con la actuación de la fiscalía, y la segunda con mi defensa.

(1) En lo concerniente a la estrategia de la Corona, hay todo tipo de cuestiones que han quedado sin resolver. Los testigos elegidos por *sir* Gerald han sido muy variados y curiosos. ¿Acaso fueron seleccionados con la intención de dar un giro al proceso, de dar la apariencia de minuciosidad y exhaustividad ante la galería pública, mientras que discreta y secretamente pretendían ofrecer a la defensa todo tipo de oportunidades para ganar puntos? ¿Han sido su actitud burlona y malhumorada, su cerrazón y su impenetrable convencionalismo, algo más que un intento de impresionar y pacificar al *lobby* fundamentalista? ¿De qué parte ha estado el juez desde un principio (pues, si bien prudente y comedidamente, por momentos daba la impresión de ponerse de mi lado)? Y, en ese sentido, ¿qué esperaba conseguir el Gobierno al presentar este juicio como un espectáculo mediático? ¿Quizá pensaban que sería declarado inocente, o culpable, pero no (gracias a mis viles disculpas) de un delito capital? ¿O, por el contrario, su intención era que, sencillamente, fuese culpable de todos los cargos imputados contra mí? En cuyo caso, ¿cómo podría alguien en su sano juicio imaginar que la ejecución de un «blasfemo» serviría para desalentar a otros, o que iba a satisfacer y no a agudizar la sed de sangre de los cazadores de herejes?

En lo que concierne a las respuestas a estas cuestiones, las conjeturas de cualquier otra persona son tan buenas como las mías. Mi suposición es que no ha existido ninguna política clara, consistente o establecida entre bambalinas y fuera del escenario, y que quienes movían los hilos tenían intenciones y expectativas muy diferentes. De hecho, sospecho que todo el espectáculo no ha sido más que una gran metedura de pata producto de una situación sin salida, de tener que elegir entre el menor de dos males, y probablemente el resultado final no haya sido peor de lo que lo hubiese sido cualquier otra alternativa viable. Pero no me quejo. ¡Muy al contrario! Al fin y al cabo, se me ha concedido la oportunidad de comunicar lo que pienso al mundo entero. Ahora que lo pienso, hasta es posible que tenga alguna amistad en las altas instancias, alguien que comparta mi opinión de tal manera que esté decidido a difundirla a los cuatro vientos... sin importar lo que le pase al pobre y viejo Jack.

(2) Mi segunda reflexión, por decirlo con suavidad, es que ciertamente hay caso. Su motivo principal, su posición y proposición esencial, es tan simple y directa que se puede encapsular en una sola frase: *Encontrar a Dios en nuestro propio Centro es algo absolutamente absurdo y blasfemo a ojos de los humanos, pero es de sentido común y la cura de la blasfemia a ojos de Dios.* Es una proposición que se asienta equitativamente, como si de una silla perfectamente equilibrada se tratase, en cuatro pilares o argumentos. Los expondré por orden de importancia, según mi criterio.

(i) La primera es la *lógica* de mi defensa, mis razonamientos en apoyo de esta afirmación básica sobre la naturaleza de la blasfemia. Y no me refiero a los juegos de palabras, sino a la variedad de disciplinas que he utilizado y a las que he recurrido, los usos que les he dado y las realidades que revelan. ¿Acaso los argumentos de la defensa han sido falaces, o, por el contrario, desprendían en su conjunto un halo de verdad? ¿Despreciaban a la ciencia o se apoyaban en ella? ¿He engañado a alguien? ¿He tratado de, por así decirlo, vendar los ojos de los presentes en la corte para ocultarles o escamotearles algo? Si hubiese hecho algo de esto, el Fiscal de la Corona no habría tardado en hacérselo notar al jurado: ¿Era lento a la hora de pensar, o es que en realidad no había nada que exponer?

Tengan en cuenta que no estoy diciendo que no haya habido inconsistencias o debilidades en mi defensa. Yo mismo no hago más que encontrarlas continuamente, a cual más escandalosa y evidente. Claro que sí. Lo único que puedo decir es que son los recordatorios que Dios me ofrece en su infinita gracia de que Él es algo que hay que ver, y no algo sobre lo que haya que *pensar* o que *resolver*. Lo hermoso de esforzarnos y dar nuestro cien por cien por entenderle es que el propio esfuerzo nos deja atónitos, anonadados, enmudecidos, más perplejos y asombrados que nunca.

(ii) El segundo argumento tiene que ver con mis testigos, como insisto en llamarlos. Por supuesto que los he seleccionado cuidadosamente y he editado su testimonio para la ocasión. ¿Y qué? ¿Acaso no es exactamente eso mismo lo que *sir* Gerald ha hecho con los suyos? ¡Y vaya lote tan insignificante que han sido esos veintisiete en comparación con las figuras mundiales que yo he llamado a testificar. ¡Más de cien! ¡Qué desorientados y confusos se han mostrado los suyos, y qué consistentes y coherentes han sido los míos a la hora de prestar testimonio sobre el Creador que se encuentra en el corazón mismo de todas Sus criaturas! No se han ocultado, no han estado «jugando al escondite», o al «atrápame si puedes», no se han dedicado a escamotear información, a hacerse los difíciles, sino que sus testimonios han sido brillantes, claros y directos como ningún otro.

(iii) El tercer pilar es el diagrama de la defensa, con sus aplicaciones y sus variaciones potencialmente ilimitadas. Su versatilidad y su poder se deben al hecho de que no está dibujado a una escala fija sino variable, de modo que se convierte en un mapa de cómo son las cosas realmente para la Primera Persona; un mapa cartográfico que, para variar, se toma en serio la perspectiva del propio cartógrafo. De donde se deduce que, con un poco de ingenio, lo que el mapa muestra se puede filmar perfectamente con una cámara, usando para ello la conocida técnica del enfoque en primera persona en la que esta se coloca muy cerca o justo en el lugar de la cabeza. Y ahora yo les pregunto, ¿acaso es una trampa, un truco de magia, o es más bien todo lo contrario, la exposición y el descubrimiento de una argucia, de un engaño, y en particular de un engaño verbal (aunque llevado a cabo por medios no verbales)?

El hecho es que este diagrama habla por sí mismo. Cuando, después de habérselo mostrado a un amigo, le explico su significado, es muy probable que este diga: «¡Oh, cierra el pico! Cualquier cosa que digas tan solo conseguirá menguar su impacto», o algo similar. Durante los últimos dos o tres años ha sido mi Psicopompo: mudo, breve, global, integral, fiable y ampliamente sugerente. Es mi protección contra lo que Coleridge llamaba «el peligro de pensar sin imágenes».

Resulta extraño e impactante que un simple garabato, un mero boceto, pueda representar una parte tan inmensa de Dios Todopoderoso y de Su creación. O quizá no tanto, pues Él es precisamente esa clase de Dios, así de bromista y transigente. Además, ¿quién teje en realidad todos estos patrones etéreos sino uno de sus propios ángeles-mensajeros, uno de esos *uccelli di Dio* al que sorprendimos revoloteando por el supermercado del testigo n.º 12, el mismo al que ahora sorprendo batiendo sus alas y mariposeando sobre esta hoja de papel y dejando este rastro de palabras?

(iv) Por último, tenemos el kit de experimentos, entre los que se incluyen «El dedo índice mágico», con el que apuntar hacia aquí, hacia la ausencia de Aquello a lo que se apunta; «El ariete mágico», con el que demoler hasta el más sólido muro de esta prisión; «El espejo mágico», para liberar a la Primera Persona de esa otra tercera persona; «El coche mágico», con el que sacar al mundo de paseo; «El reloj mágico» para saber la hora intemporal; «La cinta métrica mágica», con la que recoger todo aquí dentro; «El pelador mágico», con el que podemos quitar todas las capas de nosotros mismos hasta llegar al Núcleo Central; y «La cremallera mágica» del Fin del Mundo, con la que tocar nuestro propio Fondo y descargar los residuos del mundo. Y hay muchos más. No he logrado que la mayoría de los miembros del jurado llevasen a cabo cualquiera de estos experimentos con sinceridad, lo que, según parece, me va a costar la vida... Cualquiera de ellos, realizado con atención, hubiese sido infalible a la hora de hacer que tuviesen la experiencia esencial de la Primera Persona sobre la que descansa todo mi caso, la experiencia que no tiene paragón y para la que no existe ningún sustituto: el hecho de experimentar *directamente* al Experimentador.

De estos cuatro pilares (la razón, la tradición, el mapa y los experimentos), el de mayor calado es el último. Sin el «alimento» que nos aportan estas pequeñas pruebas prácticas, las demás se limitarían a darnos punzadas en el estómago dejándonos más hambrientos que antes. En cambio, con ellas, ¡qué delicioso banquete de cuatro platos se nos ofrece a ti, a mí y a todos!

En cualquier caso, un festín de estas proporciones no sale barato. Sospecho que el precio sería la tierra entera, no porque haya profanado al Dios del Cielo a lo largo de esta celebración gastronómica, sino porque más bien me he ocupado de los «dioses de la ciudad», de esos pequeños ídolos de cabeza humana y ojos abiertos. Hasta tres veces les he enviado a freír espárragos: me he burlado de ellos, les he dado un buen empujón y les he sacado a rastras del trono en el que tan grotescamente estaban sentados, tras lo cual les he sentenciado a cadena perpetua en la prisión de todo espejo que tenga enfrente. Y sí, ciertamente hablo mucho con los jóvenes para conminarles a hacer lo mismo.

Y por lo que parece, ahora tendré que pagar la pena y bajar el banquete con licor de cicuta.

En el momento en el que escribo esto no sé a ciencia cierta qué es lo que va a pasar. Desde las dependencias del procurador general han estado presionando constantemente a mi abogado para que me convenza de avenirme a una u otra forma de retractación y disculpa hacia las partes ofendidas. Todas las fórmulas barajadas me obligan a diluir la esencia pura de mi doctrina (y, dicho sea de paso, con agua sucia), y eso es algo que no estoy dispuesto a hacer. Cada una de las propuestas de disculpa que me han presentado ha resultado menos apologética que la anterior, pero, en cambio, ha venido acompañada de descripciones más específicas de las fatales consecuencias que tendrían lugar en caso de rechazarlas. A pesar de esto, no me he atenido a ninguna de ellas. Lo último que me han dicho es que alguien (bien podría ser el juez), como último recurso, está rebuscando en la transcripción del juicio con la exigua esperanza de encontrar algo que yo haya dicho que, despojado de su contexto, pudiera ser interpretado como una renuncia a mi posición.

Evidentemente, lo último que quiere el Gobierno es mancharse las manos con mi sangre, pues sería prácticamente inevitable que tras eso apareciesen toda una serie de mártires por la causa de la libertad de expresión religiosa y *el derecho básico de los seres humanos a cuestionar e indagar en su propia naturaleza*. Por otra parte, según me dicen, el ruido que están haciendo los elementos más fanáticos del *lobby* fundamentalista va en aumento; se quejan por la demora en la aplicación de mi sentencia. Lo que exigen es mi muerte, y es muy dudoso que aceptasen prisión de por vida. Un auténtico dilema para el Gobierno, de eso no hay duda.

Lo que entiendo ha sido su último movimiento pone de manifiesto lo desesperados que están por encontrar una salida a esta encrucijada. Esta misma mañana he recibido en mi celda la visita de un extraño conspirador, quien, por supuesto, se ha negado a decirme su nombre. Como sospechaba que en mi celda podía haber micrófonos, me ha susurrado las buenas noticias (como él las ha llamado) al oído: que algunos amigos míos no identificados están preparando todo para sacarme de la prisión dentro de un par de días. Por lo que parece, todo estaba prácticamente listo: los planes de evasión, drogar o reducir a algunos oficiales, un helicóptero para escapar y un país seguro en el que ocultarme. Lo único que faltaba era mi cooperación.

Admito que, al ver que todo esto no iba a alterar mi compromiso con la verdad, me he sentido tentado a considerar la propuesta, pero tras unos momentos de reflexión, no he vacilado en despedir con viento fresco a mi misterioso visitante.

Christopher, mi abogado, dice que he sido un tonto al no aprovechar esta oportunidad de escapar que, casi con toda probabilidad, hubiese tenido éxito, pues está convencido de que todo el complot ha sido planeado desde las más altas instancias gubernamentales, quizá al dejarse asesorar por algún optimista que veía esto como una salida limpia a un problema de otro modo irresoluble. Limpia, por supuesto, en el improbable caso de que tanto la fuente como el beneficiario de la trama no fuesen descubiertos.

No obstante, se me ocurre otra explicación posible para esta confabulación. Si me disparan y muero mientras estoy tratando de escapar, el Gobierno quedaría eximido de toda culpa y responsabilidad. Eso aseguraría que dejase este mundo como un fugitivo de la ley, y no como una víctima de la misma. Convertir a un mártir en un criminal, ¿qué otra solución podría ser más limpia e impecable?

Mis sospechas se acrecientan por el hecho de que permitir que alguien (aparte de a mi abogado) me visite en mi celda, en lugar de hacerlo en el área de visitas, en donde hay una pantalla por cable, es una clara violación de las normas de la prisión. En resumen, todo el asunto era sumamente sospechoso.

La decisión de negarme a colaborar, tanto en lo referente a atenuar o endulzar mi mensaje como en la tentativa de fuga, la he tomado de un modo totalmente visceral, no reflexionando o parándome a sopesar los pros y los contras, y eso me hace pensar en algo que aún no he afrontado realmente: el simple hecho de que *he elegido la muerte.*

¿Cómo me hace sentir esto?, me pregunto a mí mismo.

Por supuesto, en cierto sentido siento que he sido yo quien ha dicho la última palabra, quien ha reído el último. *¡El fiscal se ha equivocado de hombre!* No obstante, no resulta sencillo ni indoloro cercenar el cordón que une a Jack (el hombre equivocado), con Este otro de aquí, el Correcto. Hay sensaciones más placenteras que sentir el aliento de la muerte en la nuca.

Una parte de mí se alegra y está feliz de morir por esta causa, pues no puede haber otra mejor ni más elevada, pero hay otra parte que no se siente así. Mi situación me recuerda a un joven llamado Hubert que acudió a Napoleón para presentarle una nueva religión. Él le escuchó atentamente, y al final aprobó sus propuestas de todo corazón, pero justo cuando Hubert se disponía a abandonar las dependencias imperiales, le hizo llamar de nuevo.

—Tan solo hemos pasado por alto un pequeño detalle —dijo Napoleón.

—Sí, señor. Dígame de qué se trata —respondió el joven lleno de entusiasmo.

—¡Que tendrá usted que ser crucificado!

La idea de Napoleón era correcta, pero se quedó corto a la hora de desarrollarla; debería haber añadido: «O al menos tendrá usted que darse cuenta de que *ya está* crucificado, de que *ya es* usted el Crucificado».

Al igual que Hubert, el incorregible Jack cuenta con los motivos más poderosos para querer sentarse en el trono de Dios y aferrarse a él con todas sus fuerzas, pero, a diferencia de Él, Jack no tiene opción; está siendo enviado al lugar que le corresponde, al que le pertenece por derecho propio. Ya sea por voluntad propia o a la fuerza, está siendo descentralizado de una vez y para siempre. Y ese hecho, de un modo u otro, implica crucifixión (una vez más, tanto si es por voluntad propia como si es a la fuerza). Y la crucifixión duele.

En fin, no me he pasado toda mi vida adulta viviendo por una causa por la que ahora no me atreva a morir, pero veo que la muerte se acerca con menos soltura de la que había imaginado. Después de todo, *sir* Gerald tenía razón. Esto no me entusiasma en lo más mínimo. Estoy temblando... Temblando, confiando, esperando... Esperando, confiando, temblando...

Algunas dudas e interrogantes que pensaba ya había resuelto hace mucho vuelven a presentarse de pronto:

¿De verdad Aquello de lo que estoy hecho es inmune a la muerte? ¿Es suficiente con decirle a mi cabezón acompañante que ya le he derrotado, que le he matado a base de «golpes», que ya hace mucho que terminé con él? ¿Es Aquel que nunca me abandona realmente incapaz de pasar por lo mismo? ¿Será Esto mío para siempre, Esto que es mil veces más Yo que yo mismo, que es el Alma de mi alma, que es lo Único que puedo conocer y, al mismo tiempo, está tan alejado de mí como puedan estarlo los límites más inimaginables del espacio-tiempo? ¿Estará siempre conmigo? ¿Será siempre yo? ¡Seamos sinceros! ¿Acaso el hecho de que este Pozo Artesiano nunca se haya quedado seco es prueba suficiente de que nunca lo hará? ¿La Ayuda que siempre ha estado ahí en el pasado será también mi Esperanza segura en los siglos venideros, *per secula seculorum?*

Pero después, horrorizado y avergonzado de siquiera plantearme tales cuestiones cuando tan solo queda un minuto para la medianoche, me recompongo y vuelvo a recuperar la presencia de ánimo. ¿No es acaso cierto que estoy tan íntimamente atrapado en Él, en mi Querido, mi Bienamado (tan imbuido y presa de la alegría que emana de Su propio asombro ante Sí Mismo, que conozco tan íntimamente todos Sus secretos, que estoy tan loca y tan sanamente enamorado de Él) que es imposible que Él vaya a permitir que perezca como una mosca (o, para el caso, como un sistema solar entero)? ¿Acaso no encuentra irresistible mi grito infantil: «Solo en Tus brazos estoy seguro, a salvo, en casa»? ¿Puede permitirse *no* abrazarme en Su corazón para siempre?

Palabras, palabras y más palabras... Aparecen de forma inesperada como borbotones de gas en una ciénaga, como remolinos de polvo en el desierto, como ortigas punzantes en un vertedero de basura, y son igual de significativas que cualquiera de estas cosas. Cualquier intento de verbalizar algo sobre Él, de definirle con palabras, supone caer en el juego de la separación, pues todas las palabras están infectadas con el virus de la dualidad. Y donde hay dos, todo se tambalea. Donde hay dos, hay terror.

Mi remedio es *mirar*. Mirar para ver al Uno.

Mirar *hacia delante*, ver estos brazos que todo lo abarcan y que terminan en esas manos diminutas. Mirar *hacia arriba* y ver estos pies igualmente mínimos.

Son las manos y los pies clavados de Aquel que me amó y que se entregó a Sí Mismo por mí. Por completo, totalmente, por los siglos de los siglos.

Miro *hacia dentro,* al Uno que no puede ser visto por nadie más.

Sería un completo contrasentido, un total absurdo, una tremenda angustia y una descomunal blasfemia no ser Él.

APÉNDICES

El Sendero Plebeyo de los 8x8 pasos

Este es el mapa del Sendero al que he hecho referencia en los capítulos 19 y 20. El mejor momento para repasarlo en detalle es después de haber terminado de leer mi relato sobre el juicio, pues de ese modo te recordará muchos de los lugares que hemos visitado.

Llamo a este Sendero plebeyo (y no noble ni, ciertamente, ario) porque en cualquier caso la práctica totalidad de los seres humanos transitan por casi todas sus estaciones. Y porque incluso las dos últimas etapas están abiertas a todo aquel que se sienta lo suficientemente desesperado como para recorrer este camino, el más humilde entre los humildes, que Dios ha señalizado profusamente y hecho perfectamente obvio para nosotros.

Haciéndome eco de las palabras de de Caussade (ese viajero tan experimentado en transitar por el camino más humilde), les invito a:

Venid, pero no únicamente para estudiar el mapa de la espiritualidad, sino para hacerlo vuestro y caminar por sus senderos sin temor a extraviaros. Venid, no para conocer la historia de la acción divina de Dios, sino para ser el Sujeto mismo de sus operaciones. [...] Él nunca se va a revelar bajo la forma de esa imagen exaltada a la que tan vanamente os aferráis.

	1 Bebé	2 Niño pequeño	3 Niño mayor
1 Del derecho/ del revés	Pies arriba	Mis pies pasan a la parte de abajo	Empiezo a ser como los demás
2 Verdades/ mentiras	Veo lo que veo	Empiezo a ver lo que me dicen que vea	Empiezo a alucinar que tengo una cabeza sobre los hombros
3 Grande/ pequeño	Soy inmenso	A veces quedo reducido a una cosa pequeña	Solo ocasionalmente soy inmenso y estoy fuera de mi cabeza
4 Rico/ pobre	El mundo es mío y está por completo aquí	Empiezo a distanciar algunos objetos	Al perder mi mundo, soy cada vez más pobre
5 Quieto/ en movimiento	Mi mundo (incluyendo mis brazos y piernas) está en movimiento	Empiezo a moverme yo; mi mundo empieza a detenerse	Asumo la agitación del mundo. Este se para en seco
6 Divino/ humano	Soy prehumano, no socializado, divino	Empiezo a ser humanizado, socializado	Mi divinidad ha desaparecido casi por completo
7 Corazón/ cabeza	Soy todo corazón, no tengo cabeza	Aún no tengo cabeza, me domina el corazón	Comienzo a tener cabeza
8 Eliminación de la ira	La ira se elimina rápidamente	La ira empieza a acumularse	La ira se acumula cada vez más

4 Adolescente	5 Adolescente rebelde	6 Adulto	7 Adulto decapitado	8 Veedor
Soy como los demás	Enfurecido, pretendo darle la vuelta a todo	Vuelvo a mi estado ilusorio habitual	KENSHO, Veo mi (No) Rostro Original	ILUMINACIÓN Todo se da la vuelta
Abstraigo del mundo una mente que ubico en mi cabeza	Sé que todo está mal	Me rindo y siento la cabeza en una vida de mentiras	La sede de mi autoengaño queda desmantelada	Recobro la cordura
He perdido del todo mi inmensidad	Mi ira por haber sido reducido se acumula	Estoy encogido y solidificado hasta el límite	Mi tapa salta por los aires, pero sigo sin ser inmenso	Vuelvo a ser inmenso
Despojado de todo, soy desesperadamente pobre	En vano, reclamo mi patrimonio perdido	Codicioso, me aferro a pedazos de mi patrimonio	Me atrevo a reclamar mi patrimonio	El mundo vuelve a ser mío
Cada vez me encuentro más inquieto internamente	Siento que mi agitación interna está llegando a su clímax	Atornillo con más fuerza la tapa de mi agitación interna	Empiezo a devolverle mi movimiento al mundo	Soy el Motor inmóvil del mundo
Mi humanización es completa	Me niego a unirme a los conformistas	Me conformo con no ser más que un humano	Mi humanización sigue fastidiándome	Soy divino
Soy pura cabeza. Estoy dominado por mi cabeza	Mi corazón protesta como un loco	Mi cabeza recupera el control	Pierdo la cabeza, pero aún he de reencontrar mi corazón	Vuelvo a encontrar mi corazón
Reprimo la ira	La ira se me sube a la cabeza	La ira está aún más reprimida	Se alivia la presión	La ira queda totalmente eliminada

Nota autobiográfica

No os pido ahora que penséis en Él, ni que saquéis muchos conceptos ni que hagáis grandes y delicadas consideraciones con vuestro entendimiento; tan solo os pido que le miréis.

Santa Teresa de Ávila

¿Podría yo contemplar
aquellas manos que se extienden de polo a polo
y hacen girar a la vez todas las esferas...?

John Donne

¿Quién puede negarme el poder y la libertad
de estirar los brazos y ser mi propia Cruz?
[...] Así pues, toma lo que Cristo
ha escondido en tu interior
y sé su imagen; no «su» imagen, sino él mismo.

John Donne

Creo que te interesará saber qué relación existe entre la historia de John a-Nokes y la de Douglas Harding, su autor. Sin duda, se te habrá ocurrido pensar que el juicio es una especie de autobiografía espiritual, un recurso literario al que ha recurrido el escritor para clarificar y sacar a la luz sus propios debates internos (tomándose muy en serio esa máxima de William James que dice que «nunca llegamos a entender completamente la importancia real de cualquier cosa que creemos cierta hasta que tenemos una idea clara de cómo es su afirmación falsa opuesta»). Sí, por supuesto que el propósito de este libro ha sido abordar una serie de cuestiones que como mejor se resuelven (al menos en mi opinión) es mediante algo parecido al método de la personificación de Bunyan o al método del psicodrama de Moreno, con toda la confrontación, las maniobras y el caos que este tipo de técnicas implican; es decir, liberando un abigarrado grupo de figuras seculares que en realidad son fragmentos o facetas enfrentadas de nosotros mismos, *alter egos* que se han vuelto lo suficientemente *alter* (distintos a nosotros) como para presentar batalla sin tapujos ni cortapisas, con el fin de resolver de una vez por todas sus diferencias y alcanzar una paz justa y duradera. Según mi parecer, no es suficiente con tener el valor de defender las propias convicciones; uno también ha de tener la valentía y el arrojo de atacarlas sincera y vigorosamente. Y también ha de estar dispuesto a acatar el resultado y obrar en función de este. La única forma de ver nuestra propia postura por lo que realmente es y de escuchar a la otra parte con toda claridad, es ponernos en su lugar con frecuencia.

Sin duda lo dicho hasta aquí resulta bastante claro y evidente por sí mismo. Las notas autobiográficas que siguen (y en este caso sí que se trata de mi verdadera autobiografía) mostrarán al lector que he tenido razones mucho mejores que las que podía haber sospechado en un principio para optar por colgar mi atuendo espiritual en la percha de un juicio por blasfemia, en lugar de, por ejemplo (siguiendo nuevamente a Bunyan), una peregrinación o una guerra. Y esto es así porque la blasfemia (lo que es y lo que no es, y si soy yo o aquellos que me acusan quienes son culpables de ejercerla) ha sido el tema central de mi vida. Lo que es más, es cierto que se me ha imputado este delito tan grave, que he sido juzgado por él y condenado a la más terrible de las penas. Por quién y con qué resultado es lo que el lector está a punto de descubrir.

Nací el 12 de febrero de 1909, en Lowestoft, un pequeño puerto pesquero del condado de Suffolk, Inglaterra. Mi padre era frutero, y mis dos abuelos paternos también eran gerentes de sendos comercios, por lo que entre los tres manejaban y gestionaban una pequeña empresa. Antes de casarse, mis abuelas eran empleadas domésticas.

Durante dos generaciones mi familia había pertenecido a la secta de fundamentalistas cristianos conocida por los demás como la Hermandad Exclusiva de Plymouth, y entre ellos mismos como el Pueblo del Señor, los Santos, el Pequeño Rebaño, o simplemente la Congregación.

Y sí, *exclusiva* es el adjetivo que mejor la define. A los niños se nos prohibía tener cualquier contacto con el mundo que no fuese estrictamente necesario; es decir, no podíamos relacionarnos con ningún otro niño o adulto que no fuese miembro de la Congregación. Nuestros hogares estaban desprovistos de virtualmente cualquier tipo de literatura salvo la Biblia y los gruesos volúmenes de comentarios de la Hermandad sobre la misma. Como es natural, contábamos con un mínimo de libros escolares del mundo exterior, pero cualquier otro material que fuese introducido subrepticiamente estaba condenado a ser reducido a cenizas en una pira ceremonial. Los periódicos eran para envolver y para limpiar, pero no para leerlos. Los teatros y los cines se consideraban absolutamente satánicos (una convicción basada en la completa ignorancia de lo que sucedía en esos lugares de pecado y perdición). En la casa de los Harding uno podía ocasionalmente esbozar una sonrisa o reírse en silencio, pero no reírse en voz alta, ni mucho menos estallar en carcajadas. La razón argüida era que en el Juicio Final, uno tendría que rendir cuentas ante Dios por todas y cada una de las palabras vacuas, anodinas u ociosas que hubiese pronunciado, ya no digamos por todas las risotadas en las que hubiese incurrido. Desde muy temprana edad era obligatorio asistir a menudo a unas reuniones religiosas interminables, soporíferas e insoportablemente aburridas, así como rezar improvisadamente en cualquier momento y leer la Biblia por la mañana y por la tarde. Contra todo pronóstico, la prohibición de moverse y andar jugueteando en las reuniones de la Congregación dio sus frutos.

En resumen, y al menos en mi caso particular, se trataba de una educación calculada hasta el más mínimo detalle para hacer que la blasfemia fuese imposible... o inevitable. No quedaba lugar para las medias tintas.

Pero no creas que lo lamento; la excéntrica educación que recibí también presentaba algunas ventajas impresionantes. A pesar de esta mentalidad que les hacía verse constantemente sitiados o asediados y de la cuasiparanoia de la que hacían gala, estas personas no eran mezquinas ni superficiales. Ellos eran el pueblo del Señor y se lo tomaban muy en serio; su misión en la tierra era nada menos que cumplir la voluntad del Señor mismo. Su pasión era la verdad y el significado (tal y como ellos los entendían). Y, para ellos, la verdad suprema era la de un Dios cuyo amor le llevó hasta el Calvario. Una verdad que siempre me ha acompañado y que durante toda mi vida he atesorado en mi corazón.

También había un montón de razones secundarias por las que estar agradecido. Una infancia alejada de los medios de comunicación, ¡eso sí que es tener suerte! Fue algo que simplemente me obligó a desarrollar toda una serie de recursos internos. Conocía perfectamente mi biblia y me la sabía de cabo a rabo, desde la sopa primigenia del Génesis, pura vacuidad sin forma, hasta las chifladuras (en ocasiones absolutamente devastadoras) del Apocalipsis. De hecho, comencé a recibir lecciones de estilo literario antes incluso de que fuese capaz de hilar con sentido una docena de palabras. También aprendí a concentrarme, sin importar cuál fuese el tema en cuestión, sin que mi mente divagase demasiado. Oh, sí, no tenía ningún problema en dejar que mis queridos correligionarios de la Hermandad creyesen que aquel niño pequeño que se quedaba ahí sentado, inmóvil como una estatua durante toda la sesión y con los ojos fuertemente cerrados, estaba embriagado cavilando sobre asuntos elevados (o, al menos, sobre los asuntos de aquí abajo de los amonitas y los jebuseos), cuando lo cierto era que seguramente estaba pensando en las amonitas y las belemnitas de mi muy preciada colección de fósiles; o en los fragmentos de ámbar y cornalina que tenía en la misma, en lugar de en los diamantes, rubíes y esmeraldas de la Nueva Jerusalén en las alturas. A los críticos actuales que se quejan de que me dedico a pontificar sobre el zen cuando en realidad no me he sentado ni un solo segundo a practicar zazen, les digo: «¡No es cierto! Durante unos veinte años he estado dedicando una media de ocho horas a la semana a esta actividad, e incluso hoy en día sigo disfrutando de los beneficios de aquella práctica. ¡Ahí es nada!».

A diferencia de mi hermana y mi hermano pequeño (y, en realidad, a diferencia de la práctica totalidad de los niños de la Hermandad Exclusiva), yo cada vez me cuestionaba más la teología (en sí misma no muy distinta de la de otras sectas evangélicas fundamentalistas) y el tan peculiar estilo de vida de la Congregación. Las cuestionaba en silencio, claro está, pues estos no eran precisamente temas que estuviesen abiertos al debate. Eran algo por completo privado y secreto.

A los veintiún años, todas estas dudas llegaron a un punto crítico y acabaron desbordando, por lo que decidí apostatar. Mi familia, que en ningún momento había sospechado lo que estaba ocurriendo en mi interior, quedó devastada por la noticia. Si ser quemado en la hoguera hubiese seguido siendo una opción factible, mi propio padre hubiese prendido la llama en la pira para quemar vivo a su hijo (y si ese anticipo del fuego del infierno tuviese la menor posibilidad de inducir una retractación en el último momento). Él mismo me lo expresó así, llorando e implorando. Sus palabras brotaron del profundo amor que sentía por mí.

Deseché la idea de ir apartándome poco a poco y gradualmente, si bien sin ningún motivo o explicación claro, de las filas de la Hermandad, y tomé la decisión de romper con ellos de forma limpia y definitiva. Expuse con aplomo y confianza (es posible que también con cierta insolencia y descaro) mis opiniones heréticas en una tesis de diez páginas que, (la cual, por desgracia, ahora ya se ha perdido) dirigida al Consejo de Ancianos, y también en persona, a petición suya. En lugar de estremecerme, me sentí halagado cuando me comunicaron (entre un desbocado frenesí de lágrimas, desconsuelo, amarga rabia y rápidos movimientos para ponerse de rodillas y rezar por mi alma) que mi apostasía había sido lo peor que había ocurrido en el siglo de historia de la Hermandad. Mi comportamiento y mi decisión se consideraron diabólicos por cuatro razones. En primer lugar, me atreví a poner en tela de juicio si los miembros de la Hermandad Exclusiva de Plymouth eran realmente los únicos elegidos por Dios en el mundo entero, los únicos custodios de Su verdadero Evangelio. En segundo lugar, y peor aún, me atreví a dudar que las religiones no cristianas fuesen cultos dedicados a la adoración del diablo, y fui tan lejos como para sugerir que Dios también estaba revelando Su voluntad en ellas, si bien de manera diferente. Tercero, y peor aún si cabe, me atreví a considerar a Jesús como un hombre normal, como cualquier otro, salvo por el hecho de que se dio cuenta de que los demás estaban ciegos a su unidad real con el Padre y decidió vivir y morir a la luz de esta visión. Y en cuarto y último lugar (y casi demasiado demoníaca para articularla verbalmente), insinué (y más que eso) descaradamente mi propia divinidad intrínseca. Esto último hizo que fuese culpable, por boca propia, de la blasfemia suprema, de la iniquidad para la cual no puede haber perdón posible: el pecado de ponerme a mí mismo en el trono de Dios; yo no era tanto un producto descarriado de Satán, sino el mismísimo Diablo en persona.

Así fue como con veintiún años, en la primavera de 1930, di con mis huesos en una especie de tribunal popular constituido por fanáticos. En la casa de un tal Sr. French, en Finchley, en la zona norte de Londres, fui acusado del peor de los crímenes, declarado culpable y condenado al peor de los castigos. Por supuesto, es cierto que este tribunal carecía de cualquier potestad ejecutiva y no tuvo más remedio que dejar la ejecución de la sentencia a la «Autoridad Superior», pero tampoco dudaron ni por un instante de que la pena sería aplicada sin misericordia ni descanso por los siglos de los siglos. También es cierto que únicamente podía culparme a mí mismo por haber provocado que todo el peso de la indignación de la Hermandad cayese sobre mi cabeza. Podría haberme apartado de un modo menos drástico, podría haber ido abandonando la Congregación por etapas, dejando que se preguntasen qué razones podría tener, pero reduciendo las lágrimas y la indignación al mínimo posible. De este modo, hubiesen asumido de forma natural que dichas razones tendrían que ver con la debilidad y la depravación, con la seducción del mundo y la carne, en lugar de con que me hubiese lanzado directa y deliberadamente a los brazos del Demonio. Pero no: por motivos que ni tan siquiera hoy tengo del todo claros, preferí no escabullirme, no ser hipócrita, y exponer mi verdad sin preámbulos ni cortapisas. No huir, sino someterme a su juicio. Y esto a pesar de que el veredicto era una conclusión inevitable y de que, en cualquier caso, yo mismo no admitía ni la autoridad ni la validez del tribunal. Sospecho que toda esta farsa de juicio y mi defensa tan cuidadosamente elaborada fueron para mí una necesidad psicológica en ese momento, un anuncio, tanto para los miembros de la Hermandad y el resto del mundo como para mí mismo, de mi renacimiento a una nueva vida y a una nueva libertad. Mi clara y bien delimitada metamorfosis, mi transformación de crisálida en mariposa.

Aunque, a decir verdad, al principio me sentía más como una polilla que como una mariposa... Una de esas que se comen la ropa y que todos quieren fulminar. En el periodo en el que se produjo mi apostasía, me alojaba en Muswell Hill en la residencia de la Sra. Fox, una amable Hermana de la Congregación. En cuanto se supo la noticia, la obligaron a echarme a la calle de inmediato. Por aquel entonces yo andaba bastante corto de dinero. Contaba con una beca de 150 libras esterlinas al año, la cual cubría las tasas universitarias y parte de mis gastos de manutención, pero ni que decir tiene que la ayuda financiera suplementaria que solía recibir de mis padres se cortó en seco. Así es que tuve que buscar a toda prisa el alojamiento más barato que me pudiese permitir en Londres. Consultando el *Daltons Weekly**, me decidí por una habitación situada en la zona de Maida Vale, y me mudé enseguida. El olor de aquella estancia echaba para atrás, y el colchón tenía más montañas que la Cordillera de los Alpes, pero la comida que servían se podía comer si uno estaba lo suficientemente hambriento... Y yo lo estaba. Sin embargo, a los dos días de vivir ahí me volvieron a echar de forma fulminante. ¡Resultó que mi nueva casera también era miembro de la Hermandad Exclusiva de Plymouth! Por lo que se ve, mi reputación me seguía los pasos.

Todo esto sucedió hace sesenta años. Desde entonces, he dedicado mi vida a profundizar y ampliar las tesis con las que me enfrenté a aquel Consejo de Ancianos, las cuales he ido desarrollando en este y otros libros, y más concretamente en los experimentos y las prácticas cotidianas por las que abogan. Salvo en algunos cortos periodos, ha sido por completo una vida dedicada a luchar contra esa blasfemia (la mía propia, mucho más que la de los demás) que consiste en expulsar a Dios del Centro.

Resulta difícil imaginar una vida más distinta a como fueron sus «exclusivos» inicios. Y, sin embargo, al mismo tiempo tampoco podría haber sido más consecuente y coherente con esos primeros años. A medida que pasa el tiempo, cada vez cuento con más pruebas de esto.

Poco después de romper con las Hermandad, me topé con cuatro poemas de esa época que, desde entonces, no han dejado de acompañarme. Para mí han sido como un toque de tambor distante y amortiguado pero a la vez contundente, una melodía aún más cautivadora si cabe por el hecho de escucharla tan solo a medias. Se trata de la extática «The Everlasting Mercy» [La

---

* Publicación semanal inglesa de la época que proporcionaba información sobre «alojamiento para caballeros» en Londres.

misericordia eterna], de John Masefield, la sentimental «All in an April Evening» [Todo en una tarde de abril], de Katharine Tynan, la desafiante «The Second Crucifixion» [La segunda crucifixión], de Richard le Gallienne, y el poema de Joseph Mary Plunkett que reproduzco a continuación:

> Veo su sangre sobre la rosa,
> y en las estrellas la gloria de sus ojos.
> Su cuerpo resplandece en las nieves eternas,
> sus lágrimas caen de los cielos...
> Todos los caminos están desgastados por su caminar,
> su fuerte corazón agita el mar que nunca cesa,
> su corona de espinas se trenza con cada espina,
> su cruz es cada árbol.

Muy a mi pesar, he tenido que esperar sesenta años y a la aparición del Patrón que constituye la espina dorsal de este libro antes de poder volver a despertar o a ser consciente de la centralidad que ocupa el Salvador Crucificado en mi vida. Es cierto que lo había heredado desde el primer día de mi existencia, que lo había mamado al mismo tiempo que la leche materna. Sí, de algún modo, siempre lo he sentido, siempre he sabido que estaba ahí aunque no lo percibiese, *pero ahora lo veo*.

Ahora por fin ha brotado a la superficie y todo ha recuperado un perfecto sentido. ¡Y pensar que podría haber muerto a los setenta, sin haber sido bendecido por la más clara de las visiones! Cuán sorprendido y agradecido me siento porque los años postreros de mi vida estén resultando ser tan Cristocéntricos como los iniciales (aunque por razones totalmente distintas e imposibles de prever de antemano).

¡Lo que en modo alguno puedo pasar por encima es lo obvio, lo real, lo concreto (y sí, también lo «material») que resulta esta crucifixión y esta «Cristianización»! El mero hecho de enfrentar o encarar el mundo (de mirar hacia él) es crucifixión. Como dice san Pablo, con la precisión y la audacia que le caracterizan:

«Dondequiera que vamos, siempre llevamos en nuestro cuerpo la muerte de Jesús, para que también su vida se manifieste en nuestro cuerpo». O tomemos por ejemplo lo que Thomas Traherne nos transmite con tanta efusividad:

> La Cruz es el abismo de la admiración, el centro de los deseos, la escuela de las virtudes, el teatro de las alegrías y el lugar de las penas. Es la raíz de la felicidad y la puerta del Cielo. De todas las cosas del Cielo y la Tierra, esta es la más peculiar. Si el Amor es el peso del Alma, y su objeto el Centro, todos los ojos y los corazones pueden transmutarse y convertirse en este Objeto, hendirse en este Centro y, a través de él, encontrar el descanso.

Hace setenta años no hubiese tenido ningún problema con esto, pero hace siete lo habría descartado de inmediato al considerarlo demasiado exagerado e incluso por hacer gala de un cierto toque mórbido y enfermizo; hoy, me deleito en ello como la pura y sobria verdad. Y si bien no puedo proclamar como Chris Marlowe que «veo, realmente veo por dónde fluye la sangre de Cristo en el firmamento», siento cómo esa portentosa transfusión inunda hasta el último y más diminuto de mis capilares[*].

No es que tenga ya todo resuelto en mi vida como adulto, que todo esté hecho, que haya encontrado todas las respuestas. No, claro que no. Ni mucho menos. Como dice el dicho, «no te fíes de nadie hasta que esté muerto... e incluso entonces, no estés

---

[*] Entre los siglos VI y XI, Cristo era representado entronizado en la cruz, vestido como sacerdote o rey, y a menudo portando una corona real. No había nada que indicase sufrimiento. Sus brazos estaban extendidos horizontalmente, abrazando su mundo. La imagen del Salvador encorvado, agonizante y colgando de la cruz se fue desarrollando en la Edad Media a medida que fue aumentando la obsesión con el dolor y la muerte. En nuestra mano está descubrir cuál de estos aspectos de nuestra propia crucifixión es más prominente, una vez que la aceptamos como real y vivimos en función de ello.

del todo seguro». Mi vida, al igual que la de Jack, es una historia con final abierto, un asunto aún por concluir que bien podría terminar de un modo lamentable. A buen seguro pronto seré eximido de tener que seguir pretendiendo ser Douglas Edison Harding y podré descansar de estar tan enganchado a este pequeño compañero mío. Lo que ya no está tan claro es cómo me tomaré el hecho de tener que desprenderme de él. Gracias a una especie de suavización o ablandamiento general (cuando no directamente a la demencia senil o a la locura misma), bien pudiera ser que tanto Jack como yo mismo nos retractásemos de todo cuanto siempre hemos sostenido y afirmado, que nos escabulléssemos a alguna clase de escondite o de subterfugio cómodo y seguro y que, una vez allí, muriésemos aterrorizados con el poco raciocinio que aún nos quedase. Nada es cierto salvo la incertidumbre.

Incluso si así fuera, si ocurriese lo peor de lo peor, nadie es capaz de arrastrar consigo a la Verdad en su caída, de cogerla por las orejas y llevársela consigo como si fuera un Sansón privado de vista en Gaza. Los cuatro pilares sobre los que descansa la defensa de Jack —la razón, la tradición, el mapa y los experimentos— se mantienen firmes, sólidos y estables sin importar a qué profundidades abismales descienda su defensor. Incluso si cayese tan bajo como para hacer de Judas con su Cristo, nunca jamás podría «descristianizarse» a sí mismo. Nunca. La Verdad nos hace libres. Libres incluso de todas las mentiras y traiciones propias del ser humano.

Demos gracias a Dios porque esta sea la Verdad *de Dios*.

Para concluir, me gustaría decir algo más sobre los Hermanos Exclusivos de Plymouth y sobre mi vida.

Desde que abandoné el rebaño sesenta años atrás, lo poco que he tenido que ver con ellos puede resumirse en dos o tres trazos rápidos.

La primera vez que volví a tratar con ellos fue en el año 1954 con ocasión del funeral de mi padre, en Lowestoft (fue antes de que a los ex-Exclusivos se les prohibiese asistir a los funerales de sus parientes Exclusivos). La escena en la que tuvo lugar era un salón triste y lúgubre (como lo son todas las estancias en las que se reúne la Hermandad), un enclave tan áspero como la estera de fibra de coco que cubría su suelo, descolorido, desapacible; un lugar cuyo aspecto y olor hacían pensar que nadie había reído nunca en él, que ningún niño había jugado ahí, que ningún corazón había brincado de alegría... Un espacio en el que hasta las moscas se paralizan y caen muertas. El ataúd descansa ahí, firmemente apoyado sobre un pedestal en el centro de la sala. A mí me colocan a su lado. Alrededor hay veinte hermanos sentados, todos con trajes oscuros recién planchados, y el mismo número de hermanas con faldas largas, blusas altas y sombreros en tonos grises. Los hermanos se van levantando por turnos y en tono lúgubre dan gracias a Gord* (que es el nombre de su deidad, no me pregunten por qué) por la dedicada vida y el gran servicio prestado por su querido hermano, una vida de entrega que se vio terriblemente anegada por la desazón, la desdicha y la tristeza debido a la deserción del Diablo que sin duda es su hijo mayor. Rezan por mí —un blasfemo de tal calaña que ya ha quedado muy atrás de poder beneficiarse de esto—. Para concluir, se nos informa de que después del entierro regresaremos a la sala de reuniones, donde se servirá el té... ¡A todos excepto a mí, que soy el pariente más próximo, y a mi esposa!

El mensaje que me hicieron llegar estaba bien claro: puesto que quemar a alguien en la hoguera ya no era legal, ¡se conformaban con aplicarme el segundo peor castigo que puede haber para un británico!

Poco después, mi hermana y yo teníamos que vernos para arreglar algunos papeles. Ella no quería venir a mi casa, pues eso la contaminaría. Yo no podía acudir a la suya, pues en ese caso contaminaría su hogar. Tampoco podíamos ir a un hotel o un restaurante, porque la Hermandad evita entrar en estos lugares perversos e impíos, y de todos modos tienen prohibido

---

* Dios en inglés es *God.* *(N. del T.)*

almorzar con todo aquel que no sea Exclusivo, ya no digamos con ex-Exclusivos... Así que finalmente decidimos encontrarnos lo más brevemente posible en un área de descanso de la A12.

Mi amiga Susan Kimber está investigando la historia reciente de la Hermandad Exclusiva y me ha puesto al corriente de sus costumbres. Me cuenta que, comparados con los Exclusivos de hoy, se puede decir que los de mi infancia tenían una mentalidad abierta, casi rozando la laxitud. Susan habla de una secta que exige que sus miembros vivan en casas separadas del resto para así evitar la influencia de los no creyentes; que sacrifiquen sus mascotas y nunca más vuelvan a ir de vacaciones; que sus doctores, dentistas, arquitectos y abogados dejen de pertenecer a sus respectivos cuerpos profesionales (todos ellos diabólicos), desatornillen sus placas distintivas de la fachada de sus domicilios y se ganen la vida lo mejor que puedan con otra actividad; que las amas de casa se deshagan de apegos mundanos tales como las plantas de interior, o incluso del más lóbrego y descolorido de los sombreros; que los anfitriones de las casas en las que se reúnan sellen con ladrillos todas las ventanas que den al mundo exterior y sustituyan las claraboyas que dan al cielo por trampillas opacas; que obliga a los jóvenes con pareja a renunciar a su madre en caso de que no pertenezca a la Hermandad y se niegue a unirse a ella, y a hacer el vacío más absoluto a sus hijos a partir de los doce años por el mismo motivo. La Hermandad no fuerza a sus miembros a obedecer estas reglas; simplemente se asegura de convertir su vida en un auténtico infierno hasta que lo hagan.

Como es comprensible, este catálogo parcial de mandatos y prohibiciones está desfasado hoy en día, pero lo que es indudable es que la lista no mengua ni se vuelve menos rigurosa con el tiempo... Aunque *rigurosa* no es exactamente el término adecuado. Como ex niño Exclusivo, no puedo evitar ponerme en la piel de uno de esos chicos de doce años sometidos al ostracismo, cuya pronta claudicación (al no contar con ningún amigo externo al que poder acudir ni, en todo caso, saber prácticamente nada de lo que hay fuera de los límites de la

Hermandad) es casi una certeza. Entre todas las formas de maltrato infantil legal (¡sí, legal!), ¿puede haber alguna más cruel que esta?

Y, sin embargo —tengo la obligación de añadir—, si el niño *no sucumbe* a las presiones, se mantiene firme, se ciñe a su propio criterio y espera el tiempo necesario, esa crueldad puede empezar a parecerle mucho menos cruel. Hablando, como digo, por mi propia experiencia personal, en última instancia no tengo ninguna queja en absoluto, pero en parte eso es debido a que yo nací en el seno de esta secta tal y como era hace muchos años, cuando sus costumbres eran comparativamente más sobrias y sensatas.

Y hablando de extremos que se tocan, ¡esta gente está llena de contradicciones! La Hermandad surgió a principios del siglo XIX para conformar una democracia del Espíritu netamente anticlerical en la que todos sus miembros masculinos eran sacerdotes y portavoces. Sin embargo, para finales de siglo ya se había convertido en una dictadura más completa e insidiosa de lo que uno pudiese imaginar. Y, además, una dictadura dinástica. Durante la primera mitad del siglo XX el Gran Hermano fue un hombre de negocios de Nueva York, un comerciante de lino llamado James Taylor. Le recuerdo como un hombre que, aunque no sonreía nunca, parecía inofensivo. Todo en él se correspondía con la imagen de vendedor de paños, y no había nada que pareciese dar muestras del *führer* que en realidad era. De hecho, no tenía más que pronunciar una sola palabra sobre el tema que fuese, desde cómo debía ser el peinado de las hermanas hasta la iniquidad que suponía pertenecer a la Asociación Automovilística, para que a diez mil Exclusivos repartidos por todo el mundo se les llamase la atención por esas cuestiones y accediesen de buen grado a dejarse guiar por el Gran Jim en la última locura que se le hubiese ocurrido. Murió en 1959 y fue llorado por todos. Después de algunas idas y venidas, la corona (se diría que más importante que la mitra papal) recayó en su hijo, J. T. Jr, de quien se decía que era un alcohólico que no le hacía ascos a irse a la cama con las hermanas de la Congregación (para probar su virtud, según las explicaciones que él mismo dio cuando le pillaron). Durante su reinado, beber whisky se convirtió en algo que estaba de moda, lo que condujo a ciertas peripecias sensibleras en los encuentros, en incluso durante la eucaristía. Lo llamaban la «libertad del Cristo resucitado»; además, de todas formas se estaban limitando a seguir lo establecido en las Sagradas Escrituras y el consejo que Pablo le dio a Timoteo: «No bebas más agua, y en su lugar usa un poco de vino por el bien de tu estómago». En 1970 J. T. Jr, en parte gracias a la ayuda de esas bebidas espiritosas de más de 65°, más que por el vino (el cual estaba reservado para las hermanas, esos «recipientes más débiles y frágiles»), abandonó este mundo y fue a reunirse con la Congregación de los Cielos. Desde entonces, la secta se ha escindido en dos facciones, los tayloritas (a la que mi hermana, a pesar de todo, pertenece) y los antitayloritas. Ahora ya les he perdido la pista, pero estoy seguro de que siguen interpretando y obedeciendo el mandato que Jehová le transmitió a los Hijos de Israel: «Salid de entre los incrédulos y apartaos de ellos», tan extravagantemente y con tanto fervor como siempre, y de que, por consiguiente, siguen manteniendo una gran contradicción. Muéstrame a un puritano estricto, a alguien que se postre ante Jesús obsequiosa y servilmente como si fuese el más manso, el más dócil, humilde y bondadoso de los seres de este mundo, y yo te mostraré a un tirano, un amante de las orgías y la perversión, un sátiro sonrosado con nariz de borracho que se afana por manifestarse. Y que, de vez en cuando, lo consigue.

Las tres primeras décadas de mi vida, ciertamente las más decisivas, las pasé siendo miembro de tercera generación de esta extraña y peculiar secta. Fueron los años que, de forma inevitable, determinaron el resto de la misma en toda clase de formas y maneras sutiles y no tan sutiles. En modo alguno pretendo dar a entender que puedo renegar o deshacerme de la educación que recibí, ni tampoco es algo que desee hacer. Estoy más que contento de haber heredado ese gen ancestral (o, si es necesario, llamémoslo virus) que me confiere la certeza de que Dios me ha confiado una Verdad Maravillosa cuya ausencia es la causa de que Su mundo se esté destruyendo a sí mismo (en mi caso, es la Verdad que establece un nuevo estándar en la OBVIEDAD). Si bien es cierto que nuestros síntomas no podrían ser más variados y diferentes, resulta innegable que la enfermedad de la que todos ellos son resultado es una y la misma. No me he desprendido de la Hermandad más de lo que una rama rebelde se despega del tronco parental del que ha surgido. No, el motivo de mi divergencia de ese árbol genealógico (con su grafiosis y todo) es que reconozco que ahí arriba estoy tan ligado y unido a él como libre de él soy aquí abajo, en el Suelo Eterno del que brota el bosque en su totalidad.

El juicio del hombre que decía ser Dios únicamente podría haber surgido de la pluma de un ex miembro de la Hermandad Exclusiva de Plymouth (con énfasis en el ex). Si su escritura y elaboración ha sido mi homenaje a este Uno que está siempre Abierto de par en par, mi regocijo y mi deleite en Aquel que es la Inclusividad misma (y eso es precisamente lo que ha sido), siempre se lo deberé a la Hermandad. Y muy en especial al mejor y al que más he amado de entre todos sus miembros: al hermano que, además, era mi padre.

Por último, una nota al pie a esta nota al pie. Hace unos meses escribí a mi hermana (no hemos vuelto a hablar ni a escribirnos desde aquel funeral sin té de 1954) para transmitirle mi amor y mi cariño y asegurarle que en modo alguno soy ese blasfemo que ella ve en mí, que soy tan adicto a Dios (por no decir a *Gord*) como lo es ella misma, y que en modo alguno guardo resentimiento por los peculiares años de infancia que compartimos.

«Ahora ya eres un anciano», me respondió, «y ya estás atrapado en el fuego eterno. Rezo todos los días porque aún seas capaz de escapar de él y vuelvas a abrazar la fe de nuestro querido padre».

¡Cuán alejado está lo que cree de mí de la realidad! ¡Que Dios bendiga su inocencia y la tenga en su gloria!

Lista de verificación de los experimentos

Marque la casilla correspondiente

	leído	realizado
El ariete para demoler los muros de la prisión		
A Dios le encanta que le señalen con el dedo		
El espejo que te muestra lo que no eres		
El retrete: sobre la levedad y la gravedad		
¿Conduces tu coche... o tu mundo?		
Las líneas verticales convergen en ti		
Tocar la cabeza de Dios		
Devolver los muchos al Uno, y el Uno a Ninguno		
Uccelli di Dio; tus ángeles asistentes		
Omnipresencia: cómo atraerlo todo hacia ti		
Omnisciencia: cómo ver el Corazón de todas las cosas		
Omnipotencia: cómo desplazar, destruir o volver a crear todas las cosas		
Tus brazos omniabarcantes		
Apuntar en dos direcciones		
Las cero en punto, y sin novedad		
Crucifixión		
Inclinarse ante la evidencia		
Total:		

Si tu puntuación en la segunda columna es 17, hoy has cenado con Dios.

Si está lejos de esa cifra, tan solo has desayunado con Él.

Y si es 0, te has comido el menú en lugar del plato, en cuyo caso espero sinceramente que te dé tal indigestión que no tengas más remedio que tomar repetidas dosis de los tres primeros experimentos para aliviar tu acidez de estómago.